JN439859

譯註 思政殿訓義

資治通鑑綱目 12

蜀漢 後主 延熙 2년~晉 武帝 咸寧 5년

編著 朱熹
책임번역 李忠九
공동번역 金奎璇 金裕鳳
黃鳳德 李承容

전통문화연구회

國譯委員

責任飜譯 李忠九
共同飜譯 金奎璇 金裕鳳 黃鳳德 李承容
諮問委員 吳圭根
潤　　文 朴勝珠
校　　訂 李孝宰 郭成龍 兪在衡
出　　版 金圭賢 金曉東
管　　理 咸明淑
普　　及 徐源英

東洋古典飜譯編輯委員會

委 員 長 宋載卲
委　　員 金慶浩 沈慶昊 田好根 崔錫起 河元洙 許敬震

任　員

常任顧問 李漢東
顧　　問 琴章泰 宋載卲 安炳周 李龍兌 李澤徽 李廷燮
　　　　 鄭愚相 鄭太鉉
會　　長 李啓晃
副 會 長 金千式 成百曉 宋丙大 李戊澈
理 事 長 趙富英
理　　事 權五春 金東柱 金　炫 文福姬 朴錫興 徐形來
　　　　 宋基采 吳圭根 李建一 李光虎 李英姬 全廣鎭
　　　　 田好根 趙源喆 崔三龍 韓熙喆 咸明淑 許鎬九
監　　事 李殷澤 金炳愛

思政殿訓義 資治通鑑綱目을 발간하며

본회가 東洋古典의 飜譯과 教育, 情報化 등 古典現代化 사업을 시작한 지 어느덧 25년이 지났다. 그간 많은 어려움이 있었으나 1988년 본회가 발족한 뒤 동양고전 번역사업에 착수하여 四書三經을 註까지 懸吐完譯함으로써 東洋學과 韓國學 전공자들의 필독서가 되어 教育界와 文化界까지 많은 영향을 주었다.

본회에서는 四書三經, 十三經 등 儒家의 핵심 경전을 번역하는 동시에 동양고전의 한 축인 歷史 고전에도 눈을 돌려 《通鑑節要》, 《國語》, 《戰國策》뿐만 아니라, 동양 역사 철학의 진수가 담긴 《春秋左氏傳》을 완역함으로써 東洋學과 韓國學 연구에 礎石과 架橋를 마련하였다. 이러한 성과를 바탕으로 經史一體의 모범인 《資治通鑑綱目》 완역을 기획하여 번역에 착수하였다.

'經史一體'란 經典과 歷史가 하나라는 동양의 독특한 관념인데, 이는 기록을 통해 인물과 사건을 도덕적으로 평가하는 풍토를 낳았다. 이러한 기록문화의 중시는 다른 문화권에서는 엄두도 못 낼 막대한 역사 기록을 남기게 하는 배경이 되었다. 굳이 중국 역사서를 언급할 것 없이 《朝鮮王朝實錄》, 《承政院日記》, 《日省錄》 같은 방대한 우리의 역사문헌은 이를 잘 보여준다. 이러한 우리 선조들의 역사 서술에 큰 영향을 미친 책이 바로 朱熹의 《資治通鑑綱目》이다.

《資治通鑑綱目》은 조선시대 經筵에서 가장 많이 읽은 역사서이자 우리나라 역사 서술에 가장 큰 영향을 미쳤다는 점에서 현재 韓國學 研究에 필수적인 동양 역사 고전이라 할 수 있다. 비록 중국의 역사서이지만, 우리 先學들이 중국의 性理學을 독자적으로 계승 발전시킨 것처럼 《資治通鑑綱目》 역시 우리의 입장에서 보다 정밀하고 종합적으로 읽고자 하였다. 그 결실이 바로 世宗朝 때 간행된 思政殿訓義本 《資治通鑑綱目》이다.

동양의 대표적 역사서는 紀傳體의 《史記》, 編年體의 《資治通鑑》, 綱目體의 《資治通鑑綱目》으로 대변된다. 北宋 때의 司馬光은 帝王이 여가에 친람하여 정치에 도움이 되게 할 목적으로 《資治通鑑》을 편찬하였고, 朱熹는 《資治通鑑》을 바탕으로 이를 압축적으로 정리하여 보다 읽기 쉽게 하면서 유교적 褒貶을 엄정히 내렸다는 점에서, 이 책들은 제왕의 정치교과서 역할을 하였다. 이런 ≪資治通鑑≫과 ≪資治通鑑綱目≫에 대해 조선조 문화군주였던 세종의 주도하에 연구가 진행되었으며, 그 결과물이 바로 思政殿訓義本 ≪資治通鑑≫과 ≪資治通鑑綱目≫이다.

思政殿은 景福宮의 便殿으로, 세종이 이곳에서 당대 뛰어난 문신들을 참여시켜 ≪資治通鑑≫과 ≪資治通鑑綱目≫에 대한 訓義의 편찬을 주도하였다. 訓義는 의미를 해석한다는 뜻으로, 思政殿訓義는 기존 중국에서 이루어진 ≪資治通鑑≫과 ≪資治通鑑綱目≫의 주석을 集大成하고 군주와 신하들이 읽기 쉽도록 우리만의 주석서를 만든 것이다. 중국 이외 나라에서 ≪資治通鑑≫과 ≪資治通鑑綱目≫ 전체에 주석을 단 것은 조선이 처음일 것이다.

현재까지도 ≪資治通鑑≫과 ≪資治通鑑綱目≫을 원전으로 읽기 위해서는 중국의 연구성과에 의지하여야 했다. 비록 ≪資治通鑑≫은 중국, 일본, 한국에서 번역되었으나 주석까지 완역되지 못하였고, ≪資治通鑑綱目≫도 중국에서 본문만 번역된 상황이다. 이번 우리나라의 독자적인 주석서인 思政殿訓義本 ≪資治通鑑綱目≫의 완역을 통해 기존에 잊혔던 세종 시기의 ≪資治通鑑綱目≫에 대한 연구 성과를 알리는 동시에, 이를 동양학과 한국학 연구에 활용할 수 있는 기반을 마련하고자 한다. 아울러 이를 통해 古典現代化의 水準을 높이고 融合的이고 自生的인 학문연구가 이루어질 수 있기를 바라는 바이다.

끝으로 이번 思政殿訓義本 ≪資治通鑑綱目≫의 번역에 참여하여 헌신하시는 모든 분들께 무한한 감사를 드린다. 또한 고전현대화에 대한 政府의 지대한 關心과 支援에 감사를 드리며, 그간 직간접으로 지도편달하여 주신 학계와 교육계 및 문화계 인사 여러분께 심심한 謝意를 표하며, 앞으로도 따뜻한 관심과 엄정한 叱正을 부탁드리며 내내 평강과 행복을 기원한다.

社團法人 傳統文化硏究會 會長 李啓晃

凡 例

1. 본서는 南宋 때 朱熹가 編著하고, 朝鮮 世宗 때 思政殿에서 訓義한 ≪資治通鑑綱目≫을 번역한 것으로 ≪譯註 思政殿訓義 資治通鑑綱目≫ 제12책이다.
2. 본서의 底本은 서울대학교 규장각 소장본(奎7500, 藍書 口訣)이며, 규장각(奎7512, 朱書 口訣)과 국립중앙도서관(한古朝50-5, 墨書 口訣) 소장본을 참조하였다. 이들은 모두 木版本으로, 大字(綱)는 晉陽大君(世祖)이 써서 鑄造한 丙辰字, 中小字(目, 訓義 등)는 甲寅字로 되어 있다.
   이 밖에도 嚴文儒와 顧宏義가 校點한 ≪資治通鑑綱目≫(≪朱子全書≫ 8~11, 上海古籍出版社·安徽教育出版社, 2002), 文淵閣四庫全書 ≪御批資治通鑑綱目≫, 朝鮮 世宗 때 간행된 思政殿訓義 ≪資治通鑑≫(국립중앙도서관 일산古221-43), 標點資治通鑑小組에서 標點한 ≪資治通鑑≫(中華書局, 1992(제5판)) 등을 참고하였다.
3. 綱과 目의 원문에는 규장각(奎7500, 奎7512)과 국립중앙도서관(한古朝50-5)의 口訣本을 참조하여 懸吐하였고, 訓義는 한국에서 재래로 사용해오던 표점방식을 보완하여 文理의 이해를 돕는 수준에서 간략히 標點하였다.
4. '綱'과 '目'을 구분하기 위해 각각 번역문 앞에 【綱】과 【目】을 표기하였다. 目은 단락이 길 경우 의미 단락별로 分節하였다. 訓義는 저본의 해당 위치에 ①, ②, ③ 등으로 표기하고 綱이나 目 아래에 번역문과 원문을 배치하였다.

예 【綱】 여름 4월에 吳主 孫權이 卒하였다. — 綱

夏四月에 吳主權卒①하다

① 향년이 71세였다. — 訓義

壽, 七十一.

【目】 馬隆이 서쪽으로 가서 溫水를 건너니 — 目

馬隆이 西度溫水①하니

① 武威의 동쪽에 溫圍水가 있다. — 訓義

武威之東有溫圍水.

5. 번역문은 한글과 한자를 혼용하였으며, 맞춤법과 띄어쓰기는 한글 맞춤법과 표준어 규정을 따랐다.
6. 원문이나 번역문의 한자 중에 僻字나 讀音이 특수한 글자는 한글로 音을 달아주었다.
7. 譯註는 校勘, 人物, 制度, 官職, 역사적 사건, 인용문의 出典, 異說, 故事, 전문용어, 難解語 등에 관한 사항을 밝혔다.
8. 校勘은 원문의 誤字, 脫字, 衍文, 倒文 등을 대상으로 하였다.
9. 附錄에 실린 年表는 綱을 중심으로 ① 君王의 즉위와 사망, 年號, 改元 ② 정치, 경제, 사회, 문화의 주요 사건 ③ 주요 인물의 행적과 사망 등을 서술하되, 東洋史 학술 연표들을 참고하였다(參考書目 年表 관련 자료 참조).
10. 본서의 校勘에 사용된 符號는 다음과 같다.
   ( )〔 〕: (저본의 誤字)〔교감한 正字〕
   〔 〕: 저본의 脫字 보충
   ( ): 저본의 衍字 표시
11. 본서에 사용한 주요 부호는 다음과 같다.
   " ": 인용
   ' ': " " 안의 재인용
   「 」: ' ' 안의 재인용
   『 』: 「 」 안의 재인용
   ( ): 원문의 讀音 및 번역문의 間註
   〔 〕: 번역문에서 뜻은 같으나 音이 다른 漢字, 원문의 漢字나 句節 표기
   譯註에서 인용한 원문표기
   ≪ ≫: 書名
   〈 〉: 篇章名, 作品名, 補充譯
   【 】: 綱과 目의 표시
   ◑, ○ : 저본에 사용된 부호 遵用
12. 본서 訓義에 사용한 標點은 다음과 같다.
   . : 문장의 종결
   , : 한 문장 안에서 句나 節의 구분이 필요한 곳
   · : 대등한 명사나 구절의 병렬
   " ": 인용
   ' ': " " 안의 재인용
   「 」: ' ' 안의 재인용

參考書目

◇ 底本

- 《資治通鑑綱目》, 朱熹(宋) 撰, 思政殿 訓義, 규장각 소장본.(奎7500)

◇ 底本 관련자료

- 《資治通鑑綱目》, 朱熹(宋) 撰, 思政殿 訓義, 규장각 소장본.(奎7512)
- 《資治通鑑綱目》, 朱熹(宋) 撰, 思政殿 訓義, 국립중앙도서관 소장본.(한古朝50-5)
- 《資治通鑑綱目》(《朱子全書》 8~11), 朱熹(宋) 撰, 嚴文儒・顧宏義 校點, 上海古籍出版社・安徽教育出版社, 2002.
- 《御批資治通鑑綱目》, 朱熹(宋) 撰, 聖祖(淸) 批, 文淵閣四庫全書, 제689~692책 史部447~450, 臺灣商務印書館, 1983~1986.
- 《資治通鑑》, 司馬光(北宋) 撰, 思政殿 訓義, 국립중앙도서관 소장본.(일산古221-43)
- 《資治通鑑》, 司馬光(北宋) 撰, 胡三省(元) 音註, 中華書局, 1992.(제5판)

◇ 經 部

- 《論語集註大全》, 朱熹(宋) 集註, 胡廣(明) 等 編, 朝鮮 內閣本, 影印本, 學民文化社.
- 《大學章句大全》, 朱熹(宋) 集註, 胡廣(明) 等 編, 朝鮮 內閣本, 影印本, 學民文化社.
- 《孟子集註大全》, 朱熹(宋) 集註, 胡廣(明) 等 編, 朝鮮 內閣本, 影印本, 學民文化社.
- 《書傳大全》, 蔡沈(宋) 集傳, 胡廣(明) 等 編, 朝鮮 內閣本, 影印本, 學民文化社.
- 《說文繫傳》, 徐鍇(南唐) 撰, 文淵閣四庫全書 제223책 經部217, 臺灣商務印書館, 1983~1986.
- 《詩傳大全》, 朱熹(宋) 集傳, 胡廣(明) 等 編, 朝鮮 內閣本, 影印本, 學民文化社.
- 《禮記集說大全》, 陳澔(元) 集說, 胡廣(明) 等 編, 朝鮮 內閣本, 影印本, 學民文化社.
- 《周易傳義大全》, 程頤(宋) 傳, 朱熹(宋) 本義, 胡廣(明) 等 編, 朝鮮 內閣本, 影印本,學民文化社.
- ≪春秋經傳集解≫, 左丘明(周) 傳, 杜預(晉) 註, 林堯叟(宋)・朱申(宋・元) 附註, 朝鮮 金屬活字本(戊申字), 影印本, 保景文化社.
- ≪春秋公羊傳注疏≫, 何休(後漢) 註, 徐彦(唐) 疏, 北京大學出版社, 2000.

◇ 史 部

- ≪綱目訂誤≫, 陳景雲(淸) 撰, 文淵閣四庫全書, 제323책 史部81, 臺灣商務印書館, 1983~1986.
- ≪舊唐書≫, 劉昫(後晉) 撰, 中華書局, 1975.
- ≪國語≫, 左丘明(周) 撰, 文淵閣四庫全書, 제406책 史部164, 臺灣商務印書館, 1983~1986.
- ≪史記≫, 司馬遷(漢) 撰, 中華書局, 1999.
- ≪史記索隱≫, 司馬貞(唐) 編, 文淵閣四庫全書 제246책 史部4, 臺灣商務印書館, 1983~1986.
- ≪史記正義≫, 張守節(唐) 編, 文淵閣四庫全書 제247~248책 史部5~6, 臺灣商務印書館, 1983~1986.
- ≪史記集解≫, 裴駰(南朝 宋) 編, 文淵閣四庫全書 제245~246책 史部3~4, 臺灣商務印書館, 1983~1986.
- ≪三國志≫, 陳壽(晉) 撰, 裴松之(南朝 宋) 注, 中華書局, 1959.
- ≪宋書≫, 沈約(南朝 梁) 撰, 中華書局, 1997.
- ≪水經注≫, 酈道元(北魏) 撰, 文淵閣四庫全書 제573책 史部331, 臺灣商務印書館, 1983~1986.
- ≪資治通鑑釋文≫, 史炤(宋) 撰, 臺灣商務印書館, 1980.
- ≪戰國策≫, 劉向(漢) 撰, 高誘(後漢) 注, 文淵閣四庫全書 제406책 史部164, 臺灣商務印書館, 1983~1986.
- ≪晉書≫, 房玄齡(唐) 等 撰 , 中華書局, 1997.
- ≪通鑑釋文辯誤≫, 胡三省(元) 撰, 文淵閣四庫全書 제312책 史部70, 臺灣商務印書館, 1983~1986.
- ≪通鑑五十卷詳節要解≫, 九淵禪師(朝鮮) 著, 국립중앙도서관 소장본.
- ≪通鑑地理通釋≫, 王應麟(宋) 撰, 文淵閣四庫全書 제312책 史部70, 臺灣商務印書館,

1983~1986.
• 《通典》, 杜佑(唐) 撰, 文淵閣四庫全書 제603~605책 史部361~363, 臺灣商務印書館, 1983~1986.
• 《漢書》, 班固(後漢) 撰, 中華書局, 2002.
• 《漢書補註》, 王先謙(淸) 補注, 王雲五 主編, 臺灣商務印書館, 1968.
• 《後漢書》, 范曄(南朝 宋) 撰, 中華書局, 1996.
• 《後漢書集解》, 王先謙(淸) 集解, 臺灣商務印書館, 1968.

◇ 子 部

• 《孔叢子》, 孔鮒(漢) 撰, 文淵閣四庫全書 제695책 子部1, 臺灣商務印書館, 1983~1986.
• 《世說新語》, 劉義慶(南朝 宋) 撰, 文淵閣四庫全書 제1035책 子部341, 臺灣商務印書館, 1983~1986.
• 《孫子》, 孫武(周) 撰, 文淵閣四庫全書 제726책 子部32, 臺灣商務印書館, 1983~1986.
• 《太平御覽》, 李昉(宋) 等 撰, 文淵閣四庫全書 제893~901책 子部199~207, 臺灣商務印書館, 1983~1986.

◇ 研究論著 및 飜譯書

• 加藤繁・公田連太, 《國譯 資治通鑑》, 景仁文化社, 1996.
• 權重達, 《資治通鑑》 1~32, 삼화, 2007~2010.
• 今鷹眞・井波律子 譯, 《正史三國志》1~8, 筑摩書房, 1993.
• 김유철・하원수, 《三國志・晉書 外國傳 譯註》, 동북아역사재단, 2009.
• ――――――, 《後漢書 外國傳 譯註》 上・下, 동북아역사재단, 2009.
• 渡邊義浩 等, 《全譯後漢書》 1~18, 汲古書院, 2016.
• 馬建石 主編, 《文白對照 資治通鑑輯覽》 1~36, 國際文化出版公司, 2002.
• 柏楊 編譯, 《柏楊白話版 資治通鑑》, 北岳文藝出版社, 2006.
• 成百曉 譯註, 《譯註 通鑑節要》 1~9, 傳統文化研究會, 2005~2011.
• 孫通海・李巨泰 主編, 《文白對照 資治通鑑綱目》 1~5, 長征出版社, 1996.
• 楊耀坤 等 校注, 《三國志》(今注本二十四史) 1~12, 巴蜀書社, 2013.
• 李國祥 等, 《資治通鑑全譯》, 貴州人民出版社, 1994.
• 李宗侗・夏德儀 等 校註, 《資治通鑑今註》 1~15, 臺灣商務印書館, 1985.

- 資治通鑑新注編纂委員會 編, ≪資治通鑑新注≫ 1~10, 陝西人民出版社, 1998.
- 張宏儒 · 沈志華 主編, ≪文白對照全譯 資治通鑑≫ 1~3, 改革出版社, 1991.
- 周天游 校注, ≪後漢紀校注≫, 天津古籍出版社, 1987.
- 池松旭, ≪詳密註釋 通鑑諺解≫, 學民文化社, 1992.
- 許嘉璐 主編, ≪三國志全譯≫(二十四史全譯) 1~2, 漢語大詞典出版社, 2004.
- ――――――, ≪晉書全譯≫(二十四史全譯) 1~4, 漢語大詞典出版社, 2004.
- ――――――, ≪後漢書全譯≫(二十四史全譯) 1~3, 漢語大詞典出版社, 2004.
- 黃惠賢, ≪中國政治制度通史 4 魏晉南北朝≫, 人民出版社, 1996.

◇ 사전 및 공구서

- 戴逸 主編, ≪二十六史大辭典≫, 吉林人民出版社, 1993.
- 山腰敏寬, ≪中國歷史公文書讀解辭典≫, 汲古書院, 2004.
- 施丁 · 沈志華 共譯, ≪資治通鑑大辭典≫ 上 · 下, 吉林人民出版社, 1994.
- 呂宗力 主編, ≪中國歷代官制大辭典≫, 北京出版社, 1994.
- 李波 等 主編, ≪三國志索引≫, 中國廣播電視出版社, 2002.
- 日中民族科學研究所 編, ≪中國歷代職官辭典≫, 國書刊行會, 1980.
- 張舜徽 主編, ≪三國志辭典≫, 山東教育出版社, 1992.
- 張忱石, ≪晉書人名索引≫, 中華書局, 1977.
- 中國大百科全書總編輯委員會 編, ≪中國大百科全書≫, 中國大百科全書出版社, 2009.
- 中國歷史大辭典編纂委員會 編, ≪中國歷史大辭典≫, 上海辭書出版社, 2000.
- 陳振江, ≪二十六史典故辭典≫ 上 · 下, 天津人民出版社, 1994.
- 倉修良 主編, ≪史記辭典≫, 山東教育出版社, 1991.
- ――――――, ≪漢書辭典≫, 山東教育出版社, 1996.
- 貝塚茂樹 等 編, ≪アジア歷史事典≫, 平凡社, 1952~1962.

◇ 데이터베이스(DB) 자료

- 한국고전종합DB(http://db.itkc.or.kr)
- 동양고전종합DB(http://db.cyberseodang.or.kr)
- 電子版 文淵閣四庫全書, 上海古籍出版社.
- 상우천고(http://www.s-sangwoo.kr)

◇ 年表 관련 자료

- 金文京, ≪中國の歷史 - 三國志の世界≫, 講談社, 2005.
- 柏楊, ≪中國歷史年表 上・下≫, 南海出版社, 2006.
- 松丸道雄 等 編, ≪中國史2≫, 山川出版社, 1996.
- 沈起煒, ≪中國歷史大事年表≫, 上海辭書出版社, 2001.
- 川本芳昭, ≪中國の歷史 - 中華の崩壞と擴大≫, 講談社, 2005.

目 次

思政殿訓義 資治通鑑綱目 제15권 하

蜀漢 後主 延熙 2년(239)～蜀漢 後主 延熙 15년(252)

己未年(239)

【綱】漢나라(蜀漢) 後主 延熙 2년이다.

二年이라

【目】魏나라 明帝 曹叡 景初 3년이고, 吳나라 大帝 孫權 赤烏 2년이다.

魏景初三年이요 吳赤烏二年이라

【綱】봄 정월에 魏나라 司馬懿가 洛陽에 이르러서 曹爽과 함께 遺詔를 받아 정사를 보좌하였다. 魏主 曹叡가 卒하니 太子 曹芳이 즉위하였다.

春正月에 魏司馬懿 至洛陽하여 與爽受遺輔政하고 魏主叡卒①하니 太子芳立[1]하다

① 陳壽가 말하기를 "향년이 36세이다." 하였다. 裴松之가 말하기를 "살펴보건대 魏 武帝(曹操)가 建安 9년(204) 8월에 鄴을 평정하고 文帝(曹丕)가 비로소 甄后를 받아들였으니,[2] 明帝

1) 魏司馬懿……太子芳立 : "'遺詔를 받았다.〔受遺詔〕'고 기록한 것이 많은데 여기에서 유독 '受遺'라고 기록한 것은 어째서인가. 魏나라가 詔를 쓰는 것을 인정하지 않은 것이다. 그러므로 太子 曹芳에게 '立'이라 쓰고 '卽位'라 쓰지 않은 것이다. 曹叡가 즉위한 것은 쓰지 않았는데 曹芳에게는 어째서 쓴 것인가. 처음을 바로잡은 것이니, 司馬氏가 임금을 폐위한 죄가 드러난다.〔書受遺詔多矣 此其獨書受遺何 不與魏之有詔也 故太子書立 不書卽位 叡立不書 芳何以書 正始也 則司馬氏廢主之罪著矣〕" ≪書法≫

書法은 '筆法'이란 말과 같다. 朱子는 ≪資治通鑑綱目≫을 편찬할 적에 孔子의 ≪春秋≫ 筆法을 따라 綱과 目으로 나누었는바, 綱은 ≪春秋≫의 經文을, 目은 ≪春秋左氏傳≫의 傳文을 따랐다. ≪資治通鑑綱目≫의 筆法을 밝힌 것으로는 劉友益(宋)의 ≪綱目書法≫, 尹起莘(宋)의 ≪綱目發明≫이 그 대표작이라 할 수 있는데, 이 두 책은 현재 淸나라 聖祖(康熙帝)가 엮은 ≪御批資治通鑑綱目≫에 모두 수록되어 있다. 이 필법은 綱에 주안점이 맞춰져 있는데, 우리나라 학자들이 특별히 이 ≪자치통감강목≫을 愛讀한 이유는 바로 이 필법에 있다. ≪어비자치통감강목≫에는 이외에도 汪克寬(元)의 ≪綱目凡例考異≫ 등 많은 내용이 수록되어 있으나, 본서에서 다 소개하지 못하고 ≪강목서법≫과 ≪강목발명≫의 중요한 것만을 발췌하여 수록하였다. 또한 陳濟(明)의 ≪資治通鑑綱目集覽正誤≫를 인용하여 오류를 바로잡기도 하였다. 본고에서는 각각 ≪書法≫, ≪發明≫, ≪正誤≫로 요약하여 표기하였다.

는 응당 建安 10년(205)에 출생하였을 것이다. 이해 정월에 이르기까지 연수를 헤아려보면 바로 34세이다. 이때에 正朔을 고쳐 지난해 12월을 금년 正月로 삼아서 억지로 35세라고 할 수는 있지만,[3] 36세가 될 수는 없다." 하였다.

陳壽曰 "年三十六." 裴松之曰 "按魏武以建安九年八月定鄴, 文帝始納甄后, 明帝應以十年生, 計至此年正月, 整三十四年耳. 時改正朔, 以故年十二月爲今年正月, 可彊名三十五年, 不得三十六也."

【目】 司馬懿가 洛陽에 이르러 〈魏主를〉 알현하자 魏主 曹叡가 그의 손을 잡고 말하기를 "내가 뒷일을 그대에게 부탁한다. 그대는 曹爽과 함께 어린 아들을 보필하라. 죽음을 겨우 참고 있었노라. 내가 차마 눈을 감지 못하고 그대를 기다려서 서로 만나게 되었으니, 여한이 없다."라고 하고, 마침내 齊王(曹芳)과 秦王(曹恂)을 불러서 사마의에게 보이고 따로 제왕 조방을 가리키며 말하기를 "이 아이이다. 그대가 잘 살펴 어긋나지 않도록 하라."라고 하였다.

그리고 또 제왕 조방에게 앞으로 나가서 사마의의 목을 껴안게 하니, 사마의가 머리를 조아리고 눈물을 흘렸다. 이때 조방의 나이가 8세였는데, 그날로 太子로 삼았다. 조예가 곧이어 卒하였다. 조방이 황위를 계승하여 皇后를 높여 皇太后로 삼고 조상과 사마의에게 아울러 侍中 都督中外諸軍[4] 錄尙書事를 더해주고 여러 곳의 건축공사를 모두 遺詔로 정지하였다.

司馬懿가 至洛陽하여 入見(현)한대 魏主叡가 執其手曰 吾以後事로 屬(촉)君하노니 君與曹爽으로

2) 建安……받아들였으니 : 甄后는 魏나라 文帝의 后妃이고 明帝의 母后이다. 본래 袁紹의 아들 遠熙의 아내였는데 曹操가 원소를 격파하자 조조의 아들 曹丕가 그의 아름다움을 탐내어 아내로 삼아 明帝 曹叡를 낳았다. 뒤에 郭后에게 총애를 빼앗기고 원망하다가 사사되었는데, 명제가 제위에 오르자 文昭皇后라는 시호를 올렸다.(≪三國志≫ 〈魏書 明帝叡〉)

3) 正朔을……있지만 : 魏나라 明帝 靑龍 5년(237) 때 연호를 바꾸어 景初 원년으로 하면서 연도의 시작을 寅月(동지 다음다음 달, 현재 음력 1월)에서 丑月(동지 다음 달, 현재 음력 12월)로 1개월을 당겼던 것이다.(≪三國志≫ 〈魏書 明帝叡〉) 이렇게 하면 나이 계산에 1년이 늘어나 35세가 될 수도 있다는 것이다.

4) 都督中外諸軍 : 都督은 都督某州諸軍事, 또는 都督諸州諸軍事를 줄인 말로, 督은 後漢 光武帝 시기에 督軍御史라는 직명이 보이나 後漢 말기에서 三國時代에 집중적으로 보이기 시작한다. 특히 당시 혼란으로 인해 刺史를 중심으로 한 지방통치체제가 한계를 나타내고, 또한 지방에 주둔한 군대의 역할이 중시되었다. 주둔군의 사령관이 그 지방의 민정까지 통할하게 되어 都督諸州諸軍事가 등장한 것으로 보인다. 이에 吳나라와 蜀나라는 군사적 요지에 督이나 都督을 두어 그 지역의 민정까지 통할하였으며, 魏나라의 경우 文帝 黃初 初期에 정식으로 都督諸軍事를 두었다고 보고 있다. 都督中外諸軍은 黃初 3년에 설치된 都督中外諸軍事의 약칭으로 吳나라의 大都督은 지역의 군사적 통치보다 국가 차원의 중요한 군사적 임무에 있어서 총사령관을 의미한다.

輔小子하라 死乃可忍이로다 吾忍死待君하여 得相見하니 無恨矣라하고 乃召二王示懿①하고 別指齊王芳曰 此是也라 君諦視之하여 勿誤也하라 又敎芳前抱懿項하니 懿頓首流涕러라 於是에 芳年八歲라 卽日에 立爲太子하다 叡尋卒하니 芳嗣位하여 尊皇后爲皇太后하고 爽懿竝加侍中都督中外諸軍錄尙書事②하고 諸所興作을 皆以遺詔罷之③하다

① 두 왕은 齊王과 秦王이다.
二王, 齊·秦二王.

② 〈曹爽과 司馬懿가〉 이미 都督中外諸軍을 삼았는데 또 錄尙書事를 삼으니, 文武의 큰 권력이 모두 그들에게 돌아간 것이다.
旣督中外諸軍, 又錄尙書事, 則文武大權盡歸之矣.

③ 以라 한 것은 遺詔에 정말 이런 지시가 있었던 것은 아니기 때문이다.
曰以者, 非遺詔眞有此指也.

【目】 明帝는 침착하고 굳세며 총명하고 민첩하여 〈정사를 남에게 휘둘리지 않고〉 자기 뜻에 따라 행하고 공을 세우고 능력이 있는 인물을 선발하고 거짓을 배척하였다. 그리고 군대를 출동시키고 큰일을 논의해 결정할 적에 謀臣과 將相들이 모두 감복하였다. 좌우 지위가 낮은 신하라도 관청의 장부에 기록된 품성과 행실, 성명과 행적 등의 이력, 그리고 그의 부형과 자제 등을 한 번 보고 들을 적에 이를 기억하고 끝까지 잊지 않았다.

○明帝沈毅明敏하여 任心而行하고 簡功能하고 屛浮僞하며 行師動衆하고 論決大事에 謀臣將相이 咸服之하다 左右小臣이라도 官簿性行과 名跡所履와 及其父兄子弟를 一經耳目에 終不遺忘①이러라

① 忘(잊다)은 巫放의 切[5])이다.
忘, 巫放切.

【目】 孫盛이 다음과 같이 평하였다.

"魏나라 明帝는 타고난 자질이 빼어나고 말수가 적었으며 결정을 잘하였다. 〈曹조의〉 遺命을 받아 보좌한 여러 공들을 모두 한 방면의 지방을 다스리게 하여 정사가 자기에게서 나왔다. 大臣들을 禮로 우대하여 비록 안색을 범하면서 심히 간언을 해도 박해하

5) 切 : 反切音을 표시한 것이다. '反(번)'은 뒤집는다(되치다)는 뜻으로 번역을 의미하고, '切'은 자른다는 의미이다. 앞 글자의 初聲을 따고 뒷글자의 中聲과 終聲을 따서 읽는다.

고 죽이는 일이 없었으니, 군주로서의 도량이 컸다. 그러나 덕을 세우고 풍도를 남겨 종실의 기틀을 굳건히 할 것을 생각하지 않아서, 심지어 大權을 다른 사람의 수중에 떨어지게 하고 社稷을 보위할 사람이 없게 하였으니, 슬프다."

孫盛曰 魏明帝는 天姿秀出하고 少言好斷하다 諸公受遺輔導者를 皆以方任處之하여 政自己出하다 優禮大臣하여 雖犯顔極諫이나 無所摧戮하니 其君人之量이 偉矣[①]라 然不思建德垂風하여 以固維城之基하고 至使大權偏據하고 社稷無衛하니 悲夫[②]로다

① 方任은 지방의 한 방면을 맡는 임무이다. 曹休는 淮南을 수비하게 하고, 曹眞은 關中을 수비하게 하고, 司馬懿는 宛에 주둔하게 한 일을 말한다. 偉는 뛰어나고, 크다는 뜻이다.
方任, 方面之任也. 謂使曹休鎭淮南, 曹眞鎭關中, 司馬懿屯宛也. 偉, 雄也, 大也.

② ≪詩經≫ 〈大雅 板〉에 "宗子는 나라의 성이다." 하였다. 이는 황제가 종실을 시기하여 魏나라를 망하게 한 일을 말한 것이다.
詩曰 "宗子維城." 此言帝猜忌宗室, 以亡魏.

【綱】 2월에 魏나라가 司馬懿를 太傅로 삼고, 何晏을 尙書로 삼았다.

二月에 魏以司馬懿爲太傅하고 何晏爲尙書하다

【目】 이때에 曹爽과 司馬懿가 각각 병사 3천 명을 거느리고 번갈아 궁중 안을 숙위하였다. 조상은 사마의의 나이와 지위가 본래 높다고 여겨 평상시 아버지처럼 섬겨서 매사를 묻고 감히 마음대로 행동하지 않았다.

예전에 畢軌・鄧颺, 李勝・何晏・丁謐이 모두 재주와 명망이 있었지만, 부귀에 급급하여 시세에 영합하고 권세에 아부하였다. 明帝는 〈실제에 힘쓰지 않고〉 겉만 화려한 것을 싫어하여 물리치고 등용하지 않았는데, 조상이 평소 그들과 친밀하여 사이가 좋았다. 정사를 보좌하게 되자, 대번에 그들을 발탁하여 심복으로 삼았다.

하안 등이 조상을 위하여 계책을 내기를 "중대한 권력을 남에게 맡겨서는 안 됩니다. 천자께 아뢰어 사마의를 승진시켜 太傅로 삼아야 하니 이렇게 하면 밖으로는 名號로써 그를 높이고, 안으로는 尙書로 하여금 일을 아뢸 적에 먼저 자신(조상)을 경유하게 하여 그 경중을 통제할 수 있습니다."라고 하자, 조상이 그 말을 따랐다.

사마의를 태부로 삼고 자신의 동생 曹羲・曹訓 등을 모두 將軍으로 삼아 천자를 시종하게 하여 궁중을 출입하게 하였으며, 吏部尙書 盧毓을 옮겨 僕射(복야)로 삼아 하안에게 이부상서를 대신하게 하고, 등양・정밀을 尙書로 삼고, 필궤를 司隷로 삼았다. 하안

등이 권세에 의지하여 執政하여 牽强附會하는 자를 승진시키고 자기들의 뜻에 어긋나는 자들을 파직시켜 물리치니, 조정의 안팎에서는 그 기색만을 살피고서 감히 뜻을 어기는 자가 없었다.

時에 曹爽司馬懿가 各領兵三千人하여 更宿殿內하니 爽以懿年位素高라하여 常父事之하여 每事咨訪하고 不敢專行이러라 初에 畢軌鄧颺李勝何晏丁謐이 皆有才名이로되 而急於富貴하여 趨時附勢[①]하니 明帝惡其浮華하여 抑而不用호되 曹爽素與親善이러니 及輔政에 驟加引擢하여 以爲腹心하니 晏等이 爲爽謀曰 重權을 不可委之於人이니 可白天子轉懿爲太傅하니 外以名號尊之하고 內欲令尙書奏事에 先來由己하여 得制其輕重이라한대 爽從之하다 以懿爲太傅하고 自以其弟羲訓等으로 皆爲將軍侍從하여 出入禁闥[②]하고 徙吏部尙書盧毓爲僕射하여 而以晏代之하고 以颺謐爲尙書하고 軌爲司隷하니 晏等이 依勢用事하여 附會者를 升進하고 違忤者를 罷退하니 內外望風하여 莫敢忤旨러라

① 畢은 姓이다. 何晏은 何進의 손자이며, 丁謐은 丁斐의 아들이다. 謐은 음이 密이다.
畢, 姓也. 晏, 進之孫. 謐, 斐之子也. 謐, 音密.
② 從(뒤따르다)은 才用의 切이다.
從, 才用切.

【目】傅嘏(부하)가 曹羲에게 말하기를 "何平叔이 겉으로는 조용하지만 속으로는 조급하고 기교를 잘 부리며 이익을 좋아하니, 반드시 먼저 그대 형제들을 미혹시킬 것입니다. 그로 인해 仁人이 멀리 피하게 될 것이고, 조정의 정사가 피폐해질 것입니다."라고 하였다.

하안 등이 마침내 어떤 일을 빌미로 부하의 관직을 파면하였고, 孫禮가 성실하고 정직하여 굽히지 않았기 때문에 조상이 孫禮를 외방으로 내보내 揚州刺史로 삼았다.

傅嘏謂羲曰 何平叔이 外靜內躁하고 銛巧好利하니 必先惑子兄弟라 仁人將遠하고 而朝政廢矣[①]리라하다 晏等이 遂因事免嘏官하고 孫禮亮直不撓라 爽出之하여 爲揚州刺史하다

① 平叔은 何晏의 字이다. 銛은 思廉의 切이니 예리하다는 뜻이다.
平叔, 晏字. 銛, 思廉切, 利也.

【綱】여름에 蔣琬을 大司馬로 삼았다.

夏에 以蔣琬爲大司馬하다

【目】 東曹掾 楊戲는 평소에 간소하고 격식을 차리지 않았다. 張琬이 그와 논의할 적에 양희가 때때로 응대를 하지 않으니, 어떤 사람이 장완에게 말하기를 “양희는 공에게 오만합니다.”라고 하자, 장완이 말하기를 “사람의 마음이 같지 않은 것은 각각 그 얼굴이 다른 것과 같으니, 앞에서는 따르다가 뒷말을 하는 것은 옛사람이 경계를 하였다. 양희가 나의 말에 찬동하려고 하면 이는 본심이 아니고, 나의 말에 반대하려고 하면 나의 잘못을 드러내는 것이기에 묵묵히 있을 뿐이다.”라고 하였다.

督農 楊敏이 일찍이 장완을 헐뜯기를 “일을 처리하는 것이 용렬하여 진실로 전임자에게 미치지 못한다.”라고 하였다. 주관하는 자가 양민을 추궁하여 다스릴 것을 청하자, 장완이 말하기를 “내가 진실로 전임자에게 미치지 못하니, 추궁해서는 안 된다.”라고 하였다.

주관하는 자가 용렬한 점을 묻자 장완이 말하기를 “만약 전임자만 못하면 일이 다스려지지 않고, 일이 다스려지지 않으면 용렬한 것이다.”라고 하였다.

그 후에 양민이 어떤 일에 연루되어 감옥에 갇히게 되니, 많은 사람들은 그가 반드시 죽을 것이라고 염려하였으나, 장완은 마음속에 옳고 그름을 고집하는 일이 없어서[6] 양민은 중죄를 면하였다.

東曹掾楊戲가 素簡略이라 琬與言論에 戲時不應하니 或謂琬曰 戲慢公矣로라 琬曰 人心不同이 各如其面①하니 面從後言은 古人所誡②라 戲欲贊吾是邪는 則非其本心이요 欲反吾言은 則顯吾之非라 是以默然耳라하니라 督農楊敏嘗毁琬曰 作事憒憒하여 誠不及前人③이로다 主者가 請推治之한대 琬曰 吾實不及前人하니 無可推니라 主者가 請問憒憒之狀한대 琬曰 苟其不如하면 則事不理하고 事不理하면 則憒憒矣라하니라 後敏坐事繫獄하니 衆猶懼其必死로대 琬心無適莫이라 敏得免重罪하다

① 〈“人心不同 各如其面”은〉 ≪春秋左氏傳≫ 襄公 31년에, 鄭나라 子産의 말이다.
左傳, 鄭子産之言.

② ≪書經≫ 〈虞書 益稷〉에 “너는 눈앞에서만 순종하고 물러나선 뒷말을 하지 말라.”라고 하였다.
書 “汝無面從, 退有後言.”

③ 督農은 魏・吳의 典農[7]과 같다. “憒憒”는 마음이 어지럽다는 뜻이다.

---

6) 마음속에……없어서 : 원문의 “無適莫”은 어떤 일을 고집함이 없음을 뜻한다. ≪論語≫ 〈里仁〉에 “군자는 천하의 일에 전적으로 옳은 것도 없고 전적으로 옳지 않은 것도 없어 오직 義만을 따른다.〔君子之於天下也 無適也 無莫也 義之與比〕”라고 한 데서 나온 말이다.

7) 典農 : ≪魏略≫에 의하면 典農校尉를 太祖(曹操)가 설치했는데 祿秩이 比二千石이라고 하였다.(≪三

督農, 猶魏吳之典農也. 憒憒, 心亂也.

【綱】 겨울 10월에 吳나라가 將軍 呂岱를 파견하여 武昌에 주둔하였다.

冬十月에 **吳遣將軍呂岱屯武昌**하다

【目】 呂岱의 당시 나이는 80세였다. 직접 국가 일을 하여 陸遜과 함께 荊州의 文書를 처리하여 한 마음으로 협력하고 좋은 일은 서로 양보하니, 남쪽 지방 사람들이 그들을 칭찬하였다.

岱時年八十이라 **躬親王事**하여 **與陸遜**으로 **共領荊州文書**하여 **同心協規**하고 **有善相讓**하니 **南土稱之**하더라

【綱】 吳나라 장수 周胤이 죄가 있어서 폐하여 廬陵으로 유배 보냈다.

吳將周胤有罪하여 **廢徙廬陵**하다

【目】 吳나라 都鄕侯 周胤(周瑜의 둘째 아들)이 병사 천 명을 거느리고 公安에 주둔하였는데, 그를 죄로 폐하여 유배를 보냈다. 諸葛瑾과 步騭이 그를 위하여 선처하기를 청하자, 吳主 孫權이 다음과 같이 말하였다.

"周胤은 나이가 젊고 공이 없는데 侯爵에 봉하고 병사를 거느리게 한 것은 전부 公瑾(주유)을 생각하였기 때문이다. 주윤이 이를 믿고 술에 취하고 음란한 짓하는 것을 고치지 않으니, 우선 그에게 고통을 주어 스스로 깨우치게 하려는 것일 뿐이다. 공근의 아들 때문에 두 분이 중재하게 하였으니, 만일 그가 자신의 잘못을 고칠 수 있다면 또한 무엇을 근심하겠는가."

周瑜의 형의 아들 偏將軍 周峻이 卒하자, 全琮이 주준의 아들 周護로 주준의 병사를 거느리게 할 것을 청하였는데, 손권이 말하기를 "주호는 성품과 행실이 위험하다는 말을 들었으니, 그를 임용하면 다만 화를 만들 뿐이다. 내가 공근을 생각하는 마음이 어찌 그친 적이 있겠는가."라고 하였다.

吳都鄕侯周胤이 **將兵千人**하고 **屯公安**이러니 **以罪廢徙**하니 **諸葛瑾步騭**이 **爲之請**①한대 **吳主權**

國志補注≫ 권1)

曰 胤年少無功호되 爵以侯將②은 蓋念公瑾故也어늘 而胤恃此하여 酗淫無悛하니 且欲苦之하여 使自知耳③라 以公瑾之子로 而二君居間하니 苟使能改면 亦何患乎④아 瑜兄子偏將軍峻이 卒이어늘 全琮이 請使峻子護로 領其兵한대 權曰 聞護性行危險하니 用之適爲作禍耳라 孤念公瑾이 豈有已哉리오하더라

① 爲(위하다)는 去聲이고, 아래에도 동일하다.
爲, 去聲, 下同.
② 이미 侯爵을 받고서, 또 병사를 거느린 것을 말한다.
謂旣受侯爵, 而又將兵也.
③ 酗는 香荀의 切이니, 술에 취해 성낸다는 뜻이다.
酗, 香荀切, 醉怒也.
④ "二君"은 諸葛瑾과 步騭을 가리킨다.
二君, 指瑾·騭也.

【綱】 12월에 魏나라가 다시 建寅의 달로 정월을 삼았다.8)

十二月에 魏復以建寅之月爲正하다

庚申年(240)

【綱】 漢나라(蜀漢) 後主 延熙 3년이다.

三年이라

【目】 魏主 曹芳 正始 원년이고, 吳나라 大帝 孫權 赤烏 3년이다.

---

8) 魏나라가……삼았다 : "建寅之月"은 북두칠성의 자루가 초저녁에 寅方(2시 방향)에 서는 달로, 지금의 음력 정월을 가리킨다. 魏나라 明帝 靑龍 5년(237) 때 연호를 바꾸어 景初 원년으로 하면서 定朔(연도의 시작)을 寅月(동지 다음다음 달, 현재 음력 1월)에서 丑月(동지 다음 달, 현재 음력 12월)로 1개월을 당겼던 것인데, 그 이유는 山茌縣에 黃龍이 나타나서 有司가 아뢰기를 "魏나라가 地統(땅의 원리로 통치함)을 얻어 마땅히 建丑(地統에 당하는 달)로 정월을 삼아야 합니다.〔山茌縣言黃龍見 於是有司奏以爲魏得地統 宜以建丑之月爲正〕"라고 하여 3월에 曆法을 확정하고 연호를 고쳐서 〈3월을〉 孟夏 4월로 하였다. 이렇게 正朔을 바꾸어 사용하다가 지금 해인 景初 3년(239) 정월에 明帝가 崩하여 齊王 曹芳이 즉위하였다. 이해 12월에 詔書를 내려 명제의 忌日이 돌아오는 슬픔을 기억하고 夏曆을 다시 사용하도록 하여 丑月을 夏曆의 12월로 하고 寅月을 하력 정월로 하면서 연호도 바꾸어 正始 원년(240)으로 하였다.(≪三國志≫ 〈魏書 明帝叡〉·〈魏書 齊王芳〉)

魏主曹芳正始元年이요 吳赤烏三年이라

【綱】 봄에 張嶷(장억)을 越巂太守로 삼았다.

春에 以張嶷爲越巂太守하다

【目】 이전에 越巂郡의 蠻夷가 자주 蜀漢을 배반하여 太守를 죽였는데, 이후로 태수가 임시로 安定縣에 治所를 두니, 원래 郡의 치소와의 거리가 8백여 리였다. 張嶷이 太守가 되어 막 歸附한 이들을 불러 위로하고 강하며 교활한 이를 토벌하니, 월수군 지역이 모두 평정되어 다시 옛날 치소로 돌아왔다.

初에 越巂蠻夷가 數(삭)叛하여 殺太守한대 太守가 寄治安定縣하니 去郡八百餘里①러라 及嶷爲守하여 招慰新附하고 誅討彊猾하니 郡界悉平이라 復還舊治②하다

① 諸葛亮이 高定을 평정한 뒤에 越巂郡의 蠻夷가 자주 배반하여 太守 龔祿과 焦璜을 죽였다. 安定縣은 기록에 보이지 않으니, 당시에 越巂郡이 治所를 옮긴 일로 인해 잠시 동안 세웠을 것이다.
自諸葛亮平高定之後, 越巂夷數(삭)反, 殺太守龔祿焦璜. 安定縣不見于志, 當是因越巂移治而蹔立也.

② 嶷은 魚力의 切이다. 漢나라 때 越巂郡은 邛都縣에 치소를 두었다.
嶷, 魚力切. 漢越巂郡治邛都縣.

【綱】 겨울에 吳나라에 기근이 들었다.

冬에 吳饑하다

辛酉年(241)

【綱】 漢나라(蜀漢) 後主 延熙 4년이다.

四年이라

【目】 魏主 曹芳 正始 2년이고, 吳나라 大帝 孫權 赤烏 4년이다.

魏正始二年이요 吳赤烏四年이라

【綱】 여름 4월에 吳나라 사람들이 魏나라를 공격하자, 魏나라가 吳나라를 공격하여 물리쳤다.

夏四月에 吳人攻魏어늘 魏擊却之하다

【目】 처음에 吳主 孫權이 魏나라를 정벌하려고 할 적에 零陵太守 殷札이 다음과 같이 말하였다.

"지금 하늘이 曹氏를 버려서 죽고 죽이는 일이 자주 나타나고, 호랑이처럼 서로 다투는 시기에 어린아이가 정사를 맡았습니다. 폐하께서는 마땅히 친히 군사를 인솔하여 荊州와 揚州 지역을 샅샅이 조사하여 강한 자와 노약자의 수를 헤아려서 강한 자에게는 창을 잡게 하고 노약자에게는 물자를 운반하게 하소서. 益州(蜀漢)에 명하여 隴右에 군대를 주둔시키고, 諸葛瑾·朱然은 襄陽으로 향하게 하고, 陸遜·朱桓은 壽春을 정벌하게 하고, 폐하께서는 淮水의 북쪽으로 들어가 靑州·徐州를 경유하여 掎角之勢를 이루어서 나란히 진공하면 백성들이 반드시 안에서 호응할 것입니다. 魏나라 한 방면의 군대가 패하면 남은 세 방면의 부대가 마음이 흩어질 것이니, 곧 승세를 타고 패배한 자를 추격하여 華夏를 평정할 수 있습니다. 만약 군사를 모두 동원하지 않고, 이전처럼 소규모로 출동하면 백성은 피로해지고 위세를 잃게 되어 시간이 지날수록 국력이 고갈될 것이니, 상책이 아닙니다."

손권이 은찰의 계책을 쓰지 못했다.

初에 吳主權이 將伐魏할새 零陵太守殷札이 言曰 今天棄曹氏하여 喪誅累見(현)하고 虎爭之際而幼童涖事①하니 陛下宜身自御戎하여 滌荊揚之地하여 擧彊羸之數하여 使彊者執戟하고 羸者轉運②하소서 命益州하여 軍于隴右③하고 諸葛瑾朱然은 指襄陽하고 陸遜朱桓은 征壽春하고 大駕入淮陽하여 歷靑徐④하여 掎角竝進이면 民必內應이라 一軍敗績하면 則三軍離心이니 便當乘勝逐北(배)하여 以定華夏라 若不悉軍動衆하고 循前輕擧면 民疲威消하여 時往力竭이니 非上策也니이다 權不能用⑤하다

① "喪誅累見"은 死亡하고 誅戮하는 일이 자주 나타나는 것을 말한다. 일설에 "'喪誅'는 魏나라에 자주 大喪이 있음을 말한 것이니, 이는 하늘의 주벌이다." 하였다.
喪誅累見, 言死亡誅戮者屢見. 一說"喪誅, 謂魏累有大喪, 蓋天誅也."

② 滌은 씻는다는 뜻이니, 온 나라에 군사를 동원한 뒤에 머무는 사람이 없는 것이 그 땅이 씻은 듯함을 말한 것이다.
滌, 洗也, 言擧國興師後無留者, 其地如洗也.

③ 益州는 蜀漢을 말한다.
益州, 謂蜀也.

④ 前漢의 淮陽은 後漢 章帝가 고쳐서 陳郡이라고 하였으니, 이는 바로 淮水의 북쪽을 말한 것이다.
前漢之淮陽, 後漢章帝改曰陳郡, 此直謂淮水之陽耳.

⑤ 나라의 힘을 기울여 군사를 출동하여 한 번 전쟁에서 승부를 결정한 것이 苻堅이 망하게 된 이유이다.[9] 吳主는 殷札의 계책을 쓸 수 없었던 것이 아니라, 쓰려고 하지 않았던 것이다.
傾國出師, 決勝負於一戰, 苻堅之所以亡也, 吳主非不能用殷札之計, 不肯用也.

【目】 4월에 〈吳主 孫權이〉 명령하여 全琮에게 淮南을 경략하게 하고, 朱然에게 樊城을 포위하게 하고 諸葛瑾에게 柤中(조중)을 공격하게 하였는데, 魏나라 將軍 王淩이 吳나라 전종과 싸워서 전종을 패퇴시켰다. 司馬懿가 말하기를 "柤中의 백성과 夷人 10만 명이 유리하여 주인이 없고, 번성이 공격당한 지 1개월이 지났으니, 이는 위급한 일입니다. 제가 그들을 토벌하겠습니다."라고 하고, 마침내 여러 군사를 감독하여 번성을 구원하자, 吳나라 군사들이 밤에 도망갔다.

四月에 命全琮略淮南하고 朱然圍樊하고 諸葛瑾攻柤中①이러니 魏將軍王淩이 與琮戰하여 敗之하니 司馬懿曰 柤中民夷十萬이 流離無主하고 樊城被攻歷月하니 此危事也라 請自討之라하고 遂督諸軍救樊한대 吳軍夜遁하다

① ≪襄陽記≫에 말하기를 "柤는 租稅의 租와 같이 읽는다. 柤中은 上黃 경계에 있고 襄陽과 거리가 150리이다. 魏나라 때 夷王인 梅敷 형제 3인의 部曲 1만여 家가 여기에 주둔하여 中廬와 宜城의 西山의 鄢谷과 沔谷의 두 골짜기 중에 분포되어 있었는데, 토지가 평평하고 광활하여 뽕나무와 삼이 잘 자라며, 水田과 陸田의 좋은 밭이 있다. 沔水의 남쪽의 기름진 옥토를 柤中이라고 한다." 하였다.

9) 苻堅이……이유이다 : 前秦王 苻堅이 100만 대군으로 晉나라에 침입하자, 晉나라는 謝玄을 장수로 삼았다. 부견이 肥水 가에 진을 쳐서 사현의 군사가 건널 수 없자 사현이 부견에게 "그대가 우리의 경내에 깊이 들어와 물가에 진을 친 것을 보니 速戰할 생각이 아니다. 군사를 조금 물려서 우리가 물을 건너도록 해준다면 나도 추격의 고삐를 늦추고 관망하겠다."라고 하니, 부견이 자기 쪽의 군사가 압도적으로 많은 것을 믿고 진을 조금 물리도록 명하였다. 이 와중에 부견의 군대가 혼란에 빠지자 사현이 8천 명의 군사로 강을 건너 대승을 거두었다. 이를 肥水大戰이라 하며 前秦이 이를 계기로 몰락하였다.(≪晉書≫ 〈謝玄列傳〉)

襄陽記曰 "柤, 讀如租稅之租. 柤中在上黃界, 去襄陽一百五十里. 魏時夷(正權)〔王梅〕[10]敷兄弟三人部曲萬餘家屯此, 分布在中廬·宜城西山鄢沔二谷中, 土地平敞, 宜桑麻, 有水陸良田. 沔南之膏腴沃壤, 謂之柤中."

【綱】 吳나라 太子 孫登이 卒하였다.

吳太子登이 **卒**[11]하다

【綱】 **蔣琬**이 涪縣으로 옮겨서 주둔하였다.

◑**蔣琬**이 **徙屯**涪하다

【目】 **蔣琬**은 **諸葛亮**이 자주 **秦川**으로 출병했을 적에 길이 험해 운송이 어려워서 마침내 성공하지 못했다고 여겨 마침내 배를 많이 만들고는 **漢水**와 **沔水**가 동쪽으로 내려가는 것을 이용하여 **魏興**과 **上庸**을 습격하고자 하였다. 마침 장완이 병이 나서 실행하지 못하니, 조정의 신하들이 모두 말하기를 전쟁에 승리를 거두지 못하면 돌아오는 길이 매우 곤란할 것이라고 하였다. **漢 後主**가 **費禕**와 **姜維**를 파견하여 이런 뜻을 유시하니, 장완이 다음과 같이 말하였다.

"지금 **魏**나라의 형세가 **九州**를 차지하고 있어 뿌리와 줄기 꼭지가 무성하게 뻗어 있습니다. 만약 〈**蜀漢**과 **吳**나라가〉 동서에서 힘을 합쳐 앞뒤에서 협공을 하면 비록 뜻한 대로 빨리 되지 못하더라도 또한 마땅히 분열시켜서 땅을 잠식하여 그 **支黨**을 꺾어놓을 수 있습니다. 그러나 **吳**나라가 약속한 것이 두세 차례였으나 연이어 수행하지 못했습니다.

번번이 제가 비위 등과 상의하였는데, **涼州**는 **胡人** 지역의 변방 요충지이므로 군대가 나아가고 물러날 적에 바탕으로 삼을 수 있고, 또 **羌人**과 **胡人**들은 마음속으로 **漢**나라

---

10) (正權)〔王梅〕: 저본에는 '正權'으로 되어 있으나, ≪三國志≫ 〈吳書 朱然傳〉의 注에 의거하여 '王梅'로 바로잡았다.

11) 吳太子登卒 : "太子가 卒했다고 기록한 것은 여기에서 시작되었다. ≪資治通鑑綱目≫이 끝날 때까지 太子에게 '卒'이라고 기록한 것은 아홉 번이고(吳나라 太子 登과 代나라 世子 寔, 魏나라 太子 晃, 齊나라 太子 長懋, 梁나라 太子 統, 隋나라 太子 昭, 唐나라 太子 寧과 太子 永, 後唐 太子 弘冀), '薨'이라고 쓴 것은 한 번이고(唐나라 太子 弘), '死'라고 쓴 것은 한 번이다.(唐나라 太子 重俊)〔卒太子始此 終綱目 太子書卒者九(吳太子登 代世子寔 魏太子晃 齊太子長懋 梁太子統 隋太子昭 唐太子寧 太子永 後唐太子弘冀) 書薨一(唐太子弘) 書死一(唐太子重俊)〕" ≪書法≫

를 갈구하고 있으니, 마땅히 강유를 刺史로 삼아야 합니다. 만약 강유가 정벌을 행하여 河西 지역을 제어하게 된다면 신은 마땅히 군사를 거느리고 나가 후원이 될 것입니다. 지금 涪縣은 수로와 육로가 사방으로 통하여 긴급한 상황에 대응할 수 있으니, 만약 동쪽과 북쪽에 근심이 있더라도 위급한 곳으로 달려가는 것이 또한 쉽습니다. 부현으로 옮겨 주둔하기를 바랍니다."

後主가 그 말을 따랐다.

琬以諸葛亮이 **數出秦川**에 **道險運難**하여 **卒無成功**[①]이라하여 **乃多作舟船**하고 **欲乘漢沔東下**하여 **襲魏興上庸**[②]이러니 **會疾動未行**하니 **朝廷咸以爲事有不捷**하면 **還路甚難**이라한대 **帝遣費禕姜維**하여 **喩指**하니 **琬言**호되 **今魏跨帶九州**하여 **根蔕**(제)**滋蔓**[③]하니 **若東西并力**하여 **首尾掎角**이면 **雖未能速如志**나 **且當分裂蠶食**하여 **摧其支黨**이라 **然吳期二三**이로되 **連不克果**[④]하니 **輒與禕等議**하여 **以涼州**는 **胡塞之要**라 **進退有資**하고 **且羌胡乃心思漢如渴**하니 **宜以維爲刺史**라 **若維征行**하여 **御制河右**면 **臣當帥軍爲繼**[⑤]라 **今涪水陸四通**하여 **惟急是應**이니 **若東北有虞**라도 **赴之亦易**라 **請徙屯涪**라한대 **帝從之**하다

① 關中의 땅은 기름진 들이 천리인데, 秦나라 옛 국토이므로 秦川이라고 한다.
關中之地, 沃野千里, 秦之故國, 謂之秦川.

② 漢水와 沔水의 물은 漢中으로부터 동쪽으로 魏興과 上庸을 거쳐서 襄陽에 도달하게 된다. 天下를 다투려고 하면 마땅히 秦川으로 병력을 출동해야 하는데, 魏興과 上庸은 그에 적합한 땅이 아니다.
漢·沔之水, 自漢中東歷魏興·上庸以達于襄陽. 欲爭天下, 則當出兵秦川, 魏興·上庸, 非其地也.

③ 跨(걸치다)는 苦化의 切이다. 蔕는 음이 帝이니, 草木이 열매에 이어진 꼭지이다. 蔓은 음이 萬이니, 뻗어나간다는 뜻이다.
跨, 苦化切. 蔕, 音帝, 草木綴實也. 蔓, 音萬, 延也.

④ 〈蜀漢이〉 吳나라와 기약해서 魏나라를 앞뒤에서 협공하기로 한 것이 두세 차례였는데, 〈吳나라가〉 약속한 대로 수행하지 못한 것을 말한 것이다.
言與吳國期約, 掎角伐魏, 二三次矣, 不能果所期也.

⑤ 御는 말굴레이다.
御, 馬勒也.

【綱】 魏나라가 淮南의 북쪽에 屯田을 설치하고 漕渠(漕運하는 하천)를 넓혔다.

魏置淮南北屯田하고 **廣漕渠**하다

【目】魏나라가 揚州와 豫州 사이에 농지를 넓혀 곡식을 저축하고자 하여 尙書郞 鄧艾로 하여금 陳縣과 項縣의 동쪽에서 壽春까지 순시하게 하였다. 등애가 다음과 같이 말하였다.

鄧艾

"太祖(曹操)께서 황건적을 격파하시고 이어서 둔전을 하여 許都에 곡식을 쌓아 사방을 제압하셨습니다. 지금 세 방면이 이미 평정되었으니 일이 淮南에 달려 있습니다. 대군이 출정할 때마다 운송 병력이 반을 넘어 공력과 비용이 억으로 헤아릴 정도입니다. 陳·蔡 일대는 지형이 낮고 토지가 비옥하니, 許昌 부근에 벼를 심는 전지를 줄이고 하천들을 합하여 동쪽으로 흘러가게 하여서, 淮水 북쪽에 주둔한 2만 명과 회수 남쪽에 주둔한 3만 명 중에 10분의 2를 순번을 나누어 쉬게 하면 항상 4만 명이 있게 되어 한편으로는 농사를 지으면서 한편으로는 지키게 할 수 있습니다. 運河를 더욱 개척해서 灌漑 시설을 늘려서 漕運을 통하게 하면, 여러 비용을 계산하여 제하고도 해마다 5백만 斛을 온존할 수 있으니, 6, 7년 사이에 3천만 곡을 淮水 가에 저장할 수 있습니다. 이는 10만의 병력이 5년간 먹을 수 있는 식량입니다. 이것으로 吳나라를 정벌하면, 이기지 못할 것이 없습니다."

사마의가 그의 말을 훌륭하게 여겨 이해에 처음으로 漕渠를 개척하여 넓혔다. 동남 지역에 일이 있을 때마다 대군이 배를 타고서 長江과 淮水에 도달하니, 물자와 식량은 비축이 있고 수해가 없었다.

魏欲廣田畜穀於揚豫之間하여 使尙書郞鄧艾로 行陳項已東至壽春①하니 艾以爲호되 太祖破黃巾하고 因爲屯田하고 積穀許都하여 以制四方하니 今三隅已定하니 事在淮南이라 每大軍出征에 運兵過半하여 功費巨億이라 陳蔡之間에 土下田良하니 可省許昌左右稻田하고 幷水東下②하여 令淮北屯二萬人과 淮南三萬人으로 什二分休하면 常有四萬人하여 且田且守③요 益開河渠하여 以增灌漑하여 通漕運하면 計除衆費하고 歲完五百萬斛이니 六七年間에 可積三千萬斛於淮上이라 此則十萬之衆五年食也니 以此乘吳면 無不克矣④리라 司馬懿善之하여 是歲에 始開廣漕渠하니 每東南

有事에 **大軍泛舟**하여 **達于江淮**하니 **資食有儲而無水害**하더라

① 行(순시하다)는 去聲이다. 陳縣은 漢나라 때 陳國에 속하였다. 項縣은 漢나라 때 汝南郡에 속하였다. ≪晉書≫ 〈地理志〉에 "두 縣은 모두 梁國에 속하였다." 하였다.
行, 去聲. 陳縣, 漢屬陳國. 項縣, 漢屬汝南郡. 晉志"二縣竝屬梁國."

② 汝水·潁水·蒗蕩渠水·渦水는 모두 陳·蔡 일대를 경유하여 동쪽 淮水로 들어간다.
汝水·潁水·蒗蕩渠水·渦水, 皆經陳·蔡之間而東入淮.

③ "什二分休"는 열 명 중에 두 명씩 순번을 나누어 쉬게 하는 것을 이른다. 5만 명을 1만 명씩 나누어 순번에 따라 쉬고 번갈아 수자리를 서게 하여, 한 바퀴 돌면 다시 시작하는 것이니, 이에 항상 4만 명이 둔전을 하였다.
什二分休, 謂十人之中, 以二人分番休息也. 五萬人分一萬番休迭戍, 周而復始, 是常有四萬人屯田.

④ 乘은 정벌한다는 뜻이다.
乘, 伐也.

【綱】 管寧이 魏나라에서 卒하였다.

管寧이 **卒於魏**[12)]하다

【目】 管寧은 명성과 행실이 고결하여, 그를 바라보는 사람들이 아득하여 따를 수 없을 것 같다가도 그에게 나아가면 화락하고 온순하여 일에 따라 사람을 善으로 인도하니, 사람들이 모두 감화되고 복종하였다. 84세의 나이로 卒하였다. 천하 사람들이 그를 알건 모르건 간에 그의 죽음을 들은 사람은 누구나 한탄하였다.

寧名行高潔하여 **人望之者 邈然若不可及**이라가 **卽之熙熙和易**하여 **能因事導人於善**하니 **人皆化服**이러라 **年八十四**에 **卒**하다 **天下知與不知**가 **聞之無不嗟嘆**이러라

---

12) 管寧卒於魏 : "布衣의 신분인데 어찌하여 '卒'이라 기록하였는가. 현인임을 기록한 것이다. ≪資治通鑑綱目≫이 끝날 때까지 布衣에게 '卒'을 기록한 것이 둘이니, 黃憲과 管寧은 모두 현인임을 기록한 것이다. 그렇다면 魏나라에서 卒하였다고 기록한 것은 어째서인가. 魏나라가 그를 신하 삼을 수 없게 한 것이다. 그러므로 孟軻는 天下의 大賢이니 魏(梁)나라에 이르렀다고 기록하고 鄒나라 사람 孟軻라고 기록하지 않았다. 管寧도 天下의 善士이니 魏나라에서 卒하였다고 기록하고 魏나라 사람 管寧이라고는 기록하지 않은 것이다.〔布衣也 何以卒 錄賢也 終綱目 布衣書卒二 黃憲管寧 皆錄賢也 然則其書卒於魏 何 不使魏得臣之也 是故 孟軻天下之大賢也 書至魏 而不書鄒孟軻 管寧亦天下之善士也 書卒於魏 而不書魏管寧〕" ≪書法≫

壬戌年(242)

【綱】 漢나라(蜀漢) 後主 延熙 5년이다.

五年이라

【目】 魏主 曹芳 正始 3년이고, 吳나라 大帝 孫權 赤烏 5년이다.

魏正始三年이요 吳赤烏五年이라.

【綱】 봄 정월에 中監軍 姜維가 漢中에서 涪縣으로 옮겨 주둔하였다.

春正月에 中監軍姜維가 自漢中徙屯涪①하다

① 中監軍은 곧 中護軍의 직임이다. 蜀漢은 前監軍, 後監軍, 中監軍을 설치하여 지위를 三軍師[13]의 아래에 두었다.
中監軍, 卽中護軍之任也. 蜀置前監軍・後監軍・中監軍, 位三軍師之下.

【綱】 吳主가 아들 孫和를 세워서 太子로 삼고 孫霸를 魯王으로 삼았다.

◑ 吳立子和爲太子하고 霸爲魯王하다

【目】 孫霸는 孫和의 同母弟이다. 吳主 孫權이 손패를 사랑하기를 손화와 다름없이 하였다. 손패의 師傅 是儀가 간언하기를 "魯王이 文武의 자질을 겸비하였으니, 마땅히 밖으로 나아가 사방을 진무하여 나라의 藩屛이 되어야 합니다. 또 두 宮(太子와 魯王)으로 하여금 차등을 두어서 상하의 질서를 바로잡아야 합니다."라고 하였다. 네 차례 上書를 올렸으나 손권이 따르지 않았다.

霸는 和母弟也라 吳主權이 愛之를 與和無異하니 其傅是儀가 諫曰 魯王이 兼資文武하니 宜出鎭四方하여 爲國藩輔니이다 且使二宮으로 有所降殺(쇄)①하여 以正上下之序이니이다 書四上에 不聽하다

① 殺(줄이다)는 所戒의 切이다.
殺, 所戒切.

---

13) 三軍師 : 蜀漢은 中軍師, 前軍師, 後軍師 3명의 軍師를 두었다.

癸亥年(243)

【綱】 漢나라(蜀漢) 後主 延熙 6년이다.

六年이라

【目】 魏主 曹芳 正始 4년이고, 吳나라 大帝 孫權 赤烏 6년이다.

魏正始四年이요 **吳赤烏六年**이라

【綱】 여름 5월 초하루에 개기일식이 있었다.

夏五月朔에 **日食既**[14)]하다

【綱】 겨울 10월에 〈漢나라(蜀漢)가〉 前監軍 王平을 보내 漢中을 감독하게 하였다.

◑ **冬十月**에 **遣前監軍王平督漢中**하다

【綱】 11월에 〈漢나라(蜀漢)가〉 費禕를 大將軍 錄尙書事로 삼았다.

◑ **十一月**에 **以費禕爲大將軍錄尙書事**하다

【綱】 魏나라 荊州와 豫州의 都督인 王昶이 新野로 이동하여 주둔하였다.

◑ **魏(揚)〔荊〕豫都督**[15)]**王昶**이 **徙屯新野**[①]하다

---

14) 日食既 : "皆既日蝕은 큰 변고이다. 이로부터 陳祗와 黃皓가 권력을 부려서 蜀漢이 망하였으므로 이를 삼가 기록한 것이다. ≪資治通鑑綱目≫이 끝날 때까지 일식을 기록한 것이 367번이고, 皆既日蝕은 12번인데 모두 크게 감응하지 않은 적이 없다.(惠帝 7년 〈5월 조에〉 자세하다.)〔食既 大變也 自是 陳祗黃皓用事 而漢亡矣 故謹書之 終綱目 書日食 三百六十七 而食既者十二 無不有大應者也(詳惠帝七年)〕" ≪書法≫

15) (揚)〔荊〕豫都督 : 저본에는 '揚'으로 되어 있으나, 아래 訓義에 의거하여 '荊'으로 바로잡았다. 荊豫都督은 都督荊州豫州諸軍事를 가리킨 것이다. 督은 後漢 光武帝 시기에 督軍御史라는 직명이 보이나 後漢 말기에서 三國時代에 집중적으로 보이기 시작한다. 특히 당시 혼란으로 인해 刺史를 중심으로 한 지방통치체제가 한계를 나타내고, 또한 지방에 주둔한 군대의 역할이 중시되었다. 주둔군의 사령관이 그 지방의 민정까지 통할하게 되면서 都督某州諸軍事, 또는 都督諸州諸軍事가 등장한 것으로

① 《三國志》〈魏書 王昶傳〉에 의하면 揚은 마땅히 荊으로 되어야 한다.
據王昶傳, 揚當作荊.

【目】 王昶이 上言하기를 "땅은 변하지 않는 험준함이 있으나 수비는 고정된 형세가 없다. 지금 宛에 주둔하여 襄陽과의 거리가 3백여 리니, 급보가 있어도 서로 달려가 구원할 수 없다."라고 하였는데, 마침내 新野로 옮겨서 주둔하였다.

昶言地有常險하되 守無常勢하니 今屯宛에 去襄陽三百餘里니 有急不足相赴라하니 遂徙屯新野하다

甲子年(244)

【綱】 漢나라(蜀漢) 後主 延熙 7년이다.

七年이라

【目】 魏主 曹芳 正始 5년이고, 吳나라 大帝 孫權 赤烏 7년이다

魏正始五年이요 吳赤烏七年이라

【綱】 봄 정월에 吳나라가 陸遜을 丞相으로 삼았다.

春正月에 吳以陸遜爲丞相하다

【綱】 3월에 魏나라 曹爽이 漢中을 침략하자, 윤3월에 費禕가 여러 군대를 감독하여 구원하였다.

◑ 三月에 魏曹爽이 寇漢中이어늘 閏月에 費禕가 督諸軍救之하다

【目】 魏나라 征西將軍[16] 夏侯玄은 曹爽의 고종사촌인데, 李勝을 辟召하여 長史로 삼았

보인다. 이에 吳나라와 蜀나라는 군사적 요지에 督이나 都督을 두어 그 지역의 민정까지 통할하였으며, 魏나라의 경우 文帝 黃初 初期에 정식으로 都督諸軍事를 두었다고 보고 있다.

16) 征西將軍 : 四征將軍의 하나이다. 四征將軍은 征東將軍, 征南將軍, 征西將軍, 征北將軍을 가리킨다. 이 명칭들은 대부분 光武帝 시기에 등장하였는데, 漢나라 말기 曹操가 사방을 경략하면서 常置하였

다. 이승과 鄧颺이 조상으로 하여금 천하에 威名을 세우게 하고자 하여 蜀漢을 정벌하게 할 것을 권하였는데, 司馬懿가 그들을 만류하였으나 할 수 없었다.

3월에 조상이 長安에 와서 병졸 10여만 명을 동원하여 하후현과 함께 駱谷에서 漢中으로 들어가니, 한중을 지키는 병사가 3만 명이 되지 못하였다. 여러 장수들이 모두 두려워하여 성을 지키며 나오지 않고 涪縣의 병력을 기다리려고 하자, 王平이 말하기를 "이곳은 부현과의 거리가 거의 천 리나 됩니다. 적이 만약 關城을 얻게 된다면 바로 큰 재앙이 될 것입니다."라고 하였다. 마침내 護軍 劉敏을 보내서 興勢山을 점거하고 旗幟를 많이 펼쳐서 길이가 백여 리에 이르렀다.

魏征西將軍夏侯玄은 爽姑子也니 辟李勝爲長史하다 勝及鄧颺欲爽立威名於天下하여 勸使伐蜀한대 司馬懿止之로되 不得하다 三月에 爽至長安하여 發卒十餘萬하여 與玄으로 自駱谷入漢中①하니 漢中守兵不滿三萬이라 諸將皆恐하여 欲守城不出하고 以待涪兵②한대 王平曰 此去涪垂千里라 賊若得關이면 便爲深禍③라하니 遂遣護軍劉敏하여 據興勢하여 多張旗幟하여 彌亘百餘里④러라

① 駱谷은 關門의 이름이다. 漢中郡의 興勢縣에 駱谷路가 있는데, 남쪽 입구를 儻谷이라고 하고, 북쪽 입구를 駱谷이라고 한다.
駱谷, 關名. 漢中郡興勢縣有駱谷路, 南口曰儻谷, 北口曰駱谷.

② 蔣琬이 涪에 주둔함으로부터 蜀漢의 중요한 병력이 거기에 있게 되었다.
自蔣琬屯涪, 蜀之重兵在焉.

③ 垂는 거의 미친다는 뜻이다. 關은 關城이다. 杜佑가 말하기를 "關城은 俗名을 張魯城이라 하는데 西縣의 서쪽 40리에 있다." 하였다.
垂, 幾及也. 關, 關城也. 杜佑曰 "關城, 俗名張魯城, 在西縣西四十里."

④ 興勢는 山의 이름이다. ≪太平寰宇記≫[17]에 "興勢山은 洋州 興道縣 북쪽 43리에 있다." 하였다.
興勢, 山名. 寰宇記 "興勢山, 在洋州興道縣北四十三里."

【目】윤3월에 後主가 費禕를 보내서 漢中을 구원하게 하였다. 출발하려고 할 적에 光祿大夫 來敏이 비위를 찾아와 송별을 할 적에 함께 바둑을 두자고 하였다. 이때에 급보가 교대로 도착하였기에 병사들과 말이 갑옷과 마갑을 착용하고 군장을 갖추고 말에 수레를 얹어 출동 준비를 마친 상황이었다. 그런데도 비위는 내민과 바둑을 두면서도 조금

다. 四征將軍은 秩 二千石이었고, 魏 文帝 때 9品으로 나누면서 2품으로 三公 다음이 되었다. 晉나라 때에는 3품으로 開府하여 公과 동등하였다. 이는 蜀漢과 吳나라에도 설치되었다.

17) 太平寰宇記 : 중국 宋나라의 樂史가 지은 地理書로, 총 200권이다. 宋나라 疆域의 版圖를 기술한 것이다.

도 싫증내는 기색이 없자, 내민이 다음과 같이 말하였다.

"조금 전에는 잠깐 그대를 시험해본 것입니다. 그대는 확실히 일을 감당할 수 있는 사람이니, 반드시 적을 제압할 수 있을 것입니다."

閏月에 帝遣費禕救漢中하니 將行에 光祿大夫來敏이 詣禕別할새 求共圍棊하니 時에 羽檄交至라 人馬擐甲하고 嚴駕已訖[①]이러니 禕與對戲하며 了無倦色하니 敏曰 向에 聊觀試君耳라 君信可人이니 必能辦賊也로다

① 擐은 음이 患이며, 입는다는 뜻이다. 嚴은 裝의 뜻이니, 裝은 짐을 꾸린다는 뜻이다. 수레와 말을 갖춘 것을 駕라고 한다.
擐, 音患, 貫也. 嚴, 裝也. 裝, 治行李也. 具車馬曰駕.

【綱】 여름 4월 초하루에 일식이 있었다.

夏四月朔에 日食하다

【綱】 5월에 魏나라 병사들이 퇴각하여 달아났다.

◑ 五月에 魏軍退走하다

【目】 魏나라 병사들이 興勢山에 이르러 전진하지 못하고, 關中의 사람들과 氐人·羌人들이 군수물자를 운송하여 능히 조달하지 못하였는데, 운송하는 도중에 자신들의 소와 가축(말, 노새 등)이 대부분 죽게 되자 백성들과 夷人들이 길에서 소리쳐 울었다.

司馬懿가 夏侯玄에게 편지를 보내 다음과 같이 말하였다. "≪春秋≫에 '責望이 매우 큰 것은 그 은덕이 매우 중하다.'라고 하였으니, 지금 興勢山이 매우 험준한데 蜀漢이 이미 먼저 점거하고 있다. 만약 전진하여 싸움을 할 수 없고, 퇴각할 때 길이 차단을 당하게 되면 군대가 패배하는 것은 필연적인 것이다. 어떻게 그 책임을 질 수 있겠는가."

하후현이 두려워하여 曹爽에게 말하자 마침내 군대를 인솔하여 돌아갔다. 그런데 費禕가 진군하여 세 개의 고개를 점령하여 조상의 퇴로를 막았다. 조상이 험준한 곳을 쟁탈하여 악전고투하면서 겨우 이 지역을 통과하였지만, 병력의 손실이 매우 많았다. 이로 인해 關中의 사람과 물자가 소모되어 텅 비게 되었다.

魏兵距興勢不得進[①]하고 關中及氐羌이 轉輸不能供하니 牛畜多死한대 民夷號泣道路라 司馬懿

與夏侯玄書曰 春秋에 責大德重[②]이라하니 今興勢至險이어늘 蜀已先據之하니 若進不獲戰하고 退見邀絶이면 覆軍必矣라 將何以任其責[③]고하니 玄懼하여 言於爽하니 遂引軍還이어늘 費禕進據三嶺하여 以截爽[④]하니 爽爭險苦戰하여 僅乃得過하되 失亡甚衆이라 關中爲之虛耗[⑤]러라

① 距는 이른다는 뜻이다.
距, 至也.

② 責은 責望이다. 德은 恩德이다. 責望이 매우 큰 것은 그 은덕이 매우 중함을 말한 것이다.
責, 責望也. 德, 恩德也. 言責望之甚大者, 其恩之爲甚重也.

③ 邀는 막는다는 뜻이다. 絶은 끊는다는 뜻이다.
邀, 遮也. 絶, 斷也.

④ 駱口에서 扶風으로 나가면 中南山으로 막혀 있으며 그 사이에 세 개의 고개가 있는데, 하나는 沈嶺으로 芒水에 가깝고, 하나는 衙嶺이며, 하나는 分水嶺이다.
自駱口出扶風, 隔以中南山, 其間有三嶺, 一曰沈嶺, 近芒水, 一曰衙嶺, 一曰分水嶺.

⑤ 爲(때문에)는 去聲이다.
爲, 去聲.

【綱】 겨울에 費禕로 益州刺史를 겸하게 하고, 董允으로 守尙書令으로 삼았다.

冬에 以費禕로 兼益州刺史하고 董允으로 守尙書令하다

【目】 蔣琬이 병으로 州刺史의 직책을 굳게 費禕에게 사양하였다. 이때에 국가의 일이 번잡하였는데 비위의 식견이 남들보다 뛰어나서 尙書令으로 삼으니, 文書를 살필 적에 눈으로 보자마자 그 의도를 완전히 파악하고 끝내 그것을 잊지 않았다. 항상 아침부터 晡時(오후 3~5시)까지 일을 처리하였는데, 그사이에 빈객을 접대하고 음식을 먹으며 장기를 두면서 남들이 즐기는 것을 다하면서도 일에 내버려두거나 빠뜨린 것이 없었다.

董允이 비위의 후임이 되어서는 처음에 그를 본받으려고 하였으나 열흘 사이에 이미 어긋나고 지체된 것이 많았다. 동윤이 감탄하며 말하기를 "사람의 재주가 이처럼 서로 큰 차이가 있으니, 내가 미칠 수 있는 일이 아니다."라고 하고, 마침내 하루 종일 일을 처리하면서도 여전히 쉴 틈이 없었다.

蔣琬이 以病으로 固讓州職於禕하니 時에 國務煩猥[①]호되 禕識悟過人이라 爲尙書令하니 省讀文書에 擧目究意하여 終亦不忘하다 常以朝晡聽事호되 其間接納賓客하고 飮食博戲하여 盡人之歡하고

而事無廢闕이러라 及允代禕에 始欲斅之②호되 旬日之中에 已多愆滯라 乃嘆曰 人才相遠如此하니 非吾所及也라하고 乃聽事終日而猶有不暇焉이러라

① 猥는 복잡하다는 뜻이다.
猥, 雜也.
② 斅(본받다)는 마땅히 效로 써야 한다. 愆은 어긴다는 뜻이다.
斅, 當作效. 愆, 違也.

乙丑年(245)

【綱】 漢나라(蜀漢) 後主 延熙 8년이다.

八年이라

【目】 魏主 曹芳 正始 6년이고, 吳나라 大帝 孫權 赤烏 8년이다.

魏正始六年이요 吳赤烏八年이라.

【綱】 봄에 吳나라가 太子太傅 吾粲을 죽였다.

春에 吳殺其太子太傅吾粲하다

【目】 吳나라 太子 孫和가 魯王 孫霸와 같은 궁에서 살고 예우와 秩祿이 동일하자, 여러 신하들이 이에 대해 말이 많았다. 吳主 孫權이 마침내 명을 내려 궁을 나누고 소속 신하들을 따로 두게 하니 두 형제가 이 때문에 틈이 생겼다.

全琮이 그의 아들 全寄를 보내 노왕을 섬기게 하니, 陸遜이 다음과 같이 말하였다.

"子弟가 진실로 좋은 재목이라면 쓰이지 않는 것을 근심할 것이 아니다. 私門에 出仕하여 영화와 이로움을 구하면 끝내 재앙을 부를 뿐이다. 소문에 두 궁의 세력이 서로 대등하다고 하니, 이것은 옛사람이 매우 꺼리는 것이다."

전기가 과연 노왕에게 아부하면서 노왕과 태자가 서로 모함하게 하자, 육손이 또 전종에게 다음과 같이 편지를 보냈다.

"卿이 金日磾를 스승으로 삼지 않고 阿寄[18](전기)를 벌하지 않고 망설이고 있으니, 결국에는 그대의 가문에 재앙이 될 것이다."라고 하였으나, 전종은 받아들이지

않았다.

손패는 뜻을 공손히 하여 이름 있는 선비들을 사귀었다. 將軍 朱績은 담력이 있다고 일컬어졌기 때문에, 손패가 직접 주적에게 가서 그와 함께 우호를 맺으려고 하였으나 주적이 사양하고 받아들이지 않았다. 이에 반대편 무리들을 원수로 보고 의심하여 나라 전체가 두 편으로 나뉘었다.

吳太子和가 與魯王同宮하고 禮秩如一하니 群臣多以爲言이라 吳主權이 乃命分宮別僚하니 二子由是有隙①이러라 全琮遣其子寄하여 事魯王하니 陸遜謂曰 子弟苟有材면 不憂不用이니 私出以要榮利면 終取禍耳②라 聞二宮勢敵하니 此古人之深忌也니라 寄果阿附交構어늘 遜又與書曰 卿不師日磾而宿留阿寄하니 終爲門戶禍矣라커늘 琮不納③하다 霸曲意交結名士러니 將軍朱績이 以膽力稱④이라 霸自詣之하여 欲與結好어늘 績辭不受하니 於是에 仇黨疑貳하여 擧國中分이러라

① "別僚"는 두 궁의 신료들을 분별하여 각각 차등이 있게 한 것이다.
別僚, 分別二宮臣僚, 令各有差等.
② "私出"은 私門에 出仕함을 말한다. 要(구하다)는 一遙의 切이다.
私出, 謂出私門也. 要, 一遙切.
③ 金日磾는 일이 漢나라 武帝 後元 2년(B.C. 87)에 보인다. "宿留"는 망설이며 결정하지 못한다는 뜻이다. 全宗이 그 아들 全寄를 보내어 魯王을 섬기게 하자, 陸遜이 일찍이 경계한 적이 있었으나 받아들이지 않았다. 그러므로 전종이 金日磾가 아들을 죽인 명쾌한 결단[19]을 본받지 않고, 망설이며 결정하지 않아서 그 아들이 노왕에게 아부하도록 방임하였다고 말한 것이다.
日磾事見漢武帝後元二年. 宿留, 猶遲疑不決之意. 蓋全琮遣其子寄, 事魯王, 陸遜嘗戒之, 不納, 故謂全琮不法金日磾殺子之明斷, 而遲疑不決, 縱令其子阿附魯王也.
④ 朱績은 朱然의 아들이다.
績, 然之子也.

【目】孫權의 長女 孫魯班은 全琮에게 시집을 갔고, 작은딸 孫小虎는 朱據에게 시집을 갔다. 全公主(孫魯班)는 太子의 어머니 王夫人과 틈이 있었는데, 손권이 병으로 앓아눕자 태자를 보내어 長沙桓王(孫策)의 사당에 가서 기도하게 하였다. 太子妃의 숙

18) 阿寄 : 阿는 이름이나 성 앞에 쓰여 친밀한 뜻을 나타낸다. 刮目相待의 고사에서 魯肅이 呂蒙에게 "吳下阿蒙(吳下의 阿蒙)"이라 하였는데, 阿蒙은 여몽을 친밀하게 부른 말이다. 여기 阿寄도 이와 같은 표현이다.

19) 金日磾가……결단 : 金日磾는 본래 匈奴 休屠王의 태자였으나, 漢나라에 끌려가 官奴가 되어 말을 기르다가 武帝에게 발탁되어 上將軍이 되었는데, 그의 큰아들이 무제의 곁에서 총애를 받다가 궁녀와 희롱하는 것을 보고는 그 아들을 죽였다.(≪漢書≫ 〈金日磾傳〉)

부 張休가 장사환왕의 사당 근처에 살았기 때문에 太子를 맞이하여 집안에 들르게 하였다.

전공주가 이를 틈타 말하기를 "태자는 장사환왕의 사당에 가지 않고 멋대로 태자비의 집에 가서 계책을 논의하고 있고, 왕부인은 폐하가 병을 앓아누워 있는 것을 보고 기뻐하는 기색이 있습니다."라고 하자, 손권이 이로 말미암아 노여워하니, 왕부인은 근심하다 죽었고, 태자의 총애는 날로 줄어들었다.

孫霸의 무리인 楊竺과 全寄가 따라서 태자를 비방하자 손권이 그들에게 현혹되었는데, 陸遜이 간언하기를 "正統(태자)과 藩臣(손패)은 마땅히 총애와 질록에 차등이 있어야 하니, 피차간에 제자리를 얻게 되면 上下가 편안함을 얻을 것입니다."라고 하였다. 서너 차례 글을 올려서 위급하고 절실하게 실정을 말하였는데, 손권이 기뻐하지 않았다.

權長女는 適全琮하고 少女는 適朱據①라 全公主與太子母王夫人으로 有隙이러니 權寢疾한대 遣太子하여 禱桓王廟②하다 太子妃叔父張休가 居近廟라 邀太子過所居하니 公主因言호되 太子不至廟中하고 專就妃家計議하고 而王夫人見上寢疾하고 有喜色이라한대 權由是發怒하니 夫人以憂死하고 太子寵日衰라 霸黨楊竺全寄 從而毁之한대 權惑焉이어늘 陸遜이 諫曰 正統藩臣을 當使寵秩有差니 則彼此得所면 上下獲安矣리이다 書三四上하여 辭情危切하니 權不悅이러라

① 두 딸은 步夫人[20]의 소생이다.
二女, 步夫人所生也.

② 孫權이 建業에 도읍하고, 형인 長沙桓王 孫策의 사당을 朱雀橋 남쪽에 세웠다.
孫權都建業, 立兄長沙桓王廟於朱雀橋南.

【目】太常 顧譚은 陸遜의 생질인데, 다음과 같이 상소하였다.

"국가를 소유하는 이는 반드시 嫡子와 庶子의 단초를 밝히고, 높은 자와 낮은 자의 禮를 달리하여 高下에 차별이 있게 하고, 등급을 크게 하니, 이렇게 되면 형제간의 은혜가 온전해지고, 윗자리를 엿보는 욕망이 사라지게 될 것입니다. 신의 진언은 편을 드는 것이 아니라, 진실로 태자와 魯王을 편안하게 하려는 것입니다."

이로 말미암아 孫霸는 고담을 싫어하고 全琮도 또한 그를 싫어하여 서로 함께 참

20) 步夫人 : ?~238. 步練師로 孫權의 寵妃이고 丞相 步騭의 族人이다. 全公主와 朱公主 두 딸을 낳았다. 孫權이 帝位에 오르자 夫人에 봉해지고 宮中에서 황후의 禮節로 대하였다. 赤烏 원년(238)에 세상을 떠나자 황후에 追封되었다. 이는 妃妾을 황후로 追封한 최초의 사례이다.(≪三國志≫ 〈吳書 吳主權步夫人〉)

소를 하니, 吳主가 고담을 交州로 귀양 보냈다. 太子太傅 吾粲이 청하여 魯王으로 하여금 夏口에 鎭守하게 하고 楊竺 등을 내쫓아 京師에 있지 못하게 하고, 또 자주 육손에게 소식을 말해주었다. 손패와 양축이 오찬을 참소하자 吳主가 노하여 오찬을 주살하였다.

太常顧譚은 遜之甥也러니 上疏曰 有國家者는 必明嫡庶之端하고 異尊卑之禮하여 使高下有差하고 等級踰邈하면 則骨肉之恩全하고 覬覦之望絶矣[①]라 臣之所陳은 非有所偏이라 誠欲以安太子而便魯王也이니이다 由是로 霸惡譚하고 全琮亦惡之하여 相與譖之하니 吳主徙譚於交州하다 太子太傅吾粲이 請使魯王鎭夏口하고 出楊竺等하여 不得在京師라하고 又數(삭)以消息語陸遜[②]하니 霸竺譖之한대 吳主怒하여 誅粲하다

① 邈은 멀다는 뜻이다.
邈, 遠也.
② 吾粲은 姓名이다. 消는 점점 적어지고 점점 사라진다는 뜻이다. 息은 점점 생겨나고 점점 자라난다는 뜻이다.
吾粲, 姓名. 消者, 浸微浸滅之意. 息者, 漸生漸長之意.

【綱】 吳나라 丞相 陸遜이 卒하였다.

吳丞相陸遜이 卒하다

【目】 吳主 孫權이 魯王 孫霸와 楊竺이 참소했던 일로 인해서 자주 사자를 보내 육손을 문책하자, 육손이 분통스러워하다가 卒하였다. 그의 아들 陸抗이 육손의 部曲을 대신 거느리고서 동쪽으로 돌아와 靈柩를 장사 지낼 적에 손권이 양축이 아뢴 육손에 관한 20가지 일을 가지고 육항에게 묻자, 육항이 일마다 조목조목 대답하니, 손권의 마음이 이에 조금 풀어졌다.

吳主權이 以魯王霸楊竺之譖으로 數(삭)遣使責問遜한대 遜憤恚而卒하니 其子抗代領其衆하여 送葬東還[①]할새 權以竺所白遜二十事로 問抗이어늘 抗事事條答하니 權意乃稍解하다

① 荊州에서 동쪽으로 돌아와 吳郡에 장사 지냈다.
自荊州東還葬吳.

【綱】 가을 8월에 〈漢나라(蜀漢)〉 皇太后 吳氏[21]가 崩하였다.

秋八月에 **皇太后吳氏崩**하다

【綱】 겨울 11월에 大司馬 蔣琬이 卒하였다.

◑ **冬十一月**에 **大司馬 蔣琬卒**하다

【綱】 12월에 尙書令 董允이 卒하니, 환관인 黃皓를 中常侍로 삼았다.

◑ **十二月**에 **尙書令董允卒**하니 **以宦者黃皓**로 **爲中常侍**[22]하다

【目】 董允은 마음가짐이 공정하고 성실하여 임금에게 옳은 것을 권장하고 나쁜 것을 바로잡으며 충성을 다하니, 後主가 매우 경외하였다. 환관 黃皓가 겉치레를 잘하여 간사하고 약삭빠르니, 황제의 총애가 있었다. 동윤이 자주 황호를 나무라자, 황호는 동윤을 두려워하여 감히 잘못을 저지르지 못하였고, 동윤이 세상을 마칠 때까지 황호의 지위가 黃門丞에 불과하였다.

費禕가 選曹郎 陳祗로 동윤을 대신해 侍中으로 삼으니, 진지는 장중하고 엄정하면서 威儀가 있었고, 技藝가 많으며 지모가 있었다. 비위는 진지를 현명하다고 생각하

---

21) 皇太后 吳氏 : 吳懿의 누이이자 劉璋의 형 故人 劉瑁의 아내이다. 劉備가 益州를 평정하고 나자 孫夫人이 친정 吳나라로 돌아가자 여러 신하들이 권하여 오씨와 혼인하도록 하였는데, 유비가 유모와 같은 종친임으로 해서 망설이자 法正의 진언에 의해 오씨를 夫人으로 맞아들였다. 章武 원년(221)에 황후가 되고, 建興 원년(223)에 後主 劉禪이 즉위하여 황태후로 올렸다.(《三國志》〈蜀書 先主穆后〉)

22) 尙書令董允卒……爲中常侍 : "中常侍는 宦者로 임명하는 것이 마땅한데 그 기록한 것은 어째서인가. 화의 근본을 드러낸 것이다. 이런 까닭으로 董允이 卒하고 黃皓가 등용되고(이해), 李絳이 내쫓기고 吐突承璀가 내직으로 들어온 것을(唐 憲宗 元和 9년(814)) 《資治通鑑綱目》에서 매번 연이어 기록하였으니, 君子와 小人이 兩立하지 못함을 드러내기 위한 것이다.〔中常侍 以宦者爲之宜矣 則其書 何 著亂本也 是故 董允卒而黃皓用(是年) 李絳出而承璀入(唐憲宗元和九年) 綱目每聯書之 所以著君子小人之不兩立也〕" 《書法》 《資治通鑑綱目》 元和 9년에(814) "봄 정월에 李絳이 재상에서 파면되고 禮部尙書가 되었다. 吐突承璀로 左神策中尉를 삼았다." 하였다.

"東漢이 宦者에게 망하였으니 龜鑑으로 삼는 것이 멀지 않다. 後帝(後主)가 어리석어서 멸망한 자취를 직접 찾아가니 난리와 멸망의 형세가 드러난 것이다. 《資治通鑑綱目》에서 위에는 蔣琬과 董允의 卒한 것을 기록하고 아래에는 宦者가 中常侍가 된 것을 기록하였으니, 두 신하의 公正함이 그래도 小人들의 악행을 저지할 수 있었다. 그런데 갑자기 바른 사람이 서거하자 아첨하는 자들이 대번에 형적을 드러냈으니, 그런 뒤에 법도 있는 대신의 집안과 보필하는 신하가 世道에 이와 같이 관련되어 있음을 알게 된다. 이것이 또 《資治通鑑綱目》에 기록된 말의 이면에 담긴 뜻이다.〔東漢亡於宦者 殷鑒不遠 後帝昏庸 親尋覆轍 亂亡之形 著矣 綱目上書蔣琬董允卒 下書以宦者爲中常侍 則見二臣公正 猶足以尼小人之惡 一旦 正人告殞 憸佞遽形 然後知法家拂士 其所繫也如此 此又綱目言外之意〕" 《發明》

여 차례를 뛰어넘어 그를 등용하니, 진지와 황호가 서로 表裏가 되었다. 황호가 처음으로 정사에 관여하여 中常侍로 승진하니, 정권을 잡아 농락하여 결국 나라를 전복시켰다. 진지가 총애를 받게 된 뒤로 後主가 동윤을 원망함이 날로 심해졌으니, 진지가 후주의 뜻에 아첨하여 영합하고 황호가 점차 참소하여 악행을 엮어서 이간질했기 때문이었다.

董允秉心公亮하여 **獻替盡忠**하니 **帝甚嚴憚之**러라 **宦人黃皓**가 **便僻**(벽)**佞慧**하니 **有寵**이라 **允數責之**하니 **皓畏允**하여 **不敢爲非**하고 **終允之世**에 **位不過黃門丞**①이러라 **費禕以選曹郎陳祗**로 **代允爲侍中**②하니 **祗矜厲有威容**하고 **多技藝挾智數**라 **禕以爲賢**이라하여 **越次用之**하니 **祗與皓相表裏**라 **皓始預政**하여 **遷中常侍**하니 **操弄威柄**하여 **終以覆國**하다 **自祗有寵**으로 **而帝追怨允日深**하니 **由祗阿意迎合而皓浸潤構間故也**③라

① ≪續漢志≫[23]에 "黃門令丞은 1명인데, 환관으로 임명하였다." 하였다.
續漢志"黃門令丞一人, 以宦者爲之."
② 蜀漢에 六曹尙書가 있는데, 1曹에 郞이 6명이다. 選曹郞은 選部에 속한다.
漢六曹尙書, 一曹有郞六人. 選曹郞, 屬選部.
③ 構는 과실과 악함을 모은 것을 말한다. 間은 去聲이니, 이간질한다는 뜻이다.
構, 謂會其過惡也. 間, 去聲, 離隔也.

【目】 이때에 황제(後主)가 자주 나가서 유람을 하고 악공과 가인의 수를 늘리니, 太子家令 譙周가 다음과 같이 간언하였다.

"옛날에 王莽이 패배했을 때에 호걸들이 아울러 일어나서 神器(황제의 자리)를 다투었으나, 자기 마음에 내키는 대로 하고 욕심을 부리면서 선행을 하는 데 태만하지 않은 자가 없었습니다.

世祖(光武帝)가 처음 河北으로 들어갔을 때에 馮異가 세조에게 권하기를, '마땅히 남들이 시행하지 못한 것을 시행해야 합니다.'라고 하자, 마침내 원통한 獄事를 다스리고 절약과 검소함을 숭상하니, 북쪽 지방에서 노래하며 감탄하여 명성이 사방 멀리까지 퍼져나갔습니다. 이에 鄧禹가 南陽에서 세조를 따라왔고 吳漢과 寇恂이 병사를 동원하여

23) 續漢志 : 晉나라 때의 司馬彪가 지은 ≪續漢書≫의 8志 중에 하나이다. 南朝 宋나라 때에 范曄이 지은 ≪後漢書≫가 세상에 유통되자 사람들은 이미 나와 있던 ≪속한서≫를 점차 읽지 않게 되었다. 그러나 ≪후한서≫는 범엽이 彭城王의 반란에 참여하였다가 처형되면서 志 부분이 완성되지 못한 상태였다. 그 후 北宋 때에 이르러 ≪속한서≫의 8志, 즉 〈律曆志〉, 〈禮儀志〉, 〈祭祀志〉, 〈天文志〉, 〈五行志〉, 〈郡國志〉, 〈百官志〉, 〈輿服志〉를 ≪후한서≫에 합하여 간행함으로써 ≪후한서≫에 없었던 志를 보충하였는바, 이것이 바로 현전하는 ≪후한서≫가 되었다.

그를 도왔으며, 그 나머지 사람의 경우 풍모를 바라보고 공덕을 흠모하여 병든 몸을 가마에 싣고 棺을 가지고 오기도 하였으며, 어린아이를 강보에 싸서 업고 온 사람들의 경우는 다 헤아릴 수가 없습니다. 이 때문에 약한 것을 강하게 하여 帝業을 이룰 수 있었습니다.

〈세조가〉 洛陽에 있을 때에 한번 微行하려 하였는데, 銚期가 나서서 간언하자 즉시 수레를 돌려 돌아갔으며, 潁川에서 賊들이 일어났을 때에 구순이 〈세조가〉 직접 나가서 적들을 대적해야 한다고 청하자, 그 말을 듣고서 즉시 나갔습니다. 그러므로 〈세조는〉 급한 일이 아니면 微行을 나가려는 생각을 감히 하지 않았고, 급한 일에는 스스로 편안하려고 하지 않았으니, 光武帝께서 선행을 하려고 한 것이 이와 같았습니다. 옛 기록에, '百姓이 공연히 귀의하지 않는다.'라고 하니, 진실로 덕을 우선하는 것입니다.

지금 漢나라가 액운을 만나서 천하가 셋으로 나뉘었으니, 포부와 식견을 가진 선비들이 賢主가 통일하기를 기대하는 때입니다. 臣은 바라건대 폐하께서는 다시 남들이 시행하지 못한 것을 시행하셔서 사람들의 기대에 부응하시기 바랍니다. 또 종묘를 받들어 섬기는 것은 백성들을 이끌고 군주를 높이는 길입니다. 지금 四時의 제사에 친림하지 않고 연못과 동산의 유람을 빈번히 나가시니, 신이 편안하지 못한 것입니다. 천하의 통치를 근심하고 책임지는 자는 향락을 다할 겨를이 없으니, 樂官과 後宮을 증원한 것을 줄여서 先帝의 뜻을 이루소서."

황제가 따르지 않았다.

○ 時에 帝數出遊觀하고 增廣聲樂하니 太子家令譙周가 諫曰[①] 昔王莽之敗에 豪傑竝起하여 以爭神器나 然莫不快情恣欲하여 怠於爲善이러니 世祖初入河北에 馮異勸之曰 當行人所不能爲者라한대 遂理冤獄하고 崇節儉하니 北州歌嘆하여 聲布四遠이라 於是에 鄧禹自南陽追之하고 吳漢寇恂이 擧兵助之하고 其餘望風慕德하고 輿病齎棺하며 襁負而至를 不可勝數라 故能以弱爲彊하여 而成帝業하니이다 在洛陽에 嘗欲小出이러니 銚期進諫한대 卽時還車[②]하니이다 及潁川盜起에 寇恂이 請身往臨賊한대 聞言卽行하니 故로 非急務면 欲小出不敢하고 至於急務하여는 欲自安不爲하니 帝者之欲善也如此라 傳曰 百姓이 不徒附라하니 誠以德先之也하다 今漢遭厄運하여 天下三分하니 雄哲之士 思望之時也[③]니이다 臣願陛下는 復(부)行人所不能爲者하여 以副人望하소서 且承事宗廟는 所以率民尊上也라 今四時之祀를 不臨하고 而池苑之觀을 仍出하시니 臣所不安也로이다 夫憂責在身者는 不暇盡樂(락)하나니 願省減樂官後宮의 凡所增造하여 以成先帝之志하소서하니 不聽하다

① 譙는 姓이다.
譙, 姓也.

② ≪後漢書≫ 〈銚期傳〉에 "光武帝가 銚期와 함께 성문 가까운 곳에 나아갔을 적에, 요기가 수레 앞에 머리를 조아리고 말하기를, '신이 고금의 경계를 들으니, 변고는 뜻밖에 생긴다고 하였습니다. 진실로 폐하께서는 微行을 자주 나가지 않기를 바랍니다.'라고 하니, 광무제가 이 때문에 수레를 돌려서 돌아왔다." 하였다.
銚期傳 "光武嘗與期門近出, 期頓首車前曰 '臣聞古今之(誡)〔戒〕,[24] 變生不意, 誠不願陛下微行數(삭)出.' 帝爲之回輿而還."

③ 현명한 군주가 통일하기를 기대함을 말한 것이다.
言思望賢主混一.

丙寅年(246)

【綱】 漢나라(蜀漢) 後主 延熙 9년이다.

九年이라

【目】 魏主 曹芳 正始 7년이고, 吳나라 大帝 孫權 赤烏 9년이다.

魏正始七年이요 吳赤烏九年이라

【綱】 봄에 魏나라가 高句驪를 공격하여 승리하였다.

春에 魏擊高句驪하여 克之하다

【目】 幽州刺史 毌丘儉은 高句驪王 高位宮(東川王)이 자주 침략하고 배반한다고 여겨 군사들을 감독하여 토벌하였다. 고위궁이 패하여 도주하니 관구검이 마침내 丸都城을 도륙하였다.

예전에 고구려의 신하 得來가 자주 고위궁에게 간언하였으나, 고위궁이 따르지 않았다. 득래가 물러나와 한탄하기를 "곧바로 이 땅이 쑥대밭이 될지를 알겠다."라고 하고, 마침내 음식을 먹지 않고 죽었다. 관구검은 여러 군사들에게 명령하여 그의 분묘를 훼손하지 않게 하고 그의 처자식을 온전하게 보존하였다. 장수를 보내 고위궁을 추격하게

24) (誡)〔戒〕: 저본에는 '誡'으로 되어 있으나, ≪後漢書≫ 〈銚期傳〉에 의거하여 '戒'로 바로잡았다.

하여 肅愼氏의 남쪽 경계에 이르러서 비석을 세워 공로를 기록하고 돌아왔다.

幽州刺史毌丘儉[25)]은 以高句驪王位宮이 數爲侵叛이라하여 督諸軍討之하다 位宮敗走하니 儉遂屠丸都[①]하다 初에 句驪之臣得來가 數諫位宮호되 不從[②]하니 退而嘆曰 立見此地 將生蓬蒿라하고 遂不食而死하다 儉令諸軍不壞其墓하고 全其妻子[③]하고 遣將追位宮하여 至肅愼氏南界하여 刻石紀功而還[④]하다

① 高句驪가 丸都의 아래에 도읍을 정하니, 큰 산과 깊은 계곡이 많았다. ≪新唐書≫ 〈地理志〉에 "鴨淥江 입구에서 배를 타고 1백여 리를 가서, 작은 배를 타고 동북쪽으로 거슬러 올라가서 도합 530리를 가면 丸都城에 이른다." 하였다.
高句驪都於丸都之下, 多大山深谷. 唐志 "自鴨淥江口舟行百餘里, 乃小舫泝流東北, 行凡五百三十里而至丸都城."

② 得來는 姓名이다.
得來, 姓名.

③ 令(명령하다)은 去聲이다.
令, 去聲.

④ ≪括地志≫[26)]에 이르기를 "지금 靺鞨은 옛날의 肅愼이다. 그 나라가 不咸山 북쪽에 있고 서남쪽으로 夫餘와 거리가 1,500리이며, 北沃沮와 서로 접해 있는데, 京兆에서 동북쪽으로 8,400리 떨어져 있다." 하였다.
括地志 "今靺鞨古肅愼也. 其國在不咸山北, 西南去夫餘千五百里, 與北沃沮相接, 在京兆東北八千四百里."

【綱】 가을 9월에 吳나라가 步騭(보즐)을 丞相으로 삼았다.

秋九月에 吳以步騭爲丞相하다

【綱】 吳나라가 荊州를 나누어 2部로 만들었다.

○吳分荊州爲二部하다

25) 毌丘儉 : 思政殿訓義 ≪資治通鑑綱目≫ 제15권 중 蜀漢 後主 建興 15년(237)의 訓義에 毋의 음이 無로 되어 있으나, 다른 史書에는 毌으로 되어 있어 음과 뜻이 貫과 같은바, 毌丘는 山東省 曹縣에 있었던 옛 地名이다. 毌丘儉은 특히 高句麗를 정벌하여 유명한 인물로 우리나라 사서에서는 '관구검'으로 읽는 경우가 많다. 이에 본서에서는 관구검으로 번역하였다.

26) 括地志 : 唐나라 濮王 李泰가 主編한 地理書로 正文 550권, 序略 5권이다. ≪漢書≫ 〈地理志〉와 顧野王의 ≪輿地志≫ 두 책의 특징을 수용하여 지리서의 새 체제를 창립하였다. 貞觀 시대의 10道를 358州로 배열하고 다시 州 단위로 관할하는 縣의 沿革, 지리적 위치, 명칭, 山川, 城池, 古迹, 神話傳說, 중대한 역사적 사건 등을 기술하였다. 특히 六朝 地理書 중의 진귀한 자료가 보존되어 있다.

【目】呂岱로 荊州의 右部를 감독하게 하여 武昌 서쪽에서부터 蒲圻까지였고, 諸葛恪으로 형주의 左部를 감독하게 하여 武昌을 수비하게 하였다.

以呂岱督右部하여 自武昌以西로 至蒲圻하고 諸葛恪督左部하여 鎭武昌①하다

① 漢나라 江夏郡에 蒲圻가 있는데 湖水에 蒲草(부들 풀)가 많았다. 吳나라 大帝 孫權이 호수가에 蒲圻縣을 세우고 그로 인해 이름을 삼았다.
漢江夏郡有蒲圻, 湖多蒲草, 吳大帝立縣於湖側, 因名焉.

【綱】〈漢나라(蜀漢)가〉 사면하였다.

赦하다

【目】大司農 孟光이 많은 사람들 사이에서 費禕를 다음과 같이 질책하였다.

"사면은 불공정한 정책이니, 聖明의 시대에 시행할 것이 아니다. 반드시 부득이한 경우라야 임시변통으로 시행할 수 있다. 지금 무슨 급한 일이 있기에 자주 특별한 恩典을 시행하여 간사한 범법자들에게 은혜를 베풀려 하는가."

비위가 돌아보며 사과하고 조심스러워하며 불안해할 뿐이었다.

예전에 諸葛亮이 丞相이었을 때 제갈량에게 사면에 인색하다고 말한 이가 있었는데, 제갈량이 다음과 같이 대답하였다.

"세상을 다스리는 것은 큰 德으로 하고 작은 은혜로 하지 않는다. 그러므로 匡衡과 吳漢은 황제가 사면을 행하는 것을 원하지 않았고,[27] 先帝께서 또한 말하기를, '나는 陳

27) 匡衡과……않았고 : 匡衡의 경우는 ≪資治通鑑≫ 漢 元帝 永光 2년(B.C. 42)에 올린 上疏에 "신이 가만히 살펴보니, 대사면령이 내려진 후에도 간사한 일들이 줄거나 그치지 않고, 오늘 대사면을 받고서 내일 다시 범법을 하여 서로 따라 감옥에 들어가니, 이는 아마 인도함이 그 직무를 얻지 못했기 때문일 것입니다. 오늘날 천하의 풍속은 재물을 탐하고 의로움을 천시하며, 음악과 여색을 좋아하고 사치와 화려를 숭상하며, 염치의 절조가 각박해지고 음탕한 뜻이 방종해지며, 기강이 순서를 그르쳐서 外親이 內親을 능가하여 친척의 은혜가 각박하고 혼인의 족당이 융성해지며, 구차하게 합치하여 행운을 맞이하고 몸으로 이로움을 베풉니다. 그 근원을 고치지 않는다면 비록 해마다 그들을 사면하더라도 오히려 형벌을 방치하여 사용하지 않기가 어렵습니다. 신은 생각건대 마땅히 한 번 널리 그 습속을 크게 바꾸어야 합니다.〔臣竊見大赦之後 奸邪不爲衰止 今日大赦 明日犯法 相隨入獄 此殆導之未得其務也 蓋保民者 陳之以德義 示之以好惡 觀其失而制其宜 故動之而和 綏之而安 今天下俗貪財賤義 好聲色 上侈靡 廉恥之節薄 淫辟之意縱 綱紀失序 疏者逾內 親戚之恩薄 婚姻之黨隆 苟合僥幸 以身設利 不改其原 雖歲赦之 刑猶難使錯而不用也 臣愚以爲宜一曠然大變其俗〕"라고 한 것이 보인다.

吳漢의 경우는 ≪後漢書≫ 〈吳漢傳〉에 吳漢의 병이 깊어 광무제가 문병했을 적에 오한이 올린 말에 "신은 지식이 없으나 폐하께서는 신중하시어 사면하지 않기를 바랍니다.〔臣愚無所知識 惟願陛下愼無赦而已〕"라고 한 것이 보인다.

元方(陳紀)과 鄭康成(鄭玄)의 사이를 내왕하였는데, 매번 治亂의 도를 자세히 말하는 것을 보았지만 일찍이 사면을 말한 적이 없다. 劉景升(劉表) 父子의 경우에는 해마다 사면을 시행하였으나, 다스림에 무슨 도움이 되었는가.'라고 하셨다."라고 하였다.

大司農孟光이 於衆中에 責費禕曰 赦者는 偏枯之物이라 非明世所宜有也①니 必不得已라야 乃可權而行之라 今有何急하여 而數(삭)施非常之恩하여 以惠姦宄乎오 禕顧謝하고 踧踖而已②러라 初에 丞相亮時에 有言公惜赦者어늘 亮答曰 治世以大德이요 不以小惠라 故匡衡吳漢이 不願爲赦③하고 先帝亦言호되 吾周旋陳元方鄭康成間하니 每見啓告治亂之道悉矣로되 曾不語赦也④러라 若劉景升父子는 歲歲赦宥로되 何益於治乎아

① 나무가 한쪽은 무성하고 한쪽은 마르는 것을 偏枯라고 한다. 赦는 죄 있는 사람을 용서하는 것이다. 죄 있는 사람이 사면을 받으면 간악한 사람은 법을 어겨도 죄를 벗어나게 되고 착한 사람은 억압을 받아 뜻을 펴지 못하게 되므로, 偏枯之物이라고 한 것이다.
木之一邊碩茂一邊焦槁者, 謂之偏枯. 赦者, 赦有罪也. 有罪者赦, 則姦惡之人抵法而獲免於罪, 良善之人受抑而不獲伸, 故謂之偏枯之物.
② "踧踖"은 공손하고 삼가는 모양이다.
踧踖, 恭謹之貌.
③ 匡衡의 상소는 漢 元帝 永光 2년(B.C. 42)에 보인다. 吳漢의 말은 後漢 光武帝 建武 20년(44)에 보인다.
匡衡疏, 見元帝永光二年. 吳漢言, 見光武建武二十年.
④ 元方은 陳紀의 字이다. 康成은 鄭玄의 字이다.
元方, 紀字. 康成, 玄字.

【目】 陳壽가 다음과 같이 평하였다.

"諸葛亮이 정사를 할 적에 군대가 자주 출정하였지만 사면령을 함부로 내리지 않았으니, 또한 탁월하지 않은가."

陳壽曰 諸葛亮爲政에 軍旅數(삭)興이나 而赦不妄下하니 不亦卓乎아

【綱】 吳나라가 大錢을 폐지하였다.[28)]

吳罷大錢하다

---

28) 吳나라가……폐지하였다 : 吳나라는 嘉禾 5년(236) 봄에 大錢을 주조하였는데 1枚가 500錢에 해당하게 하였다. 이때까지 10년 동안 사용하였다.(思政殿訓義 《資治通鑑綱目》 제15권 중 蜀漢 後主 建興 14년(236))

【綱】姜維를 衛將軍으로 삼아 費禕와 함께 錄尙書事로 삼았다.

◑ 以姜維爲衛將軍하여 與費禕竝錄尙書事하다

丁卯年(247)

【綱】漢나라(蜀漢) 後主 延熙 10년이다.

十年이라

【目】魏主 曹芳 正始 8년이고, 吳나라 大帝 孫權 赤烏 10년이다.

魏正始八年이요 吳赤烏十年이라

【綱】봄 2월에 일식이 있었다.

春二月에 日食하다

【目】이때에 魏主 曹芳이 여러 소인들과 가까이하여 後園에서 놀며 연회를 열자, 何晏이 상언하기를 "지금부터 놀며 즐기실 적에는 마땅히 대신들을 따르게 하여 정사를 자문하시고 經書의 뜻을 강론하셔야 합니다."라고 하였으나, 조방이 따르지 않았다.

하안 등이 붕당을 만들어 曹爽에게 붙어서 또한 법도를 바꾸기를 좋아하니, 太尉 蔣濟가 상소하기를 "오직 세상에 저명하고 큰 인재라야 그 綱領을 펼쳐서 후세에 전할 수 있습니다. 하급 관리가 법도를 바꾸는 것은 다스림에 이익이 없고 다만 백성을 해치게 될 것입니다. 마땅히 文武 신하들로 각각 그 직책을 지키게 하면 和氣(상서로운 기운)가 이를 수 있습니다."라고 하였다.

時魏主芳이 褻近群小하여 遊宴後園하니 何晏上言호되 自今遊豫에 宜從大臣하여 詢謀政事하고 講論經義라호되 不聽하다 而晏等朋附曹爽하여 亦好變改法度하니 太尉蔣濟가 上疏曰 惟命世大才라야 乃能張其綱維하여 以垂于後하나니 下吏改易은 無益於治요 適足傷民이라 宜使文武之臣으로 各守其職이면 則和氣可致也라하더라

【綱】吳나라가 太初宮을 지었다.

吳作太初宮[29]하다

【目】 吳主 孫權이 조서를 내려 武昌의 궁궐의 기와와 목재를 옮겨와서 建業의 궁궐을 수리하게 하였는데, 有司가 아뢰기를 "옛 궁궐이 세월이 오래되었으니 아마 다시 사용할 수 없을 듯합니다. 마땅히 전국 각 지역에 명을 내려 벌목해야 합니다."라고 하자, 손권이 말하기를 "大禹는 궁실을 낮게 짓는 것을 아름답게 여겼다.[30] 지금 전쟁이 그치지 않아 각지에서 세금을 거두었는데, 만약 다시 전국에 벌목을 하게 하면 아마 農業과 蠶業에 방해될 것이다. 무창의 궁궐의 목재와 기와를 그대로 쓰는 것이 좋다."라고 하였다.

吳主權이 詔徙武昌宮材瓦하여 修建業宮이어늘 有司奏호되 故宮歲久하니 恐不堪用이라 宜下所在通伐①이라한대 權曰 大禹以卑宮爲美어늘 今軍事未已하여 所在賦斂하니 若更通伐이면 恐妨農桑이라 武昌材瓦를 自可用也라

① 伐은 목재를 베는 것을 말한다. 通은 무릇 吳나라 지역 안에서 다 그렇게 하는 것이다. 伐, 謂伐材木. 通者, 凡吳境內悉然也.

【綱】 魏나라가 太后를 永寧宮으로 옮겼다.

魏遷其太后於永寧宮①[31]하다

29) 吳作太初宮 : "宮을 지었다고 기록한 것은 어째서인가. 아름답게 여긴 것이다. 宮을 지은 것을 나무라는 것이 많은데 여기에서는 어째서 아름답다고 기록한 것인가. 이때에 武昌宮의 목재와 기와를 그대로 쓰고 農業과 蠶業에 방해가 될까 우려하였으니, 백성을 불쌍히 여기는 마음이 있다고 할 수 있으므로 기록하여 아름답게 여긴 것이다. ≪資治通鑑綱目≫이 끝날 때까지 宮殿을 지은 것을 기록한 것이 56번인데, 아름답다고 기록한 경우는 적다.〔書作宮 何 美也 作宮之爲譏多矣 此則曷爲以美書 於是因武昌材瓦 恐妨農桑 可謂有卹民之心者 故書美之 終綱目書 作宮殿五十六 其以美書者鮮矣〕" ≪書法≫

30) 大禹는……여겼다 : ≪論語≫ 〈泰伯〉에 "禹 임금에 대하여서는 내가 흠잡을 데가 없다. 음식을 보잘것없이 하시면서도 귀신에게는 효도를 다하고, 의복은 초라하게 하시면서도 黻冕에는 아름다움을 다하며, 궁실은 낮게 하면서도 도랑을 파는 일에는 힘을 다하였다. 우임금에 대하여서는 내가 흠잡을 데가 없다.〔子曰 禹吾無間然矣 菲飮食而致孝乎鬼神 惡衣服而致美乎黻冕 卑宮室而盡力乎溝洫 禹吾無間然矣〕"라고 하였다.

31) 魏遷其太后於永寧宮 : "太后를 옮긴 이는 曹爽인데 조상을 기록하지 않은 것은 어째서인가.(安帝 延光 4년(132)의 閻顯과 靈帝 建寧 원년(168)의 曹節의 경우 모두 임금의 이름을 쓴 것에 의거한 것이다.) 魏나라의 臣子들에게 그 죄가 똑같기 때문이다. 이에 조상이 조정의 정사를 독단하고 태후를 제멋대로 옮겼는데 조정의 大臣들 중에 비록 司馬懿 등과 같은 사람일지라도 금지하지 못하고 조상이 하는 것을 따랐으니 '魏遷(魏나라가 옮겼다)'이라고 기록한 것은 魏나라 신하들에게 똑같이 죄준 것이다.〔遷之者 曹爽也 則其不書曹爽 何(據安帝延光四年閻顯及靈帝建寧元年曹節 皆書主名) 均其罪於魏之臣子

① 後魏(北魏)가 永寧寺를 銅駝街 서쪽에 세운 일에 근거하면 바로 前魏(曹魏) 때 永寧殿의 옛 터인 듯하다.
據後魏起永寧寺於銅駝街西, 意卽前魏永寧殿故處也.

【目】 曹爽이 何晏 등의 계책을 사용하여 太后를 〈永寧宮으로〉 옮기고 조정의 정사를 제멋대로 하여 親黨을 많이 심어놓으니, 司馬懿가 금지할 수 없어서 마침내 병을 핑계 대고 政事에 참여하지 않았다.

曹爽이 用何晏等謀하여 遷太后하고 擅朝政하여 多樹親黨하니 司馬懿가 不能禁하여 遂稱疾하고 不與(예)政事①하다

① 與(참여하다)는 豫로 읽는다.
與, 讀曰豫.

戊辰年(248)

【綱】 漢나라(蜀漢) 後主 延熙 11년이다.

十一年이라

【目】 魏主 曹芳 正始 9년이고, 吳나라 大帝 孫權 赤烏 11년이다.

魏正始九年이요 吳赤烏十一年이라

【綱】 여름 4월에 魏나라가 徐邈을 司空으로 삼았는데 〈서막이〉 받지 않았다.

夏四月에 魏以徐邈爲司空한대 不受하다

【目】 魏나라가 光祿大夫 徐邈을 司空으로 삼았는데 서막이 탄식하기를 "三公은 道를 논하는 관직이어서 적당한 사람이 없으면 비워두어야 하는데, 어찌 늙고 병든 사람으로 채울 수 있는가."라고 하고, 마침내 굳게 사양하고 받지 않았다.

魏以光祿大夫徐邈爲司空한대 邈歎曰 三公은 論道之官이라 無其人則闕이니 豈可以老病忝之

也 於是爽專朝擅遷太后 在朝大臣 雖司馬懿等莫之禁 而聽其所爲 書曰魏遷 分罪也〕" ≪書法≫

哉리오하고 遂固辭不受하다

【綱】 5월에 費禕가 漢中에 나가 주둔하였다.

五月에 費禕出屯漢中하다

【目】 蔣琬으로부터 費禕에 이르기까지 비록 몸은 外地에 있으나 포상과 형벌을 모두 멀리 있는 황제에게 먼저 자문하고 결단을 청하고 난 뒤에 시행하였다. 비위는 평소 성품이 겸손하고 검소하여 국정을 담당한 功名이 대략 장완과 비슷하였다.

自蔣琬及禕히 雖身居於外나 慶賞威刑을 皆遙先諮斷[32)]하고 然後乃行[①]이러라 禕雅性謙素하여 當國功名이 略與琬比러라

① "諮斷"은 자문하여 결단하게 한 것이다.
諮斷者, 諮之使斷決也.

己巳年(249)

【綱】 漢나라(蜀漢) 後主 延熙 12년이다.

十二年이라

【目】 魏主 曹芳 嘉平 원년이고, 吳나라 大帝 孫權 赤烏 12년이다.

魏嘉平元年이요 吳赤烏十二年이라

【綱】 봄 정월에 魏나라 司馬懿가 曹爽 및 何晏 등을 죽이고 그 집안을 멸족시켰다.

春正月에 魏司馬懿가 殺曹爽[33)]及何晏等하고 夷其族하다

32) 諮斷 : "皇帝에게 지시해주도록 청하고 皇帝에게 決斷하도록 청하는 것이다.〔向皇帝請示 請皇帝決斷〕"(≪資治通鑑新注≫, 陝西人民出版社, 1998)

33) 魏司馬懿 殺曹爽 : "曹爽의 죄가 극심한데 '殺'이라고 쓴 것은 어째서인가. 司馬懿를 미워한 것이니, 司馬氏의 위세가 여기에서 시작되었다. 그렇다면 조상에게 죄가 없는 것인가. 조상 등에게 관직을 쓰지 않았으니, 조상에게 죄를 준 것이다.〔爽罪甚矣 其書殺 何 惡懿也 司馬氏之威 始此矣 然則爽無罪歟

【目】曹爽이 교만하고 사치하며 법도가 없어서 음식과 의복이 乘輿(천자)에 견주었다. 또 사사로이 先帝(明帝)의 才人을 취하여 妓女와 歌人으로 삼고, 地下室을 만들어서 사방으로 창을 내어 비단으로 가려놓고서는 何晏 등과 그 속에서 진탕 술을 마시니, 동생 曹羲가 울면서 간언하였으나 조상은 따르지 않았다.

또 조상의 형제들이 자주 함께 나가 놀았는데, 司農 桓範이 말하기를 "〈형제분들이〉 모든 정무를 총괄하고 궁궐의 병사들을 관장하시니, 형제분들이 모두 함께 성을 나가서는 안 됩니다. 만약 성문을 닫을 일이 있게 되면 형제분들을 성안에 들일 자가 누가 있겠습니까?"라고 하니, 조상이 말하기를 "누가 감히 그렇게 하겠는가."라고 하였다.

曹爽이 驕奢無度하여 飮食衣服이 擬於乘輿하고 又私取先帝才人하여 以爲伎樂하고 作窟室하여 綺疏四周하여 與何晏等縱酒其中①하니 弟羲泣諫하되 不聽하다 又兄弟數(삭)俱出遊어늘 司農桓範이 謂曰 總萬機하고 典禁兵하니 不宜竝出이라 若有閉城門이면 誰復內(납)人者②리오하니 爽曰 誰敢爾邪아하다

① "窟室"은 땅을 파서 地下室을 만든 것이다. 綺는 무늬 있는 비단이다. "綺疏四周"는 그 주위를 통하게 하여 창을 만들고 비단으로 덮어 가린 것을 말한다. 일설에 "'綺疏'는 화려한 꽃문양을 새기는 것을 말한다." 하였다.

爽等不書官 所以罪之也〕"《書法》

"曹爽이 遺詔를 받아 政事를 보좌하여 신분이 大將軍이고 또 侍中 都督中外諸軍 錄尙書事를 겸직하였는데, 司馬懿가 조상을 죽이기를 마치 여우나 돼지를 죽이듯이 하였다. 《資治通鑑綱目》에서 또한 조상의 관직을 삭제하여 쓰지 않은 것은 어째서인가.

조상이 법도 없이 교만과 사치를 부리고 참람히 乘輿(천자)에 견주었으며, 親黨을 많이 심고 조정의 권력을 독점하였으며, 술에 빠지고 음탐한 짓을 하고 浮薄한 인물을 믿고 등용하였으니, 이것이 어찌 정사를 보좌하는 大臣이 할 일인가. 事變이 이미 드러났는데도 또다시 桓範의 계책을 쓰지 못하고 그 임금을 끼고서 자신의 죄를 면하고자 하고, 마침내 부잣집 늙은이가 되기를 놓치지 않으려 하였으니, 우매하고 그릇된 것이 이와 같았다. 이는 다만 여우와 돼지만도 못한 것이니, 어찌 귀할 것이 있겠는가. 그러나 조상이 이미 죄가 있는데, 어찌하여 그가 〈죄를 받아〉 伏誅되었다는 글로 바로잡지 않고 사마의가 살해했다고 글을 썼는가. 사마의는 孤兒(曹芳)을 속이고 寡婦(太后)를 유약하게 여겨서 이미 임금을 무시하는 마음이 있었는데, 다만 일로 인해 드러낸 것이니, 魏나라를 보좌하는 데에 반드시 충성을 한 것만은 아니므로 그 書法이 이와 같다. 先儒(文中子)께서 말하기를 '《春秋》는 王道에 있어서 마치 무게를 다는 저울과 같다.'라고 하였는데, 臣은 《資治通鑑綱目》이 予奪(褒貶)에 있어서 역시 무게를 다는 저울이라고 생각하니, 어찌 사마의에게 후하게 하고 조상에게 박하게 한 것이겠는가.〔曹爽受遺輔政 身爲大將軍 又加侍中都督中外諸軍錄尙書事 而司馬懿殺之 如斃狐豚 綱目亦削其官而不書 何哉 驕奢無度 僭擬乘輿 多置親黨 專擅朝權 縱酒宣淫 信用浮薄 此豈輔政大臣所當爲耶 及事變已形 又不能用桓範之謀 挾其主以自免 乃欲不失作富家翁 蠢繆若此 是特狐豚之不若耳 何足貴哉 然爽旣有罪 胡不正其伏誅之名而以懿殺爲文 蓋懿欺孤弱寡 已有無君之心 特因事而發 非必忠於佐魏 故其書法如此 先儒謂春秋之於王道 猶輕重之權衡 臣謂綱目之於予奪 亦輕重之權衡也 夫豈厚於懿而薄於爽哉〕"《發明》

窟室, 掘地爲室也. 綺, 文繒也. 綺疏四周, 謂疏通其周匝爲牕而以綺蒙之也. 一說 "綺疏, 謂鏤爲綺文."

② 內(들이다)는 納으로 읽는다.
內, 讀曰納.

【目】 예전에 淸河郡과 平原郡이 경계를 가지고 다투어 8년 동안 해결되지 않았다. 冀州刺史 孫禮가 天府에 있는 烈祖(明帝)가 平原王에 봉해졌을 때의 지도를 가지고 결정해 주기를 청하였다. 曹爽이 청하군의 상소를 믿어서 "지도를 사용할 수 없다."라고 하자, 손례가 상소하여 자신을 변론하였는데, 말이 꽤 강경하고도 간절하였다. 조상이 크게 노하여 손례가 원망했다고 탄핵하여 徒刑 5년형을 판결하였다.

오랜 시간이 지나 손례가 다시 并州刺史가 되었는데, 司馬懿를 찾아가서 분한 기색이 있었지만 말이 없었다. 그러자 사마의가 말하였다.

"卿이 并州刺史가 된 것이 부족하다 여겨 그러는 것인가? 分界를 처리한 것이 마땅함을 잃어서 화가 난 것인가?"

손례가 말하였다.

"제가 비록 덕이 없지만 어찌 이것을 마음에 두겠습니까. 본래 明公께서 魏나라 황실을 바르게 보필하시어, 明帝의 의탁함에 보답하실 것이라 생각했는데, 지금 사직이 장차 위태로워서 천하가 흉흉하니, 이것이 기뻐하지 않는 까닭입니다."

손례가 이어서 울면서 눈물을 흘리자, 사마의가 말하였다.

"〈울음을〉 우선 그치라. 참을 수 없더라도 참아야 한다."

初에 淸河平原이 爭界하여 八年不能決이라 冀州刺史孫禮가 請天府所藏烈祖封平原時圖以決之[①]하니 爽信淸河之訴하여 云 圖不可用이라한대 禮上疏自辨호되 辭頗剛切하니 爽大怒하여 劾禮怨望이라하여 結刑五歲[②]러라 久之요 復爲并州하니 往見司馬懿하고 有忿色而無言이어늘 懿曰 卿得并州少邪아 恚理分界失分乎[③]아 禮曰 禮雖不德이나 豈以是爲意邪아 本謂明公이 匡輔魏室하여 以報明帝之託이러니 今社稷將危하여 天下兇兇하니 此所以不悅也[④]로다 因涕泣橫流어늘 懿曰 且止하여 忍不可忍하라

① 烈祖는 明帝니, 平原王에 봉해졌다. 땅을 구획하고 封國을 나누면 지도를 天府에 둔다. ≪周禮≫ 〈春官〉에 天府가 있는데, 鄭玄 註에 이르기를 "〈天府는〉 祖廟의 寶藏을 관장하고, 또 賢能을 천거한 문서와 공적을 기록한 문서를 모두 天府에 보관한다." 하였다.
烈祖, 明帝也, 封平原王. 畫壤分國, 有地圖在天府. 周禮有天府, 鄭玄註云 "掌祖廟之寶藏,

又賢能之書及功書, 皆藏于天府."

② "結刑五歲"는 다만 徒刑 5년형을 판결하고 노역은 시키지 않은 것이다.
結刑五歲者, 但結以徒作五歲之罪而不使之輸作也.

③ 冀州는 여러 주들보다 크고 幷州는 멀리 변방 밖에 접해 있으므로 마음속에 원망을 품은 것이다. 分(분수)은 扶問의 切이다.
冀州大於諸州, 幷州遠接荒外, 故意其觖望. 分, 扶問切.

④ 兇(흉악하다)은 匈과 통용하여 쓰니, 許容의 切이고, 또 上聲이다.
兇, 通作匈, 許容切, 又上聲.

【目】뒤에 李勝이 荊州刺史로 나갈 때에 司馬懿를 방문하여 인사를 하였다. 사마의가 두 명의 여종에게 시중을 들게 하였는데, 옷을 집자 옷이 떨어졌고, 입을 가리키면서 목이 마르다고 말하자 여종이 죽을 올렸는데, 사마의가 사발을 잡고 마시지 못하니, 죽이 흘러 가슴을 적셨다.

이승이 말하였다.

"많은 사람들이 明公께서 옛날의 中風이 재발하였다고 하였는데, 이럴 줄을 어찌 생각이나 하였겠습니까?"

사마의는 목소리와 숨을 겨우 이어가면서 말하였다.

"나이가 늙고 병으로 누워 있어서 죽음이 조석에 달려 있다. 幷州는 胡와 가까운 지역이니 이곳을 잘 대비하라. 또 아들 司馬師와 司馬昭를 부탁한다."

이승이 말하였다.

"외람되이 本州를 맡아 돌아가게 되었습니다. 幷州가 아닙니다."

사마의가 다시 두서없이 말하였다.

"그대가 막 幷州에 부임하였는가?"

이승이 말하였다.

"외람되이 荊州를 담당하게 되었습니다."

사마의가 말하였다.

"나이가 들고 마음이 어지러워 그대의 말을 알아듣지 못하였다. 지금 本州를 맡게 되었다고 하니, 功勳을 잘 세우라."

이승이 물러나와서 曹爽에게 고하였다.

"司馬公이 시체처럼 누워서 가는 숨만 남아 있고 몸과 정신이 이미 분리되었으니 염려할 것이 없습니다."

이 때문에 조상 등이 다시 대비를 하지 않았다.

後에 李勝이 出刺荊州할새 過辭懿하니 懿令兩婢侍어늘 持衣에 衣落하고 指口言渴한대 婢進粥이어늘 懿不持杯而飮하니 粥流霑胸이라 勝曰 衆謂明公舊風發動이러니 何意乃耳①오 懿使聲氣纔屬(촉)하여 言호되 年老枕疾하여 死在旦夕이라 并州近胡하니 好爲之備하고 且以子師昭爲託②이라 勝曰 還忝本州하니 非并州也③니이다 懿復錯亂其辭曰 君方到并州오 勝曰 當忝荊州니이다 懿曰 年老意荒하여 不解君言이라 今爲本州하니 好建功勳하라 勝退하여 告爽曰 司馬公이 尸居餘氣하여 形神已離하니 不足慮矣④라하니 故爽等이 不復設備러라

① 魏武帝(曹操)가 司馬懿를 불렀을 적에 사마의는 風痹(중풍의 일종)로 사양하였다. 그러므로 이승이 옛날의 풍비가 재발했다고 말한 것이다.
魏武之辟懿也, 懿辭以風痹(비), 故勝以爲舊風獲動.

② 屬(이어지다)은 之欲의 切이니, 〈"使聲氣纔屬"은〉 소리를 내고 기운을 부리는 것이 끊어지려 하면서도 겨우 이어지는 모습이다. 司馬懿가 일부러 이런 모습을 하여 쇠하고 늙어 쓸모가 없음을 보인 것이다.
屬, 之欲切. 作聲使氣似欲絶而僅纔聯屬之狀. 懿故作此態, 以示衰老無用.

③ 李勝은 南陽 사람이다. 그러므로 荊州를 本州라고 말한 것이다.
勝, 南陽人, 故謂荊州爲本州.

④ 〈"尸居餘氣 形神已離"는〉 그의 몸과 정신이 이미 분리되어 오직 시체처럼 있으면서 가는 숨만 쉴 뿐임을 말한 것이다.
言其形神已離, 惟尸在而餘殘喘耳.

【目】이달에 魏主 曹芳이 高平陵을 배알하였는데, 曹爽이 동생 曹羲·曹訓·曹彦과 함께 모두 따라갔다. 司馬懿는 司馬師·司馬昭와 함께 도모하여 皇太后의 詔命으로 모든 성문을 닫고 병사를 무장하고 武庫를 점거하였다. 司徒 高柔를 불러서 假節[34]을 주어 大將軍의 일을 대행하게 하여 조상의 兵營을 점거하게 하고, 太僕 王觀에게 中領軍의 일을 대행하게 하여 조희의 兵營을 점거하게 하였다. 사마의가 魏主에게 다음과 같이 아뢰었다.

"대장군 조상은 선제의 顧命을 져버리고 국가의 법전을 어지럽히고 자신을 참람하게

34) 假節 : 漢나라 말엽과 魏晉南北朝 시기에 지방의 軍政을 관장한 관리에게 종종 使持節, 持節, 假節이라는 칭호를 붙이기도 하였는바, 임시로 부절을 빌려주어 황제를 대리하여 군대를 통솔하고 명령에 따르지 않는 자를 처벌할 수 있는 권한을 가지고 있음을 보여준 것이다. 使持節은 二千石 이하의 관리를 주살할 수 있고, 持節은 관직이 없는 사람을 죽일 수 있고, 假節은 軍令을 어긴 자를 죽일 수 있었다.(大庭脩, 《秦漢法制史の研究》, 創文社, 1982)

황제에 견주고 권력을 독단하여 禁軍을 모두 장악하고 여러 관직의 요직에 모두 친한 자를 배치하고 궁궐 안의 宿衛를 자신의 사람으로 바꾸어서 至尊을 엿보고 兩宮[35)]을 이간질하니, 천하가 흉흉하여 사람들마다 두려워하는 마음을 품고 있습니다. 이는 先帝께서 조령을 내려 폐하와 臣을 御牀에 올라오게 한 본뜻이 아닙니다.

太尉 臣 蔣濟 등이 모두 '조상이 군주를 무시하는 마음이 있으니, 그의 형제들이 금군을 맡아서 숙위하는 것은 마땅하지 않다.'고 하여 永寧宮(郭太后)에 상주하였는데, 황태후께서 臣에게 명령을 내려서 상주한 대로 시행하게 하셨습니다. 臣이 독단하여 주관자에게 명하여 '조상·조희·조훈의 관직과 병권을 파하니, 侯의 신분으로만 집으로 돌아가게 하라. 감히 車駕(황제)를 머물러 지체하게 하면 바로 군법으로 처리할 것이다.'라고 하고, 臣이 독단하여 병든 몸을 지탱하여 병사를 거느리고 洛水의 浮橋에 주둔하여 비상사태에 대비하고 있습니다."

是月에 魏主芳謁高平陵이어늘 爽與弟羲訓彦으로 皆從①이라 懿與師昭謀하여 以皇太后令으로 閉諸城門하고 勒兵據武庫하고 召司徒高柔하여 假節行大將軍事하여 據爽營하고 太僕王觀으로 行中領軍事하여 據羲營하다 奏曰 大將軍爽이 背棄顧命하고 敗亂國典하고 僭擬專權하여 盡據禁兵하고 群官要職에 皆置所親하고 殿中宿衛를 易以私人하여 伺察至尊하고 離間兩宮하니 天下洶洶하여 人懷危懼②하니 此非先帝詔陛下及臣升御牀之本意也③라 太尉臣濟等이 皆以爽有無君之心하니 兄弟不宜典軍宿衛라하여 奏永寧宮하니 皇太后令臣하여 如奏施行이라 臣輒勅主者하여 罷爽羲訓吏兵하니 以侯就第하라 敢有稽留車駕면 便以軍法從事하라하고 臣輒力疾將兵하여 屯洛水浮橋하여 伺察非常④하노이다

① 高平陵은 明帝의 陵이다. 孫盛이 말하기를 "高平陵은 洛城과 거리가 90리이다." 하였다. 從(뒤따르다)은 才用의 切이다.
高平陵, 明帝陵也. 孫盛曰 "高平陵去洛城九十里." 從, 才用切.

② 洶(용솟음치다)은 음이 匈이고, 또 上聲이다. "天下洶洶 人懷危懼"는 천하가 시끄럽고 요란함이 마치 물이 용솟음치는 것과 같으므로 사람들이 위태롭고 두려운 마음을 갖게 되었음을 말한 것이다.
洶, 音匈, 又上聲. 此言天下諠擾, 如水勢洶湧, 故人懷危懼也.

③ ≪資治通鑑≫에는 이보다 위의 글에 "신이 옛날에 遼東에서 돌아왔을 때 先帝께서 조서를 내려 陛下, 秦王과 臣을 御牀에 올라오게 하고 신의 팔을 잡고서 매우 뒷날의 일을 염려하였습니다." 하였다.
通鑑上文云 "臣昔從遼東(選)〔還〕,[36)] 先帝詔陛下秦王及臣升御牀, 把臣臂, 深以後事爲念."

---

35) 兩宮 : 황제 曹芳과 郭太后를 말한다.

④ 輒은 독단한다는 뜻이다. 司馬懿가 비록 太后를 끼고 曹爽을 다스리면서 그의 상주에 스스로 독단했다는 말을 두 번이나 한 것은 천자가 조상의 처소에 있었기 때문이다. "力疾"은 병을 앓은 채 힘써서 일어나는 것이다. ≪水經注≫에 "洛城 남쪽으로 나가는 문 중에 서쪽의 제2문을 宣陽門이라고 하니 漢나라의 小苑門인데 閶闔門과 마주하고 있으며 남쪽으로 洛水의 浮橋에 닿는다." 하였다.

輒, 專也. 懿雖挾太后以臨爽, 而其奏自言輒者至再, 以天子在爽所也. 力疾, 勉力帶病而起也. 水經注 "洛城南出西頭第二門曰宣陽門, 漢之小苑門也, 對閶闔, 南直(치)洛水浮桁(항)."

【目】 曹爽은 司馬懿의 상주문을 보고서 다급해져서 어찌할 줄을 몰랐다. 사마의가 조상과 친하고 신임을 받는 사람을 보내서 조상에게 유세하여 서둘러 죄를 자수하게 하였는데, 〈그가 조상에게〉 "오직 관직이 면직될 뿐이다." 하였다.

사마의가 皇太后의 詔命으로 桓範을 부르자 환범이 詔命에 응하려고 하였는데, 그의 아들이 말하기를 "車駕(황제)가 밖에 있으니 〈폐하가 계신〉 남쪽으로 나가는 것만 못합니다."라고 하였다. 환범이 마침내 성문 밖으로 빠져나가니, 사마의가 蔣濟에게 말하기를 "꾀주머니가 가버렸구나."라고 하였다. 장제가 말하기를 "둔한 말은 말구유에 있는 콩을 좋아하니, 〈조상은 환범의 계책을〉 반드시 쓰지 못할 것입니다."라고 하였다.

爽得奏迫窘하여 不知所爲러라 懿使爽所親信으로 說(세)爽하여 宜早自歸罪하니 唯免官而已라하고 懿以太后命으로 召桓範한대 範欲應命이어늘 其子曰 車駕在外하니 不如南出이니이다 範乃出하니 懿謂蔣濟曰 智囊往矣로라하니 濟曰 駑馬戀棧豆하니 必不能用也[①]리라

① 棧은 士限의 切이니, 말구유라는 뜻이다. 콩은 말을 먹이기 위한 것이다. 〈"駑馬戀棧豆 必不能用也"는〉 曹爽이 妻子를 돌아보고 그리워하여 생각이 멀리 미치지 못하여 반드시 환범의 계책을 쓰지 못함을 말한 것이다.

棧, 士限切, 馬皁也. 豆所以飼馬. 言爽顧戀室家而慮不及遠, 必不能用範計.

【目】 桓範은 曹爽에게 권하기를 천자를 모시고 許昌으로 가서 사방의 병사를 동원하여 자신을 돕게 하라 하였는데, 조상이 주저하고 결정하지 못하였다. 환범이 曹羲에게 다음과 같이 말하였다.

"이 일은 분명하니, 경은 무엇 하려고 독서하였는가. 지금 경의 집안이 〈망하면〉 貧賤을 구하고자 한들 다시 얻을 수 있겠는가. 또 어떤 한 사람을 인질로 잡은 匹夫라도 오히려 목숨을 보존하길 바라는데, 경은 천자와 동행하고 있으니, 천하에 명령을 내리면

36) (選)〔還〕: 저본에는 '選'으로 되어 있으나, ≪資治通鑑≫에 의거하여 '還'으로 바로잡았다.

누가 감히 응하지 않겠는가. 지금 허창에 가는 것이 이틀 길에 불과하지만 걱정되는 것은 곡식인데, 大司農의 印章이 내 몸에 있다."

조희 형제가 따르지 않고 시간이 甲夜에서 五鼓(5경)에 이르자 조상이 칼을 땅에 던지며 말하기를 "나는 〈항복하여 관직과 권력을 잃을지언정〉 또한 부잣집 노인의 지위만은 잃지 않겠다."라고 하였다. 환범이 울면서 말하기를 "曹子丹(曹眞)은 아름다운 선비였는데, 돼지와 소 새끼 같은 너희 형제를 낳았구나. 오늘날 너희들에 연루되어 족멸될지 어찌 알았겠는가."라고 하였다.

範勸爽以天子詣許昌하여 **發四方兵自輔**라한대 **爽疑未決**이어늘 **範謂義曰 此事昭然**하니 **卿用讀書何爲**오 **今卿門戶**가 **求貧賤**인들 **復可得乎**아 **且匹夫質一人**이라도 **尙欲望活**[①]이어든 **卿與天子相隨**하니 **令於天下**면 **誰敢不應**이리오 **今詣許昌**이 **不過中宿**이요 **所憂穀食**이어늘 **而大司農印章**이 **在我身**[②]하니라 **義兄弟不從**하고 **自甲夜至五鼓**[③]에 **爽乃投刀於地曰 我亦不失作富家翁**이니라 **範哭曰 曹子丹**은 **佳人**이러니 **生汝兄弟**하니 **狆犢耳**로다 **何圖今日坐汝族滅也**[④]오하더라

① 質(볼모)는 음이 致이다. 이는 漢나라 말기에 사람을 겁박하여 인질로 삼은 것을 말한 것이다.[37]
質, 音致. 此謂漢末劫質也.

② 中(다음)은 去聲이다. "中宿"은 다음 날 밤이다.
中, 去聲. 中宿, 次宿也.

③ 甲夜는 初夜이다. 夜에는 5경이 있는데, 1경을 甲夜(오후 8시)라고 하고, 2경을 乙夜(오후 10시)라고 하고, 3경을 丙夜(밤 12시)라고 하고, 4경을 丁夜(새벽 2시)라고 하고, 5경을 戊夜(새벽 4시)라고 한다.
甲夜, 初夜也. 夜有五更, 一更爲甲夜, 二更爲乙夜, 三更爲丙夜, 四更爲丁夜, 五更爲戊夜.

④ 子丹은 曹眞의 字이고, "佳人"은 아름다운 선비라는 말과 같다. 狆(돼지)은 豚과 같다. 어린 돼지를 狆이라고 하고, 어린 소를 犢이라고 한다.
子丹, 眞字. 佳人, 猶言佳士. 狆, 與豚同. 小豕曰狆, 小牛曰犢.

【目】 曹爽은 마침내 司馬懿가 상주한 것을 〈魏主에게〉 통보하고 조서를 내려서 자기의 관직을 면직하고, 御駕를 모시고 궁중으로 돌아갈 것을 청하였다. 조상 형제가 집으로 돌아가자 사마의가 관리와 병사를 동원하여 그들의 집을 포위하여 지키게 하였다.

有司가 상주하기를 "黃門 張當이 사사로이 才人(궁중 女官)을 뽑아 조상에게 주었으

---

37) 이는……것이다 : ≪後漢書≫ 〈董卓傳〉에 황제(獻帝)가 皇甫酈을 보내 李傕과 郭汜를 화해시킬 적에 황보력이 이각에게 말하기를 "郭多(郭汜)가 또 공경들을 겁박해 인질로 삼았으니, 하는 짓이 이와 같은데 그대가 진실로 그를 도우려고 하는가.〔多又劫質公卿 所爲如是 而君苟欲左右之邪〕"라고 하였다.

니, 간사한 짓을 했는지 의심이 됩니다."라고 하여 장당을 잡아서 廷尉에게 회부하여 사실을 조사하게 하니, 供招에 "조상이 何晏, 鄧颺, 丁謐, 畢軌, 李勝 등과 함께 반역을 도모하였습니다."라고 하였다. 이에 조상, 曹羲 등을 체포하고 아울러 桓範, 張當과 함께 모두 三族을 멸하였다.

爽乃通懿奏하고 請下詔免己官하고 奉駕還宮하니 爽兄弟歸家에 懿發吏卒圍守之[①]하다 有司奏호되 黃門張當이 私以所擇才人與爽하니 疑有姦이라하여 收付廷尉考實하니 辭云 爽與何晏鄧颺丁謐畢軌李勝等으로 謀逆이라하니 於是에 收爽羲等하고 幷桓範張當俱夷三族하다

① "吏卒"은 洛陽令이 관장하는 관리와 병졸들이다.
吏卒, 洛陽令所主吏卒也.

司馬懿가 曹爽을 모살하다

【目】 이보다 앞서 宗室 曹冏(조경)이 다음과 같이 上書하였다.

"옛날에 반드시 同姓의 諸侯를 세워서 친족을 친애하는 뜻을 밝히고, 반드시 異姓의 諸侯를 세워 현인을 어질게 여기는 뜻을 밝혔으니, 친소를 함께 등용하였으므로, 그 사직을 보전할 수 있었습니다.

지금 州牧과 郡守들은 모두 천 리가 넘는 땅을 소유하고 군대의 임무를 겸하고 있어서 혹 국가에 견줄 만한 이도 몇 명이고, 혹 형제가 함께 점거하고 있습니다. 그러나 종실의 자제들은 이름만 있고 실제가 없는 땅에서 왕 노릇을 하고, 임금이면서 백성을 부리지 못하여 한 사람도 州牧과 郡守의 사이에 끼어들어서 그들을 서로 견제하지 못하고 있으니, 이는 줄기를 강화하고 가지를 약화시켜서 만일의 사태를 대비하는 방법이 아닙니다.

속담에 이르기를, '백 개의 발을 가진 벌레는 죽음에 이르도록 쓰러지지 않는다.'라고

하니, 부축하는 것이 많기 때문입니다. 이 말이 매우 하찮으나, 큰일에 비유할 수 있습니다."

조경이 이 논의로 조상을 깨우치고자 하였으나, 조상은 이를 채용하지 못하였다.

先是에 **宗室曹冏**이 **上書曰**[①] **古者**에 **必建同姓**하여 **以明親親**하고 **必樹異姓**하여 **以明賢賢**하니 **親疏竝用**이라 **故能保其社稷**이러니 **今州郡牧守**가 **皆跨有千里**하고 **兼軍武之任**하여 **或比國數人**하고 **或兄弟竝據**[②]하노이다 **而宗室子弟**가 **王空虛之地**하고 **君不使之民**하여 **曾無一人間厠其間**하여 **與相維制**[③]하니 **非所以彊幹弱枝備萬一之虞也**[④]라 **語曰 百足之蟲**이 **至死不僵**이라하니 **以其扶之者**가 **衆也**[⑤]라하니 **此言**이 **雖小**나 **可以譬大**라하니 **冏**이 **欲以感寤曹爽**호되 **爽**이 **不能用**하다

① 冏은 少帝(曹芳)의 族祖이다. 冏은 俱永의 切이다.
冏, 少帝之族祖也. 冏, 俱永切.

② 比는 가까이 접한다는 뜻이다.
比, 接近也.

③ "空虛"는 封國의 명칭은 있으나 실제로 그 땅을 소유하지 못한 것을 말한다. "君不使之民"은 제후왕이 백성의 위에 높이 있는 것을 막아서 백성을 신하로 삼아 부릴 수 없게 한 것을 말한 것이다. 間은 가로막는다는 뜻이다. 厠은 섞인다는 뜻이다.
空虛, 謂有封國之名, 實不能有其地也. 君不使之民, 謂抗藩王之尊於國民之上, 不得而臣使也. 間, 隔也. 厠, 雜也.

④ 京師는 줄기가 되고, 四方은 가지가 된다. 虞는 헤아린다는 뜻이다.
京師爲幹, 四方爲枝. 虞, 度也.

⑤ 馬蚿(노래기)은 백 개의 다리가 있다. 僵(넘어지다)은 居良의 切이다.
馬蚿百足. 僵, 居良切.

【目】 司馬懿가 성문을 닫았을 때에 曹爽의 司馬 魯芝가 변고를 듣고 진영의 기병을 거느리고 津門을 부수고 조상에게 달려갔다. 조상이 印綬를 풀어 항복할 적에 主簿 楊綜이 그를 저지하면서 말하기를 "공께서는 天子를 모시고 權柄을 장악하고 있는데, 이를 버리고 東市로 가시겠습니까."라고 하였다. 有司가 노지와 양종을 체포하겠다고 아뢰니, 사마의가 말하기를 "저들은 각각 그 주인을 위한 것이니 용서하라."라고 하였다.

及懿閉門에 **爽司馬魯芝聞變**하고 **將營騎**하여 **斫津門出赴爽**[①]이러라 **及爽解印綬**에 **主簿楊綜**이 **止之曰 公挾主握權**이어늘 **捨此以至東市乎**[②]아 **有司奏收芝綜**하니 **懿曰 彼各爲其主也**니 **宥之**하라

① 營騎은 大將軍 진영의 기병이다. 津門은 洛城의 남쪽으로 나가는 문 중에 서쪽의 제1문으로, 또한 建城門이라고 한다.

營騎, 大將軍營騎士也. 津門, 洛城南出西頭第一門也, 亦曰建城門.

② 東市는 사람을 형벌하는 곳이다. 반드시 장차 東市에서 주벌을 당하게 될 것을 말한다.
東市, 刑人之所也. 言必將見誅於市也.

【目】 魯芝가 성문을 나갈 때에 參軍 辛敞을 불러 함께 가려고 하였는데, 신창이 그의 누나 辛憲英과 의논하여 말하였다.

"天子가 밖에 있는데 太傅(司馬懿)가 성문을 닫았습니다. 사람들이 앞으로 국가(황제)에 이롭지 못할 것이라고 하니, 일에 있어 이와 같이 되겠습니까?"

신헌영이 말하였다.

"내가 헤아려보니, 태부가 曹爽만 주벌할 것이다."

신창이 말하였다.

"그렇다면 태부의 일이 성공하겠습니까?"

신헌영이 말하였다.

"성공하지 못할 리가 있겠느냐. 조상의 재주는 태부에게 상대가 되지 않는다."

신창이 말하였다.

"그렇다면 성을 나가지 않아도 되겠습니까."

신헌영이 말하였다.

"직책을 지키는 것은 사람의 大義이다. 보통 사람이 환난에 있더라도 오히려 구휼하는데, 〈남을 위해〉 채찍을 잡고 직책을 담당하다가 그 직책을 버리면 상서롭지 못함이 이보다 큰 것이 없다. 또 남을 위하여 직책을 맡고 남을 위하여 죽음에 나가는 것은 친애를 받는 사람의 직임이니, 너의 무리를 따를 뿐이다."

신창이 마침내 나갔는데, 일이 끝난 뒤에 탄복하여 말하였다.

"내가 누나와 도모하지 않았다면 거의 대의를 잃을 뻔했구나."

芝之出也에 呼參軍辛敞欲與俱어늘 敞謀於其姊憲英曰 天子在外어늘 太傅閉城門하니 人云 將不利國家라하니 於事에 可得爾乎[①]아한대 憲英曰 以吾度(탁)之하니 太傅誅曹爽耳라하니 然則事就乎아 曰 得無殆就아 爽才非太傅偶也[②]니라 然則可以無出乎아 曰 職守는 人之大義也라 凡人在難이라도 猶或卹之어든 執鞭而棄其事면 不祥莫大焉이요 且爲人任하고 爲人死는 親昵之職也니 從衆而已[③]라하다 敞遂出이러니 事定之後에 嘆曰 吾不謀於姊런들 幾不獲於義라하더라

① 爾(이와 같다)는 如此라는 말과 같다.
爾, 猶云如此也.

② 殆는 가깝다는 뜻이다. 偶는 짝한다는 뜻이다.
殆, 近也. 偶, 匹也.

③ ≪春秋左氏傳≫ 襄公 25년에 晏平仲이 말하기를 "임금이 사직을 위해 죽으면 신하도 그를 위해 죽지만, 만약 임금이 자기 자신을 위해 죽으면 임금에게 사사롭게 총애를 받은 자가 아니면 누가 감히 함께 죽는 일을 감당하겠는가." 하였다. 昵은 사사로이 사랑한다는 뜻이다. 이는 친애를 받은 자는 그를 위해 人質이 될 수 있고, 총애를 받은 자는 그를 위해 죽을 수 있음을 말한 것이다.
左傳晏子曰"君爲社稷死則死之, 若爲己死, 非其私昵, 誰敢任之." 昵, 私愛也. 此言親者則可爲質任, 愛昵者則可爲之死.

【目】 이보다 앞서 曹爽이 王沈과 羊祜를 辟召하니, 왕침이 양호에게 명에 응할 것을 권하였다. 양호가 말하였다.

"몸을 바쳐서 남을 섬기는 것이 또한 어찌 쉬운 일이겠는가?"

왕침이 마침내 출사하였는데, 조상이 패하게 되자 왕침이 조상의 故吏였다는 이유로 면직이 되었다. 왕침이 양호에게 말하였다.

"나는 경이 전에 했던 말을 잊지 않고 있다."

양호가 말하였다.

"이 일은 애초에 생각이 미친 것이 아니다."

○先是에 爽辟王沈羊祜하니 沈勸祜應命하니 祜曰 委質事人이 復何容易[①]리오하다 沈遂行이러니 及爽敗하여 沈以故吏免하니 謂祜曰 吾不忘卿前語하노라 祜曰 此非始慮所及也[②]니라

① 易(쉬움)는 去聲이니, 〈"復何容易"는〉 쉽게 여겨서는 안 됨을 말한 것이다.
易, 去聲. 言不可輕易也.

② 〈"非始慮所及也"는〉 처음 생각에 또한 조상이 이런 지경이 될 줄 헤아리지 못하였으니, 일의 기미를 알았다는 명성을 받기를 원치 않음을 말한 것이다.
言始慮亦不料爽至此, 不欲受知幾之名也.

【目】 曹爽의 從弟(사촌 아우) 曹文叔의 처 夏侯令女가 일찍 과부가 되어 자식이 없었다. 그 친정아버지가 하후영녀를 〈다시〉 시집보내려고 하자 하후영녀가 귀를 잘라 스스로 맹세하고 평소에 조상에게 의지하여 살았다. 조상이 죽게 되자 하후영녀의 집안에서 글을 올려 혼인 관계를 끊고 강제로 하후영녀를 맞이하여 돌아가서 다시 시집을 보내려고 하였다. 하후영녀가 또 코를 자르니, 그 집안사람들이 깜짝 놀라서 하후영녀에

게 말하였다.

“사람이 세상을 살아가는 것은 가벼운 먼지가 약한 풀에 붙은 것과 같은데, 어찌하여 이처럼 스스로 고생을 하는가. 또 남편의 집안이 멸족하여 이미 없어졌는데, 이렇게 절개를 지키는 것은 누구를 위하려 하는 것인가.”

하후영녀가 말하였다.

“내가 들으니 ‘어진 자는 성쇠에 따라 절개를 고치지 않고, 의로운 자는 존망에 따라 마음을 바꾸지 않는다.’라고 합니다. 曹氏가 이전에 성대할 때에도 절개를 오히려 끝까지 보존하고자 했는데, 하물며 지금은 쇠망하였으니 어찌 차마 버리겠습니까. 이는 금수와 같은 짓이니, 내가 어찌 하겠습니까.”

夏侯令女가 귀를 자르다

司馬懿가 그 소식을 듣고 하후영녀를 훌륭하게 여기고 그녀에게 養子를 들이고 양육해서 曹氏의 후사로 삼는 것을 허락하였다.

○爽從弟文叔妻夏侯令女가 早寡無子[①]라 其父欲嫁之한대 令女截耳自誓하고 居常依爽이러니 爽誅에 其家上書絶昏하고 强迎以歸하여 復將嫁之어늘 令女又斷其鼻하니 其家驚惋하여 謂之曰 人生世間에 如輕塵棲弱草어늘 何至自苦乃爾오 且夫家夷滅已盡하니 守此欲誰爲哉[②]오하니 令女曰 吾聞仁者는 不以盛衰改節하고 義者는 不以存亡易心이라하니 曹氏前盛時에도 尙欲保終이어든 況今衰亡하니 何忍棄之리오 此禽獸之行이니 吾豈爲乎아하다 懿聞而賢之하고 聽使乞子字養하여 爲曹氏後하다

① 夏侯文寧의 딸은 이름이 令女이다.
夏侯文寧之女, 名令女.

② 惋은 烏貫의 切이니, 놀라고 감탄한다는 뜻이다. 爲(위하다)는 去聲이다.
惋, 烏貫切, 驚歎也. 爲, 去聲.

【目】何晏 등이 한창 정권을 쥐고 있을 때, 한 시대의 뛰어난 재주를 지닌 사람은 남들이 따라올 수가 없다고 여겨 일찍이 유명한 선비들을 품평하여 말하였다.

"심원하기 때문에 천하 사람의 뜻을 통하니, 夏侯泰初(夏侯玄)가 바로 그 사람이다. 기미를 살피기 때문에 천하의 일을 이루니, 司馬子元(司馬師)이 바로 그 사람이다. 오직 신묘하기 때문에 서두르지 않아도 빠르고 가지 않아도 이르니, 내가 그 말만 들었지 그런 사람을 아직 보지 못하였다."[38]

이것으로 자신을 비유한 것이다.

◑何晏等이 方用事에 自以爲一時才傑은 人莫能及이라하여 嘗爲名士品目曰 唯深也故로 能通天下之志니 夏侯泰初가 是也①요 唯幾也故로 能成天下之務니 司馬子元이 是也②요 惟神也故로 不疾而速하고 不行而至니 吾聞其語이요 未見其人이라하니 蓋以自況也러라

① 泰初는 夏侯玄의 字이다.
泰初, 玄字.

② 子元은 司馬師의 字이다.
子元, 師字.

【目】何晏은 平原 사람 管輅가 術數에 밝다는 소문을 듣고 청하여 함께 ≪周易≫을 논하였는데, 鄧颺이 자리에 있다가 관로에게 말하였다.

"그대는 스스로 ≪주역≫을 잘 안다고 하면서 말이 ≪주역≫ 가운데의 말과 의리에 미치지 않는 것은 어째서인가?"

관로가 말하였다.

"≪주역≫을 잘 아는 자는 ≪주역≫을 말하지 않습니다."

하안이 웃으며 그를 칭찬하여 말하였다.

"말이 긴요하면서 간명하다고 할 수 있다."

이어 관로에게 말하였다.

"시험 삼아 나를 위하여 한 卦를 내어서 三公에 오를 수 있는지 알아보겠는가?"

---

38) 심원하기……못하였다 : ≪周易≫ 〈繫辭傳 上〉에 "易은 聖人이 깊음을 다하고 기미를 살피는 것이니, 깊기 때문에 天下의 뜻을 통하며, 기미를 살피기 때문에 천하의 일을 이루며, 神妙하기 때문에 서두르지 않아도 빠르며 가지 않아도 이른다. 孔子가 말하기를 '易에 聖人의 道가 네 가지가 있다는 것은 이것을 말한 것이다.'라 하였다.〔夫易 聖人之所以極深而硏幾也 唯深也故 能通天下之志 唯幾也故 能成天下之務 唯神也故 不疾而速 不行而至 子曰 易有聖人之道四焉者 此之謂也〕" 하였다. 何晏이 이 말을 인용하여 사람을 품평한 것이다.

또 물었다.

"연일 꿈속에 쉬파리 수십 마리가 나의 콧등에 모이니 어찌된 것인가?"

관로가 말하였다.

"八元과 八凱가 舜임금을 보좌하고 周公이 周나라 成王을 보좌할 적에 모두 溫和·仁惠·謙虛·恭敬으로 하여 많은 복을 누렸습니다. 지금 君侯는 지위가 높고 권력이 막중한데, 은덕으로 여기는 이는 적고 위엄을 두려워하는 이는 많으니, 아마도 조심해서 복을 구하는 도리가 아닌 듯합니다. 바라건대 君侯는 많은 데서 덜어서 적은 데에 더해주고[39] 禮가 아니면 행하지 않아야 합니다. 그런 뒤에 三公에 이를 수 있을 것이며, 쉬파리를 몰아낼 수 있습니다."

등양이 말하였다.

"이런 말은 늙은 서생의 평범한 말이다."

관로가 말하였다.

"늙은 서생이 죽을 자를 볼 수 있고 평범한 말을 하는 사람이 말하지 못할 자를 볼 수 있다."[40]

관로의 외삼촌이 그 말을 듣고 관로의 말이 너무 노골적이었다고 꾸짖자, 관로가 말하였다.

"죽을 사람과 말을 하는 데에 어찌 두려울 것이 있겠습니까."

외삼촌이 화를 내고 관로를 미치광이라고 여겼다.

晏聞平原管輅가 明術數하고 請與論易한대 鄧颺在座하여 謂輅曰 君自謂善易이어늘 而語不及易中詞義는 何也오하니 輅曰 夫善易者는 不言易也라 晏笑而贊之曰 可謂要言不煩이로다 因謂輅曰 試爲作一卦하여 當至三公不①아하고 又問連夢靑蠅數十이 來集鼻上하니 何也오하니 輅曰 元凱輔舜하고 周公佐周에 皆以和惠謙恭으로 享有多福②하니 今君侯位尊勢重이어늘 而懷德者鮮하고 畏威者衆하니 殆非小心求福之道라 願君侯는 裒多益寡하고 非禮不履然後에 三公可至하며 靑蠅을 可驅也③리라하니 颺曰 此老生之常譚④이로다 輅曰 老生者는 見不生이요 常譚者는 見不譚⑤이니라 輅舅聞之하고 責其言大(태)切한대 輅가 曰 與死人語에 何所畏邪아 舅怒以爲狂이러라

39) 많은……더해주고 : '裒多益寡'는 ≪周易≫ 謙卦 〈象傳〉의 "땅 가운데 산이 있는 것이 謙이니, 군자가 이를 본받아서 많은 데에서 덜어서 적은 데에 주고 물건을 저울질하여 베푸는 것을 공평하게 한다.〔地中有山 謙 君子以裒多益寡 稱物平施〕"라고 한 데서 온 말이다.

40) 평범한……있다 : 원문의 "見不譚"의 見(현)을 드러난다의 뜻으로 해석하는 경우가 있는데, 이때는 "평범한 말 속에 말할 수 없는 의미가 드러난다."고 해석한다.

① 爲(위하다)는 去聲이다. 不는 否로 읽는다.
爲, 去聲. 不, 讀曰否.

② ≪春秋左氏傳≫ 文公 18년에 "高陽氏는 재주 있는 아들 여덟이 있으니, 蒼舒·隤敱·檮戭·大臨·尨降·庭堅·仲容·叔達이다. 이들은 엄숙하고 슬기롭고 광대하고 심원하며 명철하고 진실하며 돈독하고 성실하니, 천하의 백성들이 '八凱'라고 불렀다. 高辛氏는 재주 있는 아들 여덟이 있으니, 伯奮·仲堪·叔獻·季仲·伯虎·仲熊·叔豹·季貍이다. 이들은 충성스럽고 엄숙하며 공손하고 미려하며 사려가 周密하고 인자하고 은혜롭고 온화하니, 천하의 백성들이 '八元'이라고 불렀다." 하였다.
左傳 "高陽氏有才子八人, 蒼舒·隤敱·檮戭·大臨·尨降·庭堅·仲容·叔達, 齊聖廣淵, 明允篤誠, 天下之民, 謂之八凱. 高辛氏有才子八人, 伯奮·仲堪·叔獻·季仲·伯虎·仲熊·叔豹·季貍, 忠肅共懿, 宣慈惠和, 天下之民, 謂之八元."

③ 裒는 취한다는 뜻이다. "裒多益寡"는 何晏이 권세를 쥐고 있으니 자기 분수를 헤아려보고 많다고 여기면 스스로 덜어낼 것을 생각해야 함을 말한 것이다.
裒, 取也. 裒多益寡, 言晏據權勢, 揆分爲多, 當思自減損也.

④ 譚(말하다)은 談과 같다.
譚, 與談同.

⑤ 〈"老生者……見不譚"은〉 반드시 그의 죽음을 볼 것임을 말한 것이다.
言必見其死也.

【目】 選部郎 劉陶가 젊어서 말재주가 좋았는데, 鄧颺의 무리들이 그를 칭송하기를 伊尹, 呂尙이라고 하였다. 유도가 일찍이 傅玄에게 말하였다.

"지혜로운 사람이 어리석은 사람들을 마치 하나의 구슬을 손바닥 안에서 놀리듯이 한다. 仲尼(孔子)가 천하를 얻지 못하였으니, 어찌 聖人이라고 하겠는가."

부현이 말하였다.

"天下의 변화는 일정함이 없으니, 지금 경이 곤궁해질 것이 보인다."

이때에 이르러 유도는 관직에서 물러나 고향 집에 살면서 자기 말의 잘못을 사과하였다.

選部郎劉陶가 少有口辯하니 鄧颺之徒가 以伊呂稱之①러니 陶嘗謂傅玄曰 智者於群愚에 如弄一丸於掌中이라 而仲尼不能得天下하니 何以爲聖이리오하다 玄曰 天下之變無常也이라 今見卿窮矣라하더니 至是하여 陶退居里舍하여 乃謝其言之過하다

① 劉陶는 劉曄의 아들이다.
陶, 曄之子也.

【目】 管輅의 외삼촌이 또한 관로에게 말하기를 "네가 전에 何晏과 鄧颺이 패배할 것을 어찌 알았느냐?"

관로가 말하였다.

"등양이 걸을 때는 힘줄이 뼈를 잡아주지 못하고 혈맥이 살을 잡아주지 못하여 일어날 때 몸이 기울어 손발이 없는 듯했으니, 이를 鬼躁라 합니다. 하안이 문안했을 적에 魂이 몸을 떠난 듯하고, 혈색이 좋지 않고, 정신이 연기처럼 떠돌고, 용모가 마른 나무와 같았으니, 이를 鬼幽라 합니다. 이 두 가지는 모두 큰 복을 받을 형상이 아닙니다."

輅之舅亦謂輅曰 爾前何以知何鄧之敗오하니 **輅曰 鄧之行步**하여는 **筋不束骨**하며 **脈不制肉**하고 **起立傾倚**하여 **若無手足**하니 **此爲鬼躁**요 **何之視候**하여는 **魂不守宅**하며 **血不華色**하고 **精爽煙浮**하고 **容若槁木**하니 **此爲鬼幽**라 **二者皆非遐福之象也**①니라

① 管輅가 何晏·鄧颺과 말을 할 적에는 그가 말하는 뜻이 古人에 가까웠다. 그런데 외삼촌에게 답하여 하안과 등양이 실패한 이유를 논한 것에 이르러서는 관상을 보는 자의 말이었을 뿐이니, 어찌 그리도 앞뒤가 서로 어긋나는가.
管輅之與何·鄧言也, 其陳義近於古人. 至答其舅論何·鄧之所以敗, 則相者之說耳, 何前後之相戾也.

【目】 何晏은 성품이 스스로를 사랑하여 흰 분을 손에서 놓지 않고 걸을 때에는 그림자를 돌아보았다. 老莊의 글을 더욱 좋아하여 夏侯玄·荀粲·王弼의 무리들과 경쟁적으로 淸談을 하고 虛無를 숭상하여 六經을 '聖人의 糟粕(찌꺼기)'이라고 하였다. 이로 말미암아 천하의 士와 大夫들이 사모하고 본받아서 마침내 流風을 이루어 다시 제재할 수 없었다.

晏性自喜하여 **粉白不去手**하고 **行步顧影**①하며 **尤好老莊書**하여 **與夏侯玄荀粲王弼之徒**로 **競爲淸談**하고 **祖尙虛無**하여 **謂六經爲聖人之糟粕**②이라하니 **由是**로 **天下士大夫慕效之**하여 **遂成風流**하여 **不可復制**③러라

① "粉白不去手"는 스스로 化粧을 하는 것이다. 致堂(胡寅)[41]이 말하기를 "何晏은 자신의 용모를 사랑하여 흰 분을 손에서 놓지 않았다." 하였다.
粉白不去手, 以自塗澤也. 致堂曰 "晏以貌自喜, 粉白不去手."

41) 致堂(胡寅) : 1098~1156. 宋나라 때 유학자로 致堂은 號이다. 胡安國의 養子이며 字는 明仲으로 宋 欽宗 원년(1126)에 秘書省校書郞으로 출사하였다. 楊時에게 배웠다. 저서로 ≪論語詳說≫, ≪讀史管見≫, ≪斐然集≫ 등이 있다.(≪宋史≫ 〈胡寅傳〉)

② 荀粲은 荀彧의 아들이다. 糟는 술지게미이다. 粕은 거친 술지게미〔糟〕를 거른 것이다. ≪莊子≫ 〈天道〉에 말하기를 "桓公이 堂上에서 책을 읽고 있었는데, 輪扁(수레바퀴를 만드는 사람)이 堂下에서 수레바퀴를 깎고 있다가 망치와 끌을 놓아두고 올라가 환공에게 묻기를 '감히 여쭈오니 공께서 읽는 것은 무슨 말입니까?'라고 하자, 환공이 말하기를 '聖人의 말이다.'라고 하였다. 윤편이 '성인이 살아 있습니까?'라고 하니, 환공이 말하기를 '이미 죽었다.'라고 하자, 윤편이 말하기를 '그렇다면 임금께서 읽는 것은 古人의 糟粕일 뿐입니다. 고인은 전하지 못한 것과 함께 죽었습니다.'라고 하였다." 하였다.
粲, 彧之子也. 糟, 酒滓也. 粕, 已漉粗醠糟也. 莊子曰 "桓公讀書於堂上, 輪扁斲輪於堂下, 釋椎鑿而上, 問桓公曰 '敢問公所讀者何言邪.' 公曰 '聖人之言也.' 曰 '聖人在乎.' 公曰 '已死矣.' 曰 '然則君之所讀者, 古人之糟粕已矣. 古之人與其不可傳者死矣.'"

③ 淸談의 재앙이 여기에서 시작되었다.
淸談之禍始此.

【綱】 魏나라가 司馬懿를 丞相으로 삼고 九錫[42]을 더하였으나 받지 않았다.

魏以司馬懿爲丞相하고 **加九錫**하되 **不受**[43]하다

【綱】 魏나라 護軍 夏侯霸가 〈漢나라(蜀漢)로〉 도망쳐왔다.

○**魏護軍夏侯霸來奔**하다

【目】 夏侯霸는 曹爽에게 후한 대접을 받았다. 그의 아버지 夏侯淵이 蜀에서 죽었으므로 항상 이를 갈면서 원수를 갚으려는 뜻이 있었고, 討蜀護軍[44]이 되어 征西將軍府[45]에

42) 九錫 : 九錫은 고대에 天子가 제후와 대신에게 하사하는 아홉 가지의 물건으로, 첫째는 車馬, 둘째는 衣服, 셋째는 樂器, 넷째는 朱戶, 다섯째는 納陛(궁전의 기단부를 파서 처마 안으로 만든 계단), 여섯째는 虎賁(호위병), 일곱째는 鈇鉞, 여덟째는 弓, 아홉째는 秬鬯(검은 기장으로 빚은 鬱鬯酒)이다.

43) 魏以……不受 : "'以'라고 기록한 것은 어째서인가. 命이 위에서 나왔기 때문이다. 받지 않았다면 司馬懿 역시 예절을 조금 알았다고 할 수 있다. ≪資治通鑑綱目≫에서 '九錫'을 기록한 것은 열네 번이고(平帝 元始 5년(5)에 자세하다.), '加某九錫(누구에게 구석을 주다.)'를 기록한 것은 한 번이고(王莽), '以某加九錫而不受(누구에게 구석을 주었으나 받지 않았다.)'를 기록한 것은 두 번이고(司馬懿, 朱全忠) '自加(자신이 더했다.)'를 기록한 것은 아홉 번이고(曹操, 趙王倫, 桓玄, 蕭道成, 蕭衍, 陳霸先, 楊堅, 李淵, 王世充), '自加九錫而復辭(자신이 九錫을 더했다가 다시 사양하였다.)'를 기록한 것은 두 번이다.(司馬昭, 劉裕) 그러나 주전충은 불만스럽게 여겨 받지 않았으니, 또한 사마의에게 견줄 일이 아니다. 〔書以 何 命自上出也 不受則懿亦可謂稍知節矣 綱目書九錫十四(詳平帝元始五年) 書加某九錫者一(王莽) 書以某加九錫而不受者二(懿朱全忠) 書自加者九(曹操趙王倫桓玄蕭道成蕭衍陳霸先楊堅李淵王世充) 書自加九錫而復辭者二(司馬昭劉裕) 然全忠以不滿而不受 又非懿之比矣〕" ≪書法≫

44) 討蜀護軍 : 護軍의 명칭은 秦漢代부터 있었으며 특히 漢代에는 護軍將軍, 護軍都尉가 있었다. 後漢

예속되었다. 征西將軍 夏侯玄은 하후패의 조카이고 조상의 이종 아우이다. 이때에 이르러 司馬懿가 하후현을 불러 京師로 오게 하고 郭淮를 하후현의 후임으로 삼았다. 하후패는 평소에 곽회와 마음이 맞지 않았기 때문에 재앙이 미칠까 두려워하여 마침내 蜀漢으로 도망쳐왔다.

姜維가 그에게 묻기를 "사마의가 이미 정권을 얻었으니, 마땅히 다시 정벌할 뜻이 있겠는가?"라고 하니, 하후패가 말하기를 "저 사람은 한창 가문을 세우고 있으니, 외부의 일에 관심을 둘 여가가 없습니다. 그러나 鍾士季라는 사람이 있으니, 그가 비록 젊지만 만약 조정 일을 관장하게 된다면 吳와 蜀漢의 근심거리가 될 것입니다."라고 하였다. 종사계는 鍾繇의 아들이니, 尙書郎 鍾會이다.

霸爲曹爽所厚하니 以父淵死於蜀으로 常切齒有報仇之志하고 爲(征)〔討〕[46]蜀護軍하여 統屬征西①하니 征西將軍夏侯玄은 霸之從子요 爽外弟也②라 至是하여 司馬懿召玄詣京師하고 而以郭淮代之하니 霸素與淮不叶이라 恐禍及하여 遂來奔③하다 姜維問之曰 懿旣得政하니 當復有征伐之志不④아 霸曰 彼方營立家門하니 未遑外事어니와 有鍾士季者하니 其人雖少나 若管朝政이면 吳蜀之憂也니라 士季者는 鍾繇之子이니 尙書郎會也라

① 〈"統屬征西"는〉 征西將軍府에 소속되어 통제를 받은 것이다.
屬征西將軍府所統.

② 曹氏는 夏侯氏에서 나왔는데, 夏侯玄의 아버지 夏侯尙이 또 조씨에게 장가를 갔다. 그러므로 하후연은 조상에게 이종 동생이 된다.
曹氏, 夏侯氏之出也, 玄父尙又娶於曹氏, 故玄於爽爲外弟.

③ 叶(화합하다)은 和와 같다.
叶, 和同也.

④ 不는 否로 읽는다.
不, 讀曰否.

【綱】 3월에 吳나라 大司馬 朱然이 卒하였다.

말기 曹操가 丞相府에 護軍을 두어 武官의 선발과 금군을 관장하게 하였으며, 출정 시에 여러 장군을 감독하게 하였다. 建安 12년(207)에 中護軍으로 개칭하였으나 護軍으로 부르기도 하였다. 三國이 정립되면서 정벌을 목적으로 討蜀護軍, 征西護軍 등이 생겼으며 그 지위도 將軍으로 낮아졌다.

45) 征西將軍府 : 魏나라 黃初 연간에 征東將軍, 征南將軍, 征西將軍, 征北將軍을 두었는데, 지위가 三公의 다음이었다. 정서장군은 長安에 주둔하면서 雍州와 涼州의 刺史를 통솔하였다. 蜀漢과 吳나라에도 똑같은 명칭의 관직이 있다.

46) (征)〔討〕 : 저본에는 '征'으로 되어 있으나, ≪資治通鑑≫에 의거하여 '討'로 바로잡았다.

三月에 吳大司馬朱然이 卒하다

【目】朱然은 기색과 풍모가 밝고 지조와 품행이 고결하며, 전쟁터에 있는 것처럼 온 종일 사람을 잘 부렸으며, 위급한 일에 임하면 마음을 진정시키는 것이 남보다 뛰어났다. 비록 당시에 전쟁이 없어도 매일 아침저녁으로 경계를 알리는 북을 치고서 병영에 있는 자들을 다 행장을 꾸려서 대오를 이루게 하였다. 이것으로 적군의 신경을 무디게 만들어서 적군에게 언제 방비해야 할지 모르게 하였다. 그러므로 출동할 때마다 번번이 공을 세웠다. 大司馬가 되어 병이 들어 卒하니, 吳主 孫權이 주연을 위하여 애통해하였다.

然은 氣候分明하고 內行修潔하며 終日欽欽하여 若在戰場①하고 臨急膽定이 過絶於人이라 雖世無事나 每朝夕嚴鼓②하여 兵在營者를 咸行裝就隊하여 以此玩敵하여 使不知所備라 故出輒有功③이러니 爲大司馬하여 病卒하니 吳主權이 爲之哀慟이러라

① "欽欽"은 사람을 즐겁게 나가도록 함을 말한다.[47]
欽欽, 言使人樂進也.
② "嚴鼓"는 북을 빠르게 친다는 뜻이다.
嚴鼓, 疾擊鼓也.
③ 비록 병사를 출동하지 않으나 항상 출동 준비를 하여 정탐하는 적군이 평상시처럼 익숙하게 여긴 것이니, 적군이 언제 방비해야 할지를 알지 못한 것이다.
雖不出兵, 而常爲行備, 敵人之覘者玩以爲常, 則不知所以備豫矣.

【綱】가을에 姜維가 魏나라 雍州를 공격해서 이기지 못하였다.

秋에 姜維가 伐魏雍州하여 不克하다

【目】姜維는 魏나라 雍州를 공격하여 麴山을 의지하여 두 개의 城을 쌓고 句安과 李歆을 보내어 이곳을 지키게 하고 羌人과 胡人들의 인질을 잡고서 강족과 호족에게 여러 郡을 침범하게 하였다. 魏나라 郭淮가 刺史 陳泰를 보내 병사들을 진격시켜 국산을 포위하여 운송하는 길과 성 밖에서 흘러드는 물을 끊었다. 성안 장병들이 곤궁해져 식량을 나누어 먹고 눈을 모아서 마시며 시일을 끌었는데, 강유가 군대를 이끌고 이들을 구원하여 牛頭山에서 나와 진태와 서로 대치하였다. 진태가 여러 군대에 명령을 내려서 각

47) 欽欽은……말한다 : "終日欽欽 若在戰場"에서 欽欽을 訓義와 다르게 '조심스러워한다'는 뜻으로 해석하여 "전쟁터에 있는 것처럼 하루 종일 경건하였다."라고 번역하는 경우도 있다.

각 보루를 굳게 지키고 상대하여 싸우지 말게 하고, 사자를 보내 곽회에게 보고하여 우두산으로 빨리 달려가게 하여 강유의 돌아가는 길을 끊게 하였다. 곽회가 이를 따라 洮水로 진군하자, 강유가 두려워하여 달아나니, 구안 등이 魏나라에 항복하였다.

維攻魏雍州하여 依麴山築二城하고 使句安李歆守之[48]하고 聚羌胡質任하여 侵偪諸郡①하니 魏郭淮使刺史陳泰進兵圍之하여 斷其運道及城外流水②하니 將士窘困하여 分糧聚雪하며 以引日月이어늘 維引軍救之하여 出自牛頭山하여 與泰相對③하니 泰勅諸軍하여 各堅壘勿與戰하고 遣使白淮하여 使趣牛頭截其還路④하니 淮從之하여 進軍洮水⑤한대 維懼하여 遁走하니 安等降魏하다

姜維가 牛頭山에서 크게 싸우다

① 麴山은 羌 지역에 있는데, 魏나라 雍州 서남쪽 경계이다. 句(갈고리)는 음이 鉤이고, 또 古候의 切이다. 句安은 성명이다. 質(인질)은 음이 致이다.
麴山, 蓋在羌中, 魏雍州西南界. 句, 音鉤, 又古候切, 句安, 姓名. 質, 音致.

② 陳泰는 陳群의 아들이다.
泰, 群之子也.

③ 牛頭山은 洮水의 남쪽에 있는데, 〈소머리의〉 모양으로 산의 이름을 지었다.
牛頭山, 蓋在洮水之南, 以形名山.

④ 趣(달려가다)는 七喩의 切이다.
趣, 七喩切.

⑤ 洮는 음이 滔이다. ≪水經注≫에 "洮水는 隴西 臨洮縣에서 나와 북쪽으로 枹罕에 이르고 동쪽으로 흘러 황하에 들어간다." 하였다.
洮, 音滔. 水經注 "洮水, 出隴西臨洮縣, 北至枹罕東入河."

---

48) 歆 : 저본에 欽으로 되어 있으나, ≪資治通鑑≫에 의거하여 歆으로 바로 잡았다.

【綱】 겨울 12월에 魏나라가 현지에서 王凌을 제수하여 太尉로 삼았다.

冬十二月에 魏卽拜王凌爲太尉[①]하다

① "卽拜"는 〈使者가〉 壽春으로 나아가 太尉에 제수한 것이다.
卽拜者, 就壽春拜爲太尉.

【目】 예전에 王凌이 將軍으로 假節을 받아 揚州의 서쪽을 감독하고 그의 甥姪 令狐愚는 兗州刺史가 되어 平阿에 주둔하였다. 생질과 외삼촌이 나란히 많은 병력을 관장하여 淮南의 직임을 전담하게 되자, 음밀하게 모의하기를 魏主가 강한 신하에게 통제를 받고 楚王 曹彪에게 지혜와 용기가 있다고 하여 함께 조표를 천자로 세우고 그를 맞이하여 許昌에 도읍을 하고자 하였다. 영호우가 그의 부하 장수를 파견하여 초왕과 서로 소식을 통하였다. 왕릉의 아들 王廣이 다음과 같이 간언하였다.

"무릇 큰일을 거행할 때에는 마땅히 人情을 근본으로 삼아야 합니다. 그런데 曹爽은 교만하고 사치하였으며, 何平叔(何晏)은 겉으로만 화려하고, 丁謐·畢軌·鄧颺·桓範은 세상에서 오로지 명리만을 다투었습니다. 마음을 둔 것이 비록 고상하였지만 일이 아래와 이어지지 않았고 조정의 법을 바꾸었으니, 백성들 중에 따르는 사람이 없었습니다. 그러므로 같은 날 죽임을 당하여 名士가 반으로 줄었지만 백성들이 슬퍼하지 않았으니, 그들이 백성의 마음을 잃었기 때문입니다.

지금 비록 司馬懿의 마음을 헤아리기는 어려우나 일에 아직 반역의 조짐이 있지 않고 어질고 능력 있는 사람을 발탁해 등용하여 이전 조정의 政策과 法令을 닦고 민심이 바라는 바에 부응하며, 조상이 저지른 악행을 사마의가 고치지 않은 것이 없고, 밤낮으로 게을리하지 않아 백성을 구휼하는 것으로 급선무로 삼았습니다. 부자와 형제가 아울러 군사의 대권을 장악하고 있으니, 쉽게 망하지 않을 것입니다."

왕릉이 따르지 않았는데, 마침 영호우가 병들어 卒하였다.

初에 凌以將軍으로 假節督揚州西하고 其甥令狐愚爲兗州刺史하여 屯平阿[①]라 甥舅竝典重兵하여 專淮南之任하니 陰謀以魏主制於彊臣하고 楚王彪有智勇이라하여 欲共立之하고 迎都許昌[②]이라 愚遣其將與楚王相聞이어늘 凌子廣이 諫曰 凡擧大事에 應本人情이라 曹爽驕奢하며 平叔虛華[③]하고 丁畢鄧桓專競於世[④]하니 所存雖高나 而事不下接[⑤]하고 變易朝典하니 民莫之從이라 故同日斬戮하여 名士減半하되 而百姓不哀하니 失民故也라 今司馬懿情雖難量이나 事未有逆하고 而擢用賢能하여 修先朝政令하고 副衆心所求[⑥]하며 爽之所以爲惡者를 彼莫不改하고 夙夜匪懈하여 以恤民爲先하고

父子兄弟竝握兵要하니 未易(이)亡也라하다 凌不從이러니 會愚病卒하다

① 令은 力呈의 切이다. 令狐는 복성이다. 《晉書》 〈地理志〉에 "平阿縣은 淮南郡에 소속되어 있으며 塗山이 있다." 하였다.
令, 力呈切. 令狐, 復姓. 晉志"平阿縣, 屬淮南郡, 有塗山."
② 楚王 曹彪는 武帝(曹操)의 아들이다.
彪, 武帝子.
③ 平叔은 何晏의 字이다.
平叔, 何晏字.
④ 〈"丁畢鄧桓"은〉 丁謐, 畢軌, 鄧颺, 桓範이다.
丁謐·畢軌·鄧颺·桓範.
⑤ 〈"所存雖高 而事不下接"은〉 비록 높고 탁 트이는 데(淸談) 마음을 두었지만 일의 실정에 절실하지 않아 아래와 이어지지 않는 것을 말한다.
言雖存心於高曠, 而不切事情, 與下不接也.
⑥ "賢能"은 蔣濟·高柔·孫禮·陳泰·郭淮·鄧艾 등을 말한다.
賢能, 謂蔣濟·高柔·孫禮·陳泰·郭淮·鄧艾等.

【綱】 魏나라 光祿大夫 徐邈이 卒하였다.

魏光祿大夫徐邈卒하다

【目】 盧欽이 徐邈을 다음과 같이 평하였다.

"徐公은 뜻이 고상하며 행실이 깨끗하고 재주가 넓으며 기질이 용맹하였다. 그가 시행한 것은 고상하면서도 편협하지 않았고 깨끗하면서도 고집하지 않았으며 넓으면서도 지킴이 요약되었고, 용맹하면서도 관용을 베풀었다."

어떤 사람이 노흠에게 다음과 같이 물었다.

"서공이 武帝(曹操) 때에는 사람들이 통달하였다고 말하였는데, 涼州刺史가 되었다가 서울로 오고 나서 사람들이 고집을 부린다고 말한 것은 어째서인가?"

노흠이 다음과 같이 대답하였다.

"전에 毛孝先(毛玠)과 崔季珪(崔琰)가 정권을 잡았을 때에 청렴하며 소박한 선비를 중시하니, 당시에 모든 이들이 수레와 복식을 바꾸어 명성을 구하려고 하였으나 서공은 평소 행동을 바꾸지 않았으므로 사람들이 통달하였다고 말한 것이다. 근래에 천하가 사치하는 풍속을 서로 본받았는데 서공이 고상하여 태연자약하니, 이전에는 통달했다고

여기고 지금은 고집을 부린다고 한 것이다. 이는 세상 사람들은 일정함이 없지만 서공은 일정함이 있어 그런 것이다."

盧欽曰① 徐公志高行潔하고 才博氣猛하니 其施之也가 高而不狷하고 潔而不介하며 博而守約하고 猛而能寬②이니라 或問欽호되 徐公當武帝之時에 人以爲通이러니 自爲涼州刺史還하니 人以爲介는 何也오하니 欽曰 往者毛孝先崔季珪用事에 貴淸素之士③하니 時皆變易車服하여 以求名이어늘 而徐公不改其常이라 故人以爲通이라 比來天下가 奢靡相效어늘 而徐公雅尙自若④하니 故前日之通이 乃今日之介也라 是世人無常이나 而徐公有常耳라하다

① 欽은 盧毓의 아들이다.
   欽, 毓之子也.
② 介는 강직하면서 절조를 지킨다는 뜻이다.
   介, 耿介也.
③ 孝先은 毛玠의 字이다. 季珪는 崔琰의 字이다.
   孝先, 玠字. 季珪, 琰字.
④ 比는 근래라는 뜻이다.
   比, 近也.

庚午年(250)

【綱】漢나라(蜀漢) 後主 延熙 13년이다.

十三年이라

【目】魏主 曹芳 嘉平 2년이고, 吳나라 大帝 孫權 赤烏 13년이다.

魏嘉平二年이요 吳赤烏十三年이라

【綱】가을에 吳나라가 太子 孫和를 폐위시키고, 魯王 孫霸와 將軍 朱據를 죽이고, 겨울 11월에 아들 孫亮을 세워서 太子로 삼았다.

秋에 吳廢其太子和하고 殺魯王霸及將軍朱據하고 冬十一月에 立子亮爲太子[49]하다

49) 吳廢其太子和……立子亮爲太子 : "孫和에게는 '廢'라고 기록하고, 孫霸에게는 '殺'이라고 기록하고, 朱據에게는 '及'이라고 기록하고는 또 爵位를 삭제하지 않고 기록하였으니, 이는 모두 죄가 없는 사람들이다. 枕席의 사사로움은 昏主를 미혹시킬 뿐만 아니라 비록 明君이라도 역시 반드시 벗어날

【目】 예전에 潘夫人이 吳主 孫權에게 총애를 받아 작은아들 孫亮을 낳으니 손권이 사랑하였다. 全公主가 이미 太子 孫和와 틈이 있었는데,[50] 〈전공주가 손량과〉 미리 교분을 맺고자 하여 자주 손량의 훌륭한 점을 칭찬하였다. 손권은 魯王 孫霸가 붕당을 결성하여 그의 형을 해친다고 여겨 마음속으로 또한 그를 미워하여 侍中 孫峻에게 다음과 같이 말하였다.

"자제들이 화목하지 않으니, 앞으로 袁氏의 패망[51]이 있어서 천하의 웃음거리가 될 것이다. 만약 〈손화와 손패 중〉 한 사람을 세운다면 어찌 어지럽지 않을 수 있겠는가."

마침내 손화를 태자에서 폐위시키고 손량을 세우려는 뜻이 있었으나, 여전히 결정을 내리지 못하고 여러 해가 지났다.

初에 潘夫人有寵於吳主權하여 生少子亮하니 權愛之러라 全公主 旣與太子和로 有隙이라 欲豫自結하여 數(삭)稱亮美하니 權以魯王霸結朋黨以害其兄라하여 心亦惡(오)之하여 謂侍中孫峻曰① 子弟不睦하니 將有袁氏之敗하여 爲天下笑라 若使一人立者면 安得不亂乎아하다 遂有廢和立亮之意호되 然猶沈吟歷年②이러라

① 孫峻은 孫靜의 증손자이다.
峻, 靜之曾孫也.

② "沈吟"은 결정을 내리려고 하나 아직 결정하지 못했다는 뜻이다.
沈吟者, 欲決而未決之意.

【目】 이때에 이르러 마침내 太子 孫和를 유폐시키니, 將軍 朱據가 다음과 같이 간언하였다.

"태자는 국가의 근본이고 게다가 평소 성품이 仁孝하여 천하 사람들이 마음으로 의지

수는 없는 것이고, 忠直한 말은 昏主만 어길 뿐만 아니라 비록 明君이라도 또한 반드시 따르는 것은 아니다. 살펴보건대 吳主 孫權은 嫡子를 폐하고 庶子를 세웠으며, 朱據 등의 충성스러운 말과 애써 올린 간언을 따르지 않았을 뿐만 아니라 또 따라서 죽였으니, 한 시대 호걸의 만년 말로가 어둡고 어긋난 것이 이러하였다.〔和書廢 霸書殺 據書及 且不去其爵 是皆無罪之人也 夫衽席之私 非惟昏主惑之 雖明君亦未必能免 忠直之言 非惟昏主違之 雖明君亦未必能聽 觀吳主權之廢嫡立庶 朱據等忠言苦諫 不惟不能聽 又從而殺之 以爲一世人豪 晩節末路 昏繆乃爾〕"《發明》

50) 全公主가……있었는데 : 이 내용은 본서 35, 36쪽에 보인다.

51) 袁氏의 패망 : 袁紹에게는 세 아들이 있었는데, 袁譚・袁熙・袁尙이었다. 원소가 죽자 여러 사람들은 원담이 장남이므로 그를 세우려 하였는데, 審配가 원소의 명령이라고 속여 원상을 후계자로 세웠다. 원담은 후계자가 되지 못하여 스스로 장군이라 일컫고 黎陽에 주둔하였다. 원희・원상은 조조에게 패하여 遼東太守 公孫康에게 투신하였으나 죽임을 당하였고, 원담은 曹操에게 투신했다가 반란하여 군대가 패하여 죽었다.

하고 있습니다. 옛날에 晉 獻公이 驪姬의 참소를 신용하여 申生이 죽었고,[52] 漢 武帝가 江充의 참소를 믿어 戾太子가 원통하게 죽었으니,[53] 신은 태자가 근심을 견디지 못할까 두렵습니다. 비록 〈한 무제가 아들을 생각하며〉 思子宮을 세웠으나[54] 후회해도 소용이 없었습니다."

吳主가 따르지 않았으니, 주거가 尙書僕射 屈晃과 여러 장군 및 관리들을 거느리고 머리에 진흙을 바르고 스스로 결박하여 연일 궁궐 문에 나가 손화를 풀어달라고 청하였다. 그리고 無難督[55] 陳正과 五營督[56] 陳象이 각각 上書하여 간절하게 간언하자 吳主가 크게 노하여 진정과 진상을 族誅하고, 주거와 굴황을 포박하여 궁전으로 들어왔다. 주거와 굴황이 여전히 머리를 조아리며 피가 흐르는데도 말의 기세가 꺾이지 않았으므로, 손권이 곤장 100대를 치게 하였다. 마침내 손화를 태자에서 폐위시켜 庶人으로 삼아 故鄣縣으로 귀양 보내고, 孫霸에게 죽음을 내렸으며, 楊竺과 全寄 등을 죽이고 주거에게도 곧이어 죽음을 내리고, 다음 해에 潘氏를 세워서 皇后로 삼았다.

至是하여 乃幽太子和하니 將軍朱據諫曰 太子는 國之本根이요 加以雅性仁孝하여 天下歸心하니 昔에 晉獻用驪姬而申生不存하고 漢武信江充而戾太子冤死하니 臣竊懼太子不堪其憂일까하노니 雖立思子之宮이나 無及矣니이다 不聽하니 據與尙書僕射屈晃으로 率諸將吏하고 泥頭自縛하여 連日詣闕請和①하다 而無難督陳正及五營督陳象이 各上書切諫②한대 吳主大怒하여 族誅正象하고 牽據晃入殿하니 據晃猶叩頭流血하여 辭氣不撓라 權杖之一百하다 遂廢和爲庶人하여 徙故鄣③하고

52) 晉 獻公이……죽었고 : 春秋時代의 申生은 晉 獻公의 世子였는데, 헌공의 愛妾인 驪姬가 신생을 죽이려고 계책을 꾸며서 신생이 아버지 헌공을 독살하려 했던 것처럼 만들자, 이에 헌공은 노하여 태자의 스승 杜原款을 죽였다. 어떤 사람이 신생에게 사실을 밝혀 억울한 누명을 벗으라고 권하자, 신생은 "내가 사실을 밝히면 여희의 죄가 드러날 것이다. 아버님은 이미 늙으셨으니, 아버님으로부터 여희를 빼앗고 싶지 않다." 하였다. 또 도망치라고 권하자 "아버님을 죽이려 했다는 더러운 누명을 쓰고 내가 다른 나라로 도망친들 그 나라에서 나를 받아주겠는가." 하고는 목을 매어 자살하였다. 이에 세상 사람들이 신생을 恭世子라고 불렀다.(≪春秋左氏傳≫ 僖公 4년)

53) 漢 武帝……죽었으니 : 漢 武帝의 太子 劉據가 江充과 사이가 좋지 못했는데, 마침 巫蠱의 일이 발생하자 이 사건을 맡은 강충이 태자를 다급히 몰아붙였는데 太子宮의 땅에서 오동나무로 만든 木偶人을 캐내어 증거를 확보함으로써 태자를 궁지에 빠뜨렸다. 태자는 견디다 못해 드디어 사람을 시켜 강충을 잡아다 놓고 "우리 父子를 혼란시키려 하는구나." 하고 참수하였다. 그리고 長樂宮의 衛卒을 동원해서 무제가 보낸 군대와 市街戰을 하였으나 끝내 패하여 자살하였다.(≪漢書≫ 〈武五子傳〉)

54) 思子宮을 세웠으나 : 漢 武帝는 추후에 太子 劉據가 억울한 죽음을 당하였다고 생각하고 '思子宮'을 지은 것을 말한다.

55) 無難督 : 無難은 吳나라 孫權이 설치한 군영으로 황제에 대한 侍衛와 정벌에 참여하였다. 無難營은 左部와 右部로 나누어지며 督으로 통솔하게 하였다.

56) 五營督 : 五營은 吳나라에서 설치한 군영으로 황제의 시위를 담당하였으며, 督으로 통솔하게 하였다.

賜霸死하고 殺楊竺全寄等하고 據尋亦賜死하고 明年에 立潘氏爲皇后하다

① "泥頭"는 머리에 진흙을 바르는 것을 말한다.
泥頭, 謂以泥塗其頭也.

② 吳主는 左無難營과 右無難營의 군대를 설치하고, 또 五營의 군대를 설치하였는데, 각각 督을 두어 그들을 다스리게 하였다.
吳主置左右無難營兵, 又置五營營兵, 各置督領之.

③ 故鄣縣은 丹陽郡에 소속되어 있다.
故鄣縣, 屬丹陽郡.

【綱】 吳나라가 堂邑縣에 塗塘(涂水에 쌓은 제방)을 설치하였다.

吳作堂邑塗塘①57) 하다

① 堂邑縣은 前漢 때에 臨淮郡에 속하였고, 後漢 때에 廣陵郡에 속하였으며, 魏나라와 吳나라 때에 두 나라의 경계 사이에 버려진 땅이었다. 塗는 마땅히 涂로 써야 하고, 滁로 읽는다. 涂水는 堂邑에 있다.
堂邑縣, 前漢屬臨淮郡, 後漢屬廣陵郡, 魏吳在兩界之間爲棄地. 塗, 當作涂, 讀曰滁. 涂水在堂邑.

【目】 군사 10만을 堂邑에 보내어 塗塘을 설치하여 북쪽 길을 차단하였다.

遣兵十萬作之하여 以淹北道①하다

① 塗塘으로써 魏나라 병사가 建業을 엿보는 것을 단절시킨 것이다.
以絶魏兵之窺建業.

【綱】 12월에 魏나라가 吳나라를 공격하여 江陵에서 싸워 吳나라를 크게 격파하였다.

十二月에 魏擊吳하여 戰於江陵하여 大破之하다

【目】 魏나라 王昶이 말하기를 "孫權이 훌륭한 신하들을 추방하고 嫡子와 庶子가 편을 갈

57) 吳作堂邑塗塘 : "塘을 만든 것을 반드시 기록한 것은 백성의 노력을 중시한 것이다. 塘을 만든 것을 기록한 것은 여기에서 시작되었다. ≪資治通鑑綱目≫이 끝날 때까지 塘을 만든 것을 기록한 것은 네 번이다.(吳나라 塗塘, 浦里塘, 梁나라 緣淮塘, 〈五代〉 吳越의 捍海石塘)〔作塘必書 重民力也 書作塘始此 終綱目 書作塘四(吳塗塘浦里塘 梁緣淮塘 吳越捍海石塘)〕" ≪書法≫

라 다투고 있으니, 이 틈을 타 吳나라를 공격하는 것이 좋습니다."라고 하자, 司馬懿가 新城太守 州泰를 보내 巫와 秭歸를 습격하게 하고, 荊州刺史 王基를 夷陵으로 향하게 하고, 왕창을 江陵으로 향하게 하였다.

왕창이 대오리로 엮은 줄을 매어 다리를 만들어서 강을 건너 吳나라 군대를 공격하였다. 吳나라 장군 施績이 밤에 강릉으로 달아났는데, 왕창이 그들을 평지로 유인하여 싸우려고 하여 마침내 먼저 다섯 군대를 보냈다가 큰 길을 따라 돌아오게 하여 吳나라 군사들이 보고서 기뻐하게 만들고, 또 획득한 鎧馬(갑옷 입힌 말)와 甲士의 머리를 성 주변에 둘러놓아 吳나라 군사들을 분노하게 하고는 병사를 잠복시켜 吳나라 군사들을 기다렸다. 시적이 과연 추격해오자, 왕창이 시적과 싸워서 크게 격파하고 吳나라의 두 장수를 참수하였다. 왕기와 주태가 또한 吳나라 병력을 격파하니, 항복한 자가 수천 명이었다.

魏王昶言호되 **孫權流放良臣**하고 **嫡庶分爭**하니 **可乘釁擊之**①라한대 **司馬懿遣新城太守州泰襲巫秭歸**②하고 **荊州刺史王基向夷陵**하고 **昶向江陵**③하니 **昶引竹絙爲橋**하여 **渡水擊吳軍**④하니 **吳將施績**이 **夜遁入江陵**⑤이어늘 **昶欲引致平地與戰**하여 **乃先遣五軍案大道發還**하여 **使吳望見而喜**⑥하고 **又以所獲鎧馬甲首**로 **環城以怒之**하고 **而設伏兵以待之**⑦러니 **績果來追**어늘 **昶與戰**하여 **大破之**하고 **斬其二將**⑧하다 **王基州泰亦破吳兵**하니 **降數千口**이라

① "良臣"은 朱據 등을 말한다.
良臣, 謂朱據等.

② 州泰는 성명이다.
州泰, 姓名.

③ 魏나라 荊州刺史는 征南將軍府와 함께 모두 宛에 주둔하고 있었는데, 이때 이미 新野로 옮겨 주둔하였다.
魏荊州刺史與征南府竝屯宛, 時已徙屯新野.

④ 絙은 居登의 切이니, 큰 줄이다. 대오리로 다리를 만들어 허공에 매달아서 건넜는데, 繩橋라고 하고, 또 笮橋라고 하였다. 吳나라가 沮水와 漳水를 끌어다가 江陵 이북의 땅을 침수시켜서 魏나라 군사들을 막았다. 그러므로 왕창이 다리를 만들어 강을 건넌 것이다.
絙, 居登切, 大索也. 以竹索爲橋, 駕虛而渡, 名曰繩橋, 又名笮橋. 吳引沮・漳之水, 浸江陵以北之地, 以限魏兵, 故昶爲橋以渡水.

⑤ 績은 朱然의 아들이다. 주연은 본래 施氏인데, 朱治가 아들로 삼았으니, 魏나라 사람이 본래 유래한 성으로 그를 불렀다.
績, 朱然之子也. 然本施氏, 朱治以爲子, 魏人本其所自出之姓稱之.

⑥ "案大道"는 큰 길을 따라서 돌아오는 것이다.
案大道, 案依大路而還歸.

⑦ 首는 잘린 사람의 머리를 말한다. 環(둘러싸다)은 음이 宦이다.
首, 謂所斬人頭. 環, 音宦.
⑧ "二將"은 鍾離茂와 許旻을 말한다.
二將, 謂鍾離茂·許旻.

辛未年(251)

【綱】 漢나라(蜀漢) 後主 延熙 14년이다.

十四年이라

【目】 魏主 曹芳 嘉平 3년이고, 吳나라 大帝 孫權 太元 원년이다.

魏嘉平三年이요 吳太元元年이라

【綱】 여름 4월에 魏나라 司馬懿가 王淩과 楚王 曹彪를 죽이고, 마침내 여러 왕공들을 鄴城에 안치하였다.

夏四月에 **魏司馬懿殺王淩及楚王曹彪**하고 **遂置諸王公於鄴**[58]하다

【目】 王淩이 將軍 楊弘을 파견하여 魏主를 폐위시키고 曹彪를 옹립하려는 일을 兗州刺史 黃華에게 말하자 황화와 양홍이 연명하여 司馬懿에게 보고하였다. 사마의가 中軍을 거

---

58) 魏司馬懿……於鄴 : "王淩이 曹彪를 魏主로 세우려고 모의한 것은 반역인데 이를 기록하지 않고 '殺'이라고 기록한 것은 어째서인가. 司馬懿를 미워한 것이다. 이어서 여러 王公들을 鄴城에 안치한 것은 심한 짓이므로 '遂'라고 기록하였다. 조표를 쓸 적에 〈'彪'만 써도 되는데〉 굳이 '曹彪'라고 쓴 것은 蜀漢 종실과 차이를 둔 것이다.〔淩謀立彪 逆也 不書 書殺 何 惡懿也 而因置諸王公於鄴 甚矣 故以遂書之 彪必書曹 殊之於漢宗也〕" ≪書法≫

"王淩은 임금이 강성한 신하의 손에 억압을 받는다고 하여 비록 거사를 행하여 그 명분이 바른 것 같지만, ≪資治通鑑綱目≫에서 그 관직을 쓰지 않았고 또 왕릉이 司馬懿를 토벌한 것을 인정해주지 않은 것은 임금을 도외시하고 曹彪를 魏主로 세우려고 한데다 또 손을 뒤로 묶고 얼굴을 든 채 항복하였기 때문이다. 사마의는 曹爽을 죽인 이후로 魏나라가 이미 그의 손아귀에 있었는데, 지금 또 조표를 죽이고 여러 曹氏들을 모두 鄴城에 안치하였으니, 억압한 위세는 또다시 曹操가 했던 짓보다 심하다. 曹丕가 漢나라를 찬탈함으로부터 지금까지 겨우 30년인데, 天道가 이처럼 보응이 쉽게 이루어지는 것이 어찌 분명하지 않은가.〔王淩以其君制於强臣之手 雖擧大事 其名似正 然綱目不書其官 又不予其討懿者 外其君而欲立彪 且又面縛出降故也 懿自殺爽之後 魏國已在其掌握 今又殺彪 而盡置諸曹於鄴 其脅制之威 又甚於操之所爲矣 自丕簒漢至是 纔三十載 天道好還如此 豈不昭昭也哉〕" ≪發明≫

느리고 물길을 따라 내려가 왕릉을 토벌할 적에 먼저 사면령을 내려 왕릉의 죄를 사면하고, 또다시 편지를 보내어 왕릉을 타일렀는데, 얼마 뒤에 大軍이 갑자기 百尺堰에 이르렀다. 왕릉은 형세가 곤궁해지자 물가에서 손을 뒤로 묶고 얼굴을 든 채 항복하였는데 사마의가 그의 결박을 풀어주고 호송하여 경사로 나아가게 하니, 도중에 독약을 마시고 죽었다.

사마의가 洛陽에 이르러 그 일을 끝까지 추궁하여 관련된 자들은 모두 삼족을 멸하였다. 왕릉과 令狐愚의 무덤을 파헤쳐 관을 부수어 시체를 꺼내고 楚王 曹彪를 賜死하였다. 여러 왕공들을 다 체포하여 鄴城에 안치하고는 有司에게 살피게 하여 그들이 다른 사람과 소통하지 못하게 하였다.

凌遣將軍楊弘하여 **以廢立事**로 **告兗州刺史黃華**한대 **華弘連名以白司馬懿**하니 **懿將中軍**하여 **乘水道討凌**할새 **先下赦**하여 **赦凌罪**하고 **又爲書諭凌**하며 **已而大軍掩至百尺**[①]하니 **凌勢窮**하여 **面縛水次**어늘 **懿解其縛**하고 **送詣京師**하니 **道飮藥死**하다 **懿至洛陽**하여 **窮治其事**하여 **諸相連者**를 **悉夷三族**하다 **發凌愚冢**하여 **剖棺暴尸**하고 **賜楚王彪死**하다 **盡錄諸王公置鄴**하여 **使有司察之**하고 **不得與人交關**[②]하다

① 도착하리라 생각지 못했는데 도착하는 것을 "掩至"라고 하니, 掩은 대비하지 못한 상황에서 습격하는 것이다. 《水經註》에 "沙水는 동남쪽으로 陳縣을 지나가고, 또다시 동남쪽으로 흘러 潁水로 들어가는 곳을 交口라고 한다. 물가에 큰 제방이 있는데, 바로 옛날의 百尺堰이다." 하였다.
不意其至而至曰掩至. 掩者, 掩其不備也. 水經註 "沙水東南過陳縣, 又東南流注于潁, 謂之交口. 水次有大堰, 卽古百尺堰."

② 〈"盡錄諸王公置鄴……不得與人交關"은〉 다시 楚王 曹彪와 같은 변고를 일으킬까 염려한 것이다.
慮復如楚王彪爲變也.

【目】 예전에 令狐愚가 평민 신분일 때에 늘 높은 뜻을 갖고 있었다. 많은 사람들이 반드시 令狐氏를 흥성시킬 것이라고 말하였는데, 族父 令狐邵가 홀로 말하기를 "영호우의 성품이 뛰어나고 남다르지만 덕을 닦지 않고 원대한 것만을 바라니, 반드시 우리 종족을 멸망시킬 것이다."라고 하니, 영호우가 매우 불편하게 여겼다.

영호우가 벼슬에 나가 명성이 있자, 조용히 영호소에게 말하기를 "이전에 대인께서 제가 〈선조의 업적을〉 계승하지 못할 것이다 한 말을 들었는데, 지금 끝내 어떠합니

까?"라고 하니, 영호소가 자세히 보기만 하고서 대답을 하지 않고 사적인 자리에서 처자에게 말하기를 "公治(영호우)의 성품과 도량이 여전히 옛날과 같구나. 내가 그의 일에 연루될지는 모르겠지만, 반드시 너희들에게는 재앙이 미칠 것이다."라고 하였다. 영호소가 죽고 나서 십여 년 후에 영호우는 멸족되었다.

初에 愚爲白衣時에 常有高志라 衆謂必興令狐氏라한대 族父卲獨以爲愚性倜儻이나 不修德而願大하니 必滅我宗이리라 愚甚不平[①]이러니 及愚仕進有名稱[②]에 從容謂卲曰 先時聞大人이 謂愚爲不繼러니 今竟云何邪아 卲熟視而不答하고 私謂妻子曰 公治性度가 猶如故也라 不知我當坐之不邪어니와 必逮汝曹矣[③]리라하다 卲沒十餘年而愚滅族하다

① "倜儻"은 우뚝하고 남다른 것이다.
倜儻, 卓異也.
② 稱은 昌孕의 切이다. 무릇 名號(명성)를 稱이라 한다.
稱, 昌孕切. 凡名號謂之稱.
③ 公治는 令狐愚의 字이다. 不邪의 不는 否로 읽는다.
公治, 令狐愚字. 不邪之不, 讀曰否.

【目】 예전에 令狐愚가 別駕 單固(선고)와 治中 楊康을 심복으로 삼았는데, 영호우가 卒하자 양강이 영호우가 음모를 꾸민 사실을 누설하니, 영호우는 이로 인해 패망하였다. 司馬懿가 壽春에 도착하여 그 사건을 선고에게 묻자, 선고가 말하기를 "그런 일이 없습니다."라고 하였다. 마침내 옥에 가두고 양강에게 따져 묻게 하였다. 선고가 할 말이 궁해지자 마침내 욕하기를 "늙은 종놈이 이미 使君(영호우)을 배반하고, 또 우리 종족을 멸망시키니, 오히려 너는 응당 살 수 있을 것 같으냐."라고 하였다.

양강이 처음에는 자신이 諸侯에 봉해지기를 바랐는데, 뒤에 獄辭의 내용이 자기 말과 자못 맞지 않아 역시 아울러 참수를 당하니, 선고가 또다시 양강을 욕하기를 "만약 죽은 이가 지각이 있다면 네가 무슨 낯으로 지하에 갈 수 있겠느냐."라고 하였다.

初에 愚以別駕單固治中楊康爲腹心[①]이러니 及愚卒에 康露其陰事하니 愚由是敗하다 懿至壽春하여 以問固한대 固曰 無有라하다 遂收繫獄하고 使康詰之하니 固辭窮한대 乃罵曰 老傭旣負使君하고 又滅我族하니 顧汝當活邪[②]아하다 康初自冀封侯러니 後以辭頗參錯으로 亦幷斬之[③]하니 固又罵之曰 若死者有知면 汝何面目行地下乎오하더라

① 單은 음이 善으로, 姓이다.
單, 音善, 姓也.

② 傭은 품을 판다는 뜻이다. 노복이 품삯을 받는 것을 傭이라고 한다. "老傭"은 老奴(늙은 종)라는 말과 같다. "使君"은 令狐愚를 말한다.
傭, 雇也. 奴僕受雇者曰傭. 老傭, 猶言老奴也. 使君, 謂令狐愚也.
③ "辭頗參錯"은 獄辭가 單固의 말과 어긋난 것을 말한다.
辭頗參錯. 言獄辭與單固參雜也.

【綱】 가을 8월에 魏나라 太傅 司馬懿가 卒하니, 그의 아들 司馬師를 撫軍大將軍 錄尙書事로 삼았다.

秋八月에 **魏太傅司馬懿卒**하니 **以其子師爲撫軍大將軍錄尙書事**①하다

① 魏나라와 晉나라의 제도에 驃騎·車騎·衛將軍이 있고, 伏波·撫軍·都護·鎭軍·中軍·四征·四鎭·龍驤·典軍·上軍·輔國 등의 大將軍은 지위가 모두 公의 반열과 같으며, 錄尙書事의 경우에는 조정의 정사를 단독으로 처리하였다.
魏晉之制, 驃騎·車騎·衛將軍, 伏波·撫軍·都護·鎭軍·中軍·四征·四鎭·龍驤·典軍·上軍·輔國等大將軍, 位皆從公, 至錄尙書事, 則專制朝政矣.

【綱】 魏나라가 匈奴 左部를 나누어 두 나라로 만들었다.

◑ **魏分匈奴左部爲二國**하다

【目】 예전에 南匈奴가 스스로 그 선조가 본래 漢나라의 사위라 하여 그로 인해 劉氏 姓을 가탁하였다.[59] 魏나라 太祖(曹操)가 單于 呼廚泉을 鄴城에 머물게 하고 그의 무리들을 나누어 5部를 만들어 幷州의 지역 안에 살게 하였다. 左賢王 劉豹가 左部帥가 되어 部族이 매우 강성해졌다.

城陽太守 鄧艾가 상언하였다.

"선우가 안에 있기 때문에 羌人과 夷人이 통제를 잃어서 이합집산에 주관함이 없습니다. 지금 선우의 존엄이 날마다 실추되고 외지(좌현왕 유표)의 위세가 날마다 중해지고 있으니, 신중히 대비하지 않아서는 안 됩니다. 듣건대 유표의 부족 중에 배반한 胡族이

59) 예전에……가탁하였다 : 匈奴가 劉氏 성을 쓰게 된 일은 ≪晉書≫ 〈載記 劉元海〉에 "劉元海는 新興 匈奴 사람으로 冒頓의 후손이다.……예전에 漢 高祖(劉邦)가 宗室의 딸로 公主를 삼아서 匈奴 冒頓에게 시집보내고 兄弟가 되기로 약속하였으므로, 흉노의 자손들이 마침내 劉氏 姓을 사용하게 되었다.〔劉元海 新興匈奴人 冒頓之後也……初 漢高祖以宗女爲公主 以妻冒頓約爲兄弟 故其子孫遂冒姓劉氏〕"라고 하였다.

있다고 하니, 이를 이용해 두 나라로 나누어 그들의 세력을 분리시켜야 합니다. 去卑가 이전 漢나라 조정에 현격한 공이 있으니, 마땅히 그의 아들에게 빛나는 칭호를 더해주어 鴈門에 살게 해야 합니다. 나라를 분리시키고 적을 약화시키고 옛날 공훈을 추후에 표창하는 것은 변방을 제어하는 장구한 계책입니다."라고 하였다.

또다시 진술하였다.

"羌人과 胡人이 漢人들과 같이 살고 있으니, 마땅히 점차 강인과 호인을 내보내어 漢人의 주거지 밖에 살게 하여 廉恥의 가르침을 숭상하고 간악한 짓을 하는 길을 막아야 합니다."

司馬師가 모두 그 말대로 하였다.

初에 **南匈奴自謂其先**이 **本漢室之甥**이라하여 **因冒姓劉氏**러니 **魏太祖留單于呼廚泉於鄴**하고 **分其衆爲五部**하여 **居并州境內**하니 **左賢王豹爲左部帥**(수)하여 **部族最彊**이라 **城陽太守鄧艾上言**[①]호되 **單于在內**에 **羌夷失統**하여 **合散無主**하니 **今單于之尊日疏**하고 **而外土之威日重**하니 **不可不深備也**[②]라 **聞劉豹部有叛胡**하니 **可因此割爲二國**하여 **以分其勢**라 **去卑功顯前朝**하니 **宜加其子顯號**하여 **使居鴈門**이니 **離國弱寇**하고 **追錄舊勳**은 **御邊長計也**[③]라하고 **又陳**호되 **羌胡與民同處**하니 **宜以漸出之**하여 **使居民表**하여 **以崇廉恥之敎**하고 **塞姦宄之路**[④]라한대 **司馬師皆從之**하다

① 前漢 때에 城陽國을 설치하고, 後漢 때에 없애서 琅邪國에 편입시켰고, 魏나라 武帝(曹操) 때에 靑州를 평정하고 나서 다시 城陽郡을 설치하였다.
前漢置城陽國, 後漢省入琅邪國, 魏武帝平靑州, 復置城陽郡.

② 南單于가 鄴城에 머물러 비록 명성이 높았지만 날로 部落과 소원해졌고, 左賢王 劉豹가 외부에 있었으나 부족이 매우 강성해지자 그의 위엄이 날로 중해졌다.
南單于留鄴, 雖有尊名, 日與部落疏, 而左賢王豹居外, 部族最彊, 其威日重也.

③ 去卑는 右賢王의 이름이다. "功顯前朝"는 거비가 漢 獻帝를 侍衛하고 동쪽으로 돌아온 일을 말한다.[60] "離國"은 匈奴 劉豹의 나라를 분할하여 두 나라로 만든 것이다.
去卑, 右賢王名. 功顯前朝, 謂去卑侍衛漢獻帝東還也. 離國者, 離匈奴劉豹之國爲二也.

④ 表는 밖이니, 編戶된 漢人의 바깥쪽에 살게 한 것을 말한다.
表, 外也, 謂使居編民之外也.

【綱】 겨울 11월에 吳나라가 諸葛恪을 太子太傅로 삼아 국가의 일을 총괄하여

60) 거비가……말한다 : 後漢 獻帝 興平 2년에 李傕과 郭汜가 獻帝를 끼고 長安에 있었는데, 헌제가 탈출하여 洛陽으로 갔다. 헌제는 도중에 李樂, 韓暹, 胡才, 南匈奴의 右賢王 去卑를 불러 자신을 호종하게 하였다.

다스리게 하였다.

冬十一月에 **吳以諸葛恪爲太子太傅**하여 **總統國事**하다

【目】 吳나라의 立節中郎將 陸抗이 柴桑의 주둔지에서 建業으로 와서 병을 치료하였다. 병이 차도가 있어 임지로 돌아갈 적에 吳主 孫權이 눈물을 흘리면서 송별하며 말하기를 "내가 이전에 참소하는 말을 듣고서 네 아버지와 군신간의 大義를 돈독히 하지 못하였으니, 이것으로 그대를 저버렸다. 전후로 〈네 아버지를〉 문책한 조서를 모두 불태워 없애 사람들이 보지 못하게 하겠다."라고 하였다.

吳立節中郎將陸抗이 **自柴桑屯所**로 **詣建業治病**이러니 **病差當還**에 **吳主權涕泣與別**하고 **謂曰吾前聽用譖言**하고 **與汝父大義不篤**하니 **以此負汝**라 **前後所問**을 **一切焚之**하여 **莫令人見也**하노라

【目】 이때에 孫權은 前 太子 孫和가 죄가 없다는 사실을 어느 정도 알게 되었다. 11월에 南郊에서 제사를 지내고 돌아오다가 中風을 앓게 되어 孫和를 불러 돌아오게 하려고 하였다. 全公主와 侍中 孫峻, 中書令 孫弘이 손화를 불러서는 안 된다고 쟁론하자, 마침내 중지하였다.

손권은 태자 孫亮이 어리다고 여겨서 의탁할 사람을 논의하게 하였는데, 손준은 諸葛恪이 큰일을 맡길 만하다고 추천하였다. 손권이 제갈각이 강퍅하고 자기 멋대로 하는 것을 싫어하였는데, 손준이 말하기를 "조정의 신하 중에 재주가 제갈각만 한 사람이 없습니다."라고 하니, 마침내 제갈각을 불렀다.

제갈각이 가려고 할 적에 呂岱가 경계하여 말하기를 "세상에 지금 환난이 많으니, 그대는 매사에 반드시 열 번을 생각하라."라고 하니, 제갈각이 말하기를 "옛날에 季文子가 세 번 생각한 뒤에 시행하였는데, 孔子께서 말하기를, '두 번이면 괜찮다.'[61]라고 하였다. 지금 그대가 나에게 열 번을 생각하라 하니, 내 재능이 변변치 못함을 밝히는 것이다."라고 하였다. 여대가 대답을 하지 못하자, 그때에 모두 〈여대가〉 실언을 했다고 여겼다.

제갈각이 建業에 도착하여 吳主를 臥內(內室)에서 배알하고 침상 아래에서 조서를 받았는데, 〈손권이 제갈각에게〉 大將軍으로 太子太傅를 겸임하게 하고, 손홍에게 太子少傅를 겸임하게 하였다. 그리고 有司의 여러 가지 일을 제갈각에게 모두 총괄하게 하고 오직 죽이고 살리는 큰 일만을 자기에게 아뢰게 하였다.

---

61) 옛날에……괜찮다 : 이는 ≪論語≫ 〈公冶長〉에 보인다.

時에 權頗寤太子和之無罪러니 十一月에 祀南郊還에 得風疾하여 欲召和還이러니 全公主及侍中孫峻中書令孫弘이 固爭之한대 乃止①하다 權以太子亮幼로 議所付託이어늘 峻薦恪可付大事라한대 權嫌其剛狠自用이어늘 峻曰 朝臣才無及恪者니이다 乃召之하니 恪將行에 呂岱戒之曰 世方多難하니 子每事에 必十思하라하니 恪曰 昔에 季文子三思而後行이어늘 夫子曰 再思可矣라하시니 今君令恪十思하니 明恪之劣也로다 岱無以答하니 時咸謂之失言이러니 恪至建業하여 見吳主於臥內하고 受詔牀下하니 以大將軍領太子太傅하고 孫弘領少傅하다 有司諸務를 一統於恪하고 惟殺生大事를 乃以聞케하다

① 쟁론한 것은 손화를 다시 세워서 자신의 근심이 될까 두려워했기 때문이다.
爭者, 恐和復立, 爲己患也.

【目】 虞喜가 다음과 같이 평하였다.

"천하를 부탁하는 것은 지극히 중대한 일이고, 신하가 군주의 권위를 대행하는 것은 지극히 어렵다. 두 가지 지극한 일을 겸하고 모든 정무를 살피는 것을 감당할 수 있는 사람은 드물다. 元遜(諸葛恪)이 만약 열 번 생각하라는 뜻을 따라서 당세의 일을 널리 자문하여 천둥이 치는 것보다 빨리 선행을 듣고, 바람이 부는 것보다 급하게 諫言을 따랐다면 어찌 殿堂에서 목숨을 잃고 흉악한 소인(孫峻)의 칼날에 죽었겠는가.[62] 세상 사람들은 제갈각의 뛰어난 말재주가 볼만한 것을 기이하게 여기고, 呂侯(呂岱)가 대답하지 못한 것을 비루하다고 비웃었다. 이것은 봄철에 초목이 무성한 것은 즐기면서도 가을철에 열매가 입에 단 것은 잊은 것이다.

옛날에 來敏이 費禕와 바둑을 둘 적에 비위가 싫증내는 기색이 없어 반드시 적을 잘 대처할 수 있을 것이라고 여겼다.[63] 그러나 況長寧이 말하기를 '君子가 일에 임하여 두려워하고, 도모하기를 좋아하여 성공한다.'[64]라고 하였으니, 蜀漢이 작은 나라로 한창 큰 적을 상대하고 있는데, 어찌 자기 자랑에 여유를 부리면서 편안히 걱정이 없을 수

62) 殿堂에서……죽었겠는가 : 孫峻이 諸葛恪을 주연에 초청하여 죽인 일을 가리킨 것으로 본서 103쪽에 보인다.

63) 옛날에……여겼다 : 본서 31, 32쪽에 보인다.

64) 君子가……성공한다 : 신중하게 일을 처리하는 것을 말한다. ≪論語≫ 〈述而〉에 三軍을 인솔하고 전쟁터에 나간다면 누구와 함께 가겠냐는 子路의 물음에, 孔子가 "범을 맨손으로 잡으려 하고 하수를 맨몸으로 건너려다가 죽어도 뉘우침이 없는 자를 나는 함께하지 않을 것이니, 반드시 일을 당하면 두려워하고 계책을 내기를 좋아하여 성공하는 자라야 할 것이다.〔暴虎馮河 死而無悔者 吾不與也 必也臨事而懼 好謀而成者也〕"라고 한 말에서 인용한 것이다.

있는가. 이는 비위가 성품이 너그러우면서도 간략하여 작은 것을 방비하지 못하여 마침내 투항한 사람(郭循)에게 살해를 당하게 된 것이니,[65] 어찌 징조가 저기에서 나타나서 재앙이 여기에서 이루어진 것이 아니겠는가. 〈비위와 제갈각의〉 두 가지 일은 大體가 같으니, 모두 세상에서 귀감으로 삼기에 충분하다."

虞喜曰① 夫託以天下는 至重也요 以人臣行主威는 至難也라 兼二至管萬機에 能勝之者鮮矣라 元遜若因十思之義하여 廣諮當世之務하여 聞善速於雷動하고 從諫急於風移면 豈得隕首殿堂하여 死於凶豎之刃②리오 世人奇其英辯可觀하고 而哂呂侯無對爲陋하니 是樂(락)春藻之繁華而忘秋實之甘口也라 昔에 來敏與費禕對棊에 意無厭倦하여 必能辦賊이라하나 然況長寧이 以爲君子臨事而懼하여 好謀而成이라 蜀爲蕞爾之國하여 方向大敵하니 何可矜己有餘하여 晏然無戚이리오 斯禕性寬簡하여 不防細微하여 卒爲降人所害하니 豈非兆見(현)於彼而禍成於此哉아 二事體同하니 皆足爲世鑑也③니라

① 虞喜는 晉나라 會稽 餘姚 사람인데, ≪志林≫ 30편을 지었다.
喜, 晉會稽餘姚人, 爲志林三十篇.
② 諸葛恪이 뒤에 孫峻에게 죽임을 당한 일을 말한다.
謂恪後爲孫峻所殺也.
③ 況은 姓이고, 長寧은 이름이니, 蜀 사람이다.[66]
況姓, 長寧名, 蜀人也.

【綱】〈漢나라(蜀漢)〉 費禕가 북쪽으로 漢壽縣에 주둔하였고 陳祗를 守尙書令으로 삼았다.

費禕北屯漢壽하고 以陳祗守尙書令①하다

① 葭萌縣은 漢나라 때에 廣漢郡에 속하였는데, 昭烈皇帝가 고쳐서 漢壽縣이라 하고, 梓潼郡에 소속시켰다. ≪資治通鑑≫에 費禕가 成都에 돌아왔는데, 기운을 보는 자가 이르기를 "都邑에 宰相의 자리가 없다."라고 하였다. 이에 다시 북쪽으로 가서 漢壽縣에 주둔하였다.

---

65) 비위가……것이니 : 郭循은 郭修로도 표기되었는데 魏나라의 中郎將으로 蜀漢의 장수 姜維에게 패하여 투항하고 촉한의 左將軍에 임명되었으나 기회가 있을 때마다 後主 劉禪을 암살하려 하였다. 그러던 중 後主 延熙 6년(253) 정월에 費禕가 장병들과 회식하고 크게 취하자, 그를 칼로 찔러 죽였다. 비위가 새로 귀순한 자들을 지나치게 우대하였는데, 張嶷이 자객을 경계하라 하였으나 듣지 않은 것이다. 본서 96쪽에 자세히 보인다.

66) 況은……사람이다 : 況長寧에 대하여 ≪資治通鑑≫ 胡三省 注에는 "언급한 長寧은 누구인지 모르겠다.〔所謂長寧者 未知其爲誰也〕"라고 하였으나, ≪四庫全書總目≫ 권45 〈史部總敍〉 '三國志補註六卷附諸史然疑一卷'에 ≪困學紀聞≫을 인용하여 "況長寧은 蜀人이다."라고 하였다.

葭萌縣, 漢屬廣漢郡, 昭烈改曰漢壽縣, 屬梓潼郡. 通鑑費禕還成都, 望氣者云 "都邑無宰相位." 乃復北屯漢壽.

壬申年(252)

【綱】 漢나라(蜀漢) 後主 延熙 15년이다.

十五年이라

【目】 魏主 曹芳 嘉平 4년이고, 吳主 孫亮 建興 원년이다.

魏嘉平四年이요 吳主孫亮建興元年이라

【綱】 봄 정월에 魏나라가 司馬師를 大將軍으로 삼았다.

春正月에 魏以司馬師爲大將軍하다

【綱】 吳나라가 前 太子 孫和를 세워 南陽王으로 삼았다.

◑吳立故太子和爲南陽王하다

【目】 吳主 孫權이 다시 孫和를 봉하여 南陽王으로 삼아 長沙에 살게 하고 孫奮을 齊王으로 삼아 武昌에 살게 하고 孫休를 琅邪王으로 삼아 虎林에 살게 하였다.

吳主權이 復封和爲南陽王하여 居長沙하고 奮爲齊王하여 居武昌하고 休爲琅邪王하여 居虎林①하다

① 孫奮과 孫休는 모두 太子 孫亮의 형이다. 虎林은 大江(長江)의 물가인데 吳나라가 督을 두어 지키게 하였다.
奮・休皆太子亮之兄也. 虎林濱大江, 吳置督守之.

【綱】 여름 4월에 吳主 孫權이 卒하였다. 太子 孫亮이 즉위하여 諸葛恪을 太傅로 삼았다.

夏四月에 吳主權卒[①67]하다 太子亮立하여 以諸葛恪爲太傅하다

① 향년이 71세였다.
壽, 七十一.

【目】吳主 孫權이 병이 들자 潘后가 사람을 시켜서 孫弘에게 呂后가 稱制한 故事를 물었다.[68] 반후의 측근들이 그녀의 포학함을 두려워하여 그녀가 잠든 틈을 엿보아서 목을 졸라 죽였다.

손권의 병이 위독해지자 諸葛恪, 孫弘, 太常 滕胤, 將軍 呂據, 侍中 孫峻을 불러서 뒷일을 부탁하고 卒하였다. 손홍은 평소 제갈각과 사이가 좋지 않았다. 초상을 비밀로 하여 공표하지 않고 가짜 조서를 만들어 제갈각을 죽이려고 하였는데, 손준이 이를 제갈각에게 고하였다. 제갈각이 손홍에게 일을 자문하겠다고 청하여 앉은 자리에서 손홍을 죽이고 마침내 초상을 공표하고 손권의 시호를 大皇帝라고 하였다. 太子 孫亮이 즉위하여 제갈각을 太傅로 삼고 등윤을 衛將軍으로 삼고 呂岱를 大司馬로 삼았다. 제갈각이 마침내 명하여 신하들의 동정을 監察하는 관리를 없애고 校官을 물리치고 미납한 조세를 면제하고 關市의 세금을 면제해주고 은택을 크게 베풀자, 백성들이 모두 기뻐하였다.

吳主權이 疾病에 潘后使人問孫弘以呂后稱制故事라 左右畏后虐戾하여 伺其昏睡하여 縊殺之①하다 權病困한대 召諸葛恪孫弘太常滕胤及將軍呂據侍中孫峻하여 屬(촉)以後事而卒②하니 弘素與恪不平이라 秘不發喪하고 欲矯詔誅恪이어늘 峻以告恪하니 恪請弘咨事하여 於坐殺之하고 乃發喪하고 謚權曰大皇帝라하다 太子亮卽位하여 以恪爲太傅하고 胤爲衛將軍하고 呂岱爲大司馬하니 恪乃命罷視聽하고 息校官하고 原逋責(채)하고 除關稅하고 崇恩澤하니 衆莫不悅③이러라

---

67) 吳主權卒 : "漢나라가 衰微해지면서 群雄들이 할거하여 貢物을 바치지 않아서 ≪資治通鑑綱目≫에서 이를 취하여 기록함이 없었다. 仲謀(孫權)가 孫策을 대신하여 섰을 때에 ≪資治通鑑綱目≫에서 기록하여 인정한 것은 세 번이니, 曹操에게 인질을 보내지 않은 것이 첫째이고, 조조를 맞아 공격한 것이 둘째이고, 연호를 바꾸어 魏나라에 항거한 것이 셋째이다. 그러나 江陵을 습격해 취하고 關羽의 퇴로를 막아 죽여서 마침내 魏나라를 더욱 강화시키게 하였고 漢나라를 부흥할 수 없게 하였으니 ≪資治通鑑綱目≫에서 유독 크게 죄를 주었다. 그러므로 昭烈(劉備)이 〈관우를 복수하기 위해 吳나라에〉 출병했을 때 특히 '伐'이라고 기록하였다.〔自漢室衰微 群雄竊據 不修職貢 綱目無取焉 仲謀代立 綱目書予之者三 不遣任子一也 迎擊曹操二也 改元拒魏三也 而襲取江陵 邀殺關羽 遂使魏益以强 漢不可復 綱目獨深罪之 故昭烈之師特書伐〕" ≪書法≫ 思政殿訓義 ≪資治通鑑綱目≫ 제14권 하 蜀漢 昭烈帝 章武 원년(221) 綱에 "帝自將伐孫權(황제가 직접 군대를 거느리고 손권을 정벌하였다.)"이라 하였다.

68) 呂后가……물었다 : 呂后는 漢 高祖 劉邦의 后 呂雉이다. 稱制는 황제의 명령인 制를 칭하는 것으로, 황제의 권한을 행사하는 것이다. 漢 高祖가 죽은 뒤에 여치의 아들 惠帝가 즉위하였으나 7년 만에 죽고 태자 劉恭(少帝)이 어린 나이로 즉위하자 여치가 臨朝 稱制하여 8년 동안 정치를 맡았다.(≪漢書≫ 〈高后本紀〉)

① 이 일은 실제로 吳나라의 정권을 잡은 신하가 한 짓이다. 潘后가 稱制를 하려고 하자, 측근의 소인들이 바로 서로 함께 아첨하여 그것을 하도록 하였으니 어찌 포학함을 감당하지 못하여 목을 졸라 죽일 리가 있겠는가. 吳나라 史官이 꾸며서 기록하였고, 후인들이 마침내 이것을 따라서 기록했을 뿐이다.

斯事也, 實吳用事之臣所爲也. 潘后欲求稱制, 左右小人正當相與從臾爲之, 安有不勝其虐而縊殺之之理. 吳史緣飾, 後人遂因而書之云爾.

② 滕胤은 吳主의 사위이고, 呂據는 呂範의 아들이다.

胤, 吳主壻也. 據, 範之子也.

③ 罷는 다스리지 않는다는 뜻이다. "視聽"은 음성과 얼굴빛의 좋음이다. 息은 물리친다는 뜻이다. 校官은 곧 校人이니, ≪周禮≫에 "校人은 왕의 마필에 대한 일을 관장한다." 하고, 일설에 "吳主 孫權이 校官을 두어 여러 관부와 州郡의 문서를 교감하는 일을 담당하고 耳目의 직무를 전임시켰다." 하였다. 지금 校官을 물리친 것은 곧 이른바 '罷視聽'이다. 原은 미납한 조세를 면제하는 것이다. 責(빚)는 債와 통용된다. ≪漢書≫ 〈武帝紀〉 註에 "관청의 재물을 오랫동안 빌리고 망실하거나 숨겨서 돌려주지 않는 것을 모두 逋라고 한다." 하였다. "除關稅"는 關市의 세수를 없앤 것이다.

罷, 不御也. 視聽, 聲色之好也. 息, 屛去也. 校官, 卽校人, 周禮"校人掌王馬之政." 一說"吳主權置校官, 典校諸官府及州郡文書, 專任以爲耳目." 今息校官, 卽所謂罷視聽也. 原, 免逋欠也. 責(채), 與債通. 漢書註"(欠)[久][69]負官物, 亡匿不還者, 皆謂之逋." 除關稅, 除去關市之稅斂也.

【綱】吳나라가 齊王 孫奮을 豫章으로 옮겼다.

吳徙其齊王奮於豫章하다

【目】諸葛恪은 여러 왕들이 長江 가의 군사적 요지에 머물지 않게 하고자 하여 齊王 孫奮을 豫章으로 옮기고, 琅邪王 孫休를 丹陽으로 옮겼다. 손분이 옮기려 하지 않자, 제갈각이 손분에게 편지를 보내어 다음과 같이 말하였다.

"帝王의 존귀함은 하늘과 같습니다. 그러므로 천하를 집으로 삼고 부형을 신하로 삼아서 원수라도 선행을 행하면 등용하며, 친척이라도 악행을 행하면 주벌하니, 이는 천명을 받들고 만물을 다스리며 나라를 우선하고 자신을 뒤로 여기기 때문입니다.

聖人이 세운 제도는 百代가 지나도 변하지 않는 법칙입니다. 大行皇帝(孫權)께서는 옛날을 살피시고 지금을 경계하시어 천년 후를 염려하셨습니다. 이 때문에 병환으로 누

69) (欠)[久] : 저본에는 '欠'으로 되어 있으나, ≪漢書≫에 의거하여 '久'로 바로잡았다.

워 계실 때에 여러 왕들을 지방에 나누어 파견하면서 내리신 조칙이 간절하고 금령이 엄준하셨으니, 이는 진실로 위로는 宗廟를 편안하게 하고 아래로는 여러 왕들을 온전하게 하여 百世토록 서로 계승하게 하여 나라에 재앙을 끼치고 집안에 해독을 끼치는 후회가 없도록 한 것이었습니다. 大王께서는 마땅히 위로 周나라 太伯이 아버지의 뜻을 따른 것을 생각하고,[70] 다음으로 河間獻王 劉德과 東海恭王 劉彊의 공순한 예절을 생각하고, 아래로 이전 시대의 교만하고 방자하며 황폐하고 혼란하게 했던 것을 경계로 삼아야 합니다. 그러나 듣건대 대왕께서 일전에 武昌에 도착한 뒤로, 여러 번 조정의 명령을 어기고 제도에 구애받지 않아서 여러 장수들을 제멋대로 출동시키고 사사로이 좌우의 사람들을 죽였다고 하니, 大小의 관리들이 놀라고 괴이하게 여기며 한심해합니다.

속담에 이르기를 '밝은 거울은 물건의 형체를 비추기 위한 것이고, 옛일들은 지금을 알기 위한 것이다.'라고 하였습니다. 대왕께서는 마땅히 魯王(孫霸)의 일[71]을 깊이 경계로 삼아 행실을 고치셔야 합니다. 만약 선제의 法教를 잊어버리고 교만한 마음을 품으신다면 신하들이 차라리 대왕을 저버릴지언정 감히 선제께서 내린 遺詔를 저버리지 않을 것이며, 차라리 대왕에게 원망과 미움을 받을지언정 어찌 감히 조칙이 藩鎭에서 행해지지 않게 하겠습니까."

손분이 두려워하여 마침내 〈豫章으로〉 옮겼다.

諸葛恪不欲諸王이 處濱江兵馬之地하여 乃徙齊王奮於豫章하고 琅邪王休於丹陽하니 奮不肯徙어늘 恪遺之牋曰 帝王之尊은 與天同位라 是以로 家天下하고 臣父兄하여 仇讐有善하면 不得不擧하며 親戚有惡하면 不得不誅하니 所以承天理物하고 先國後身①이라 蓋聖人立制는 百代不易之道也니 大行皇帝覽古戒今하여 慮於千載라 是以로 寢疾之日에 分遣諸王하여 詔策勤渠하고 科禁嚴峻하니 誠欲上安宗廟하고 下全諸王하여 使百世相承하여 無凶國害家之悔也라 大王宜上惟太伯順父之志②하고 中念河間東海恭順之節③하고 下存前世驕恣荒亂之戒④어늘 而聞頃至武昌以來로 多違詔勅하고 不拘制度하여 擅發諸將하고 私殺左右하니 小大驚怪하여 莫不寒心이라 里語曰

70) 다음으로……생각하고 : 河間獻王 劉德은 漢나라 景帝의 셋째 아들로, 서적을 수집하고 儒學을 숭상하며 禮樂을 닦아 山東의 諸儒들이 많이 따랐다.(≪漢書≫ 〈河間獻王傳〉)

東海恭王 劉彊은 後漢의 光武帝 劉秀의 長子로 郭皇后의 소생이다. 곽황후가 폐위되고 貴人인 陰氏가 황후가 되자 황태자로 있던 유강은 태자의 자리를 사양하니, 東海王에 봉해졌다. 그리고 劉陽이 태자로 책봉되었다.(≪後漢書≫ 〈光武帝紀 下〉)

71) 魯王(孫霸)의 일 : 魯王 孫霸는 太子 孫和의 아우인데, 손화와 화목하지 않았다. 이 사실이 손권에게 알려지자 손권은 그들의 왕래를 금지시키고 학문에 정진할 시간을 주었다. 그러나 손패는 손화를 죽이려 하였고 이 사건이 발각되어 赤烏 13년(250)에 죽음이 내려졌다. 그의 徒黨 全寄 등도 주살되었다.(≪三國志≫ 〈吳書 孫霸〉)

明鑑은 所以照形이요 古事는 所以知今이라하니 大王宜深以魯王爲戒하여 改易其行[⑤]이니 若棄忘先帝法教하고 懷輕慢之心이면 臣下寧負大王이언정 不敢負先帝遺詔며 寧爲大王所怨疾이언정 豈敢令詔勅不行於藩鎭邪아 奮懼遂行하다

① 先(앞서다)과 後(뒤로 미루다)는 모두 去聲이다.
先·後, 皆去聲.

② 惟는 생각한다는 뜻이다. 周나라 太王의 세 아들은 장남이 太伯이고, 차남이 仲雍이고, 삼남이 季歷이다. 계력의 아들은 昌인데, 盛德이 있어 太王이 나라를 계력에게 전하여 창에게 미치게 하려고 하자 태백과 중옹이 마침내 荊蠻으로 도망을 가서 나라를 계력에게 양보하여 아버지의 뜻을 이루게 하였다.
惟, 思也. 周太王三子, 長曰太伯, 次曰仲雍, 次曰季歷. 季歷之子曰昌, 有盛德, 太王欲傳國季歷以及昌, 太伯·仲雍遂逃之荊蠻, 讓國季歷以成父之志.

③ 漢나라 河間獻王 劉德은 武帝에게 형이고, 東海恭王 劉彊은 明帝에게 이복형이다. 두 왕이 두 황제를 섬긴 것이 지극히 공순하였다.
漢河間獻王德, 於武帝兄也. 東海恭王彊, 於明帝異母兄也. 二王之事二帝, 極爲恭順.

④ 存는 살핀다는 뜻이다.
存, 察也.

⑤ 전년에 魯王 孫霸가 죽임을 당하였다.
前年魯王霸被殺.

徐塘의 전투에서 吳나라와 魏나라가 교전을 벌이다

【綱】 겨울 10월에 吳나라 諸葛恪이 東興堤를 수리하였다. 12월에 魏나라 사람이 공격하자 제갈각이 그들과 徐塘에서 싸웠는데, 魏나라 사람이 패하여 달아났다.

冬十月에 吳諸葛恪이 修東興堤하니 十二月에 魏人擊之어늘 恪與戰于徐塘하니 魏人敗走하다

【目】 예전에 吳나라 大帝(孫權)가 東興堤를 쌓아서 巢湖를 막았다. 뒤에 魏나라 淮南을 공격하여 패배하였으니, 〈巢

湖〉 안에 배가 있었기 때문이다. 마침내 제방을 폐기하고 수리하지 않았는데, 이때에 이르러서 諸葛恪이 다시 큰 제방을 만들어서 左右에 있는 산을 연결하고 제방을 끼고 두 개의 성을 쌓고는 각각 1천 명을 머물러서 全端과 留略으로 하여금 두 성을 지키게 하였다.

魏나라 諸葛誕이 司馬師에게 말하기를 "지금 吳나라가 내침한 기회를 이용하여 文舒(王昶)에게는 江陵을 압박하게 하고 仲恭(毌丘儉)에게는 武昌으로 향하게 하여 長江 상류의 吳나라 군대를 견제하고 나서 정예 병사를 선발하여 〈동흥제의〉 두 성을 공격하면 크게 승리할 수 있을 것입니다."라고 하였다

初에 吳大帝築東興堤하여 以遏巢湖러니 後攻魏淮南하여 敗하니 以內船이라 遂廢不治①러니 至是하여 諸葛恪更作大堤하여 左右結山하고 俠築兩城하고 各留千人하여 使全端留略守之②하니 魏諸葛誕이 言於司馬師曰 今因吳內侵하여 使文舒逼江陵하고 仲恭向武昌하여 以羈吳之上流하고 然後簡精卒하여 攻其兩城이면 可大獲也③리라

① 巢湖를 막은 것은 수군을 이롭게 하기 위한 것인데 도리어 소호 안에 있는 배에게 패배를 당했기 때문에 제방을 폐기하고 수리하지 않았다.[72]
遏巢湖所以利舟師, 而反爲湖內之船所敗, 故廢而不治.

② 俠(끼다)은 夾으로 읽는다. 胡三省이 말하기를 "지금 柵江 어귀에 두 산이 있으니 濡須山은 和州의 지역에 있어 東關이라고 하고, 七寶山은 無爲軍 지역에 있어 西關이라고 한다. 두 산이 서로 마주 버티고 있는데, 가운데에 돌다리를 만들어 돌을 뚫어서 물을 통하게 하였다." 하였다. 全端과 留略은 두 사람의 姓名이니 전단은 西城을 지키고 유략은 東城을 지켰다.
俠, 讀曰夾. 胡三省曰 "今柵江口有兩山, 濡須山在和州界, 謂之東關, 七寶山在無爲軍界, 謂之西關. 兩山對峙, 中爲石梁, 鑿石通水." 全端・留略二人之姓名, 端守西城, 略守東城.

③ 文舒는 王昶의 字이고, 仲恭은 毌丘儉의 字이다. "羈吳(吳나라를 견제한다)"는 말에 굴레를 씌워서 통제한다는 뜻과 같다.
文舒, 王昶字. 仲恭, 毌丘儉字. 羈吳, 猶羈馬之義.

【目】 이때에 征南大將軍 王昶・征東將軍 胡遵・鎭南將軍 毌丘儉이 각각 吳나라를 정벌할 계책을 올렸는데, 조서를 내려서 尙書 傅嘏(부하)에게 물으니, 부하가 다음과 같이 말하였다.

"吳나라가 원수가 된 지 60년 동안[73] 吳나라의 군신이 서로 보존하고 길흉을 함께

---

72) 巢湖를……않았다 : ≪資治通鑑≫ 註에 正始 2년 芍陂의 패전을 말한다고 하였다.

근심하였습니다. 설령 나루와 요충지에 軍船을 배치한다 하더라도 저들이 성을 견고하게 지키고 험준한 곳을 의거하고 있으니, 〈우리가 長江을〉 가로질러 가는 계책으로는 아마도 이기기 어려울 것입니다. 지금 변방 성곽의 수비가 적과 서로 멀리 떨어져 있고 적의 감시망과 연락망이 중첩되고 엄밀하여 우리의 간첩이 들어가지 못합니다. 그런데 大軍을 동원하여 매우 험한 곳에 가서 공을 이루려고 하니, 먼저 싸움을 하고 뒤에 승리를 구하는 것은 장구한 계책이 아닙니다.

오직 군대를 전진시켜 크게 屯田을 하는 것이 가장 견고한 방책입니다. 왕창·호준 등에게 조서를 내려 지역을 선택해서 험준한 곳을 점거하여 세 방향에서 나란히 전진하게 해야 합니다. 적들의 비옥한 땅을 빼앗아서 저들을 척박한 땅으로 돌아가게 하는 것이 첫 번째이고, 우리 병사들이 백성들이 사는 지역 밖으로 나아가서 적이 침탈하지 못하게 하는 것이 두 번째이고, 가까운 지역의 사람들을 회유하여 투항하고 귀의하는 자를 날마다 오게 하는 것이 세 번째이고, 감시망과 연락망을 멀리까지 설치하여 적의 간첩이 들어오지 못하게 하는 것이 네 번째이고, 적들이 지키는 곳을 뒤로 물려서 둔전을 세우기 용이하게 하는 다섯 번째이고, 앉아서 쌓아놓은 곡식을 먹어서 병사들이 양식을 운송하지 않는 것이 여섯 번째이고, 적의 약점을 알았을 때 기습하여 속전속결하는 것이 일곱 번째입니다. 무릇 이 일곱 가지는 군사의 급선무입니다. 전진하여 점거하지 않으면 적들이 유리한 조건을 마음대로 활용할 것이고, 점거하면 이익이 국가에 돌아오니, 살피지 않아서는 안 됩니다."

司馬師는 따르지 않았다.

是時에 征南王昶征東胡遵鎭南毌丘儉이 各獻征吳之策이어늘 詔以問尙書傅嘏하니 嘏曰 吳爲寇六十年에 君臣相保하고 吉凶同患하니 設令列船津要하면 則彼堅城據險하니 橫行之計가 其殆難捷이라 今邊城之守가 與賊相遠하고 羅落重密하여 間諜不行①이어늘 而擧大衆하여 臨巨險하여 以徼功하니 先戰而後求勝이 非長策也라 唯有進軍大佃이 最差完牢②라 可詔昶遵等擇地居險하여 三方竝進이니 奪其肥壤하여 使還塉地가 一也③요 兵出民表하여 寇抄不犯이 二也요 招懷近路하여 降(항)附日至가 三也요 羅落遠設하여 間構不來가 四也요 賊退其守하여 佃作易(이)立이 五也요 坐食積穀하여 士不運輸가 六也요 釁隙時聞하여 討襲速決이 七也니 凡此七者는 軍事之急務也라 不進據則賊擅便資요 據之則利歸於國이니 不可不察也라하되 師不從하다

① 羅는 편다는 뜻이다. 落은 絡과 같으니, 연락한다는 뜻이다. "羅落"은 봉화를 설치하여 멀

73) 吳나라와……동안 : 漢나라 建安 13년(208) 赤壁大戰부터 이때까지가 모두 55년이고, 吳나라와 魏나라가 통한 것은 3년뿐이다.(≪資治通鑑≫ 註)

리서 망을 보는 것으로써 변방에 연락망을 펼쳐놓는 것을 말한다. 重(거듭하다)은 直龍의 切이다.

羅, 布也. 落, 與絡同, 聯絡也. 羅落, 謂設烽燧, 遠候望, 以羅落邊面也. 重, 直龍切.

② 佃(둔전하다)은 田으로 읽는다. 差(낫다)는 初加의 切이니, 愈와 같다.

佃, 讀曰田. 差, 初加切, 猶愈也.

③ 塉은 秦昔의 切이니, 척박한 땅이다.

塉, 秦昔切, 薄土也.

【目】王昶 등에게 조서를 내려 세 길로 吳나라를 공격하게 하였다. 왕창은 南郡을 공격하고, 毌丘儉은 武昌으로 향하고, 胡遵과 諸葛誕은 東興을 공격하였는데, 諸葛恪이 병사 4만을 거느리고서 동흥을 구원하였다. 호준 등이 浮橋를 만들어 건너가서 제방 위에 진을 치고 병사를 나누어 두 성을 공격하였는데, 성이 높고 험준하여 함락하지 못하였다. 제갈각이 將軍 丁奉으로 하여금 呂據와 함께 선봉으로 삼아 산의 서쪽을 따라 올라가게 하니, 정봉이 말하기를 "각 부대의 행군이 느리니, 만약 적이 유리한 지역을 점거하게 되면 그들과 다투기 어려울 것입니다. 제가 빨리 달려가기를 청합니다."라고 하였다.

이에 정봉이 여러 군대를 물리쳐서 도로에서 비켜나게 하고 자신은 휘하 군사 3천 명을 거느리고 곧바로 전진하였다. 배를 타고 돛을 올린 지 2일 만에 東關에 이르러 마침내 徐塘을 점거하였다. 이때에 눈이 내려서 날씨가 추워서 호준이 한창 술자리를 마련하여 큰 연회를 열었는데, 정봉은 魏나라 선두 부대의 병력이 적은 것을 보고 병사들에게 모두 갑옷을 벗고 矛와 戟을 버리고 투구와 칼과 방패만을 가지고 웃통을 벗은 채 제방을 기어오르게 하니, 魏나라 군사들이 바라보면서 크게 비웃고는 곧바로 엄중히 대비하지 않았다.

詔昶等三道擊吳하니 昶攻南郡하고 儉向武昌하고 遵誕은 攻東興이어늘 恪將兵四萬하여 救東興하니 遵等作浮橋以渡하여 陳於堤上①하고 分兵攻兩城하니 城高峻하여 不可拔이러라 恪使將軍丁奉으로 與呂據爲前部하여 從山西上하니 奉曰 諸(君)〔軍〕[74]行緩하니 若賊據便地하면 則難與爭鋒이라 我請趨之하노이다 乃辟(벽)諸軍使下道②하고 自率麾下三千人徑進하니 擧帆二日에 至東關하여 遂據徐塘③하니 時天雪寒이라 遵方置酒高會어늘 奉見其前部兵少하고 使兵皆解鎧하고 去矛戟하고 但兜鍪刀楯하고 倮身緣堨④하니 魏人望見하여 大笑之하고 不卽嚴兵이라

74) (君)〔軍〕: 저본에는 '君'으로 되어 있으나, ≪資治通鑑≫에 의거하여 '軍'으로 바로잡았다.

① 陳(진을 치다)은 陣으로 읽는다.
陳, 讀曰陣.

② 辟(물리치다)은 闢과 같이 읽는다. 여러 군대를 물리쳐서 그들로 하여금 길에서 비켜나게 하고 자신의 군대는 전진하는 것이다.
辟, 讀如闢. 辟諸軍使避路而己軍前進也.

③ 徐塘은 東關에 가깝다.
徐塘, 蓋近東關.

④ "兜鍪"는 투구이다. 倮는 裸와 통하니, 웃통을 벗는다는 뜻이다. 堨은 其謁의 切이니, 제방이다. 〈"倮身緣堨"은〉 옷을 벗어 몸을 드러내고 제방을 따라서 기어오르는 것을 말한다.
兜鍪, 首鎧. 倮與裸通, 袒裼也. 堨, 其謁切, 堤堰也. 謂脫衣露體, 緣循堨堤而進也.

【目】 吳나라 병사들이 제방에 올라가서 곧장 북을 치고 함성을 지르면서 魏나라의 선두 진형을 격파하였고, 呂據 등이 이어서 도착하였다. 魏나라 군사들이 놀라서 흩어져 달아나서 서로 다투어 浮橋를 건너려고 하다가 부교가 부서지니, 서로 짓밟고 물에 빠져 죽은 자가 수만이나 되었다. 吳나라가 수레, 소와 말, 나귀와 노새를 획득한 것이 각각 천으로 헤아렸고 資材와 器物이 산처럼 쌓였는데, 부대를 정돈하여 돌아왔다.

吳兵得上하여 便(변)鼓譟하여 斫破其前屯하고 據等繼至하니 魏軍驚擾散走하여 爭渡橋壞하니 相蹈藉溺死者數萬이라 吳獲車乘牛馬驢騾各以千數하고 資器山積이러니 振旅而歸하다

【目】 王昶과 毌丘儉은 東軍이 패했다는 소식을 듣고 각기 주둔지를 불태우고 달아났다. 朝廷에서 신하들이 여러 장군들의 관직을 낮추려고 하자 司馬師가 말하기를 "이는 내가 公休(諸葛誕)의 말을 따르지 않은 과실이다. 여러 장수들이 무슨 죄가 있는가."라고 하고, 모두 용서하고 오직 사마사의 동생 司馬昭의 작위만 낮추었다.

昶儉聞東軍敗하고 各燒屯走[①]하다 朝廷欲貶諸將한대 師曰 此我不聽公休過也라 諸將何罪리오 悉宥之하고 惟削其弟昭爵而已[②]러라

① 당시에 세 길로 吳나라를 토벌하였는데 東關이 가장 동쪽에 있었기 때문에 東軍이라고 하였다.
時三道伐吳, 東關最在東, 故曰東軍.

② 公休는 諸葛誕의 字이다. 이전에 吳나라를 정벌할 것을 간언한 적이 있는데 司馬師가 따르지 않았고, 지금 병사들이 패하자 과실을 자기에게 돌린 것이다.
公休, 諸葛誕字也. 先嘗諫征吳, 司馬師不聽, 今兵敗而引咎歸己.

【目】 뒤에 雍州刺史 陳泰가 并州에 조칙을 내려 胡人을 토벌하도록 요구하였다. 아직 군대가 모이지 않았는데 鴈門郡과 新興郡의 사람들이 멀리 출정하는 것이 두려워 반란을 일으켰다. 司馬師가 또 말하기를 "이는 나의 과실이지, 陳雍州(진태)의 책임이 아니다." 라고 하니, 이 때문에 사람들이 모두 부끄럽게 여기어 기꺼이 승복하였다.

後雍州刺史陳泰가 求勅并州討胡하여 未集한대 而鴈門新興이 以遠役驚反①하니 師又曰 此我過也라 非陳雍州之責이라하니 是以人皆愧悅이러라

① 雍州는 并州의 서남쪽에 있고, 鴈門郡과 新興郡 두 군은 병주의 북쪽 변방 지역이니, 그 거리가 서로 멀리 떨어져 있다.
雍州在并州西南, 而鴈門·新興二郡, 并州北鄙也, 其道里相去遠.

【目】 習鑿齒가 다음과 같이 평하였다.

"司馬師가 두 번 패한 일을 가지고 자기의 과실이라고 말하자, 과실이 줄어들고 사업이 융성해졌다. 만약 남에게 과실을 미루고 허물을 돌리며 공적만을 고집하고 군사를 잃은 것을 숨겼다면 상하의 마음이 떠나고 현인이거나 우매한 사람에 관계없이 모두 흩어졌을 것이다. 임금이 진실로 이런 이치를 가지고 나라를 다스리면 행실이 잘못되어도 명성이 드러나고, 병사들의 사기가 꺾여도 전쟁에서 승리할 것이니, 비록 백 번 패배를 하더라도 괜찮다. 하물며 두 번 진 것에 있어서랴."

習鑿齒曰 司馬師引二敗以爲己過한대 過消而業隆①하니 若推(퇴)過歸咎하고 執其功而隱其喪하면 則上下離心하고 賢愚解體矣②라 君人者苟統斯理하여 以御國하면 行失而名揚하고 兵挫而戰勝이니 雖百敗라도 可也라 況於再乎③아

① "二敗"는 東關 군사의 패배와 并州 胡人의 배반을 말한다.
二敗, 謂東關師敗及并州胡反也.

② 推(미루다)는 吐雷의 切이다. 隱은 숨기고 말하지 않는 것이다. 喪은 四浪의 切이니, 군사를 잃은 것을 말한다.
推, 吐雷切. 隱, 蔽而不言也. 喪, 四浪切, 謂喪師也.

③ 行(행실)은 去聲이다.
行, 去聲.

【目】 魏나라의 光祿大夫 張緝이 말하기를 "諸葛恪은 죽음을 면하지 못할 것입니다." 하니, 司馬師가 말하기를 "무엇 때문인가?" 하였다.

장집이 말하기를 "그의 위엄이 군주를 떨게 하고 공로가 온 나라를 뒤덮었으니, 어찌 오래 갈 수 있겠습니까." 하였다.

○ 魏光祿大夫張緝이 日 恪其不免乎인저한대 司馬師日 何也오 緝日 威震其主하고 功蓋一國하니 何以能久리오

思政殿訓義 資治通鑑綱目 제16권 상

蜀漢 後主 延熙 16년(253)~蜀漢 後主 景耀 4년(261)

≪資治通鑑綱目≫ 제16권은 癸酉年 漢나라(蜀漢) 後主 延熙 16년(253)부터 시작해서 己亥年 晉나라 武帝 咸寧 5년(279)까지이니, 모두 27년이다.

起癸酉漢後主延熙十六年하여 盡己亥晉武帝咸寧五年이니 凡二十七年이라

癸酉年(253)

【綱】 漢나라(蜀漢) 後主 延熙 16년이다.

十六年이라

【目】 魏主 曹芳 嘉平 5년이고, 吳主 孫亮 建興 2년이다.

魏嘉平五年이요 吳建興二年이라

【綱】 봄 정월에 자객이 大將軍 費禕를 암살하였다.

春正月에 盜殺大將軍費禕[1)]하다

1) 盜殺大將軍費禕 : "盜(자객)는 누구인가. 항복한 사람 郭循이다. 冉閔가 苻洪을 죽였을 적에는 '故趙將(前 後趙의 장군)'이라고 기록하였다.(晉나라 穆帝 永和 6년(350)) 곽순은 前 魏나라 신하로서 뜻이 復讐에 있었는데 '盜'라고 기록한 것은 어째서인가. 逆順을 달리 말하여 우선 費禕를 허물한 것이다. 어째서 허물하는가. 자신이 漢나라 大將軍이었는데 자객이 암살할 수 있었으니, 또한 그 허물을 책임지지 않을 수 없는 것이다. 그러므로 기록하기를 '大將軍費禕'라고 한 것이다.〔盜者 何 降人郭循也 冉閔殺苻洪 則書故趙將(晉穆帝永和六年) 循故魏臣也 志在復讐 則其書盜 何 逆順異辭 且咎禕也 曷爲咎之 身爲漢大將軍 而盜得殺之 亦不得不任其咎矣 故書曰大將軍費禕〕" ≪書法≫

"이는 郭循이다. 이미 左將軍이 되어 品秩이 또한 높은데 어찌하여 '盜'라고 썼는가. 저 사람은 진실로 도적의 행동일 뿐이다. 곽순이 진실로 섬기는 분에게 충성을 하려 했다면 어찌 포획당할 때에 죽지 않았는가. 이미 蜀漢의 벼슬을 받고 다시 비수를 끼고서 간사한 짓을 하였으니 이는 바로 豫子(豫讓)가 말한 '이미 예물을 바치고 신하가 되어서 또다시 그를 죽이려고 한다면 이는 두 마음

【目】 예전에 姜維는 魏나라 西平을 공격하여 中郞將 郭循을 포획하여 그를 左將軍으로 삼았다. 곽순은 황제(後主)를 찔러 죽이려 하였으나 접근할 수가 없었다. 늘 祝壽를 올릴 때를 이용하여 한편으로 절하면서 한편으로 나아갔으나 측근들에게 가로막혀 거사를 번번이 거행하지 못하였다.

지금에 이르러 費禕가 여러 장군들과 함께 漢壽에서 큰 모임을 가지며 즐겁게 술을 마시다가 대취하니, 곽순이 그를 찔러 죽였다. 비위는 널리 사랑을 베풀어 의심하지 않아 새로 귀순한 자들을 너무 지나치게 우대하였는데, 張嶷이 일찍이 편지를 보내어 岑彭과 來歙이 자객에게 살해당한 일[2]을 인용하여 경계를 하였으나 비위가 따르지 않았으므로 재앙을 당하게 된 것이다. 魏나라에서는 곽순을 追封하여 鄕侯로 삼고 그의 아들이 작위를 세습하게 하였다.

初에 姜維攻魏西平하여 獲中郞郭循[3]하여 以爲左將軍①하니 循欲刺帝로되 不得近이라 每因上壽하여 且拜且前호되 爲左右所遏하여 事輒不果러니 至是하여 費禕與諸將大會於漢壽하여 歡飮沈醉하니 循刺殺之하다 禕汎愛不疑하여 待新附太過어늘 張嶷嘗與書引岑彭來歙爲戒호되 禕不從이라 故及②하다 魏追封循爲鄕侯하고 使其子襲爵하다

① 循은 脩로 써야 한다.
循, 當作脩.

② 岑彭과 來歙의 일은 光武 建武 11년(135)에 보인다. 及은 재앙에 이르게 된 것을 말한다.
岑彭・來歙事, 見光武建武十一年. 及, 謂及禍也.

을 품는 짓이다.'라는 것이다. 곽순이 이와 같이 행한 것은 魏나라에 이익을 바라는 것에 불과하니, 이는 다만 담장을 뚫고 도둑질하는 하등의 행위인 것이다. '盜'라고 쓴 것이 어찌 지나친 것이겠는가.〔此郭循也 旣爲左將軍 秩亦尊矣 何以書盜 彼固盜賊之靡耳 循苟欲忠於所事 何不死於見獲之時 旣受漢爵 乃復挾匕首以爲姦 此正豫子所謂旣已委質爲臣 而又求殺之 是二心者也 循之所爲如此 不過徼利於魏 是特穿窬之下者耳 以盜書之 夫豈過哉〕"≪發明≫

2) 岑彭과……일 : 岑彭은 後漢 光武帝가 즉위하자 장군이 되어 여러 차례 공을 세워 舞陰侯에 봉해졌다. 建武 11년에 반란을 일으킨 公孫述을 공격하여 진격하였는데, 彭亡이란 곳에 주둔했다가 밤에 공손술이 보낸 자객의 칼에 찔려 죽었다.(≪後漢書≫ 〈岑彭列傳〉) 來歙도 光武帝를 도와 공손술을 공격하다가 공손술이 보낸 자객에 의하여 피살되었다.(≪後漢書≫ 〈來歙列傳〉)

3) 郭循 : ≪資治通鑑≫ 註에 보면 다음과 같이 말하고 있다. "脩은 字書를 두루 살펴보건대 그 글자가 없다. ≪三國志≫ 〈三少帝紀〉에 '郭脩'로 되어 있고 〈蜀書 張嶷傳〉에도 '郭脩'로 되어 있고 裴松之의 註에도 '脩의 字는 孝先이다.' 하였다. 〈費禕傳〉에는 '郭循'이라 하였고 〈後主傳〉에도 또한 그러하다. 지금 ≪三國志≫의 舊本은 모두 循자를 쓴 것은 脩자를 따른 것이 많다. 지금 생각건대 이 脩자는 곧 脩자의 오자이다." 底本과 ≪御批資治通鑑綱目≫에는 循으로 되어 있고 ≪資治通鑑≫에는 脩으로 되어 있다. 訓義에는 ≪資治通鑑≫ 胡三省 注에 따라 脩가 옳다고 본 것으로 보인다. 본서에서는 이설이 많으므로 저본대로 郭循으로 해석하였다.

【綱】 2월에 吳나라 諸葛恪이 魏나라를 공격하였다.

二月에 吳諸葛恪이 擊魏하다

【目】 吳나라 군사가 東興에서 돌아오자 諸葛恪에게 荊州牧 揚州牧 都督中外諸軍事를 더 해주었다. 제갈각은 마침내 적군을 경시하는 마음이 생겨 다시 군사를 출동시키려 하였는데, 여러 大臣들이 자주 군대가 출동하여 피로하다 하여 굳게 간언을 하였으나 따르지 않았다. 中散大夫 蔣延이 굳게 간쟁하였는데 제갈각이 명하여 그를 붙들고 나가게 하고 이어서 논설을 지어 대중들에게 다음과 같이 유시하였다.

"옛날에 秦나라는 關西(函谷關의 서쪽)만을 소유하고도 오히려 六國을 합병하였다. 지금 魏나라를 秦나라와 비교하면 土地가 몇 배나 되고, 吳나라와 蜀漢을 六國과 비교하면 절반도 못 된다. 그러나 우리가 魏나라를 대적할 수 있는 이유는 다만 曹操 때의 병사들이 지금에는 마침 다 사라졌으며, 그 뒤에 태어난 자들이 아직 성장하지 않았고, 또 司馬懿가 죽고 그의 아들이 유약한데 국정을 전담하여 비록 지모가 있는 인사가 있지만 그 재능을 쓰지 못하니, 이는 그들이 厄運을 만난 때이다.

만약 많은 사람들의 뜻을 따르고 구차하게 편안할 계책을 품어 長江의 험난한 지형을 대대로 전해줄 수 있다고 여겨 魏나라의 전후의 사정을 고려하지 않고 오늘날의 상황을 가지고 마침내 그 뒷날의 변화를 경시한다면, 이는 내가 길게 탄식하는 이유이다.

지금 여러 사람들이 백성들이 여전히 가난하여 쉬게 하는 데 힘써야 한다고 하니, 이는 큰 위험을 생각할 줄 모르고 작은 노고를 아끼는 것이다. 옛날에 漢 高祖가 이미 자신이 三秦[4]을 소유한 것을 다행으로 여겼다면 어찌 관문을 닫고 스스로 즐기지 않고서 자주 출동하여 楚나라를 공격하였으며, 어찌 창칼로 교전하는 것을 감내하고 편안함을 잊었던 것이겠는가. 늘 荊邯(형함)의 말을 거울로 삼고, 근래 우리 집안 叔父(諸葛亮)가 진술한 〈出師表〉를 볼 때마다 탄식하지 않은 적이 없었다."[5]

여러 사람들이 모두 마음으로 옳지 않다고 여겼으나 감히 다시 논란하지 못하였다. 滕胤만이 다음과 같이 말하였다.

---

4) 三秦 : 項羽가 秦나라를 멸망시킨 후 關中 지역을 雍, 塞, 翟 셋으로 나누고 항복한 秦나라 장수 章邯, 司馬欣, 董翳를 봉하여 漢中에 봉해진 劉邦을 견제하게 하였다.(≪漢書≫ 〈高帝紀〉)

5) 어찌……없었다 : 諸葛恪은 諸葛瑾의 아들로 諸葛亮의 조카이다. 제갈량은 蜀漢에 벼슬하여 魏나라를 정벌하자는 表文 〈出師表〉를 後主 劉禪에게 올렸는데 名文으로 일컬어졌고, 이를 제갈각이 읽고 감탄한 것이다.

"君께서 이전에 강한 적군을 격파하자 천하가 진동하였습니다. 지금 외람되이 생각건대, 勞役이 있은 뒤에 군사를 일으켜 출정하려 하시니, 백성들이 피로하여 힘이 고갈될 것이고, 먼 나라 임금이 대비를 하게 될 것입니다. 만약 성을 공격하여 이기지 못하고 들판을 약탈하여 노획하는 것이 없으면 이전의 공로를 잃고 이후의 책망을 초래하게 될 것입니다. 또 전쟁은 큰일입니다. 일이 대중들의 힘으로 이루어지는 것이니, 대중들이 만약 기뻐하지 않으면 君께서 홀로 편안하시겠습니까."

제갈각이 또 따르지 않고, 마침내 州郡의 20만 군사를 크게 일으켜 魏나라를 다시 공격하였고, 등윤을 都下督으로 삼아 留守하는 일을 관장하게 하였다.

吳軍이 還自東興에 加諸葛恪荊揚二州牧督中外諸軍事하니 恪遂有輕敵之心하여 復欲出軍이어늘 諸大臣이 以爲數(삭)出疲勞라하여 固諫不聽하니 中散大夫蔣延固爭[①]한대 恪命扶出하고 因著論以諭衆曰 昔에 秦但得關西耳로되 尙幷呑六國하니 今以魏比秦에 土地數倍하고 以吳蜀比六國에 不能半也나 所以能敵之者는 但以操時兵衆이 於今適盡하며 而後生者가 未長[②]하고 又司馬懿隕斃하고 而其子幼弱專國하여 雖有智計之士나 未得施用하니 是其厄會也라 若順衆人之情하고 懷偸安之計하여 以爲長江之險을 可以傳世라하여 不論魏之終始하고 而以今日遂輕其後면 此吾所以長歎息者也라 今衆人이 或以百姓尙貧하여 欲務閑息이라하니 此不知慮其大危而愛其小勤者也라 昔에 漢祖幸已自有三秦이면 何不閉關自娛而數出攻楚하고 豈甘鋒刃而忘安寧哉리오 每鑑荊邯之說하고 近見家叔父陳表에 未嘗不喟然也[③]로라 衆人皆心以爲不可호되 莫敢復難[④]이라 獨滕胤謂曰 君前破彊敵에 天下震動이러니 今猥以勞役之後로 興師出征하니 民疲力屈하고 遠主가 有備[⑤]라 若攻城不克하고 野掠無獲이면 是喪前勞而招後責也라 且兵者는 大事라 事以衆濟니 衆苟不悅이면 君獨安之[⑥]리오 恪又不聽하고 遂大發州郡二十萬衆하여 復擊魏하고 以滕胤爲都下督하여 掌統留事하다

① 中散大夫는 王莽이 설치하였고, 後漢에서도 그대로 따랐다.
中散大夫, 王莽所置, 後漢因之.

② 長(자라다)은 知兩의 切이다.
長, 知兩切.

③ 公孫述이 스스로 蜀에서 황제가 되자, 荊邯이 공손술에게 병사를 일으키라고 유세하였다. "家叔父"는 諸葛亮을 말한다. "陳表"는 진술한 〈出師表〉를 말한다.
公孫述自帝蜀中, 荊邯說述起兵. 家叔父, 謂諸葛亮. 陳表, 謂所陳出師表.

④ 難(논란하다)은 去聲이다.
難, 去聲.

⑤ "勞役"은 국내에는 山陵 공사가 있었고, 국외에는 東關의 전쟁이 있었음을 말한다. ≪春秋

左氏傳≫ 僖公 32년에 "秦나라 大夫 蹇叔이 穆公에게 간언하기를 '군사를 피로하게 하여 먼 나라를 습격하려고 하니, 군사들이 피로하여 힘이 고갈될 것이며 먼 나라 임금이 대비할 것이니, 불가하지 않겠습니까.'라고 하였다." 하였다.
勞役, 謂內有山陵營作, 外有東關之師也. 左傳 "秦大夫蹇叔諫穆公曰 '勞師以襲遠, 師勞力屈, 遠主備之, 無乃不可乎.'"

⑥ ≪春秋左氏傳≫ 成公 13년에 "국가의 큰일은 제사와 전쟁에 있다." 하였다.
左傳 "國之大事, 在祀與戎."

【綱】 여름 4월에 姜維가 魏나라를 정벌하여 狄道를 포위하였다.

夏四月에 **姜維伐魏**하여 **圍狄道**하다

【目】 姜維는 자신의 재주와 武勇을 자부하고 여러 羌族과 胡族을 유인하여 羽翼으로 삼고자 하여 이르기를 "隴山 서쪽 지역을 잘라서 소유할 수 있다."고 하여 늘 군대를 크게 일으키려 하였다. 費禕가 항상 제재하여 따르지 않고, 그에게 만 명이 넘지 않는 군대를 내어주며 다음과 같이 말하였다.

"丞相(諸葛亮)께서도 오히려 中夏(中原)를 평정할 수 없었는데, 하물며 우리들이야 말할 것이 있겠는가. 나라를 보전하며 백성을 다스려 삼가 社稷을 지키는 것만 못하니, 북벌의 功業은 유능한 자를 기다리니, 요행을 바라서 일거에 成敗를 결정하지 말아야 한다. 만약 뜻대로 되지 않는다면 뉘우쳐도 소용없을 것이다."

비위가 卒하자, 강유는 마침내 수만 명을 인솔하여 魏나라를 공격하여 狄道를 포위하였다.

維負其才武하고 **欲誘諸羌胡以爲羽翼**하여 **謂自隴以西**를 **可斷而有**라하여 **每欲大擧**호되 **費禕常裁制不從**하여 **與兵不過萬人曰 丞相猶不能定中夏**은 **況吾等乎**[①]아 **不如保國治民**하여 **謹守社稷**이니 **如其功業**은 **以俟能者**라 **無爲徼倖**하여 **決成敗於一擧**니 **若不如志**면 **悔之無及**이니라 **及禕死**에 **維遂將數萬人**하여 **伐魏圍狄道**하다

① 丞相은 諸葛亮을 말한다.
丞相, 謂諸葛亮.

【綱】 吳나라 군사가 魏나라 新城을 포위하여 이기지 못하였다.

吳師圍魏新城하여 **不克**하다

【目】 예전에 諸葛恪이 淮南을 침입하니, 어떤 이가 말하기를 “마땅히 新城을 포위하여 구원병이 오기를 기다렸다가 도모하면 크게 이길 수 있을 것입니다.”라 하였는데, 제갈각이 그 계책을 따랐다. 魏나라 司馬師가 虞松에게 묻기를 “지금 두 방면이 모두 위급한데 여러 장군들의 의기가 떨어져 있으니, 어찌해야 하겠는가?”라고 하니, 우송이 다음과 같이 말하였다.

“옛날에 周亞夫가 昌邑에서 성벽을 굳게 지켜서 吳와 楚가 절로 패배하였습니다.[6] 일에는 허약한 듯하나 강한 것이 있으니 살피지 않아서는 안 됩니다. 지금 제갈각이 정예병을 모두 동원하여 횡포를 부리기에 충분한데도, 앉아서 신성을 지키는 것은 우리를 불러내어 한 번 전투를 치르려고 하는 것입니다. 저들이 만약 성을 공격해도 함락하지 못하고 우리 주력과 싸우려고 해도 할 수가 없어서 군대가 지치고 피로해지면 형세상 저절로 도주할 것이니, 여러 장군들이 진격하지 않는 것이 바로 公의 유리한 점입니다.

姜維는 우리의 보리를 취하여 먹고 있으니, 깊은 뿌리가 있는 도적이 아니고, 또 우리가 동쪽(吳나라)에 병력을 집중한다고 생각했기에 곧바로 진격해온 것입니다. 지금 만약 關中의 여러 군대를 두 배 속도로 진군시켜 속히 도달하게 하여 그들의 뜻밖에 나가면 아마도 달아날 것입니다.”

사마사가 “좋다.”라고 하고, 郭淮와 陳泰를 보내어 狄道의 포위를 풀게 하고 毌丘儉 등에게 명하여 병사들을 움직이지 않고 스스로 지키게 하고 신성을 吳나라에 맡겨버렸다. 진태가 洛門에 이르자 강유는 과연 군량이 떨어져서 군대를 이끌고 돌아갔다.

初에 諸葛恪이 入淮南하니 或曰 宜圍新城하여 俟救至而圖之면 可大獲也리라 恪이 從其計①하니 魏司馬師가 問於虞松曰 今二方皆急호되 而諸將意沮하니 若之何②오 松曰 昔에 周亞夫堅壁昌邑而吳楚自敗하니 事有似弱而强者니 不可不察也③라 今恪悉其銳衆하여 足以肆暴나 而坐守新城은 欲以致一戰耳④라 若攻城不拔하고 請戰不可하여 師老衆疲면 勢將自遁이니 諸將之不進은 乃公之利也라 姜維投食我麥하니 非深根之寇요 且謂我幷力於東이라 是以徑進⑤하니 今若使關中諸軍으로 倍道急赴하여 出其不意면 殆將走矣리라 師曰 善타하고 乃使郭淮陳泰로 解狄道之圍하고 勅毌丘儉等하여 案兵自守하고 以新城委吳⑥하니 泰至洛門에 維果以糧盡引還⑦하다

6) 옛날에……패배하였습니다 : 漢 景帝 때 吳나라와 楚나라가 반란을 일으키자 周亞夫에게 정벌하도록 하였다. 주아부는 출전하지 않고 날랜 군사를 파견하여 은밀히 吳·楚의 식량 보급로를 차단하자 吳·楚가 식량이 떨어져 철수하려고 자주 도전해왔으나 성벽을 굳게 지키고 끝내 출전하지 않았다. 어느 날 밤중에 軍中이 놀라 요란하게 서로 공격하며 장막의 부근에까지 이르렀으나 주아부가 꼼짝도 하지 않고 누워 있자 다시 진정되었다. 그 뒤에 吳·楚가 굶주림에 시달려 퇴각하자 출격하여 큰 전공을 거두었다.(≪漢書≫ 〈周亞夫傳〉)

① 新城은 合肥의 新城이다.
新城, 合肥新城也.
② "二方皆急"은 吳나라가 淮南을 공격하고, 蜀漢이 隴西를 공격한 일을 말한다.
二方皆急, 謂吳攻淮南, 蜀攻隴西也.
③ 吳와 楚가 절로 패배한 것은 漢 景帝 3년(B.C. 154)에 보인다.
吳·楚自敗事, 見景帝三年.
④ 致는 옛날에 이른바 군사를 불러들인다는 것과 같다.
致者, 猶古所謂致師也.
⑤ "投食我麥"은 姜維의 군대가 후방의 군량 수송이 없어서 魏나라 지역에 병력을 투입하여 그 보리를 양식으로 삼으려고 하였을 뿐임을 말한 것이다.
投食我麥, 謂維軍後無轉餉, 投兵魏地, 擬其麥以爲食耳.
⑥ 案은 억제한다는 뜻이다.
案, 抑也.
⑦ 洛門은 고을 이름이니, 天水郡 冀縣에 있다. 洛은 一本에는 落으로 되어 있다.
洛門, 聚名也. 在天水郡冀縣. 洛, 一作落.

【目】魏나라 揚州 牙門將 張特이 新城을 수비하였다. 吳나라 군대가 몇 달을 공격하였는데, 성안의 병사가 도합 3천 명에 불과하였다. 병들고 전사한 자가 반을 넘게 되자 제갈각이 土山을 쌓아서 급히 공격하니, 성이 함락될 지경이 되었다.

장특이 吳나라 군대에게 말하기를 "지금 우리는 다시 싸울 마음이 없다. 그러나 魏나라 법에 100일 이상 공격을 받고서 구원병이 이르지 않은 경우에는 비록 항복을 하더라도 그 가족은 죄에 연좌되지 않는다. 우리가 공격을 받은 이래로 이미 90여 일이 지났다. 비록 성이 함락된다 하더라도 여전히 항복을 원치 않을 자가 있을 것이니, 내가 다시 그들과 이야기하고 투항할 자와 투항하지 않을 자를 조목조목 가려서 내일 아침에 명단을 보내겠다. 우선 내 印綬를 보내서 신표로 삼겠다." 하였다.

吳나라 군대가 그의 말을 허락하자 장특이 밤에 여러 집들의 재목을 철거하여 木柵을 만들어 성의 무너진 곳을 두 겹으로 보수하고 다음 날 말하기를 "우리는 다만 싸우다가 죽을 뿐이다."라고 하니, 吳나라 군대가 크게 노하여 진격하였으나 함락하지 못하였다. 마침 날씨가 매우 더워서 吳나라 군사들은 병자가 태반이었고 사상자들이 길에 깔렸다.

제갈각이 속으로 계책이 잘못되었고 생각하여 분노가 안색에 드러났다. 將軍 朱異가 군사에 관한 일로 제갈각의 뜻을 거스르자, 제갈각이 그의 군대를 빼앗았다. 그리고 都尉 蔡林이 자주 계책을 진술하였으나 쓰지 않았으니, 말을 달려 魏나라로 도주하였다.

魏나라의 여러 장군들이 吳나라의 군대가 이미 지친 것을 엿보아 알고서는 구원병을 진격시켰다.

魏揚州牙門將張特이 守新城이러니 吳人攻之連月하니 城中兵이 合三千人이라 疾病戰死者가 過半이어늘 而恪起土山急攻하니 城將陷에 特謂吳人曰 今我無心復戰也로되 然魏法에 被攻過百日而救不至者는 雖降이나 家不坐[①]하니 自受敵以來로 已九十餘日矣라 城雖陷이나 尙有不欲降者하니 我當還爲相語하고 條別善惡하여 明早送名[②]하리니 且以我印綬去爲信이라 吳人이 聽之어늘 特乃夜徹諸屋材하여 柵補其闕爲二重[③]하고 明日에 謂曰 我但有鬪死耳라하니 吳人大怒하여 進攻之나 不能拔이러니 會大暑하여 吳軍病者太半이요 死傷塗地하니 恪內惟失計하여 忿形於色[④]이러라 將軍朱異가 以軍事迕恪하니 恪奪其兵[⑤]하고 都尉蔡林이 數陳計不用하니 策馬奔魏라 魏諸將이 伺知其兵已疲하고 乃進救兵하니

① 降(항복하다)은 戶江의 切이니, 〈"雖降 家不坐"는〉 비록 자신이 항복하더라도 그 가족은 연좌되지 않음을 말한다.
降, 戶江切. 言雖身降而其家不坐罪也.
② 爲(위하다)는 去聲이다.
爲, 去聲.
③ 나무를 엮어 營寨를 만든 것을 柵이라 한다.
編木爲營寨曰柵.
④ 惟는 생각한다는 뜻이다.
惟, 思也.
⑤ 朱異는 朱桓의 아들이다. 迕는 거스른다는 뜻이다.
異, 桓之子也. 迕, 逆也.

【目】 7월에 諸葛恪이 군대를 이끌고 후퇴하였는데, 士卒들이 다치고 병들어 流離하며 서로 부축하다가 쓰러지고 애통해하며 부르짖었으나 제갈각은 태연자약하면서 〈長江 가운데의 모래섬에 나가 한 달간 머물었는데〉 소환하는 조서가 연이어 이르자 그제야 천천히 군사를 되돌려왔다. 이로 말미암아 대중들이 실망하고 원망하게 되었다.

魏나라 汝南太守 鄧艾가 司馬師에게 다음과 같이 말하였다.

"孫權이 이미 죽고 나서 大臣들이 따르지 않는데, 제갈각이 위아래를 어루만져 근본을 확립할 것을 생각하지 않고 대외의 전쟁을 고집해 다투다가 재앙을 가지고 돌아가니 머지않아 멸망할 것입니다."

七月에 恪引去러니 士卒傷病하여 流曳頓仆하고 哀痛嗟呼[①]호되 而恪晏然自若하고 詔召相銜에

徐乃旋師[②]하니 **由是**로 **衆庶失望而怨讟興矣**[③]라 **汝南太守鄧艾**가 **言於司馬師曰 孫權已沒**하고 **大臣未附**어늘 **恪不念撫恤上下**하여 **以立根基**하고 **乃競於外事**하여 **載禍而歸**하니 **其亡可待也**라하더라

① 流는 풀어져 스스로 거둘 수 없는 것이다. 曳는 피곤하여 자신을 부지하지 못하고 서로 이끌면서 길을 가는 것이다. "顚仆"는 쓰러지고 넘어진다는 뜻이다.
流者, 放而不能自收也. 曳者, 羸困不能自扶, 相牽引而行也. 顚仆, 顚頓而僵仆也.

② "詔召相銜"은 소환 명령이 이어지는 것을 말한다. 배로 갈 때 이물과 고물이 이어져 끊이지 않는 것을 相銜이라 하고, 육지로 갈 때 말의 머리와 꼬리가 서로 닿는 것을 相銜이라 한다.
詔召相銜, 言召命相繼也. 舟行以(軸轤)〔舳艫〕[7]不絶爲相銜, 陸行以馬首尾相接爲相銜.

③ 원통하여 비방함을 讟(독)이라 한다.
痛怨而謗曰讟.

【綱】 겨울 10월에 吳나라가 太傅 諸葛恪을 죽이고 孫峻을 丞相으로 삼았다.

冬十月에 **吳殺其太傅諸葛恪**[8]하고 **以孫峻爲丞相**하다

【目】**諸葛恪**이 **建業**으로 돌아와서 병사들을 늘어놓고 官府로 들어가서는 즉시 中書令 孫嘿을 불러 소리를 질러 말하기를 "경들은 어찌하여 감히 자주 망령되어 조서를 작성하는가."라고 하였다. 정벌을 행한 뒤에 選曹에서 아뢰어 임명한 縣令 및 縣長과 職司(담당관)를 일체 파면하여 다시 뽑고, 더욱 위엄 있게 다스려 罪責을 많이 주고 宿衛를 바꾸어 가까운 이를 등용하고 다시 병력을 꾸려서 靑州와 徐州로 향하려고 하였다.

孫峻은 백성들이 원망하고 대중들이 싫어하는 것을 이용하여 제갈각을 吳主 孫亮에 무함하여 말하기를 "변란을 일으키려 합니다."라고 하고, 마침내 손량과 함께 꾀하였다. 술자리를 마련하고 제갈각을 초청하여 병력을 숨겨 그를 죽이고, 갈대 자리로 시체를 싸서 石子岡에 던져버리고 三族을 아울러 멸족시켰다. 臨淮 臧均이 표문을 올려 제갈각의 故吏에게 그의 시체를 거두어 장사 지낼 것을 청하니, 그대로 따랐다.

예전에 제갈각은 젊어서 유명하였다. 大帝(孫權)가 매우 소중하게 여겼으나 제갈각의

---

7) (軸轤)〔舳艫〕: 저본에는 '軸轤'로 되어 있으나, ≪資治通鑑≫에 의거하여 '舳艫'로 바로잡았다.

8) 吳殺其太傅諸葛恪 : "諸葛恪은 죄가 많은데, 그가 죄가 없는 경우로써 '殺'을 쓴 것은 무엇 때문인가. 해당 죄가 아닌 것으로 죽였기 때문이다. ≪資治通鑑綱目≫의 書法은 비록 죄가 있더라도 해당 죄가 아닌 것으로 죽이면 한결같이 죄가 없는 것으로 기록하였다.〔恪罪多矣 其以無罪書殺何 殺不以其罪也 綱目之法 雖有罪而殺之不以其罪 一以無罪書之也〕" ≪書法≫ 朱子의 〈綱目凡例〉에 無罪면 "아무 관직 아무개를 죽였다.〔殺某官某〕"라고 쓴다 하였다.

아버지 諸葛瑾이 항상 그를 근심하며 말하기를 "집안을 보존할 주인이 아니다."라고 하였다.

陸遜이 항상 제갈각에게 말하기를 "내 앞에 있는 이를 내가 반드시 받들어 함께 승진하고 내 아래에 있는 이는 보살피고 도와주었다. 지금 그대는 기세가 윗사람을 능멸하고 의기가 아랫사람을 멸시하니, 덕행을 안정되게 할 기반이 아니다."라고 하였다.

孫峻이 諸葛恪을 모살하다

蜀漢 侍中 諸葛瞻은 諸葛亮의 아들이다. 제갈각이 淮南을 재차 공격할 때 越巂太守 張嶷이 편지를 보내 말하기를 "太傅(제갈각)는 어린 황제를 보좌할 중임을 받았는데 어린 임금을 떠나 적국에 가려 하니, 아마 훌륭한 계책이 아닌 듯합니다. 郎君이 마땅히 태부에게 進言하여 군대를 돌려서 널리 농사를 짓도록 하고 힘써 도덕과 은혜를 행하여 몇 년 뒤에 東吳와 西蜀 두 나라가 함께 擧兵을 해도 늦지 않을 것입니다."라고 하였는데, 이때에 이르러 과연 패망하였다.

恪還建業하여 陳兵入府하고 卽召中書令孫嘿하여 厲聲謂曰 卿等何敢數妄作詔[①]오 征行之後에 曹所奏署令長職司를 一罷更選[②]하고 愈治威嚴하여 多所罪責하고 改易宿衛하여 用其親近하고 復嚴兵하여 欲向青徐[③]어늘 孫峻因民怨衆嫌하여 構恪於吳主亮云 欲爲變이라하고 遂與亮謀하여 置酒請恪하여 伏兵殺之하고 以葦席裹尸하여 投之石子岡하고 幷夷三族[④]하니 臨淮臧均이 表請聽故吏收葬이어늘 從之하다 初에 恪少有盛名이라 大帝深器重之로되 而恪父瑾이 常以爲戚曰 非保家之主也[⑤]라 陸遜常謂恪曰 在我前者를 吾必奉之同升하고 在我下者는 則扶接之니 今君氣陵其上하고 意蔑其下하니 非安德之基也[⑥]라 漢侍中諸葛瞻은 亮之子也라 恪再攻淮南에 越巂太守張嶷이 與之書曰 太傅受寄託之重이어늘 而離少主하여 履敵庭하니 恐非良計[⑦]라 郎君宜進言於太傅[⑧]하여 旋軍廣農하고 務行德惠하여 數年之後에 東西竝擧가 未爲晩也라하더니 至是果敗하다

① 자주 조서를 써서 소환한 것에 성을 낸 것이다.
怒其數作詔召之也.

② 曹는 選曹(인사 담당 부서)이다. "所奏署"는 아뢰어 임명한 자를 말한다.
曹, 謂選曹也. 所奏署, 謂其所聞奏除署者.

③ 嚴은 꾸린다는 뜻이다.
嚴, 裝也.

④ 建業 남쪽에 크고 높은 토산이 있는데 이를 石子岡이라고 하며, 매장자를 그곳에 의탁한다.
建業南有長陵, 名曰石子岡, 葬者依焉.

⑤ 戚은 근심하는 뜻이다.
戚, 憂也.

⑥ 蔑은 없는 것처럼 보는 것이다.
蔑者, 視之若無.

⑦ 離(떠나다)는 力智의 切이다.
離, 力智切.

⑧ 郎君은 諸葛瞻을 말한다. 옛날에 貴人의 아들이나 자신이 상대방의 아버지를 섬긴 적이 있는 이를 郎君이라 하고, 과거에 藩鎭(지방관)의 아들이었던 이를 또한 郎君이라고 불렀다.
郎君, 謂諸葛瞻也. 古稱貴人子及身嘗事其父者曰郎君, 故藩鎭之子, 亦呼郎君.

【目】吳나라의 여러 신하들이 孫峻을 함께 추대하여 太尉로 삼고 滕胤을 司徒로 삼았다. 손준에게 아첨하는 자가 말하기를 "萬機(정무)는 마땅히 公族에게 있어야 합니다."라고 하여 표문을 올려 손준을 丞相 大將軍 都督中外諸軍事로 삼고, 또 御史大夫를 두지 않았다. 이로 말미암아 士人들이 실망하였다. 손준이 교만하고 자랑하며 음탕하고 포악하니, 나라 사람들이 곁눈질하여 보았다. 등윤과는 마음으로는 맞지 않았으나 겉으로는 서로 포용하면서 이전처럼 일을 함께하였다.

吳群臣이 共推峻爲太尉하고 滕胤爲司徒하니 有媚峻者가 言萬機宜在公族이라하여 乃表峻爲丞相大將軍都督中外諸軍事하고 又不置御史大夫하니 由是로 士人失望①이러라 峻驕矜淫暴하니 國人側目이라 與胤으로 雖內不洽而外相苞容하여 共事如前②이러라

① 漢나라가 秦나라 제도를 계승하여 御史大夫를 두어서 副丞相으로 여러 일을 다스렸다. 孫峻으로 丞相을 삼고 御史大夫를 두지 않았으니, 吳나라의 정치를 독점하게 되었으므로, 나라 사람들이 실망하였다.
漢承秦制, 置御史大夫, 以副丞相理衆事. 令峻爲丞相, 而不置御史大夫, 則專吳國之政, 故國

人失望.

② 洽은 화합한다는 뜻이며, 부합한다는 뜻이다.
洽, 和也, 合也.

【綱】 吳나라가 南陽王 孫和를 죽였다.

吳殺其南陽王和하다

【目】 孫和의 妃 張氏는 諸葛恪의 甥姪女이다. 孫峻이 이로 인해 손화를 賜死하고 張妃 역시 자살하였다. 손화의 姬妾 何氏가 말하기를 "만약 모두 뒤따라 죽는다면 누가 고아에게 젖을 먹여 키울 것인가?"라고 하고, 마침내 자신의 아들 孫皓 및 여러 희첩들의 아들 孫德, 孫謙, 孫俊을 양육하여 모두 그 덕분에 온전하게 되었다. 齊王 孫奮이 제갈각이 주살되었다는 소문을 듣고 建業에 와서 변화의 양상을 살펴보려 하자 傅相[9]이 간언하였는데 손분이 그를 죽이니 손분 역시 연좌되어 폐위되고 庶人이 되었다.

和妃張氏는 **恪甥也**라 **峻**이 **因此賜和死**하고 **張妃亦自殺**하니 **其妾何氏曰 若皆從死**면 **誰當字孤**①오 **遂撫育其子皓及諸姬子德謙俊**하여 **皆賴以全**②하다 **齊王奮**이 **聞恪誅**하고 **欲至建業觀變**이어늘 **傅相諫**한대 **奮殺之**하니 **亦坐廢爲庶人**하다

① 從(따라가다)은 才用의 切이다. 字는 젖을 먹이며 사랑한다는 뜻이다.
從, 才用切. 字, 乳也, 愛也.

② 孫德, 孫謙, 孫俊은 세 아들의 이름이다.
德·謙·俊, 三子名.

甲戌年(254)

【綱】 漢나라(蜀漢) 後主 延熙 17년이다.

十七年이라

【目】 魏主 曹髦 正元 원년이고, 吳主 孫亮 五鳳 원년이다.

9) 傅相 : 제후왕의 太傅 겸 國相을 이른다. 漢 景帝 이후 제후왕이 나라를 직접 다스리지 못하게 하여 國相이 이를 다스렸는데 제후왕을 보필하기 때문에 傅相이라 하였다.

魏主曹髦正元元年이요 吳五鳳元年이라

【綱】봄 2월에 魏나라 司馬師가 中書令 李豐과 太常 夏侯玄과 光祿大夫 張緝을 죽이고 마침내 皇后 張氏를 폐위하였다.

春二月에 魏司馬師가 殺中書令李豐과 及太常夏侯玄과 光祿大夫張緝하고 遂廢其后張氏[10]하다

【目】예전에 李豐이 17, 8살 때에 이미 고결한 명망이 있었다. 이풍의 아버지 李恢는 기뻐하지 않아서 그에게 문을 닫고 교유를 끊게 하였다. 그 뒤에 司馬師가 정권을 잡아 이풍을 中書令으로 임명하였다. 그때 太常 夏侯玄이 천하에 큰 명망이 있었는데 曹爽의 친척이었기 때문에 권세 있는 직위를 얻지 못하니, 평소에 불평하였다. 張緝이 황후의 아버지로서 집에서 한가하게 지내면서 또한 뜻을 얻지 못했다.

이풍이 그들과 모두 친하게 잘 지내어, 비록 사마사에게 발탁되었으나 마음으로는 늘 하후현을 생각하였고, 魏主 曹芳이 또 자주 이풍을 홀로 불러 이야기하니, 사마사는 그들이 자기를 논의한 것을 알아차리고 힐문하였는데 사실대로 고하지 않았다. 사마사는 노하여 칼자루에 달린 고리로 쳐서 이풍을 죽이고 마침내 하후현과 장집을 체포하여 廷尉에게 회부하였다. 鍾毓이 신문하여 다스려 말하기를 "이풍 등이 大將軍(사마사)을 주살하여 하후현으로 대신하게 할 것을 꾀하였고 장집은 그 모의를 알았다."라고 하니, 마침내 三族을 모두 멸족하고 張后도 아울러 폐위하였다.

初에 李豐年十七八에 已有淸名하니 其父恢不悅하여 勑使閉門斷客①이러니 後司馬師秉政하여 以豐爲中書令이라 時에 太常夏侯玄이 有天下重名호되 以曹爽親故로 不得在勢任하니 居常怏怏②하고 張緝이 以后父家居하여 亦不得意③라 豐皆與親善이라 雖爲師所擢用이나 而心常在玄하고 魏主芳又數(삭)獨召豐語하니 師知其議己하고 詰之한대 不以實告라 師怒하여 以刀鐶築殺之④하고

10) 魏司馬師……遂廢其后張氏 : "신하가 황후를 폐위한 것을 쓴 것이 司馬師로부터 시작하였다. ≪資治通鑑綱目≫이 끝날 때까지 황후가 신하에게 폐위된 것은 세 번이다.(魏나라 張后와 晉나라 賈后, 羊后)〔書臣子廢其后 自司馬師始 終綱目 書后爲臣所廢三(魏張后 晉賈后羊后)〕" ≪書法≫

"李豐 등을 '殺'이라고 기록하면서 모두 그 관직을 삭제하지 않은 것은 司馬師의 죄를 바로잡기 위한 것이다. 그러나 그들이 사마사를 주살하려고 한 계획을 인정해주지 않은 것은 어째서인가. 虛名無實한 사람은 의리를 지켜 훌륭한 일을 할 수가 없고 다만 제 몸을 죽일 뿐이니, 어찌 귀하게 여길 것이 있겠는가. 이것이 진실로 書法의 뜻이다.〔豐等書殺 而皆不去其官 所以正司馬師之罪 然不予其謀誅師者 何耶 虛名無實之人 非能仗義有爲 特足以殺其軀而已 何足貴哉 此固書法之意也〕" ≪發明≫

遂收玄緝下廷尉하고 鍾毓案治云 豐等이 謀誅大將軍하여 以玄代之하고 緝知其謀라하니 遂皆夷三族하고 幷廢張后⑤하다

① "斷客"은 絶交라는 말과 같다.
斷客, 猶言絶交也.
② "勢任"은 권세 있는 직임이다.
勢任, 權勢之任也.
③ 張緝은 張后의 아버지였으므로 벼슬을 하지 못하였다.
緝以張后父, 故不得仕.
④ 鐶(고리)은 戶關의 切이니, 칼자루 위에 고리가 있다. 築은 찧는다는 뜻이다.
鐶, 戶關切, 刀把上有鐶. 築, 擣也.
⑤ 鍾毓은 鍾會의 兄이다.
毓, 會兄也.

【目】 夏侯霸가 蜀漢으로 도망쳐 들어갈 적에 하후현을 맞이하여 함께 가자고 하였는데 하후현이 따르지 않았다. 司馬懿가 薨하자 中領軍 許允이 말하기를 "다시 근심이 없을 것입니다."라고 하니, 하후현이 탄식하여 말하기를 "사마의는 그래도 교유하는 집안의 연소자로 나를 대우해주었으나 子元(司馬師)과 子上(司馬昭)은 나를 용납하지 않을 것입니다."라고 하였다.

옥에 갇혔을 때 하후현은 죄를 승복하는 말을 하려고 하지 않았다. 鍾毓이 밤에 供招를 만들어 눈물을 흘리며 보여주니 하후현은 보고서 고개를 끄덕일 뿐이었다. 東市(사형장)에 가게 되었을 때 안색이 변하지 않고 행동도 태연자약하였다.

뒤에 허윤이 鎭北將軍이 되어 외방으로 나가면서 魏主 曹芳과 이별할 때 울면서 흐느끼자, 사마사가 有司에게 넌지시 타일러 허윤의 죄상을 아뢰게 하여 樂浪으로 유배 보냈는데 도중에 죽었다.

李豐의 아우 李翼이 兗州刺史가 되었다. 사마사가 사자를 보내 체포하게 하니, 이익의 아내 荀氏가 말하기를 "詔書가 도착하기 이전에 吳나라로 도주할 수 있는데, 어찌 앉아서 죽임을 당한단 말입니까. 측근 중에 물과 불에 함께 뛰어들 만한 자는 누구입니까?"라고 하였다. 이익이 생각하였으나 대답을 하지 못하였는데 아내가 말하기를 "君께서 큰 고을을 맡고서 생사를 같이할 만한 자를 알지 못하니, 비록 도주한다고 해도 역시 죽음을 면하지 못할 것입니다."라고 하였다. 〈도망가지 않고〉 그곳에 머물다가 죽었다.

夏侯霸之入蜀也에 邀玄與俱호되 不從이러니 及司馬懿薨에 中領軍許允謂曰 無復憂矣로다 玄歎曰 此人猶能以通家年少遇我어니와 子元과 子上은 不吾容也①리라 及下獄에 玄不肯下辭②하니 鍾毓夜爲作辭하여 流涕示之하니 玄視(領)〔頷〕[11]之而已③요 及就東市에 顏色不變하고 擧動自若이러라 後允出爲鎭北將軍하여 與魏主芳別할새 涕泣歔欷어늘 師諷有司奏其罪하여 徙樂浪道死④하다 豐弟翼爲兗州刺史라 師遣使收之하니 翼妻荀氏曰 可及詔書未至하여 赴吳니 何爲坐取死亡이리오 左右可同赴水火者爲誰⑤오 翼思未答이어늘 妻曰 君在大州하여 不知可與同死生者하니 雖去나 亦不免이리라 乃止하고 死하다

① 子元은 司馬師의 字이다. 子上은 司馬昭의 字이다.
子元, 司馬師字. 子上, 司馬昭字.
② "下辭"는 屈服하는 말이다.
下辭, 屈服之辭也.
③ 爲(위하다)는 去聲이다.
爲, 去聲.
④ ≪資治通鑑≫에 "有司가 아뢰기를 許允이 이전에 관청 물건을 함부로 썼다." 하였다.
通鑑 "有司奏允前放散官物."
⑤ 물과 불에 뛰어드는 자는 들어가면 반드시 타거나 빠지니 본래 죽기 살기를 같이하자고 맹세하지 않았으면 어찌 기꺼이 서로 따라 들어가겠는가. 이 때문에 이 말을 한 것이다.
赴水火者, 入必焦沒, 自非誓同生死, 安肯相從. 故以爲言.

【目】 예전에 李恢가 尙書僕射 杜畿, 東安太守 郭智와 잘 지냈다. 곽지의 아들 郭沖이 內實은 있으나 겉모습이 볼만한 것이 없어 고을에서 칭송함이 없었다. 곽충이 일찍이 李豐과 함께 두기를 만나보았는데, 물러난 뒤에 두기가 탄식하며 말하기를 "孝懿(이회)는 아들이 없겠구나. 아들이 없을 뿐만 아니라 아마 집안도 없어질 것이다. 君謀(곽지)는 죽지 않을 것이니, 그 아들이 충분히 그 가업을 계승할 것이다."라고 하였다. 그때 사람들이 두기의 말이 잘못되었다고 하였는데, 이풍이 죽고 나자 곽충은 郡守가 되어 마침내 아버지의 가업을 계승하였다.

◑ 初에 李恢與尙書僕射杜畿及東安太守郭智로 善①이라 智子沖有內實而無外觀하니 州里弗稱也러니 沖嘗與豐俱見畿하고 旣退에 畿嘆曰 孝懿無子로다 非徒無子라 殆將無家②요 君謀爲不死也라 其子足以繼其業③이로다 時人以畿爲誤러니 及豐死에 而沖爲郡守하여 卒繼父業하니라

11) (領)〔頷〕: 저본에는 '領'으로 되어 있으나, ≪資治通鑑綱目≫(≪朱子全書≫ 8, 上海古籍出版社)에 의거하여 '頷'으로 바로잡았다.

① 東安縣은 前漢 때에는 城陽國에 속하였고, 後漢 때에는 琅邪國에 속하였고, 魏나라 때에는 나누어 郡으로 만들었다.
東安縣, 前漢屬城陽國, 後漢屬琅邪(야)國, 魏分爲郡.
② 孝懿는 李恢의 字이다.
孝懿, 李恢字.
③ 君謀는 郭智의 字이다.
君謀, 郭智字.

【目】正始 연간에 夏侯玄과 何晏, 鄧颺이 모두 큰 명성이 있었는데 傅嘏와 교유하려 하였으나 부하가 받아들이지 않았다. 荀粲이 괴상하게 여겨 묻자 부하가 다음과 같이 말하였다.

"泰初(하후현)는 뜻이 기량보다 커서 헛된 명성에 부합할 수는 있으나 실제 재주가 없다. 何平叔(하안)은 말이 원대하지만 실정이 천근하고 말은 잘하지만 성실함이 없으니, 이른바 말 잘하는 입으로 나라를 뒤엎는 사람이다.[12] 鄧玄茂(등양)는 밖으로 名利를 바라면서 안으로 단속함이 없고, 자신과 같이하는 이를 중시하고 달리하는 이를 싫어하며 말이 많고 앞선 자를 투기하니, 말이 많으면 틈이 많이 생기고 앞선 자를 투기하면 친한 이가 없다. 내가 이 세 사람을 살펴보니 모두 집안을 패망시킬 것이다. 이런 자들을 멀리하여도 오히려 화가 미칠까 염려되는데 하물며 가까이하는 것이야 말할 나위가 있겠는가."

부하는 또 李豐과 잘 지내지 못하여 동지들에게 말하였다.

"이풍은 거짓을 꾸미며 의심이 많고 작은 지혜를 자랑하며 권력과 이익에 눈이 멀었으니 만약 機務를 담당하면 그가 반드시 죽을 것이다."

◑ 正始中에 玄及何晏鄧颺이 俱有盛名이러니 欲交傅嘏호되 嘏不受어늘 荀粲怪而問之한대 嘏曰 泰初는 志大其量하여 能合虛聲而無實才하고 何平叔은 言遠而情近하고 好辯而無誠하니 所謂利口覆邦國之人也요 鄧玄茂는 外要名利하며 內無關鑰하고 貴同惡(오)異하며 多言而妬前하니 多言이면 多釁이요 妬前이면 無親①이라 以吾觀此三人하니 皆將敗家라 遠之猶恐禍及이어늘 況昵之乎아 嘏又與豐不善하여 謂同志曰 豐飾僞而多疑하고 矜小智而昧於權利하니 若任機事면 其死必矣리라

12) 말 잘하는……사람이다 : 원문의 '利口覆邦國之人'은, ≪論語≫ 〈陽貨〉에 "잡색인 자줏빛이 원색인 붉은빛의 자리를 뺏는 것을 미워하며, 鄭나라의 음란한 음악이 바른 雅樂을 문란하게 하는 것을 미워하며, 말 잘하는 입이 나라를 뒤엎는 것을 미워한다.〔惡紫之奪朱也 惡鄭聲之亂雅樂也 惡利口之覆邦家者〕"라는 말에서 인용한 것이다.

① 玄茂는 鄧颺의 字이다. 要(바라다)는 以消의 切이다. 鑰은 문빗장 아래 달린 막대이니 쇠로 만드는데, 자물쇠 안에 꽂아 그 문빗장을 잡아채는 것이다. "貴同惡異"는 남이 자기와 같이 하는 것을 기뻐하고 남이 자기와 달리하는 것을 싫어함을 말한다. "妬前"은 앞선 이를 꺼리는 것이니 사람이 자기보다 나은 이를 투기하면 친한 사람이 없다.

玄茂, 颺字. 要, 以消切. 鑰, 關下牡也, 以鐵爲之, 搢鏁內以搏取其鍵. 貴同惡異, 謂喜人與己同, 惡人與己異. 妬前者, 忌前也, 人忌勝己, 則無親之者.

【綱】 여름에 姜維가 魏나라를 정벌하였다.

夏에 姜維伐魏하다

【綱】 가을 9월에 魏나라 司馬師가 그 임금 曹芳을 폐위시키고 齊王으로 삼아 河內로 옮겨 살게 하고, 겨울 10월에 高貴鄕公 曹髦를 맞이하여 황제로 즉위시켰다.

◑ 秋九月에 魏司馬師廢其主芳하고 爲齊王하여 遷之河內하고 冬十月에 迎高貴鄕公髦하여 立之[13]하다

【目】 魏主 曹芳은 李豐의 죽음으로 마음이 매우 평안하지 못하였다. 安東將軍 司馬昭가 許昌에 鎭守하였는데 조서로 불러서 姜維를 공격하게 하였다. 9월에 사마소가 군사를 이끌고 들어와 알현하자 조방은 平樂觀에 행차하여 군대의 행군을 사열하였다. 측근들이 조방에게 권하여 사마소가 하직 인사를 할 때를 이용하여 그를 죽이고 군사를 지휘하여 大將軍(司馬師)을 물리치자고 하였다. 이미 면전에서 조서를 작성하였으나 조방은 겁이 나서 감히 발표를 하지 못하였다.

사마사가 太后의 명령으로 여러 신하들을 불러 논의하기를 魏主가 荒淫하여 법도가 없고 女樂들을 가까이하니, 皇統을 계승할 수 없다고 하자 여러 신하들은 감히 어기는 이가 없었다. 이에 아뢰어 조방의 璽綬를 거두어들여 〈조방의 원래〉 封地인 齊나라로 돌려보내고 彭城王 曹據를 즉위하게 하였다. 조방이 태후와 눈물을 흘리며 작별하고 諸侯王의 수레를 타고서 太極殿에서 남쪽으로 나가니 전송하는 신하들이 수십 명이었다.

---

13) 魏司馬師廢其主芳……立之 : "임금 曹芳을 폐위하여 옮겨 살게 하고 高貴鄕公 曹髦를 맞이하여 즉위시켰다고 쓴 것은 쉽게 이루었음을 나타내는 말이니, 司馬氏의 위세가 이루어진 것이다.〔書廢其主芳遷之 迎高貴鄕公髦 立之 易(이)辭也 司馬氏之勢 成矣〕" ≪書法≫

司馬師가 주군을 폐하고 새로 임금을 세우다

太尉 司馬孚가 슬픔을 스스로 가누지 못하였고 나머지도 대부분 눈물을 흘렸다.

태후가 말하기를 "팽성왕은 〈나에게는〉 작은아버지이다. 지금 오면 내가 어디로 가야 하겠는가. 高貴鄕公(曹髦)은 文皇帝(曹丕)의 長孫이고 明皇帝(曹叡)의 조카이다. 禮에 小宗이 大宗을 계승하는 도리가 있으니 자세하게 논의하라."라고 하였다.

사마사가 다시 신료들을 불러 논의하여 조모를 元城縣에서 맞이하였다. 조모는 東海定王 曹霖의 아들로, 이때 나이가 14살이었다. 사마사가 사자를 보내 璽綬를 청하여 조모를 맞이하겠다고 하였는데, 태후가 말하기를 "나는 고귀향공을 보아와서 어릴 때부터 알고 있으니 璽綬를 직접 주고자 한다."라고 하였다.

魏主芳이 以李豐之死로 意殊不平이러니 安東將軍司馬昭가 鎭許昌이라 詔召之使擊姜維하니 九月에 昭領兵入見(현)이어늘 芳幸平樂觀하여 以臨軍過①러니 左右勸因昭辭殺之하고 勒兵以退大將軍이라하여 已書詔於前호되 芳懼하여 不敢發이러니 司馬師以太后令으로 召群臣議호되 以魏主가 荒淫無度하고 褻近倡優하니 不可以承天緖②라하니 群臣莫敢違라 乃奏收璽綬하여 歸藩于齊하고 立彭城王據③하니 芳與太后로 垂涕而別하고 乘王車從太極殿南出④하니 群臣送者가 數十人이라 太尉司馬孚가 悲不自勝하고 餘多流涕러라 太后曰 彭城王은 季叔也라 今來에 我當何之⑤오 高貴鄕公은 文皇帝長孫이요 明皇帝弟子라 於禮에 小宗有後大宗之義하니 其詳議之⑥하라 師乃更召群臣議하여 迎髦於元城⑦하니 髦는 東海定王霖之子也니 時年十四라 師使請璽綬迎之한대 太后曰 我見高貴鄕公하여 小時識之하니 欲以璽綬手授之하노라

① 平樂觀은 洛陽城 서쪽에 있다.
平樂觀, 在洛陽城西.

② "倡優"은 女樂이다.

倡優, 女樂也.

③ 曹據는 武帝(曹操)의 아들이다.

據, 武帝子.

④ "王車"는 諸王들이 타는 靑蓋(푸른색 일산)가 있는 수레이다.

王車, 諸王所乘靑蓋車也.

⑤ 之는 간다는 뜻이다.

之, 往也.

⑥ 黃初 3년(222)에 처음으로 제도를 만들어 王의 庶子를 봉하여 鄕公으로 삼고, 嗣王의 庶子를 亭侯로 삼고, 公侯의 庶子를 亭伯으로 삼았다. 後는 계승함과 같다. 世嫡(嫡嗣)을 大宗支子의 아들로 삼아서 각각 그 아버지를 높여 小宗으로 삼는다.14) 禮에 王后에게 後嗣가 없으면 支子를 뽑아 세워서 大宗을 계승하게 한다.

黃初三年, 初制封王之庶子爲鄕公, 嗣王之庶子爲〔亭〕15)侯, 公侯之庶子爲亭伯. 後, 猶繼也. 世嫡爲(太)〔大宗〕16)支子之子, 各宗其父爲小宗. 禮, 王后無嗣, 擇建支子以繼(太)〔大〕宗.

⑦ 元城縣은 漢나라 때에는 魏郡에 속하였고, 魏나라 때에는 陽平郡에 속하였는데, 이때 魏나라 王·公들을 모두 잡아서 鄴에 安置하였므로 曹髦를 鄴에서 내보내서 원성현으로 나아가게 하고 그를 맞이한 것이다.

元城縣, 漢屬魏郡, 魏屬陽平郡, 時魏王公皆錄置鄴, 故出髦而就元城迎之.

【目】10월에 曹髦가 玄武館에 이르니 여러 신하들이 주청하여 前殿에 머물게 하였는데 조모는 先帝의 옛 거처라고 하여 西廂으로 피하여 머물렀고, 여러 신하들이 또다시 청하여 法駕(천자 수레의 일종)를 가지고 영접하겠다고 하자 따르지 않았다. 洛陽에 들어왔을 때 여러 신하들이 맞이하여 절을 하자 조모가 수레에서 내려 答拜를 하였다. 儐者가 청하기를 "예의상 절을 하지 않습니다."라고 하니, 조모가 말하기를 "나는 신하의 신분이다."라고 하고, 마침내 答拜를 하였다. 止車門에 이르러 左右의 신하들이 말하기를 "옛날에는 수레를 타고 들어갔습니다."라고 하니, 조모가 말하기를 "나는 부름을 받았으니 어찌해야 할지 모르겠다."라고 하고, 마침내 걸어서 太極殿 東堂에 이르러 太后를 뵙고 이날에 즉위하니, 百僚들이 모두 흐뭇해하였다.

十月에 髦至玄武館①하니 群臣奏請舍前殿한대 髦以先帝舊處라하여 避止西廂②하고 群臣이 又

14) 黃初……삼는다 : 世嫡은 대를 이어가는 맏아들이다. 大宗은 嫡長子를 이어가는 계통이고, 나머지 아들은 小宗이 된다. 支子는 嫡長子를 제외한 아들, 즉 庶子로, 둘째 아들 이하를 말한다.

15) 〔亭〕: 저본에는 '亭'이 없으나, ≪三國志≫ 〈魏書 文帝紀〉에 의거하여 보충하였다.

16) (太)〔大宗〕: 저본에는 '太'로 되어 있으나, ≪資治通鑑≫ 註에 의거하여 '大宗'으로 바로잡았다. 아래에도 동일하다.

請以法駕迎한대 不聽하고 入洛陽에 群臣이 迎拜한대 髦下輿答拜하니 儐者請曰 儀不拜니이다 髦曰 吾人臣也라하고 遂答拜[③]하고 至止車門하여 左右曰 舊乘輿入[④]이니이다 髦曰 吾被徵하니 未知所爲[⑤]라하고 遂步至太極東堂하여 見(현)太后[⑥]하고 其日에 卽位하니 百僚皆欣欣焉이러라

① 酈道元[17]이 말하기를 "魏나라가 玄武館을 芒山 변두리에 세웠다."라고 하였다. 현무관은 망산 끝자락에 있는데 그 지역은 洛城 북쪽에 닿는다.
酈道元曰 "魏氏立玄武館於芒垂." 蓋館在芒山之尾, 其地直(치)洛城北.

② "前殿"은 玄武館의 前殿(正殿)이다.
前殿, 玄武館之前殿也.

③ 儐(인도하다)은 必刃의 切이니, 〈"儐者"는〉 도와서 인도하는 사람이다. "儀不拜"는 예법상 答拜하지 않아야 함을 말한다.
儐, 必刃切. 贊導者也. 儀不拜者, 謂於儀不當答拜也.

④ 洛陽 官府는 남쪽, 동쪽, 서쪽 세 곳에 止車門이 있는데 신하들이 이 문에 이르면 수레를 멈추고 걸어 들어가고, 오직 임금만이 수레를 타고 들어간다.
洛陽官, 有南東西三止車門, 人臣至此門, 則止車而步入, 唯人君則乘輿入也.

⑤ 天子만이 수레를 타고 止車門에 들어갈 수 있는데, 자신이 방금 부름을 받아 어찌 할 줄 몰라 天子로 자처할 수 없음을 말한다.
言唯天子可乘輿入止車門, 吾方被徵, 未知何如, 不可以天子自居也.

⑥ 太極殿은 周나라 제도에 路寢이다. 東堂과 西堂은 周나라 제도에 小寢이다.[18]
太極殿, 周制路寢也. 東西堂, 於周小寢也.

乙亥年(255)

【綱】 漢나라(蜀漢) 後主 延熙 18년이다.

十八年이라

【目】 魏主 曹髦 正元 2년이고, 吳主 孫亮 五鳳 2년이다.

魏正元二年이요 吳五鳳二年이라

---

17) 酈道元 : 466~527. 北魏 孝文帝 때의 文臣으로 벼슬은 荊州刺史·關右大使를 지냈다. 학문을 좋아하고 奇書를 많이 보았으며, ≪水經注≫를 저술하였다.

18) 太極殿은……小寢이다 : 路寢은 天子와 諸侯의 正寢(正廳)이다. 周나라에는 路寢이라 하였고, 漢나라에는 正殿이라 하였다. 小寢은 天子와 諸侯의 寢宮(燕寢)이다.

【綱】 봄 정월에 魏나라 揚州都督 毌丘儉과 刺史 文欽이 군사를 일으켜 司馬師를 토벌하였다. 사마사가 그들을 공격하여 패퇴시키자, 문흠은 吳나라로 도주하고 관구검은 도망치다가 죽었다.

春正月에 **魏揚州都督毌丘儉**과 **刺史文欽**이 **起兵討司馬師**러니 **師擊敗之**하니 **欽**은 **奔吳**하고 **儉**은 **走死**[19]하다

【目】 예전에 文欽이 용감한 것으로 曹爽에게 총애를 받았고 毌丘儉은 평소 夏侯玄, 李豐과 잘 지냈다. 이때에 와서 모두 불안해하여 관구검이 마침내 계책을 세워서 문흠을 후대하였다. 관구검의 아들 毌丘甸이 관구검에게 말하기를 "大人께서 方嶽[20]의 重任을 맡고 있으면서 국가가 전복되는데도 편안히 자신만을 지키고 계시니 천하 사람들의 꾸짖음을 받게 될 것입니다."라고 하였다. 이에 관구검이 太后의 조칙을 사칭하여 壽春에서

19) 魏揚州都督毋丘儉…… 儉走死 : "毌丘儉 등에게 '討'라고 기록한 것은 司馬師를 죄준 것이다. 그러므로 사마사에게 '擊'이라고 기록한 것이다. 이때에 吳나라 孫峻이 병사를 거느리고 壽春을 습격하려 하였는데, 文欽은 이미 사마사를 공격하다가 패퇴하고는 손준이 槖皐에 이르렀다는 소문을 듣고 급히 손준에게 나아가 항복하니, 吳나라에 항복한 것이다. 〈문흠이 항복했다고 기록하지 않고〉 吳나라로 도주했다고 기록한 것은 어째서인가. 문흠을 위하여 숨겨준 것이다. 문흠을 숨겨준 것은 사마사를 미워했기 때문이다. 그러므로 관구검도 역시 도망치다가 죽었다고만 기록한 것이다.〔儉等書討罪師也 故師書擊 於是 吳孫峻率兵 將襲壽春 欽旣攻師敗退 聞峻至槖皐 遽詣峻降 則降吳也 書奔吳 何 爲欽諱也 諱欽 所以惡師也 故儉亦止書走死〕" ≪書法≫

"司馬師가 자기 임금을 폐위하고 罪名이 명백하게 드러나니 毌丘儉과 文欽이 사마사를 토벌하다가 비록 패하여 죽었으나 명분과 의리는 매우 올바르다. 그러므로 그 관직을 기록하고 병사를 일으켜서 司馬師를 토벌하였다고 기록하였으니, 모두 인정해준 것이다. 陳壽의 ≪三國志≫ 〈魏書〉에 반란했다고 관구검과 문흠을 기록하고, 또 진수는 이보다 앞서 魏나라를 임금으로 삼았으므로 曹操를 토벌한 사람에게 반란으로 기록하였다. 지금 司馬氏는 魏나라에 반란한 자이다. 진수가 이미 魏나라를 임금으로 삼고 다시 魏나라를 위하여 역적을 토벌한 사람에게 反逆으로 부른 것은 어째서인가. 진수와 같은 사람은 强弱이 있음만 알고 逆順이 있음을 알지 못했으니 逆賊의 忠臣이라고 말할 수 있겠다. 君子가 안색을 바로 하여 기록하지 않았다면 관구검과 문흠 등은 참으로 반역자일 뿐이다.〔司馬師旣廢其主 罪名暴白 儉欽討之 雖敗而死 然名義則甚正也 故書其官 書起兵討師 皆所以予之耳 陳壽志魏 乃以反書儉欽 且壽前此以魏爲主 故於討操之人 以反書之 今司馬氏 反魏者也 壽旣主魏 乃復於爲魏討賊之人 名以反逆 何哉 若壽者 知有强弱 而不知有逆順 可謂逆賊之忠臣矣 不有君子正色書之 則儉欽輩 眞反者耳〕" ≪發明≫

20) 方嶽 : 堯임금 시대에 사방의 한 지역을 관장하는 重臣을 가리킨 말이다. 堯임금이 羲氏, 和氏 등에게 명하여 四岳을 담당하게 하고 그들이 죽자 일을 나누어 八伯을 두고 八州의 일을 관장하게 하였다. 方岳이라고도 하는데, 방악은 ≪書經≫ 〈周書 周官〉에 "왕이 때로 순행하여 제도를 四岳에게서 상고하며, 제후는 각기 方岳에서 조회하거든 크게 黜陟을 밝힌다.〔王乃時巡 考制度于四岳 諸侯各朝于方岳 大明黜陟〕" 하였다. 방악은 사방의 제후를 통괄하는 사람인데, 이후 州刺史나 우리나라에서는 道臣(관찰사) 등을 가리키는 말이다. 여기서는 毌丘儉이 揚州都督으로 한 방면의 군사를 책임지므로 이렇게 말한 것이다.

군사를 일으키고 격문을 州郡에 보내어 司馬師를 토벌하자고 하고, 또 사신을 보내 鎭南將軍 諸葛誕에게 요청하니, 제갈탄이 그 사신을 참수하였다.

관구검이 5, 6만 명을 거느리고 淮水를 건너 項縣에 이르러 굳게 지키고 문흠에게 외부에 있으면서 유격병이 되게 하였다. 사마사가 계책을 河南尹 王肅에게 묻자, 왕숙이 말하였다.

"과거에 關羽가 북쪽을 향하여 천하를 쟁취할 뜻이 있었는데, 孫權이 그의 將士들의 가솔들을 습격해 탈취하니, 관우의 군사들이 와해되었습니다. 지금 淮南의 將士들의 집이 內州(內地의 州郡)에 있으니, 다만 우리가 급히 가서 가솔들을 보호하고 〈관구검과 문흠의 군대를〉 막아서 나아오지 못하게 하면 저들은 반드시 땅이 무너지는 듯한 형세가 있게 될 것입니다."

初에 欽以驍果見愛於曹爽하고 而儉素與夏侯玄李豐으로 善이라 至是에 皆不自安하여 儉乃以計厚待欽하니 儉子甸謂儉曰 大人居方嶽重任하여 國家傾覆而晏然自守하니 將受四海之責矣리이다 於是에 儉矯太后詔하여 起兵壽春하고 移檄州郡하여 以討司馬師하고 又遣使邀鎭南將軍諸葛誕하니 誕斬其使①하다 儉將五六萬衆渡淮하여 至項堅守하고 使欽在外爲遊兵②이어늘 師問計於河南尹王肅한대 肅曰 昔에 關羽有北向爭天下之志러니 孫權襲取其將士家屬하니 羽衆이 瓦解라 今淮南將士가 家在內州하니 但急往禦衛하여 使不得前이면 必有土崩之勢矣③리이다

① 이때 諸葛誕은 豫州都督이었다.
時誕都督豫州.

② ≪資治通鑑綱目集覽≫에 "項은 지금의 陳州 項城이다." 하였다.
集覽 "項, 今陳州項城."

③ 魏나라 제도에는 장군들이 출정하거나 한 방면을 鎭守하면 인질을 머물러 두게 하였다. 이때 淮南을 鎭守하는 장사들은 모두 內州에서 나가 수자리 섰으므로 그 가솔들이 모두 內州에 머물러 있었다. "禦衛"는 毌丘儉과 文欽의 군사들을 막아서 나아오지 못하게 하고 또 그 가솔들을 보호하는 것을 말한다.
魏制, 諸將出征及鎭守方面, 皆留質任. 時淮南士皆自內州出戍, 故家屬皆留內. 禦衛, 謂禦儉欽之衆, 使不得進, 又衛其家屬.

【目】 이때에 司馬師는 막 눈의 종기를 잘라내어 상처가 심하였다. 어떤 이가 말하기를 사마사가 직접 가는 것은 마땅하지 않다고 하고, 王肅은 또 尙書 傅嘏, 中書侍郞 鍾會와 함께 사마사에게 직접 가도록 권하였는데 사마사가 머뭇거리면서 결정하지 못하였다. 부하가 말하기를 "淮楚(淮南) 지역의 군사들이 강성하니, 그 銳氣를 당해내기가 쉽지 않

습니다. 만약 장군들이 전쟁에 불리하게 되면 公의 일은 실패할 것입니다."라고 하였다. 사마사가 벌떡 일어나 말하기를 "내가 병든 몸을 수레에 싣고서 동쪽으로 가겠다."라고 하였다.

사마사는 아우 司馬昭로 中領軍을 겸임하여 洛陽에 留守하게 하고, 또 光祿勳 鄭袤에게 계책을 물었는데 정무가 말하기를 "毌丘儉은 꾀하기를 좋아하지만 사리에 밝지 못하고 文欽은 용맹하지만 꾀가 없습니다. 지금 우리 大軍이 생각하지 못한 틈에 나아가면 江淮의 병사들이 銳氣가 있지만 굳게 지키지 못할 것입니다. 우리는 마땅히 해자를 깊이 파고 성루를 높이 쌓아서 그들의 기세를 꺾어야 하니, 이는 周亞夫의 뛰어난 계책입니다."[21]라고 하였다. 荊州刺史 王基가 사마사에게 말하기를 "淮南 지역의 반역은 관리와 백성들이 난리를 일으키려고 뜻한 것이 아닙니다. 관구검 등의 협박에 겁이 나서 이 때문에 집결한 것이니, 만일 大兵이 한 번 도착하기만 하면 반드시 와해될 것입니다."라고 하였다.

時에 **師新割目瘤創甚**①이라 **或謂不宜自行**이라하고 **肅又與尙書傅嘏**와 **中書侍郎鍾會**로 **勸師自行**한대 **師疑未決**이어늘 **嘏曰 淮楚兵勁**하니 **其鋒**을 **未易**(이)**當**②이라 **若諸將戰有利鈍**하면 **則公事敗矣**리이다 **師蹶然起曰**③ **我請輿疾而東**하리라 **以弟昭**로 **兼中領軍**하여 **留鎭洛陽**하고 **師又問計於光祿勳鄭袤**④한대 **袤曰 儉好謀而不達事情**하고 **欽勇而無算**하니 **今大軍**이 **出其不意**면 **江淮之卒**이 **銳而不能固**라 **宜深溝高壘**하여 **以挫其氣**니 **此亞夫之長策也**라 **荊州刺史王基**가 **言於師曰 淮南之逆**이 **非吏民思亂也**라 **畏儉等迫脅**하여 **是以屯聚**하니 **若大兵一臨**이면 **瓦解必矣**리이다

① 瘤는 음이 留이니, 종기이다. 살이 부풀어 오른 종기를 瘤라고 한다.
瘤, 音留, 肬也. 肉起疾腫曰瘤.

② 壽春은 옛날 楚나라의 도읍인데, 이때 淮南의 重鎭이 되어 남쪽으로 吳나라에 대비하였으므로 강한 군사들이 모여 있었다.
壽春, 故楚都, 時爲淮南重鎭以南備吳, 勁兵聚焉.

③ "蹶然"은 급하게 일어나는 모양이다.
蹶然, 急遽而起之貌.

④ 鄭袤는 鄭泰의 아들이다.
袤, 泰之子也.

【目】 司馬師가 그 말을 따라서 王基를 前軍으로 삼고 얼마 뒤에 다시 왕기에게 명하여

21) 周亞夫의……계책입니다 : 漢나라 景帝 때 周亞夫가 공격하지 않고 성벽을 견고하게 지켜서 吳와 楚의 반란을 격파하였다.

정지하게 하자 왕기가 다음과 같이 말하였다.

"毌丘儉 등이 속이려는 도모가 이미 탄로 나서 무리들이 마음속으로 두려워서 사기가 떨어졌으니, 〈우리가〉 지금 위엄 있는 모습을 펼쳐 보여서 백성들의 기대에 부응하지 않고 행군을 정지하고 보루를 높이 쌓아 마치 겁내듯이 하는 것은 용병에 부합하는 형세가 아닙니다. 만약 관구검과 문흠이 백성을 약탈하여 자신을 증강시키고 州郡의 군사들 중에 그 가솔이 적에게 포획된 자가 다시 〈그들을 그리워하여〉 달아나려는 마음을 품으면 이는 쓸데없는 곳에 군사를 두어서 간악한 근원을 이루어주는 것입니다. 吳나라 도적들이 이를 이용하여 침입하면 淮南은 우리나라의 소유가 아닐 것입니다.

우리 군사가 신속하게 南頓을 점거해야 하니, 남돈에는 大邸閣(창고 이름)이 있는데, 그곳의 군량을 계산하면 40일 동안 군대를 먹일 수 있는 양입니다. 견고한 성을 지키고 쌓인 곡식을 이용하여 남(적군)보다 앞서 출동하면 남의 투지를 빼앗을 수 있으니,[22] 이것이 적을 평정하는 요점입니다."

사마사가 그 말을 따라 진격하여 㶏水(은수)를 점거하여 閏正月에 㶏橋에 주둔하였다. 왕기가 다시 말하였다.

"군대는 서툴러도 신속히 하여 승리한다는 말은 들었어도 정교하게 오래도록 지체하는 것은 보지 못하였습니다. 논의하는 이들이 대부분 장군께서 신중하게 행해야 한다고 말합니다. 신중히 행한다는 것은 행군을 하지 않는 것을 말하는 것이 아니라, 전진하지만 적군을 침범하지 않는 것입니다. 지금 쌓인 곡식으로 적의 바탕으로 삼게 하고 우리는 멀리서 군량을 운반한다면, 좋은 계책이 아닙니다."

사마사가 여전히 허락하지 않자 왕기가 말하기를 "장군이 군중에 있을 때에는 임금을 명령을 받지 않는 경우도 있다. 적들이 얻으면 이롭고 우리가 얻어도 이로운 곳을 爭地라고 하니, 南頓이 그곳이다." 하고, 마침내 전진하여 즉시 남돈을 점거하니, 관구검 등이 또한 가서 다투려 하다가 왕기가 먼저 도착하였다는 소식을 듣고는 되돌아갔다.

師從之하여 以基爲前軍하고 旣復勅基停駐한대 基曰 儉等詐謀已露하고 衆心疑沮하니 今不張示威形以副民望하고 而停軍高壘하여 有似畏懦 非用兵之勢也라 若儉欽略民以自益하고 而州郡兵家爲賊所得者 更懷離心①이면 此爲錯兵無用之地而成姦宄之源②이니 吳寇因之면 則淮南이 非

22) 남(적군)보다……있으니 : ≪春秋左氏傳≫ 文公 7년 조에 "敵에 앞서 敵의 戰意를 빼앗는 것은 軍事에 훌륭한 戰略이고, 敵을 逐出하기를 도망가는 자를 追捕하듯이 하는 것은 軍事에 훌륭한 戰術이다.〔先人有奪人之心 軍之善謀也 逐寇如追逃 軍之善政也〕"라는 말에서 나온 말로 이는 적군 가까이로 진격하라는 말이다.

國家之有矣라 軍宜速據南頓이니 南頓에 有大邸閣하니 計足四十日糧이라 保堅城하고 因積穀하여 先人有奪人之心이니 此平賊之要也니이다 師聽之하고 進據㶏(은)水하여 閏月次㶏橋③러니 基復曰 兵聞拙速이요 未睹巧久④라 議者가 多言將軍持重하니 持重이 非不行之謂也라 進而不可犯耳니 今以積實資虜而遠運軍糧이면 甚非計也니이다 師猶未許어늘 基曰 將在軍에 君令有所不受라 彼得則利요 我得亦利가 是謂爭地니 南頓是也⑤라 遂輒進據之러니 儉等亦往爭이라가 聞基先到하고 乃還하다

① 〈"州郡兵家爲賊所得者 更懷離心"은〉 州郡의 군사들 중에 그 가솔이 적에게 포획된 자는 반드시 자신의 처지를 돌아보고 달아나려는 마음이 생기게 되는 것을 말한 것이다.
言州郡兵其家有爲賊所得者, 必懷反顧, 而有離散之心也.

② 錯는 食故의 切이니, 둔다는 뜻이다. 군사를 정지하여 전진하지 않는 것이 쓸데없는 곳에 군사를 두는 것이다.
錯, 食故切, 置也. 停軍不進, 是置之於無用之地.

③ 㶏은 於謹의 切이고, 또 음이 殷이다. ≪水經註≫에 "汝水는 동남쪽으로 흘러 定陵縣을 지나고, 또다시 동남쪽으로 흘러 奇雒城을 지나, 지류가 갈라져 따로 나가는데 세상에서는 이를 大㶏水라고 한다. 㶏水는 동으로 흘러 南頓縣 북쪽에 이르러 潁水로 들어간다." 하였다.
㶏, 於謹切, 又音殷. 水經註 "汝水東南過定陵縣, 又東南逕奇雒城, 枝分別出, 世謂之大㶏水. 㶏水東流至南頓縣北, 入于(穎)〔潁〕."[23]

④ 〈"兵聞拙速 未睹巧久"는〉 ≪孫子≫ 〈作戰〉에 나오는 말이다.
孫子之言.

⑤ 〈"我得則利……是謂爭地"는〉 ≪孫子≫ 〈九地〉의 말이니, 이른바 九地에 爭地(쌍방이 반드시 빼앗아야 할 땅)가 그 하나이다.
孫子之言, 所謂九地, 爭地其一也.

【目】 吳나라 孫峻이 병사를 통솔하여 壽春을 습격하자, 司馬師가 여러 군대에 명하여 성벽을 높이 쌓아 東軍이 집결할 때까지 기다리라고 하였는데, 여러 장군들이 項縣을 공격하자고 청하였다. 사마사가 말하기를 "淮南의 將士들은 본래 반란을 일으킬 뜻이 없었다. 毌丘儉과 文欽이 속여 그들과 거사를 일으켰다. 얼마간 그들과 대치하게 되면 속인 실정이 절로 드러날 것이니 싸우지 않고도 이기게 될 것이다."라고 하였다. 그리고 諸葛誕을 보내어 安風에서 수춘으로 향하게 하고, 胡遵을 譙縣과 宋(睢陽)으로 출동하

---

23) (穎)〔潁〕 : 저본에는 '穎'으로 되어 있으나, ≪資治通鑑≫ 註에 의거하여 '潁'으로 바로잡았다.

여 반란군들이 돌아갈 길을 차단하게 하였다. 관구검과 문흠은 전진하여도 싸울 수가 없고 후퇴하여도 수춘이 공격을 받게 될까 염려되어 계책이 곤궁해지자 어찌할 줄을 몰랐고 將士의 가족들이 모두 북쪽에 있었으므로 항복하는 자들이 서로 이어졌다.

文鴦이 단기로 정예병을 물리치다

兗州刺史 鄧艾가 1만여 군사를 거느리고 樂嘉城으로 달려오자, 관구검이 문흠을 보내어 습격하게 하였다. 사마사가 汝陽에서 병사를 잠입시켜 등애에게 나아가게 하니, 문흠이 갑자기 그들을 만나게 되자 어찌할 줄을 몰랐다. 문흠의 아들 文鴦이 나이 18세였는데 용력이 남보다 뛰어났다. 문흠에게 말하기를 "저들이 안정되지 못했을 때에 공격하면 격파할 수 있습니다."라고 하였다. 이에 두 부대로 나누어 밤에 협공할 적에 문앙이 壯士를 인솔하여 먼저 도착하여 북을 치고 함성을 지르니, 군대 안이 진동하여 소란스러웠다. 사마사가 놀라서 병든 눈이 튀어나오니, 사람들이 알까 두려워 이불을 물어뜯으며 〈고통을 참았는데 이불이〉 모두 찢어졌다. 그렇지만 문흠이 시기를 놓쳐 호응하지 못하였다. 마침 날이 밝자 문앙은 상대의 군대가 강성한 것을 보고 마침내 돌아갔다. 문흠이 군사를 이끌고 동쪽으로 갈 적에 문앙이 한 필의 말을 타고서 추격해오는 수천의 기병을 막았는데, 그가 향하는 곳마다 적들을 풀처럼 쓰러뜨려서 사람들이 감히 접근하지 못하였다.

吳孫峻이 率兵襲壽春이어늘 師命諸軍深壁하여 以待東軍之集①한대 諸將請進攻項이어늘 師曰 淮南將士가 本無反志라 儉欽欺誘하여 與之擧事하니 小與持久에 詐情自露니 將不戰而克矣라하고 乃遣諸葛誕自安風向壽春하고 胡遵出譙宋絶其歸路②하니 儉欽進不得鬪하고 退恐壽春見襲하여 計窮不知所爲하고 將士家皆在北이라 降者相屬(촉)이러라 兗州刺史鄧艾가 將萬餘人趨樂嘉

城[③]이어늘 儉使欽襲之하니 師自汝陽潛兵就艾러니 欽猝遇之하여 未知所爲어늘 其子鴦年十八에 勇力絶人이라 謂之曰 及其未定하여 擊之면 可破也라하여 於是에 分爲二隊하여 夜夾攻之할새 鴦率壯士先至鼓譟하니 軍中震擾라 師驚駭하여 病目突出하니 恐衆知之하여 嚙被皆破[④]호되 欽失期不應하니 會明에 鴦見兵盛하고 乃還하다 欽引而東할새 鴦以匹馬로 拒追騎數千하니 所向披靡하여 人莫敢逼이러라

① 東軍은 靑州·徐州·兗州의 군사이다.
東軍, 靑·徐·兗之軍也.

② 安風縣은 前漢 때에 六安國에 속하였고, 後漢 때에 廬江郡에 합병하여 속하였고, 魏나라 때에 安風 등 5縣을 나누어 安豐郡을 설치하여 豫州에 속하였다. 宋은 梁國 지역을 말하는데, 梁國은 睢陽에 도읍을 하였으니, 옛날 宋나라의 도읍지이다.
安風縣, 前漢屬六安國, 後漢倂屬廬江郡, 魏分安風等五縣置安豐郡, 屬豫州. 宋, 謂梁國之地, 梁國都睢陽, 故宋都也.

③ ≪水經註≫에 "潁水는 汝陽縣 북쪽을 지나고 또다시 동남쪽으로 가서 南頓縣을 지나서 㶏水가 들어오고, 또다시 남쪽으로 가서 博陽 옛 성 동쪽을 지난다. 城은 南頓縣 북쪽 40리에 있는데 漢 宣帝가 丙吉을 봉하여 侯國으로 삼았고, 王莽이 명칭을 樂嘉로 바꾸었다."라고 하였다.
水經註 "潁水過汝陽縣北, 又東南過南頓縣, 㶏水注之, 又南逕博陽故城東. 城在南頓縣北四十里, 漢宣帝封丙吉爲侯國, 王莽更名樂嘉."

④ 〈"嚙被皆破"는〉 이불을 씹으면서 아픔을 참은 것이다. ≪晉書≫ 〈景帝紀〉에 "이불을 뒤집어썼는데 아픔이 심하여 이불을 물어뜯어 찢어졌으나 左右 측근들 중에 아는 자가 없었다."라고 하였다.
嚙被以忍疼. 晉書帝紀 "蒙之以被, 痛甚, 嚙被敗而左右莫知焉."

【目】 殿中 官員 尹大目은 옛 曹氏 집안의 하인이었다. 司馬師를 따라 행군하였는데, 사마사의 눈이 튀어나온 것을 알고 아뢰기를 "文欽은 본래 明公의 심복이고 평소 저와 서로 믿고 지냈으니 청하건대 공을 위하여 문흠을 뒤쫓아가서 오해를 풀도록 하겠습니다."[24]라고 하였다. 마침내 말을 타고 문흠을 따라가서 말하기를 "君侯(문흠)께서는 어찌하여 다시 며칠을 참지 못하였단 말입니까?"[25]라고 하였으나 문흠은 전혀 깨닫지 못

24) 文欽은……하겠습니다 : ≪資治通鑑≫에 "文欽은 본래 明公의 심복인데 남에게 잘못 이끌리게 된 것입니다. 또 천자의 고향 사람으로 평소 저와 서로 믿고 지냈으니 청하건대 공을 위하여 문흠을 뒤쫓아가서 오해를 풀도록 하겠습니다.〔文欽本是明公腹心 但爲人所誤耳 又天子鄕里 素與大目相信 乞爲公追解語之〕"라 하였다.

25) 君侯(문흠)께서는……말입니까 : 이 말은 아래 訓義 ③에서처럼 尹大目이 문흠에게 며칠을 더 참으

하고 더욱 노해 꾸짖으면서 윤대목을 활로 쏘아 맞추려 하였다. 윤대목이 눈물을 흘리며 말하기를 "세상의 큰일이 실패하였구나. 그대는 스스로 잘 노력하시오."라고 하였다. 毌丘儉은 문흠이 후퇴했다는 소식을 듣고 두려워서 밤에 도주하니, 壽春 역시 무너졌다.

孫峻이 진격하여 槖皐에 이르니, 문흠은 후속 부대가 없는 고립된 군대로 자립할 수 없다 하여 마침내 손준에게 나아가 항복하였다. 관구검이 愼縣으로 도주하자, 백성이 그를 쫓아가서 죽여 수급을 서울로 전하였다. 조칙을 내려 관구검의 삼족을 멸하고 諸葛誕을 鎭東大將軍 都督揚州諸軍事로 삼으니 吳나라 군대도 역시 돌아갔다.

관구검의 손녀로서 劉氏에게 시집간 이가 죽임을 당하게 되었는데 임신을 하였기 때문에 廷尉의 감옥에 갇혔다. 司隸主簿 程咸이 논의하기를 "시집간 여자가 이미 아이를 낳아 길렀으면 다른 집의 어미가 된 것입니다. 그를 죽여도 어지러움의 근원을 징계하기에 부족하고 孝子의 은정만 손상할 것이고, 또 남자는 妻族에 의해 죄를 만나지 않는데 여자만 부모와 남편의 집안에 의해 주륙을 받으니, 약한 여자를 불쌍히 여기며 法制를 공평히 적용하는 것이 아닙니다. 臣의 생각으로는 시집가지 않은 여자는 부모의 형벌을 따르게 하고, 이미 혼인한 부인은 남편 집안의 형벌을 따르게 해야 합니다."라고 하였는데 魏나라 조정에서 이를 따라 마침내 기록하여 법령으로 삼았다.

殿中人尹大目은 故曹氏家奴[①]라 從師行이러니 知師目出하고 啓云 欽本明公腹心이요 素與大目相信하니 乞爲公追解之[②]하리이다 乃乘馬追欽하여 謂曰 君侯何苦不可復忍數日中也[③]오 欽殊不悟하고 乃更怒罵하여 欲射(석)之하니 大目涕泣曰 世事敗矣라 善自努力하라 儉聞欽退하고 恐懼夜走하니 壽春亦潰라 孫峻이 進至槖皐[④]하니 欽以孤軍無繼로 不能自立이라하여 遂詣峻降하고 儉은 走愼縣[⑤]이어늘 人就殺之하여 傳首京師[⑥]하니 詔夷儉三族하고 以諸葛誕爲鎭東大將軍都督揚州諸軍事하니 吳軍이 亦還하다 儉孫女가 適劉氏當死로되 以孕繫廷尉러니 司隸主簿程咸이 議曰[⑦] 女適人者가 已産育則成他家之母라 殺之不足懲亂源而傷孝子之恩이요 且男不遇罪於他族而女嬰戮於二門하니 非所以矜女弱均法制也[⑧]라 臣以爲在室之女는 可從父母之刑이요 旣醮之婦는 使從夫家之戮이라한대 魏朝從之하여 遂著爲令하다

① 尹大目은 이때 殿中校尉였다.

면 司馬師의 병환이 악화될 수 있다고 말한 것이다. 그러나 윤대목도 사마사의 진형에 있기 때문에 이를 직접적으로 말하지 못하고 이처럼 돌려 말해서 군후께서 어찌하여 다시 며칠을 참지 못하고 도망가느냐고 말 한 것이지만 문흠이 듣기에는 군후께서 어찌하여 다시 며칠을 참지 못하고 반란을 일으켰냐는 뜻으로 들은 것이다. 그렇기 때문에 다음 문장에 문흠이 윤대목의 眞意를 깨닫지 못하고 노한 것이다.

大目時爲殿中校尉.

② 〈"乞爲公追解語之"는〉는 文欽을 뒤쫓아가서 司馬師를 위하여 자신이 오해를 풀도록 말하겠다는 것을 말한다.

謂追欽而爲師自解釋言之也.

③ 〈"君侯何苦不可復忍數日中也"는〉 文欽이 司馬師와 서로 대치하면 사마사의 병이 이미 위독하여 반드시 변고가 있게 될 텐데, 어찌 며칠을 견디지 못하냐고 말한 것이다. 윤대목은 마음으로는 실제 曹氏를 위하려고 한 것이다.

蓋謂欽何不堅忍數日, 與師相持, 師病已篤, 必當有變也. 大目心實欲爲曹氏.

④ 槖은 음이 託이고, 또 柘로도 읽는다. 皐는 글자의 본음대로 읽는다. 槖皐는 地名이니, 杜預가 말하기를 "九江 逡遒縣 동남쪽에 있다."라고 하였다.

槖, 音託, 又讀爲柘. 皐, 讀如字.[26] 槖皐, 地名, 杜預曰"在九江逡遒縣東南."

⑤ 여기서 句를 뗀다.

句.

⑥ 愼縣은 漢나라 때에 汝南郡에 속하였고, 魏나라 때에 나누어 汝陰郡에 속하였다.

愼縣, 漢屬汝南郡, 魏分屬汝陰郡.

⑦ 魏나라와 晉나라의 제도에 의하면 列卿은 각각 丞, 功曹, 主簿, 五官 등 관원을 두었다.

魏·晉之制, 列卿各置丞·功曹·主簿·五官等員.

⑧ "婴戮"은 주륙을 받는다는 말과 같다. "二門"은 父母의 집과 남편의 집을 말한다. 여자는 陰性의 부류이고 받은 기질이 유약하여 집에 있을 때는 부모를 따르고, 시집간 뒤에는 남편을 따르므로 女弱이라고 한 것이다.

婴戮, 猶言被誅也. 二門, 謂父母之家及夫家也. 女, 陰類, 稟氣柔弱, 在室從父母, 旣嫁從夫, 故曰女弱.

⑨ 醮(초례)는 子肖의 切이니, 관례와 혼례 때의 의식 명칭이다. 술을 따라주고 술잔을 주고받지 않는 것을 醮라고 한다. "旣醮"는 이미 시집갔음을 뜻한다.

醮, 子肖切, 冠娶祭名, 酌而無酬酢曰醮. 旣醮, 已嫁也.

【綱】魏나라 大將軍 司馬師가 卒하자, 2월에 사마사의 아우 司馬昭가 스스로 大將軍 錄尙書事가 되었다.

魏大將軍司馬師가 **卒**하니 **二月**에 **師弟昭**가 **自爲大將軍錄尙書事**하다

【目】司馬師가 병이 위독하여 許昌으로 돌아갔다. 司馬昭가 洛陽에서 가서 안부를 살폈는데 사마사는 사마소에게 여러 군대들을 모두 다스리게 하고 卒하였다. 中書侍郞 鍾會

26) 如字 : 한 글자에 여러 독음이 있는 경우 본음대로 읽으라는 것이다.

가 사마사를 따라다니며 機密을 담당하였는데, 魏主 曹髦가 尙書 傅嘏에게 조칙을 내려 동남 지역이 막 평정된 것으로 인하여 잠시 사마소를 머물러 許昌에 주둔하게 하여 內外의 지원군으로 삼고 부하에게 여러 군대를 인솔하여 돌아오도록 하였다. 종회는 부하와 도모하여 부하에게 表文을 올리도록 하고 즉시 사마소와 함께 출발하여 洛水 남쪽으로 돌아와 주둔하니, 조칙으로 사마소를 大將軍 錄尙書事로 삼았다. 종회가 이로 말미암아 늘 뿌듯해하는 기색이 있자 부하가 그에게 훈계하기를 "그대는 뜻이 기량보다 커서 勳業을 이루기 어려우니, 신중하지 않을 수 있겠는가."라고 하였다.

師疾篤하여 還許昌하니 昭自洛陽往省之한대 師令總統諸軍而卒하다 中書侍郞鍾會가 從師典知密事러니 魏主髦가 詔勅尙書傅嘏하여 以東南新定으로 權留昭屯許昌하여 爲內外之援하고 令嘏率諸軍還하니 會與嘏謀하여 使嘏表上하고 輒與昭俱發하여 還屯洛水南하니 詔以昭爲大將軍錄尙書事하니 會由是로 常有自矜之色이어늘 嘏戒之曰 子志大其量하여 而勳業難爲也니 可不愼哉아

【綱】 가을 7월에 吳나라 孫峻이 朱公主를 죽였다.

秋七月에 吳孫峻이 殺朱公主[27]하다

【目】 吳나라 將軍 孫儀 등이 孫峻을 죽이려고 도모하다가 이기지 못하니, 죽은 사람이 수천 명이었다. 全公主가 朱公主를 참소하기를 "손의와 함께 도모하였다."라고 하자 손준이 마침내 주공주를 죽였다.

吳將軍孫儀等이 謀殺孫峻이라가 不克하니 死者數千人이라 全公主가 譖朱公主云 與同謀라한대 峻遂殺之①하다

① 朱公主는 吳主 孫權의 딸로 朱據에게 시집간 사람이다. 예전에 孫和가 太子였을 때 全公主가 태자를 폐위하여 魯王(孫霸)을 즉위시키려 하였으나 주공주가 따르지 않자 이로 말미암아 틈이 생겼다.
朱公主, 吳主權之女, 適朱據者也. 初孫和爲太子時, 全主欲廢太子, 立魯王, 朱主不聽, 由是有隙.

27) 吳孫峻 殺朱公主 : "이때에 孫儀가 孫峻을 죽이려고 도모하다가 이기지 못해 죽었는데 기록하지 않았으니 생략한 것이다. 그렇지만 참소로써 先君의 딸을 죽인 것은 그 죄가 크므로 '殺'이라고 기록하였으니 그를 죄준 것이다.〔於是孫儀謀殺孫峻 不克死 不書 略之也 而用譖殺先君之女 其罪大矣 故書殺 罪之〕" ≪書法≫

【綱】 8월에 姜維가 魏나라를 정벌하여 魏나라 군대를 洮西에서 격파하고, 마침내 狄道를 포위하였다가 승리하지 못하고 돌아왔다.

八月에 **姜維**가 **伐魏**하여 **敗其兵於**洮西하고 **遂圍狄道**하여 **不克而還**하다

【目】 姜維가 다시 출병을 논의하자 征西大將軍 張翼이 조정에서 쟁론하기를 "나라는 작고 백성은 피로하니, 무력을 남용해서는 안 됩니다."라고 하였으나, 따르지 않았다. 강유는 마침내 수만 명을 거느려서 枹罕(부한)에 도착하였다. 魏나라 雍州刺史 王經이 강유와 洮西에서 교전하여 크게 패하니, 사망자가 만으로 헤아려졌다. 왕경이 狄道城으로 회군하여 수비하였다. 장익이 강유에게 말하기를 "중지할 만합니다. 전진하다가 혹 이 큰 공로를 훼손하면 뱀을 그리면서 다리를 덧붙여 그리는 것이 될 것입니다."라고 하니, 강유는 크게 노하여 마침내 狄道를 포위하였다. 魏나라는 鄧艾에게 조칙을 내려서 行安西將軍으로 삼아 征西將軍 陳泰와 힘을 합쳐 강유를 방어하게 하였다.

姜維가 洮西에서 魏나라 병사를 패퇴시키다

姜維가 **復議出軍**이어늘 **征西大將軍張翼**이 **廷爭以爲國小民勞**하니 **不宜黷武**라하되 **不聽**하다 **維遂將數萬人**하여 **至枹罕**[①]하니 **魏雍州刺史王經**이 **與戰於**洮西하여 **大敗**하니 **死者萬計**라 **還保狄道城**[②]이러니 **翼謂維曰 可以止矣**라 **進或毁此大功**이면 **爲蛇畫足**[③]이리라 **維大怒**하여 **遂圍狄道**하니 **魏詔鄧艾行安西將軍**하여 **與征西將軍陳泰**로 **幷力拒維**하다

① 枹罕縣은 前漢 때에 金城郡에 속하였고, 後漢 때에 隴西郡에 속하였고, 魏나라 때에 없앴다.

枹罕縣, 前漢屬金城郡, 後漢屬隴西郡, 魏時廢省.

② 洮西는 洮水의 서쪽이다.

洮西, 洮水之西也.

③ ≪戰國策≫ 〈齊策〉에 "昭陽(楚나라 장군)이 楚나라를 위하여 魏나라를 공격하여 魏나라 군대를 격파하여 장군을 죽이고는 군사를 이동하여 齊나라를 공격하였다. 陳軫이 齊王의 사자가 되어 昭陽을 만나 말하기를, '楚나라에서 제사를 지낸 사람이 그 舍人들에게 한 잔〔卮〕의 술을 내리자, 사인들이 서로 말하기를, 「몇 사람이 마시기엔 부족하고, 한 사람이 마시면 넉넉하겠으니, 각기 땅에다 뱀을 그려서 먼저 그린 사람이 술을 마시기로 하자.」라고 하였는데, 그중 한 사람이 먼저 그리고는 술잔을 집어서 마시려 하면서, 왼손에는 술잔을 잡고 오른손으로는 뱀의 발을 그리면서 「내가 뱀의 발까지 그릴 수 있다.」라고 하였습니다. 그가 발을 다 그리기 전에 다른 한 사람이 뒤이어 그리고는 그 술잔을 뺏으면서 말하기를 「뱀은 본디 발이 없는데, 자네가 어찌 발을 그릴 수 있는가.」라고 하고, 마침내 그 술을 마셨습니다. 지금 君께서는 魏나라를 공격하여 이미 승리하셨는데 다시 군사를 이동하여 齊나라를 공격하면 이는 뱀에 다리를 더 보태는 것이 될 것입니다.'라고 하니, 소양은 깨닫고 마침내 군사를 철수하였다."라고 하였다.

戰國策"昭陽爲楚伐魏, 覆軍殺將, 移師攻齊. 陳軫爲齊王使, 見昭陽曰 '楚有祠者, 賜其舍人酒一卮, 舍人相謂曰「數人飮之不足, 一人飮之有餘, 請各畫地爲蛇, 先成者飮酒.」一人先成, 引酒飮之, 乃左手持卮, 右手畫蛇曰,「吾能爲之足.」爲足未成, 一人之蛇後成, 奪其卮曰,「蛇固無足, 子安能爲之足.」遂飮酒. 今君攻魏旣勝, 復移師攻齊, 是爲蛇足者也.' 昭陽悟, 乃還軍."

【目】陳泰가 隴西로 진군할 적에 여러 장군들이 모두 말하기를 "王經이 막 패배하고 蜀漢의 군대가 매우 왕성하니, 지금 오합지졸로 그들에게 맞서면 필시 불가할 것입니다. 험준한 지형에 의거하여 자신을 지켜 적의 틈을 보면서 지치기를 기다리는 것만 못하니, 이것이 좋은 계책입니다."라고 하였다.

진태가 말하기를 "姜維가 경무장한 군대로 깊이 침입하였으니, 이는 바로 우리와 들판에서 예봉을 다투어 한 번 전투로 승리를 구하려는 것이다. 마땅히 성벽을 높이 쌓고 보루를 깊이 파서 적들의 날카로운 기세를 꺾어야 했는데 지금 그들과 전투하여 적들에게 좋은 계책을 얻게 하였다. 왕경이 이미 패하여 도주하였는데 강유가 만일 전투에 승리한 위세로 병사를 진격시켜 동쪽을 향하여 櫟陽의 가득 쌓아놓은 곡식을 점거하고 羌人과 胡人들을 불러들여 동쪽으로 關中과 隴西를 다투고 檄文을 네 郡에 보내면 이는 우리에게 좋지 않은 것이다.

지금 강유는 승세를 타고 있는 군대를 가지고 견고한 성에서 예기가 꺾였으니, 공격과 수비는 형세가 다르고 정벌 온 적군〔客〕과 자리를 잡고 있는 아군〔主〕은 그 위치가 다르다. 우리가 高地에 올라 유리한 지세를 점거하여 적들의 목덜미를 누르면 싸우지 않고도 패주시킬 수 있을 것이다."라고 하였다.

마침내 진군하여 몰래 행군하여 밤중에 狄道에 도착하여 동남쪽 높은 산 위에서 烽火를 많이 올리고 북을 울리며 호각을 불어댔다. 강유는 뜻밖에 구원병이 갑자기 이르자, 급히 공격하였으나 이기지 못하여 도주하여 돌아갔다. 진태는 늘 한 방면에 일이 발생할 때마다 헛소문으로 천하를 동요하게 한다고 여기기 때문에 글을 올리는 일을 드물게 하고, 역말로 문서 송달하는 것이 6백 리를 넘지 않게 하였다.

大將軍 사마소가 말하기를 "征西將軍 진태는 침착하고 용감하며 과단성이 있어 함락될 성을 구원하면서도 증원병을 요구하지 않았으니, 大將이 마땅히 이와 같아야 하지 않겠는가."라고 하였다.

泰進軍隴西할새 諸將皆曰 王經이 新敗하고 蜀衆이 大盛하니 今以烏合之卒로 當之면 殆必不可라 不如據險自保하여 觀釁待敝니 此計之得也라 泰曰 維輕兵深入하니 正欲與我爭鋒原野하여 求一戰之利라 當高壁深壘하여 挫其銳氣어늘 今乃與戰하여 使賊得計하니 經旣破走에 維若以戰克之威로 進兵東向하여 據櫟陽積穀之實하고 招納羌胡하여 東爭關隴하고 傳檄四郡이면 此我之所惡也[①]러니 今乃以乘勝之兵으로 挫峻城之下하니 攻守勢殊하고 客主不同이라 吾乘高據勢하여 臨其項領하면 不戰必走矣리라 遂進軍潛行하여 夜至狄道하여 東南高山上에 多擧烽火하고 鳴鼓角하니 維不意救兵卒至라 急攻不克하여 乃遁而還[②]하다 泰每以一方有事에 輒以虛聲擾動天下라 故希簡上事하고 驛書不過六百里[③]하니 大將軍昭曰 陳征西沈勇能斷하여 救將陷之城而不求益兵하니 大將不當爾邪아

① 櫟陽縣은 前漢 때에 左馮翊에 속하고, 後漢과 魏나라 때에는 없앴다. 胡三省이 말하기를 "내가 생각건대 櫟陽은 長安 동북쪽에 있으니, 姜維의 군대가 막 狄道에 이르렀으면 어찌 곧바로 동쪽으로 가서 櫟陽을 점거할 수 있겠는가. 진태는 아마 略陽이라고 말했을 것이다. 櫟은 音이 藥이니, 藥과 略은 음성이 서로 비슷하여 이 때문에 말이 잘못되어 베껴 쓸 적에 글자가 잘못된 것이다." 하였다. "四郡"은 隴西, 南安, 天水, 略陽이다. 略陽은 이때 廣魏郡이었는데, 晉나라에 와서 다시 명칭을 略陽이라고 하였다.
櫟陽縣, 前漢屬左馮翊, 後漢魏省. 胡三省曰"余謂櫟陽在長安東北, 維兵方至狄道, 安得便可東據櫟陽. 泰蓋言略陽耳. 櫟, 音藥. 藥・略聲相近, 因語訛而致傳寫字訛耳. 四郡, 謂隴西・南安・天水・略陽. 略陽時爲廣魏郡, 及晉乃更名略陽.

② 卒(갑자기)은 猝로 읽는다.
卒, 讀曰猝.

③ 〈"希簡"은〉 드물게 하거나 생략한 것이다. 〈"希簡上事"는〉 封事를 올리는 일이 번잡하면 천하를 동요하게 할까 우려했기 때문이다. 狄道는 동쪽으로 洛陽과 거리가 2,200여 리나 떨어졌는데 역말로 문서를 송달하는 것이 600리를 넘지 않게 하였으니, 이는 역마〔傳〕가 인근의 郡縣에 들어가서 늘 우편으로 洛陽에 전달하게 한 것이다.
希罕簡省也. 恐封上之事繁而擾動天下. 狄道東至洛陽二千二百餘里, 而驛書不過六百里, 蓋傳入近裏郡縣, 使如常郵筒以達洛陽也.

【綱】 겨울에 吳나라가 처음 太廟를 지었다.

冬에 **吳始作太廟**[28] 하다

① 예전에 吳나라 大帝(孫權)는 太廟를 세우지 않았고, 武烈皇帝(孫堅)가 長沙太守를 지냈으므로, 사당을 臨湘(長沙郡 治所)에 세우고 長沙太守를 시켜서 제사를 받들게 할 뿐이었다. 겨울 10월에 처음 太廟를 建業에 짓고, 大帝를 높여서 太祖로 하였다.
初, 吳大帝不立太廟, 以武烈嘗爲長沙太守, 立廟於臨湘, 使太守奉祠而已. 冬十月, 始作太廟於建業, 尊大帝爲太祖.

丙子年(256)

【綱】 漢나라(蜀漢) 後主 延熙 19년이다.

十九年이라

【目】 魏主 曹髦 甘露 원년이고, 吳主 孫亮 太平 원년이다.

魏甘露元年①이요 吳太平元年이라

① 甘露가 내려서 甘露로 改元한 것이다.
蓋以甘露降而改元也.

---

28) 吳始作太廟 : "앞에서 魏나라가 처음으로 社稷과 宗廟를 세웠다고 기록하였으니 참람함의 처음을 기록한 것이다. 여기서 처음이라고 기록한 것은 어째서인가. 늦었다는 말이다. 吳나라가 이때에 나라를 세우고 改元한 것이 35년이나 지났는데 처음으로 太廟를 지었으니, 특별히 '始'라고 기록한 것은 늦었음을 기록한 것이다. ≪資治通鑑綱目≫에 宗廟에 '始'라고 기록한 것이 두 번이고, '初'라고 기록한 것은 한 번이다(丁巳年(957) 北漢主).〔前書魏始建社稷宗廟 志僭始也 此其書始 何 緩辭也 吳於是 立國改元 三十五年矣 而始作太廟 特書曰始 所以志其慢也 綱目宗廟書始二 書初一(丁巳年北漢主)〕" ≪書法≫

【綱】 봄 정월에 姜維를 大將軍으로 삼았다.

春正月에 以姜維爲大將軍하다.

【綱】 여름 4월에 魏나라 司馬昭가 처음으로 袞龍袍와 冕旒冠과 붉은 신을 착용하였다.

◑夏四月에 魏司馬昭가 始服袞冕赤舃[①]하다

① 九錫을 내려줄 조짐이다.
九錫之漸也.

袞冕

【綱】 魏主 曹髦가 太學을 시찰하였다.

◑魏主髦視學하다

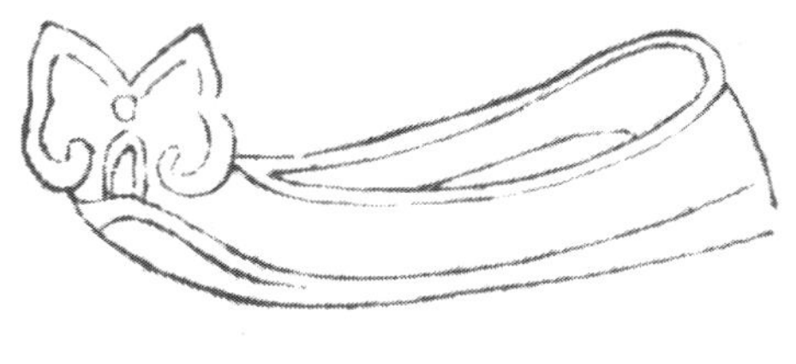

赤舃

【目】 예전에 魏主 曹髦가 東堂에서 여러 신하들에게 연회를 베풀고 여러 선비들과 함께 夏나라 少康과 漢나라 高祖의 優劣을 논하여 소강을 우수하다고 하였다. 이때에 이르러 太學에 행차하여 여러 儒生들과 《書經》·《易經》·《禮記》를 강론하니, 여러 유생들 가운데 조모를 따라갈 수 있는 자가 없었다. 항상 中護軍 司馬望·侍中 王沈·散騎常侍 裴秀·鍾會 등과 東堂에서 강론하며 연회를 하여 특별히 예우를 더해주었다. 魏主는 성질이 조급하여 소집할 때에 빨리 오기를 원하였는데, 사마망이 직책상 궁전 밖에 있기 때문에 특별히 追鋒車와 虎賁(호위병) 5인을 주어 모임이 있을 때마다 즉시 달려오게 하였다. 사마망은 司馬孚의 아들이다.

初에 魏主髦가 宴群臣於東堂하고 與諸儒로 論夏少康과 漢高祖優劣하여 以少康爲優[①]하고 至是하여 幸太學하여 與諸儒로 論書易及禮하니 諸儒莫能及[②]이러라 常與中護軍司馬望侍中王沈散

騎常侍裴秀와 及鍾會等으로 講宴於東堂하여 特加禮異③러라 魏主性急하여 請召欲速하니 以望職在外로 特給追鋒車虎賁五人④하여 每有集會에 輒馳而至하더라 望은 孚之子也라

① 魏主가 이르기를 "少康이 夏나라가 멸망한 이후에 태어나서 낮아져 諸侯에 속하게 되었는데 德을 펴서 계책을 정해 마침내 〈夏나라를 빼앗은 자들을〉 過國과 戈國에서 멸망시키고 禹임금의 공적을 회복하여 夏나라를 제사 지내 하늘과 짝하게 하고29) 예전의 문물(국가)을 잃지 않게 하였으니, 지극한 덕과 큰 仁이 아니면 어떻게 이 공로를 이루었겠는가.

漢 高祖는 땅이 꺼져가는 형세를 이용하여 한 시대의 권력을 잡고, 지혜와 무력에 전적으로 의지하여 功業을 이루었고, 일과 거동이 성인의 법도에 많이 어긋나서, 아들의 입장에서 자기 아버지를 여러 번 위험에 빠뜨렸고 임금의 입장에서 현명한 재상을 구금하였으며, 아버지의 입장에서 아들을 잘 보호하지 못하였고 죽은 뒤에는 社稷이 거의 기울게 되었으니,30) 소강과 시대를 바꾸어 처했다면 大禹의 공적을 능히 회복할 수 없었을 것이다." 라고 하였다.

魏主謂"少康生於滅亡之後, 降爲諸侯之隸, 能布其德而兆其謀, 卒滅過・戈, 克復禹績, 祀夏配天, 不失舊物, 非至德弘仁, 豈濟斯勳. 漢祖因土崩之勢, 杖一時之權, 專任智力以成功業, 行事動靜多違聖檢, 爲人子則數危其親, 爲人君則囚縶賢相, 爲人父則不能衛子, 身沒之後, 社稷幾傾者, 與少康易時而處, 或未能復大禹之績也."

② 이때 魏主는 博士 淳于俊과 《易經》을 강론하고, 庾峻(유준)과 《書經》을 강론하고, 馬照와 《禮記》를 강론하였다.

時魏主與博士淳于俊論易, 庾峻論書, 馬照論禮記.

③ 裴秀는 裴潛의 아들이다.

---

29) 少康이……하고 : 少康은 夏나라의 6대 왕이다. 3대 왕 太康이 정사를 돌보지 않자, 有窮氏의 임금 羿(예)가 왕위를 빼앗아 태강의 동생 仲康을 세웠다가 중강이 죽자 그의 아들 相을 쫓아내고 자신이 夏나라 왕이 되었다. 그러나 羿도 寒浞에게 정사를 맡기고 사냥을 다녔다. 한착은 羿를 살해하고, 相도 죽였다. 相의 아내는 임신 중에 본가가 있는 仍氏 부락으로 도망가서 少康을 낳았다. 소강이 성장한 후 한착이 잡으러 오자, 舜임금의 후예들이 사는 虞氏 부락으로 도망을 쳤다. 소강은 우씨들의 도움으로 한착을 물리치고 왕권을 되찾았다. 소강이 집정한 후에 나라가 안정되고 국력이 점차 회복되기 시작하였으니, 역사상 이를 '少康中興'이라고 한다. "卒滅過戈"는 《春秋左氏傳》 襄公 4년에 "少康이 澆(한착의 아들)를 過國에서 죽이고, 后杼(소강의 아들)가 豷(한착의 아들)를 戈國에서 죽였다.〔少康滅澆(요)于過, 后杼滅豷(희)于戈〕"라고 하여, 소강과 그의 아들 杼가 過國과 戈國에서 한착의 아들들을 멸망시킨 것으로 되어 있다.

30) 아들의……되었으니 : 劉邦이 項羽와 싸울 적에 항우가 유방의 부친인 太公(劉執嘉)과 아내인 呂后를 포로로 잡아 죽이려고 하자, 유방은 형제가 되기로 약속했던 일을 들어 "나의 부친은 바로 너의 부친이니, 기필코 너의 부친을 삶아 죽이려고 한다면 나에게도 고깃국 한 그릇을 나눠 주면 좋겠다.〔吾翁則若翁 必欲烹而翁 則幸分我一杯羹〕"라고 하여 아버지의 죽음을 돌보지 않았고, 휘하의 최고 공신으로 재상인 周勃과 蕭何 등이 수감된 적이 있으며, 태자 劉盈을 바꾸려고 하다가 商山四皓의 힘으로 무사하게 되었으며, 戚夫人 소생의 아들 趙王(劉如意)이 呂后에게 죽임을 당하는 등 아들들이 제대로 보호되지 못했다.(《漢書》 〈高祖本紀〉)

秀, 潛之子也.

④ 司馬望은 中護軍이 되어 그의 직임이 궁전 밖에 있었다. ≪傅子≫[31]에 이르기를 "追鋒車는 전체를 휘장으로 덮었으니, 긴급하면 타는데 虎賁 5인에게 들도록 하였다."라고 하였고, ≪晉書≫ 〈輿服志〉에 이르기를 "追鋒車는 작은 평평한 덮개를 떼어내고 전체를 휘장으로 덮어서 軺車와 비슷한데 두 마리 말에 멍에 메운다. 追鋒이라는 이름은 신속함을 취한 것이다. 軍陣에서 사용하니, 傳乘(兵車의 일종)이다."라고 하였다.

望爲中護軍, 其職在外. 傅子曰 "追鋒車, 施通幰, 遽則乘之, 令虎賁五人舁之也." 晉志曰 "追鋒車, 去小平蓋, 加通幰, 如軺車, 駕二馬. 追鋒之名, 取其迅速也. 施於戎陳之間, 是爲傳乘."

【綱】 가을 7월에 姜維가 魏나라를 정벌하여 魏나라 장군 鄧艾와 전투를 치러 크게 패배하였다.

秋七月에 **姜維伐魏**하여 **與其將鄧艾戰**하여 **敗績**[32]하다

鄧艾가 段谷에서 姜維를 격파하다

【目】 姜維가 狄道에서 鍾提로 돌아와 주둔하니, 魏나라 사람들이 그의 힘이 고갈되어 다시 진격하지 못할 것이라고 여겼는데 安西將軍 鄧艾가 말하였다.

"저들은 승리를 틈타는 기세가 있으나 우리들은 허약한 실상이 있으니 저들이 쳐들어올 첫 번째 이유이다. 저들은 위아래 사람들끼리 서로 잘 알지만 우리들은 장군이 바뀌고 병사들이 새로 왔으니, 저들이 쳐들어올 두 번째 이

31) 傅子 : 晉나라 傅玄(217~278)이 지은 책이다.

32) 姜維伐魏……敗績 : "鄧艾가 강유를 패배시켰다고 기록하지 않은 것은 蜀漢을 존중한 것이다.〔不書鄧艾敗之 尊漢也〕" ≪書法≫

유이다. 저들은 배로 행군하지만 우리들은 육지로 행군하니, 저들이 쳐들어올 세 번째 이유이다. 狄道·隴西·南安·祁山에 각각 수비가 있어야 하는데, 저들은 오로지 하나가 되지만 우리들은 네 곳으로 나누어 있어야 하니 저들이 쳐들어올 네 번째 이유이다. 저들은 南安으로부터 그대로 羌族의 곡식을 먹고 만약 祁山으로 향하면 익은 보리 1천 頃이 있게 되니 저들이 쳐들어올 다섯 번째 이유이다. 적들은 교활한 계책이 있으니 적들은 반드시 침략해올 것이다."

가을에 강유가 다시 祁山으로 진격하면서 등애가 대비함이 있다는 소식을 듣고는 돌려서 남안으로 향하였는데, 등애가 강유와 段谷에서 싸워서 크게 격파하니, 사망자가 매우 많았다. 蜀漢 사람들이 이로 말미암아 강유를 원망하였다.

姜維自狄道로 **還駐鍾提**①하니 **魏人以其力竭**로 **未能更出**한대 **安西將軍鄧艾曰 彼有乘勝之勢**로되 **我有虛弱之實**이 **一也**요 **彼上下相習**이로되 **我將易兵新**이 **二也**②요 **彼以船行**하되 **我以陸軍**이 **三也**③요 **狄道隴西南安祁山**에 **各當有守**니 **彼專爲一**하되 **我分爲四 四也**요 **彼從南安**으로 **因食羌穀**하고 **若趣祁山**하면 **熟麥千頃**이 **五也**④라 **賊有黠計**하니 **其來必矣**리라 **秋**에 **維復出祁山**하여 **聞艾有備**하고 **乃回趣南安**이어늘 **艾與戰於段谷**하여 **大破之**하니 **死者甚衆**이라 **蜀人由是怨維**⑤하더라

① 鍾提는 마땅히 羌中에 있으니 蜀漢의 涼州 경계이다.
鍾提, 當在羌中, 蜀之(京)〔涼〕[33]州界也.

② 將(장수)은 卽亮의 切이다. "將易"은 鄧艾 자신이 생각하기를 막 王經의 후임으로 왔다고 생각한 것이다. "兵新"은 洮西에서 패배한 군졸들을 돌려보내고 군인들을 다시 파견하여 지킨 것을 이른다.
將, 卽亮切. 將易, 艾自謂初代王經也. 兵新, 謂遣還洮西敗卒, 更差軍守也.

③ 〈"彼以船行 我以陸軍"은〉 蜀漢의 배가 涪戍(涪城)와 白水로부터 沮水로 올라갈 수 있고, 저수를 경유하여 武都郡 下辨縣으로 들어가고, 이곳으로부터 서북쪽으로 가면 水路가 점점 험준하고 좁아지지만 작은 배가 여전히 들어갈 수 있으나, 魏나라 군사는 隴山을 지나 서쪽으로 가는 데 모두 육지로 가는 것을 말한 것이다.
言蜀船自涪戍·白水, 可以上沮水, 由沮水入武都下辨, 自此而西北, 水路漸峻陜, 小舟猶可入也, 魏軍度隴而西, 皆陸行.

④ 趣는 향한다는 뜻이다.
趣, 嚮也.

⑤ 杜佑가 말하기를 "秦州 上邽縣에 段谷水가 있다."라고 하였다.
杜佑曰 "秦州上邽縣有段谷水."

33) (京)〔涼〕: 저본에는 '京'으로 되어 있으나, ≪資治通鑑≫에 의거하여 '涼'으로 바로잡았다.

【綱】 8월에 魏나라 司馬昭가 스스로 大都督이 되고 일을 아뢸 때 이름을 부르지 않게 하고 黃鉞을 주었다.

八月에 **魏司馬昭**가 **自爲大都督**하고 **奏事不名**하고 **假黃鉞**34)하다

【綱】 吳나라 孫峻이 卒하니 그의 從弟 孫綝(손침)을 侍中으로 삼아 정사를 보좌하게 하였다.

◑ **吳孫峻**이 **卒**하니 **以其從弟**綝**爲侍中**하여 **輔政**35)하다

【綱】 吳나라 大司馬 呂岱가 卒하였다.

◑ **吳大司馬呂岱**가 **卒**하다

【目】 예전에 呂岱는 徐原을 친근히 여겼는데, 그는 慷慨한 데다 재주와 뜻이 있었다. 여대가 두건과 홑옷을 주고 그와 함께 담론을 하였는데, 뒤에는 마침내 서원을 추천하여 관직이 侍御史에 이르렀다. 서원은 直言하기를 좋아하여 여대의 잘잘못에 즉시 諫諍을 하고 또 공공연하게 논의하였다. 어떤 사람이 이를 여대에게 고하였는데, 여대가 감탄하여 말하기를 "이것이 내가 德淵(서원)을 귀중하게 여기는 것이다."라고 하였다. 서원이 죽자 통곡을 매우 슬프게 하면서 말하기를 "덕연은 나의 유익한 친구였다. 지금 불행하게 죽으니 여대가 다시 누구에게서 과실을 들을 것인가."라고 하였다. 여대가 卒하니, 향년이 96세였다.

始岱親近徐原하니 **慷慨有才志**라 **岱賜以巾褠**하고 **與共言論**①이러니 **後遂薦拔**하여 **官至侍御史**하니 **原好直言**하여 **岱有得失**에 **輒諫諍**하고 **又公論之**②어늘 **或以告岱**한대 **岱嘆曰 是我所以貴德淵者**

34) 魏司馬昭……假黃鉞 : "曹操를 본받았으나 과감함을 다하지는 못하였다. 그러나 일을 아뢸 때 이름을 부르지 않는 것과 贊禮 때 이름을 부르지 않는 것은 차이가 있다. ≪資治通鑑綱目≫이 끝날 때까지 일을 아뢸 때 이름을 부르지 않는 것은 한 번 기록했을 뿐이다. 黃鉞을 준 것을 기록한 것은 여기에서 시작되었으니 ≪자치통감강목≫이 끝날 때까지 黃鉞을 준 것을 기록한 것이 일곱 번이고, 黃鉞을 기록한 것이 네 번이다.(晉 惠帝 永熙 원년(290)에 자세하다.)〔效操而未盡敢者也 然奏事不名 與贊拜不名 則有間矣 終綱目 奏事不名 一書而已 書假黃鉞始此 終綱目 書假黃鉞七 黃鉞四(詳晉惠帝永熙元年)〕" ≪書法≫

35) 吳孫峻……輔政 : "孫峻을 쓴 것은 어째서인가. 손준을 죄준 것이다. 吳나라 신하가 卒했을 적에 관직을 기록하지 않은 자가 없는데, 오직 呂蒙과 손준만 기록하지 않았으니 폄삭한 것이다.〔孫峻何 罪峻也 吳臣卒 無不書官者 惟呂蒙孫峻不書 削之也〕" ≪書法≫

也[③]라 及原死에 哭之甚哀曰 德淵은 岱之益友러니 今不幸하니 岱復於何所聞過乎아 卒하니 年九十六이러라

① 巾은 首服(두건)이다. 褠는 古侯의 切이니, 單衣(홑겹 옷)이다. 〈"巾褠"는〉 漢·魏 이래로 士와 서민들의 禮服이 되었다.
巾, 首服也. 褠, 古侯切, 單衣也. 漢·魏以來, 士庶以爲禮服.
② 공공연히 많은 사람 안에서 그 잘잘못을 논한 것이다.
公然於衆中, 論其得失.
③ 德淵은 徐原의 字이다.
德淵, 原字.

【綱】 겨울 10월에 吳나라 孫綝이 大司馬 滕胤과 將軍 呂據를 죽였다.

冬十月에 吳孫綝이 殺大司馬滕胤과 將軍呂據[36)]하다

【目】 吳나라 車騎將軍 呂據가 江都에 있으면서 孫綝이 정사를 보좌한다는 소식을 듣고 크게 노하여 표문을 올려 滕胤을 丞相으로 추천하니, 손침이 다시 등윤을 大司馬로 삼아서 武昌에 나가 머물게 하였다. 아직 출발하지 않았을 적에 여거가 병사를 이끌고 돌아와서 등윤과 함께 손침을 제거하자고 약속하였다. 손침이 그의 從兄 孫憲을 파견하여 병사를 거느리고서 여거를 대응하게 하고 사람을 보내 등윤을 재촉하여 〈武昌으로〉 가게 하였다.

등윤이 두려워하여 병사를 정돈하여 자신을 호위하였는데 손침이 표문을 올려 등윤이 반란을 일으켰다고 하고는, 병사를 출동하여 공격하여 포위하였다. 어떤 사람이 등윤에게 권하기를 "병사를 이끌고 蒼龍門으로 가면 將士들이 반드시 손침을 버리고 公을 따를 것입니다."라고 하였다. 이때에 밤이 이미 반이 지나고 있었다. 등윤은 여거와 약속한 것을 믿고 또 병사를 동원하여 궁궐로 향하는 것도 어렵게 여겼는데, 새벽이 가까워지도록 여거는 오지 않았다. 손침의 병사들이 많이 모여서 등윤을 죽이고 그 三族을 멸하였다. 어떤 사람이 여거에게 魏나라로 망명하도록 권하니, 여거가 말

36) 吳孫綝……將軍呂據 : "滕胤과 呂據는 역시 孫儀와 같은 무리일 뿐이니, 무엇 때문에 기록하였는가. 孫綝은 국가 역적이니, 孫峻에 비할 바가 아니므로, '殺'이라고 기록하였으니 손침을 죄준 것이다. 〔胤據亦孫儀耳 則何以書 綝國賊 非峻比也 故書殺 罪之〕" 《書法》 본서 124쪽 역주 27) 《서법》에 손준을 죽이려 한 손의를 綱에 기록하지 않은 것은 일부러 삭제하였다 하였는데, 여기의 등윤과 여거도 손침을 죽이려고 하다 실패하였으므로 삭제해도 되는데 기록한 이유를 밝힌 것이다.

하기를 "나는 나라를 배반하는 신하가 되는 것이 부끄럽다."라고 하고는 마침내 자살하였다.

吳車騎將軍呂據가 在江都①하여 聞孫綝輔政하고 大怒하여 表薦滕胤爲丞相하니 綝이 更以胤爲大司馬하여 出駐武昌이러니 未行에 據引兵還하여 約胤(其)〔共〕[37]廢綝하니 綝이 遣從兄憲將兵逆據하고 而使人趣胤行하니 胤懼하여 勒兵自衛어늘 綝表胤反하고 發兵攻圍之하니 或이 勸胤曰 引兵至蒼龍門하면 將士必委綝就公矣②리라 時夜已半이라 胤이 恃與據期하고 又難擧兵向宮이러니 比曉③에 據不至하니 綝兵이 大會하여 殺胤夷三族하니 或이 勸據奔魏한대 據曰 吾恥爲叛臣이라하고 遂自殺④하다

① 江都縣은 廣陵郡에 속하였다.
江都縣. 屬廣陵郡.
② 蒼龍門은 吳나라 建業宮의 東門이다. 委는 버린다는 뜻이다.
蒼龍門, 吳建業宮之東門也. 委, 棄也.
③ 比는 가깝다는 뜻이다.
比, 近也.
④ 呂據의 아버지 呂範은 孫策을 도와서 吳나라를 창업하였으므로 나라를 배반하는 신하가 되는 것을 부끄러워하여 자살함으로써 절개를 밝힌 것이다.
據父範, 佐孫策以造吳, 故恥爲叛臣, 自殺以明節.

【綱】 魏나라가 盧毓을 司空으로 삼았다.

魏以盧毓爲司空하다

【目】 魏나라가 盧毓을 司空으로 삼았다. 노육이 司隷校尉 王祥에게 굳이 사양하였는데 조칙을 내려 허락하지 않았다.

왕상은 지극히 효도하였는데, 繼母 朱氏가 無道하게 대하였으나 왕상은 더욱 공손하며 삼갔다. 朱氏의 아들 王覽이 두세 살 때부터 왕상이 늘 매 맞는 것을 볼 때마다 울면서 어머니를 꽉 껴안았고, 계모가 왕상에게 도리에 맞지 않는 일을 시킬 적마다 왕람이 그와 함께하였다. 자라서 아내를 맞이했을 때에 계모가 왕상의 아내를 학대해서 부리면 왕람의 아내 역시 따라가서 하니, 계모가 이 때문에 조금 누그러졌다. 왕상이 점점 당시에 명예를 얻게 되니 계모가 더욱 미워하여 몰래 왕상에게 독주를 마시게 하였다. 왕

37) (其)〔共〕: 저본에는 '其'로 되어 있으나, ≪資治通鑑≫에 의거하여 '共'으로 바로잡았다.

람이 곧바로 일어나서 독주가 든 잔을 잡았는데 왕상이 주지 않자 계모가 빼앗아 엎어버렸다. 그 뒤에 계모가 왕상에게 음식을 줄 적마다 왕람이 먼저 먹어보니 계모가 겁을 내어 마침내 그쳤다.

漢나라 말기에 난리를 만나서 은거한 지 30여 년에 州郡의 辟召에 응하지 않았고, 계모가 죽었을 때에는 상을 치르느라 초췌해져서 지팡이를 짚은 뒤에야 일어섰다. 徐州刺史 呂虔이 檄文으로 불러 別駕를 삼아 徐州의 일을 맡기니 정치 교화가 크게 시행되었다. 당시 사람들이 노래하기를 "서주의 편안함은 실로 왕상에게 의지하고, 邦國(서주)이 텅 비지 않은 것은 별가의 공이로다."라고 하였다.

王覽이 형 王祥과 독주 마시기를 다투다

魏以盧毓爲司空하니 毓固讓司隸校尉王祥한대 詔不許①하다 祥至孝하니 繼母朱氏가 遇之無道로되 祥愈恭謹이라 朱氏子覽이 年數歲에 每見祥被箠하고 輒涕泣抱持母하고 母以非理使祥에 覽輒與俱러니 及長娶妻에 母虐使祥妻면 覽妻亦趨之하니 母爲少止②러라 祥漸有時譽하니 母深疾之하여 密使酖祥이러니 覽徑起取酒어늘 祥不與하니 母奪而反(번)之③하다 後에 母賜祥饌에 覽輒先嘗하니 母懼遂止하다 漢末遭亂하여 隱居三十餘年에 不應州郡之命하고 母終에 毁瘁하여 杖而後起④러라 徐州刺史呂虔이 檄爲別駕하여 委以州事하니 政化大行이라 時人이 歌之曰 海沂之康은 實賴王祥이요 邦國不空은 別駕之功⑤이라하더라

① 王祥은 漢나라 諫議大夫 王吉의 후손이다.
祥, 漢諫議大夫吉之後也.

② 爲(위하다)는 去聲이다.
爲, 去聲.

③ 反은 孚袁의 切이니, 뒤엎는다는 뜻이다.
反, 孚袁切, 覆也.

④ "母終"은 어머니가 세상을 떠난 것이다. 瘁는 병들어 피로하다는 뜻이다.
母終, 母之壽終也. 瘁, 病勞也.

⑤ 徐州 땅은 동쪽으로 바다에 닿고 서북으로 泗水와 沂水에 닿으므로 海沂라고 말하였다.
徐州之地, 東際海, 西北距泗・沂, 故曰海沂.

【綱】 吳나라 孫綝이 將軍 王惇을 죽였다.

吳孫綝이 **殺將軍王惇**하다

【目】 孫綝이 귀함을 믿고 거만하여 무례한 짓을 많이 행하였다. 王惇이 孫峻의 從弟 孫憲과 함께 손침을 죽이려고 도모하였는데 사건이 누설되어 모두 죽임을 당하였다.

綝負貴倨傲하여 **多行無禮**하니 **惇與峻從弟憲**으로 **謀殺之**러니 **事泄皆死**하다

丁丑年(257)

【綱】 漢나라(蜀漢) 後主 延熙 20년이다.

二十年이라

【目】 魏主 曹髦 甘露 2년이고, 吳主 孫亮 太平 2년이다.

魏甘露二年이요 **吳太平二年**이라

【綱】 여름 4월에 吳主 孫亮이 비로소 親政하였다.

夏四月에 **吳主亮**이 **始親政**[38]하다

---

38) 吳主亮 始親政 : "비로소 親政하였다고 기록한 것은 어째서인가. 孫峻이 독단했기 때문이다. ≪資治通鑑綱目≫이 끝날 때까지 비로소 親政했다고 기록한 것이 여섯 번이니(이해(257), 宋나라 을축년(425) 文帝, 정미년(467) 北魏 拓跋弘, 齊나라 신미년(491) 北魏 拓跋宏, 陳나라 기묘년(599) 北周 宇文毓, 임진년(572) 北周 宇文邕), 모두 혹은 정사를 독단한 자들이다.〔始親政 何 峻專也 終綱目 書始親政六(是年 宋乙丑年文帝 丁未年魏弘 齊辛未年魏宏 陳己卯年周毓 壬辰年周邕) 皆或專之者也〕" ≪書法≫

【目】 吳主 孫亮이 정사를 친히 처리하니, 大將軍 孫綝이 表文을 올릴 적에 힐문을 받는 경우가 많았다. 또 병사의 子弟들로 18세 이하에서 15세 이상 된 자 3천여 명을 살펴서 뽑고, 大將의 자제들 중에 나이 젊고 勇力이 있는 자를 뽑아서 그들에게 선발한 병사의 자제들을 거느리고서 날마다 궁정의 苑囿에서 敎習하게 하고 말하기를 "내가 이 군대를 설립하여 이들과 함께 성장하려 한다."라고 하였다.

자주 中書省[39]으로 나가서 大帝(孫權) 때의 옛일을 살펴보고, 左右의 侍臣들에게 묻기를 "先帝께서는 자주 特制(황제가 친히 쓴 조서)를 내리셨는데 이제 大將軍(손침)이 일을 물을 적에 다만 나에게 可(認可함)자만 쓰게 하는가."라고 하였다.

일찍이 날 매실을 먹을 적에 黃門(내시)을 시켜서 中藏(궁중 창고)에 가서 꿀을 가져오게 하였는데 꿀 속에 쥐똥이 있었다. 중장의 관리를 불러 물어보니 중장의 관리가 머리를 조아렸다. 손량이 말하기를 "황문이 너에게 꿀을 요구하였느냐?"라고 하니, 관리가 말하기를 "이전에 요구할 적에 실제로 감히 주지 않았습니다."라고 하였다. 황문이 自服하지 않자 손량이 쥐똥을 부수게 하였는데 똥 속이 말라 있었다. 이어서 큰 소리로 웃고 좌우에게 말하기를 "만일 똥이 이전에 꿀 속에 있었으면 안팎이 다 젖었을 것이다. 지금 바깥만 젖고 안은 말랐으니 반드시 황문이 한 짓이다."라고 하고, 황문을 힐책하여 과연 자복하니, 좌우의 측근들이 놀라 두려워하였다.

吳主亮親政事하니 大將軍孫綝이 表奏에 多見難問①하고 又科兵子弟十八已下十五已上三千餘人②하고 選大將子弟年少有勇力者하여 使將之하여 日於苑中敎習曰 吾立此軍하여 欲與之俱長③이라하고 數(삭)出中書하여 視大帝時舊事하고 問左右侍臣曰 先帝數有特制④어늘 今大將軍이 問事에 但令我書可邪⑤아 嘗食生梅할새 使黃門至中藏取蜜하니 蜜中에 有鼠矢⑥라 召問藏吏하니 藏吏叩頭어늘 亮曰 黃門從爾求蜜邪아 吏曰 向求에 實不敢與⑦니이다 黃門不服이어늘 亮令破鼠矢하니 矢中燥라 因大笑하고 謂左右曰 若矢先在蜜中이면 中外俱濕이니 今外濕裏燥하니 必黃門所爲也라하고 詰之果服하니 左右驚悚하더라

① 難(묻다)은 去聲이다.
難, 去聲.

39) 中書省 : 曹操가 魏王 시절에 王府에 秘書令을 두어서 尙書가 올린 奏文을 받고 圖書와 기밀 서류를 다루었는데, 三國時代 魏나라 黃初 초년에 秘書府와 中書府로 나누어 두었다. 중서부 즉 중서성은 中書監, 中書令 등을 장관으로 두었다. 중서성에서는 尙書에서 올린 奏文, 여러 신하의 章奏 등의 수납을 담당하고 황제의 詔令을 작성하는 일을 담당하였다. 중서성은 吳나라와 蜀漢에도 설치되었는데, 중서감은 蜀漢에서는 보이지 않으며 중서령은 삼국에서 모두 보인다.(黃惠賢 著, ≪中國政治制度通史 4 魏晉南北朝≫)

② 科는 헤아린다는 뜻이니, 그 사람들의 키와 체격을 헤아리는 것이다. 혹자가 말하기를 "科는 料로 써야 하니, 음이 聊이고 헤아린다는 뜻이다."라고 하였다.
科, 程也. 程其長短小大也. 或曰 "科, 當作(科)〔料〕,[40] 音聊, 量度也."

③ 長(자라다)은 丁丈의 切이다.
長, 丁丈切.

④ "特制"는 특별히 황상의 뜻을 내어 손수 조칙을 써서 선포함을 말한다.
特制, 謂特出上意, 以手詔宣行也.

⑤ "問事"는 奏事(아뢴 일)라는 말과 같다. 奏라고 말하지 않은 것은 스스로 겸손해하는 뜻이다. "書可"는 畫可[41]이다.
問事, 猶言奏事, 不言奏者, 自卑挹之意. 書可, 畫可也.

⑥ 中藏은 中藏府이다. 蜜은 벌꿀이다. 矢(똥)는 屎와 통용하여 쓴다.
中藏, 中藏府也. 蜜, 蜂餹也. 矢, 通作屎.

⑦ "向求"는 이전에 꿀을 구한 적이 있음을 말한다.
向求, 謂向者嘗求蜜也.

【綱】 魏나라 揚州都督 諸葛誕이 병사를 일으켜 司馬昭를 토벌하였다. 6월에 사마소가 魏主 曹髦를 받들어 제갈탄을 공격하자, 吳나라 사람들이 구원하였으나 이기지 못하고 돌아갔다.

魏揚州都督諸葛誕이 **起兵討司馬昭**하니 **六月**에 **昭奉其主髦攻之**어늘 **吳人救之**로되 **不克而還**[42]하다

---

40) (科)〔料〕: 저본에는 '科'로 되어 있으나, ≪資治通鑑≫ 註에 의거하여 '料'로 바로잡았다.

41) 畫可 : 帝王이 신하의 奏章에 대하여 批答으로 可자를 써서 允許하여 시행하도록 표시한 것이다.

42) 魏揚州都督諸葛誕……不克而還 : "이때에 諸葛誕이 소환에 나아가지 않고 揚州刺史 樂綝을 죽이고 병사를 거두어 자신만 지킬 뿐이었다. 그런데 〈제갈탄이〉 병사를 일으켜 〈사마소를〉 토벌하였다고 기록한 것은 어째서인가. 허여해준 것이다. 어찌하여 허여해준 것인가. 제갈탄이 환난에 죽겠다는 말을 한 적이 있었는데, 나라를 위해 목숨을 바친 것에 가까웠기 때문이다. ≪資治通鑑綱目≫에서 이에 魏主 曹髦가 스스로 지휘했다고 기록하지 않고 〈사마소가〉 魏主 조모를 받들어 공격했다고 기록하였으니 조모의 뜻이 아니라 사마소에게 제재받은 것이 분명하므로 다만 '攻'이라고 기록할 뿐이었다. 무릇 '그 임금을 받들었다〔奉其主〕'라고 기록한 것은 모두 그 임금에게서 나오지 않은 것이다. ≪자치통감강목≫이 끝나도록 그 임금을 받들었다와 황제를 받들었다고 기록한 것이 네 번이다.(이 해(257), 晉 惠帝 太安 2년(303)에 두 번, 永興 원년(304))〔於是 誕不就徵 殺揚州刺史 斂兵自守耳 書起兵討何 予之也 曷爲予之 誕嘗有死難之語 近於以身殉國者 綱目於此 不書魏主髦自將 書奉其主髦 則非髦意而制於昭也 明矣 故止書攻 凡書奉其主云者 皆不出於其主者也 終綱目 書奉其主奉帝四(是年 晉惠帝太安二年再書 永興元年)〕" ≪書法≫
"分注(目)를 살펴보면 諸葛誕은 순수한 뜻으로 起義한 것이 아니고 다만 마음에 압박을 받아 스스로 불안했을 뿐이다. 그러나 ≪資治通鑑綱目≫에서 '起兵'이라고 기록하고 '討昭'라고

【目】 諸葛誕이 평소 夏侯玄 등과 잘 사귀었다. 하후현 등이 죽고 王淩과 毌丘儉이 이어서 주멸되니 제갈탄이 속으로 불안해져서 창고 재물을 많이 내어 진휼하고 죄가 있는 사람을 특별히 용서해주어 인심을 수습하고 자신의 목숨보다 의리를 중시하는 사람 수천 명을 길러 결사대를 만들었다.

司馬昭가 막 정권을 잡게 되자 長史 賈充이 參佐(참모)를 파견하여 四征의 將軍들을 위로하고 또 그들의 의향을 살펴보게 하라고 청하였다. 가충이 淮南에 이르러 제갈탄을 만나서 당시의 일을 논의할 적에 기회를 틈타서 말하였다.

"洛中(洛陽)의 여러 현달한 인사들이 모두 황제의 禪位를 원한다. 君께서는 어떻게 생각하는가?"

제갈탄이 소리를 지르며 말하였다.

"卿은 賈豫州의 아들이 아닌가? 대를 이어 魏나라의 은혜를 받았는데 어찌 社稷을 남에게 줄 수 있겠는가? 만약 洛中에서 변란이 생기면 나는 당연히 〈나라를 위해〉 죽을 것이다."

가충은 침묵하였고 돌아와서 사마소에게 말하였다.

"제갈탄이 다시 揚州에 있으면서 군사들의 인심을 얻었습니다. 지금 그를 소환하면 반드시 오지 않을 것이지만 반란함이 빨라서 재앙이 적을 것입니다. 소환하지 않으면

기록하여 조금도 폄하하는 말이 없다. 司馬昭가 이미 임금을 모시고 〈전장에〉 나아가서 分注(目)의 글에는 '討'라고 썼는데 ≪자치통감강목≫에서는 다만 '攻'이라고 기록했을 뿐이니 어찌 서로 모순되는가. 分注의 글은 이전의 史書의 글을 갖추어 쓴 것이지만 ≪자치통감강목≫의 글(綱의 글)은 특별한 필법에서 나왔으므로 기록한 것이 이와 같다. 이때를 만나서 사마소가 임금을 위협했는데 앞에서는 스스로 大都督이 되고 일을 아뢸 때 이름을 부르지 않고 黃鉞을 주었다고 기록하였으니 그렇다면 이는 찬탈할 형세가 〈曹芳을〉 폐출한 뒤에 이미 이루어졌던 것이다. 이에 천하 사람들 중에 팔꿈치를 걷어붙이고 의리를 창도하는 자가 있으면 모두 군자가 허여한 것이니, 그밖에 것은 돌아볼 겨를이 없기 때문이다. 그러므로 적을 토벌하는 데에 시급하면 무릇 마음의 순수함과 잡스러움, 人品의 高下와 事業의 成敗를 모두 불문에 부친 것은 다만 簒逆한 죄인을 주살하고 난 뒤에 그치기를 바란 것이다. 사마소가 비록 임금을 끼고 威重함을 행하였지만 모든 명령이 그의 손에 달려 있으니 어찌 천자의 명을 받들어 역적을 토벌한다고 말할 수 있겠는가. 이 의리가 진실로 시행되면 사마소 등과 같은 사람은 천지의 사이에서 용서받을 수 없을 것이고 천하 후세에 또한 명분을 속일 수 없는 것이다. 그러므로 ≪자치통감강목≫이 편찬되자 亂臣賊子들이 두려워하였다고 하는 것이다.〔考之分注 誕非純於起義者 特迫於內 不自安耳 然綱目書起兵 書討昭 略無貶詞 昭旣奉主而行 分注曰討 而綱目止書曰攻 豈自相矛盾哉 分注備前史之言 而綱目出於特筆 故所書如此 當是之時 司馬昭脅制其君 前書自爲大都督 奏事不名 假黃鉞 則是簒勢已成於廢放之後矣 天下之人 有能奮臂倡義 皆君子之所予 不遑恤其他 故夫急於討賊 則凡心跡之純駁 人品之高下 事業之成敗 皆置不論 直欲誅簒逆之人而後已 昭雖挾主爲重 然皆命在其手 豈得謂之奉辭伐叛 此義苟行 則如昭等 比將無所容於天地之間 而天下後世亦不可以名欺矣 故曰綱目修 而亂臣賊子懼〕" ≪發明≫

반란함이 늦어져서 재앙이 클 것이니 소환하는 것이 낫습니다."

가충은 賈逵의 아들이다.

誕素與夏侯玄等으로 **友善**이라 **玄等死**하고 **王淩毌丘儉**이 **相繼誅滅**하니 **誕內不自安**하여 **乃傾帑賑施**하고 **曲赦有罪**하여 **以收衆心**하고 **養輕俠數千人**하여 **爲死士**①러니 **司馬昭**가 **初秉政**에 **長史賈充**이 **請遣參佐**하여 **慰勞四征**하고 **且觀其志**②하다 **充至淮南**하여 **見誕論時事**할새 **因曰 洛中諸賢**이 **皆願禪代**하나니 **君以爲何如**오 **誕厲聲曰 卿非賈豫州子乎**③아 **世受魏恩**이어늘 **豈可以社稷輸人**이리오 **若洛中有難**이면 **吾當死之**하리라 **充默然**하고 **還言於昭曰 誕**이 **再在揚州**하여 **得士衆心**④하니 **今召之**면 **必不來**나 **然反疾而禍小**어니와 **不召則反遲而禍大**리니 **不如召之**니이다 **充逵之子也**라

① 振은 구원한다는 뜻이다. 施는 준다는 뜻이다.
振, 救也. 施, 與也.

② 魏나라는 征東將軍을 두어 淮南에 주둔하게 하고, 征南將軍을 두어 襄과 沔에 주둔하게 하여 吳나라를 대비하게 하고, 征西將軍을 두어 關과 隴에 주둔하게 하여 蜀漢을 대비하게 하고, 征北將軍을 두어 幽와 幷에 주둔하게 하여 鮮卑를 대비하게 하니, 모두 강한 병력을 주었다.
魏置征東將軍屯淮南, 征南將軍屯襄·沔以備吳, 征西將軍屯關·隴以備蜀, 征北將軍屯幽·幷以備鮮卑, 皆授以重兵.

③ 賈充의 아버지 賈逵는 이전에 豫州刺史를 지내고 卒하였으므로 賈豫州라고 칭한 것이다.
充父逵, 先爲豫州刺史而卒, 故稱之.

④ 諸葛誕은 이전에 揚州都督을 지냈는데, 東關의 패배로 豫州都督으로 바뀌고, 毌丘儉이 죽고 나자 다시 揚州都督이 되었다.
誕先督揚州, 東關之敗, 改督豫州, 毋丘儉旣死, 復督揚州.

【目】 조칙을 내려 諸葛誕을 司空으로 삼으니, 제갈탄이 마침내 揚州刺史 樂綝을 죽이고 屯田兵 10여만 명과 새로 귀부한 4, 5만 명을 거두고 1년 동안 충분히 먹을 수 있는 곡식을 모아서 문을 닫아걸어 스스로 지킬 계획을 세웠다. 그리고 長史 吳綱을 보내어 어린 아들 諸葛靚(제갈정)을 데리고 吳나라에 이르러 稱臣하고 구원을 요청하였다. 司馬昭가 魏主 曹髦와 太后를 모시고서 제갈탄을 토벌하자, 吳나라는 將軍 全懌·全端·唐咨 등을 보내어 文欽과 함께 제갈탄을 구원하게 하였다.

6월에 사마소는 여러 군대 26만 명을 감독하여 丘頭에 나아가 주둔하고 將軍 王基·陳騫을 보내어 壽春을 포위하게 하였다. 포위가 아직 견고하지 않았을 적에 전역 등이

군사들을 인솔하여 산에 의지해 험한 곳을 이용하여 성안으로 돌진해 들어갔다. 사마소는 왕기에게 명하여 군대를 거두어 들여 營壘를 굳게 지키라고 하였는데 왕기가 누차 진격하기를 청하였다. 마침 吳나라 朱異가 군사 3만을 이끌고 安豐에 주둔하여 문흠의 외부 세력이 되었다.

왕기에게 조칙을 내려 이동하여 北山(八公山)을 점거하라고 하였는데, 왕기가 말하기를 "지금 포위한 營壘가 더욱 견고하고 兵馬들이 결집하고 있습니다. 마땅히 수비를 강구하여 포위망에서 적이 도망치려는 것을 대비해야 하는데 다시 우리 군대를 이동하여 험한 곳을 지킨다면 저들에게 마음대로 드나들게 할 것이니, 그렇게 하면 비록 지혜로운 자가 있더라도 그 이후를 잘 수습하지 못할 것입니다."라고 하였다.

詔以誕爲司空하니 誕遂殺揚州刺史樂綝①하고 斂屯田兵十餘萬及新附四五萬人②하고 聚穀足一年食하여 爲閉門自守計하고 遣長史吳綱하여 將小子靚至吳하여 稱臣請救③하니 司馬昭奉魏主髦와 及太后討之④어늘 吳使將軍全懌全端唐咨等으로 與文欽同救誕⑤이러니 六月에 昭督諸軍二十六萬하여 進屯丘頭⑥하고 使將軍王基陳騫圍壽春하니 圍未合에 懌等이 將衆하여 因山乘險突入城⑦하니 昭勅基斂軍堅壁한대 基累求進討러니 會吳朱異가 率三萬人하여 屯安豐하여 爲欽外勢⑧어늘 詔基轉據北山한대 基曰 今圍壘轉固하고 兵馬向集하니 當修守備하여 以待越逸이어늘 而更移兵守險하여 使得放縱하니 雖有智者나 不能善其後矣⑨리이다하다

① 征東將軍은 揚州刺史와 함께 壽春에 治所를 두었다. 魏나라 四征將軍(征東·征南·征西·征北將軍)의 직임은 대부분 그 州의 刺史를 儲帥(副帥)로 삼았다. 그러므로 諸葛誕은 樂綝이 자기를 엿본다고 의심하였다.
征東將軍與揚州刺史同治壽春. 魏四征之任, 率以其州刺史爲儲帥, 故誕疑綝間己.

② 魏나라 郡縣에는 모두 屯田을 두었으니, 무릇 屯田의 戶口는 모두 官兵이다.
魏郡縣皆置屯田, 凡屯田口悉官兵也.

③ 將(거느리다)은 본음대로 읽는다. 小는 어리다는 뜻이다. 靚은 少子의 이름이다.
將, 如字. 小, 少也. 靚, 少子之名.

④ 司馬昭가 만일 스스로 출정하면 뒤에 兩宮(황제와 태후)을 끼고서 변란을 일으킬까 우려하였으므로 양궁을 모시고 諸葛誕을 토벌한 것이다.
昭若自行, 恐後有挾兩宮爲變者, 故奉之以討誕.

⑤ 全懌은 全琮의 아들이고, 全端은 전역의 조카이다.
懌, 琮之子. 端, 其從子也.

⑥ ≪水經≫에 "潁水가 南頓縣을 지나고, 또 동쪽으로 가서 丘頭를 지나는데, 丘頭 남쪽이 枕水이다."라고 하였다.
水經 "潁水過南頓縣, 又東逕丘頭, 丘頭南枕水."

⑦ 壽春城 밖에는 다른 데에 산이 없고 오직 城 북쪽에 八公山이 있을 뿐이다.
壽春城外他無山, 唯城北有八公山耳.
⑧ 安豐縣은 漢나라 때에 廬江郡에 속했고, 魏나라 때에 나누어 安豐郡에 속했다.
安豐縣, 漢屬廬江郡, 魏分屬安豐郡.
⑨ 越은 도주하고 넘어간다는 뜻이다. 逸은 달아나고 숨는다는 뜻이다.
越, 走也, 踰也. 逸, 奔也, 遁也.

【目】〈王基가〉 마침내 수비하면서 편의를 따라 상소를 하니, 회답하여 그 계책을 따라주었다. 이에 사면에서 포위하여 참호와 보루를 매우 견고하게 하고 文欽과 朱異를 공격하여 모두 격파하여 패주시켰다.

가을에 吳나라 孫綝이 크게 사졸들을 동원하여 鑊里로 나가서 주둔하고 다시 주이 등을 파견하여 壽春의 포위를 풀게 하였는데, 魏나라 군사들이 또다시 주이를 격파하였다. 주이가 도주하여 손침에게 돌아갔는데 손침이 주이에게 다시 결사적으로 싸우도록 하였다. 주이는 사졸들의 군량이 모자란다는 이유로 명을 따르지 않았는데, 손침이 성을 내어 주이를 참수하고 돌아갔다. 손침은 이미 제갈탄을 구출해내지 못했고 사졸들을 잃은 데다 자신이 직접 名將을 죽이니, 吳나라 사람들이 모두 원망하였다.

司馬昭는 反間(적군의 간첩을 역이용함)을 써서 말하기를 "吳나라 구원병이 장차 이를 것인데 우리 大軍은 양식이 부족하니 형세상 오래 있을 수 없다."라고 하였다. 諸葛誕은 더욱 느긋해져 군량을 마음대로 썼는데, 얼마 뒤에 군량이 부족해지고 외부의 구원병은 오지 않았다. 蔣班과 焦彝는 제갈탄의 謀主였는데 제갈탄에게 말하기를 "마땅히 軍心이 아직 견고할 때에 힘을 합쳐 결사적으로 싸워 한 방면을 공격하면 그래도 보전할 수 있을 것입니다. 가만히 앉아서 지키다가 죽는 짓을 해서는 안 됩니다."라고 하였으나 제갈탄은 따르지 않고 그들을 죽이려고 하자 장반과 초이는 성을 넘어 나가서 항복하였다.

全懌의 조카 全輝 등이 吳나라에서 죄를 얻어 魏나라로 도주하였다. 사마소는 전휘에게 편지를 쓰게 하여 전역 등에게 말하기를 "吳나라에서는 전역 등이 壽春城을 구원해내지 못한 것에 노하여 여러 장군의 가족들을 모두 주살하려 하기 때문에 도망 와서 魏나라에 귀순하였습니다."라고 하니, 전역 등이 마침내 그 무리들을 이끌고 나와 항복하였다.

遂守便宜上疏하니 報聽①이라 於是에 四面合圍하여 塹壘甚峻하고 擊欽異하여 皆破走之하니 秋에 吳孫綝이 大發卒하여 出屯鑊里②하고 復遣異等하여 解壽春之圍어늘 魏人又擊破之하니 異走歸綝한대 綝使異更死戰하니 異以士卒乏食으로 不從이어늘 綝怒斬異而還하니 綝既不能拔出誕하고 而喪敗士衆에 自戮名將하니 吳人咸怨이러라 昭乃縱反間言호되 吳救方至로되 大軍乏食하니 勢不能久라하거늘 誕益寬恣食이러니 俄而乏糧하고 外救不至하니 蔣班焦彝는 誕謀主也라 言於誕曰 宜及衆心尙固하여 幷力決死하여 攻其一面이면 猶有可全이니 空坐守死는 無爲也③니이다 誕不聽하고 欲殺之한대 班彝踰城出降하고 全懌兄子輝等이 得罪於吳하여 奔魏하니 司馬昭作輝書하여 告懌等說호되 吳中에 怒懌等不能拔壽春城④하여 欲盡誅諸將家라 故逃來歸命이라하니 懌等이 遂帥其衆出降하다

① 〈"報聽"은〉 王基에게 회답하여 그 계책을 행하도록 허락한 것이다.
報基聽行其策.
② 鑊里는 마땅히 巢縣 경계에 있다.
鑊里, 當在巢縣界.
③ 〈"幷力決死……無爲也"는〉 결사적으로 싸워서 살기를 구하는 것만 못하니, 앉아 지키면서 죽기를 기다려서는 안 됨을 말한 것이다.
言不若決死而求生, 無爲坐守而待斃.
④ 〈"不能拔壽春城"은〉 겹겹의 포위망에서 壽春의 무리들을 구해낼 수 없음을 말한다.
言不能拔壽春之衆於重圍也.

【綱】 姜維가 魏나라를 정벌하였다.

姜維伐魏하다

【目】 姜維는 魏나라가 關中의 군대를 나누어 淮南으로 나아갔다는 소식을 듣고, 빈틈을 타서 秦川으로 향하려고 하여 수만 명을 인솔하여 駱谷으로 출동하였다. 이때 長城에는 쌓아놓은 곡식이 많았으나 수비 병력이 적었다. 魏나라 都督 司馬望과 鄧艾가 나아가 그곳을 점거하여 강유를 막았다. 강유가 자주 挑戰을 하였으나 응전하지 않았다.

姜維聞魏分關中兵赴淮南하고 欲乘虛向秦川하여 率數萬人出駱谷하니 時에 長城[43]積穀多而

43) 長城 : 기존에는 이를 魏나라에서 축조한 장성으로 보았다. 근래 나온 ≪今注本二十四史 三國志≫ 〈鄧艾傳〉에서는 地名으로 보았다.

守兵少①라 魏都督司馬望及鄧艾가 進據之하여 以拒維하니 維數(삭)挑戰하되 不應이러라

① 이 長城은 마땅히 郿縣의 남쪽 沈嶺의 북쪽에 있다.
此長城, 當在郿縣之南・沈嶺之北.

【目】이때에 姜維가 자주 군대를 출동하니, 蜀漢 사람들이 근심하고 괴로워하였다. 譙周는 ≪仇國論≫을 지어 다음과 같이 풍자하였다.

"어떤 사람이 묻기를 '과거에 약한 상황에서 강한 자를 이긴 자는 그 술법이 어떻습니까?'라고 하니, 다음과 같이 대답하였다.

'내가 들으니, 대국에 살면서 환난이 없는 자는 늘 교만함이 많고, 소국에 살면서 우환이 있는 자는 늘 선행을 생각한다고 합니다. 교만함이 많으면 어지러움이 생기고 선행을 생각하면 다스림이 생겨나는 것은 항상적인 이치입니다. 그러므로 周나라 文王은 백성을 길러 적은 것으로 많음을 취하고, 句踐은 민중을 구휼하여 약함으로 강함을 멸망시켰으니 이것이 그 술법입니다.'

어떤 사람이 말하기를 '과거에 項羽가 강하고 漢 高祖(劉邦)가 약하니, 鴻溝를 기점으로 분할하자고 약속하고서[44] 각각 돌아가 백성을 쉬게 하였는데, 張良은 민심이 안정되고 나면 움직이기가 어렵다고 말하여 병사를 이끌고 항우를 추격하여 마침내 항우를 멸망시켰습니다. 어찌 文王의 고사를 따를 필요가 있겠습니까?'라고 하니, 다음과 같이 대답하였다.

'商나라와 周나라 때에 王과 諸侯가 대대로 존귀하고 임금과 신하 관계가 오래도록 견고하였으니 뿌리가 깊은 것은 뽑기 어렵고 견고하게 의탁한 것은 옮기기 어렵습니다. 이러한 때를 당하여 비록 漢 高祖일지라도 어찌 칼을 잡고 말을 채찍질하여 천하를 차지할 수 있겠습니까. 秦나라가 封侯의 제도를 없애고 郡守를 두게 된 뒤에 백성들이 秦나라 부역에 피로하여 천하가 땅이 무너지듯 파괴되었습니다. 이에 호걸들이 아울러 다투어 호랑이가 찢고 이리가 쪼개듯이 하니, 빨리 공격하는 자는 많이 얻고, 늦게 뒤처진 자는 병탄되었습니다.

지금 우리와 상대방은 모두 나라를 전하고 세대를 바꿨습니다. 이미 秦나라 말기의

44) 鴻溝를……약속하고서 : 鴻溝는 運河의 이름이다. 漢나라와 楚나라가 천하를 다툴 때 張良의 계책으로 천하를 반으로 나누어 홍구 서쪽은 漢이, 동쪽은 楚가 관할하기로 약속하였다. 漢 高祖가 군사들을 이끌고 서쪽으로 돌아가려고 하자, 張良과 陳平이 그 약속을 어기고 項羽의 군사가 지치고 주린 틈을 타서 공격할 것을 권하였다. 劉邦은 그 계책을 따라 항우를 추격하여 마침내 垓下에서 승리를 거두었다.(≪史記≫ 〈高祖本紀〉)

솥에 물이 끓는 듯한 시기가 아니고 실로 六國(戰國時代)의 병립하고 웅거하는 형세가 있습니다. 그러므로 문왕처럼 할 수 있고 한 고조처럼 하기는 어렵습니다. 백성이 피로하면 소요의 조짐이 생기고, 위가 교만하고 아래가 포악하면 瓦解의 형세가 일어납니다. 속담에 말하기를 「활을 쏠 때에 요행을 바라다가 자주 빗나가는 것이 잘 살펴서 발사하는 것만 못하다.」고 하니, 이 때문에 지혜로운 이는 작은 이익을 위하여 눈을 돌리지 않으며 겉으로 비슷하나 실제 다른 것을 위하여 계획을 바꾸지 않아서 시기가 가능하게 된 뒤에 움직이고 형세가 합당해진 뒤에 거동합니다. 그러므로 湯王과 武王의 군사가 두 번 싸우지 않고 〈한 번에〉 이겼으니 진실로 백성의 노고를 중시하고 시기를 잘 살펴서 판단하였던 것입니다. 만일 마침내 무력을 다 쓰고 정벌을 남용하여 불행히 환난을 만나게 되면 비록 지혜로운 이가 있다고 하더라도 계책을 낼 수 없을 것입니다.'"

是時에 維數(삭)出兵하니 蜀人愁苦라 譙周가 作仇國論하여 諷之曰 或問往古에 能以弱勝彊者는 其術何如오 曰 吾聞之호니 處大無患者는 常多慢이요 處小有憂者는 常思善이라 多慢則生亂하고 思善則生治가 理之常也라 故周文養民하여 以少取多하고 句踐恤衆하여 以弱斃彊하니 此其術也[①]라 或曰 曩者에 項彊漢弱하니 約分鴻溝하여 各歸息民이어늘 張良이 以爲民志旣定하면 則難動也라하여 率兵追羽하여 終斃項氏하니 豈必由文王之事乎아 曰商周之際에 王侯世尊하고 君臣久固하니 深根者는 難拔이요 據固者는 難遷[②]이라 當此之時하여 雖漢祖나 安能杖劒鞭馬取天下乎아 及秦罷侯置守之後에 民疲秦役하여 天下土崩하니 於是에 豪强竝爭하여 虎裂狼分하니 疾搏者는 獲多하고 遲後者는 見呑[③]이라 今我與彼가 皆傳國易世矣라 旣非秦末鼎沸之時요 實有六國竝據之勢라 故可爲文王이요 難爲漢祖라 夫民之疲勞하면 則騷擾之兆生하고 上慢下暴하면 則瓦解之形起하나니 諺曰 射幸數(삭)跌이 不如審發[④]이라하니 是故로 智者는 不爲小利移目하며 不爲意似改步하여 時可而後動하고 數合而後擧[⑤]라 故湯武之師가 不再戰而克하니 誠重民勞而度時審也[⑥]라 如遂極武黷征하여 不幸遇難이면 雖有智者나 將不能謀之矣리라

① 文王이 岐山을 다스릴 적에 사방 1백 리 땅을 가지고 일어나 천하의 3분의 2를 소유하였으니 이른바 적은 것으로 많음을 취한 것이다. 句踐이 越나라로 귀국하여 죽은 이를 조문하며 병자를 위문하여 10년 동안 인구를 늘리며 저축을 하고 10년 동안 백성을 가르치고 훈련시켜서 약한 越나라를 가지고 강한 吳나라를 멸망시켰다.
文王治岐, 由方百里起, 三分天下有其二, 所謂以少取多也. 句踐歸越, 弔死問疾, 十年生聚, 十年教訓, 以弱越斃强吳.

② "世尊"은 대물려 높은 지위에 있음을 말한다.

世尊, 言世世居尊位也.

③ 疾은 급하다는 뜻이다. 搏은 손으로 때리는 것이다.
疾, 急也. 搏, 手擊也.

④ 數은 자주이고, 跌은 차이가 나는 것이니, 〈"射幸數跌 不如審發"은〉 활쏘기에 자주 빗나가서 맞지 않는 것은 잘 살펴서 발사하는 것만 못하다는 뜻이다.
數, 頻也. 跌, 差也. 射數差而不中, 不如審而後發也.

⑤ 爲(위하다)는 去聲이다.
爲, 去聲.

⑥ 湯이 桀을 정벌한 적에 鳴條에서 한 번 전투하여 夏나라의 天命을 바꾸었고, 武王이 紂를 정벌할 적에 한 번 갑옷을 입고 나가 싸우자 천하가 크게 안정되었다.
湯伐桀, 鳴條一戰, 而革夏命, 武王伐紂, 一戎衣而天下大定.

戊寅年(258)

【綱】 漢나라(蜀漢) 後主 景耀 원년이다.

景耀元年이라

【目】 魏主 曹髦 甘露 3년이고, 吳나라 景帝 孫休 永安 원년이다.

魏甘露三年이요 **吳景帝孫休永安元年**이라

【綱】 봄 2월에 魏나라 司馬昭가 壽春을 함락하고 諸葛誕을 죽였다.

春二月에 **魏司馬昭**가 **拔壽春**하고 **殺諸葛誕**하다

【目】 文欽이 諸葛誕으로 하여금 포위를 뚫고 나가게 하였는데 이기지 못하고 다시 돌아왔다. 성안에 군량이 다 떨어져서 항복하는 자들이 날로 많아졌다. 문흠이 북방 출신 군사들을 다 내보내어 양식을 절약하고 吳나라 사람들과 굳게 지키려고 하니, 제갈탄이 따르지 않았다. 이로 말미암아 다투고 원망을 하여 마침내 문흠을 죽였다.

문흠의 아들 文鴦이 성을 넘어서 魏나라에 귀순하니 軍吏가 문앙을 주살하자고 청하였다. 司馬昭가 말하기를 "문흠의 아들은 진실로 죽여야 하지만 지금 곤궁한 처지로 와서 귀순하고 또 성이 아직 함락되지 않았으니, 문앙을 죽이면 성안 적군의 인심을 굳게

해준다."라고 하고, 문앙에게 수백 기병을 거느리고 성을 순시하도록 하고 외치게 하기를 "문흠의 아들도 오히려 죽임을 당하지 않았으니 그 나머지는 무엇을 두려워하는가."라고 하였다. 또 表文을 올려 將軍으로 삼고 關內侯 작위를 하사하니, 壽春城 안의 사람들이 모두 기뻐하였다.

司馬昭가 諸葛誕을 격파하다

사마소는 이를 이용하여 진군하여 승리하고 제갈탄을 참수하고는 그의 삼족을 멸하였다. 제갈탄의 휘하 수백 인이 모두 두 손을 맞잡고 줄을 서서 항복하지 않았는데, 한 사람씩 참수할 때마다 번번이 항복하게 하였으나 끝내 변치 않아 모두 죽음에 이르렀다. 吳나라 장군 于詮이 말하기를 "대장부가 임금에게 명을 받아 병사를 이끌고 사람들을 구원하러 왔다가 이미 승리하지 못했고 또 적에게 사로잡히는 것을 나는 하지 못하겠다."라고 하고, 마침내 투구를 벗고 적진에 뛰어들어 죽었다.

文欽이 教諸葛誕決圍而出한대 不克復還하니 城中食盡하여 降者가 日衆이라 欽欲盡出北方人省食하고 與吳人堅守①하니 誕不聽이라 由是爭恨하여 遂殺欽하니 欽子鴦이 踰城自歸於魏어늘 軍吏請誅之한대 司馬昭曰 欽子固應就戮이나 然今以窮來歸하고 且城未拔하니 殺之면 是堅城內之心也라하고 乃使將數百騎巡城하고 呼曰 文欽之子도 猶不見殺하니 其餘何懼오 又表爲將軍하고 賜爵關內侯하니 城中皆喜라 昭因進軍克之하고 斬誕夷三族하니 誕麾下數百人이 皆拱手爲列하여 不降이어늘 每斬一人에 輒降之호되 卒不變하여 以至於盡하다 吳將于詮曰 大丈夫受命其主하여 以兵救人하여 既不能克하고 又束手於敵을 吾弗取也라하고 乃免冑冒陳而死②하다

① 省(줄이다)은 所景의 切이니, 줄인다는 뜻이다.
省, 所景切, 減省.

② 冒는 저촉한다는 뜻이다. 陳(진을 치다)은 陣으로 읽는다.
冒, 犯也. 陳, 讀曰陣.

【目】 司馬昭가 처음 壽春을 포위했을 때에 王基 등이 급히 공격하려 하였는데 사마소가 다음과 같이 말하였다.

"수춘성이 견고하고 군사들이 많으니 공격하면 반드시 힘이 부칠 것이다. 만일 외부에 적군이 있게 되면 안팎으로 적의 공격을 받게 되니 이는 위험한 방법이다. 지금 반란자 3명이 고립된 성안에 서로 모여 있으니, 하늘이 혹은 함께 죽이려고 하는 것이다. 내가 마땅히 완전한 책략으로 그들을 모두 사로잡겠다. 다만 세 방면을 견고하게 지키고 만약 吳나라 적군들이 육로로 오게 되면 군량이 반드시 적을 것이니 내가 경무장 기병으로 그 수송로를 단절시키면 싸우지 않고도 격파할 수 있다. 吳나라 적군이 격파되면 文欽 등이 반드시 사로잡히게 될 것이다."

이에 모든 군대에 명하여 병력을 움직이지 말고 지키라고 하여 마침내 번잡하게 공격하지 않고 격파하였다.

건의하는 자들이 또 淮南 지역이 이어서 반란하고 吳나라 병사들의 가족들이 江南에 있으니 이들을 마땅히 다 파묻어 죽여야 한다고 하였다. 사마소가 다음과 같이 말하였다.

"옛날에 군사를 운용할 적에는 국가를 온전히 하는 것이 최상이었으니 그 원흉을 죽일 뿐이었다. 吳나라 병사들이 도망하여 돌아가게 되면 바로 우리 中原의 큰 도량을 보여줄 수 있는 것이다."라고 하고, 한 사람도 죽이는 것이 없었고 三河 지역의 가까운 郡에 나누어 안치하게 하였다.

사마소가 여러 군대를 보내어 틈을 타서 吳나라를 공격하려 하였는데 왕기가 간언하기를 "옛날에 諸葛恪이 東關의 승리를 틈타서 新城을 포위했다가 군인들이 태반이나 죽었고, 姜維가 洮西의 승리를 틈타서 경무장 군대로 깊이 들어갔다가 군대가 上邽에서 패하였습니다.[45] 대개 크게 승리한 뒤에는 윗사람이나 아랫사람이나 적군을 경시합니다. 적군을 경시하면 환난을 우려함이 깊지 못합니다. 지금 적군이 외부에서 막 패하였

45) 옛날에……패하였습니다 : 諸葛恪이 新城에서 패한 일은 본서 99쪽에 보이고 姜維가 段谷에서 패한 일은 본서 131쪽에 보인다.

고 또다시 내부의 우환이 그치지 않으니 이는 저들이 대비를 강구하고 계획을 숙고할 때입니다."라고 하니, 사마소는 마침내 정지하였다. 왕기를 征東將軍 都督揚州諸軍事로 삼았다.

이때에 鍾會가 계책을 낸 것이 많았다. 사마소가 친하게 대하기를 날로 융숭하게 하여 심복의 임무를 맡기니 당시 사람들이 子房(張良)에 비유하였다.

昭初圍壽春에 王基等이 欲急攻之어늘 昭曰 城固衆多하니 攻之必力屈이라 若有外寇면 表裏受敵이니 此危道也라 今三叛이 相聚於孤城之中①하니 天其或者使同就戮이니 吾當以全策縻之라 但堅守三面하고 若吳賊이 陸道而來면 軍糧必少니 吾以輕騎로 絶其轉輸면 可不戰而破也라 吳賊破면 欽等이 必成擒矣라하고 乃命諸軍按甲以守之하여 卒不煩攻而破하다 議者又以淮南仍叛하고 吳兵家在江南하니 宜悉坑之②니라 昭曰 古之用兵이 全國爲上이니 戮其元惡而已③라 吳兵이 得亡還이면 適可示中國之大度耳라하고 一無所殺하고 分布三河近郡安處之④하다 昭欲遣諸軍하여 因釁擊吳어늘 王基諫曰 昔에 諸葛恪이 乘東關之勝하여 以圍新城이라가 衆死太半하고 姜維가 因洮西之利하여 輕兵深入이라가 軍覆上邽⑤하니 夫大捷之後에 上下輕敵이라 輕敵則慮難不深⑥하니 今賊이 新敗於外하고 又內患未弭⑦하니 是修備設慮之時也니이다 昭乃止하다 以基爲征東將軍都督揚州諸軍事하다 時에 鍾會謀畫이 居多라 昭親待日隆하여 委以腹心之任하니 時人이 比之子房이러라

① "三叛"은 諸葛誕, 文欽, 唐咨를 말한다. 당자는 본래 魏나라 사람이었는데, 吳나라에 항복하였다.[46]
   三叛, 謂諸葛誕・文欽及唐咨也. 咨本魏人, 降吳.
② 仍은 서로 잇는다는 뜻이다.
   仍, 相因也.
③ 〈"全國爲上 戮其元惡而已"는〉 그 나라의 백성들을 온전하게 해주고 그 임금만 죽이는 데에 그침을 말하니, 이른바 그 임금만 죽이고 그 백성을 위로한다는 것이다.
   言全其國之人民, 止戮其君, 所謂誅其君而弔其民也.[47]
④ 河南은 도읍이 있는 곳이고, 河東, 河內는 모두 서울에 가깝다.
   河南, 都也. 河東・河內皆近京師.
⑤ 〈"軍覆上邽"는〉 段谷의 패배를 말한다.

46) 당자는……항복하였다 : 三國時代 魏 文帝 黃初 6년(225)에 利城郡에서 반란을 일으켰는데, 반란군이 唐咨를 主將으로 추대하였다. 그러나 魏나라 군사에게 격파되었다. 당자는 吳나라로 도주하여 관직이 左將軍에 이르고 諸侯에 봉해졌다. 뒤에 諸葛誕을 도와 魏나라를 막다가 군사가 패하여 포로가 되자 魏나라에서는 당자를 安遠將軍으로 삼았다.

47) 誅其君而弔其民也 : ≪孟子≫ 〈梁惠王 下〉에 보인다.

謂段谷之敗也.

⑥ 難(환난)은 去聲이다.

難, 去聲.

⑦ 〈"內患未弭"는〉 孫綝이 임금과 신하 사이에 서로 의심함을 말한다.

謂孫綝君臣相猜.

【綱】 姜維가 병사를 이끌고 돌아왔다.

姜維가 **引兵還**[48]하다

【目】 姜維는 諸葛誕이 죽었다는 소식을 듣고 돌아왔다.

維聞諸葛誕死而還하다

【綱】 여름 5월에 魏나라 司馬昭가 스스로 相國이 되고 晉公을 봉하고 九錫을 더하였는데, 다시 사양하고 받지 않았다.

夏五月에 **魏司馬昭**가 **自爲相國**하고 **封晉公**하여 **加九錫**하니 **復辭不受**[49]하다

---

48) 姜維 引兵還 : "돌아왔다고 기록한 것은 무엇 때문인가. 나무란 것이다. 어찌하여 나무란 것인가. 魏나라를 정벌한다고 나갔다가 諸葛誕을 죽였다는 소식을 듣고 돌아왔으니, 이 군대는 다만 남의 위태로운 상황을 틈탔을 뿐이므로, 기록하여 나무란 것이다.〔書還 何 譏也 何譏 以伐魏出 聞殺諸葛而還 則斯師也 徒乘人之危而已矣 故書譏之〕" ≪書法≫

49) 魏司馬昭……復辭不受 : "司馬懿는 일찍이 九錫을 사양했을 때 다만 '不受(받지 않다)'라고 기록했는데, 여기에서 '復(다시)'라고 기록한 것은 어째서인가. 司馬昭 자신이 구석을 더하고 다시 자신이 사양했으니, 속임이 너무 심한 것이다. 위에서 '自爲'라고 기록하고 아래에서 '復辭'라고 기록하고 뒤에 '始受(처음 받았다)'라고 기록하였으니, 사마소의 마음을 깊게 誅伐한 것이다. 그러므로 이로부터는 사마소가 다시 세 번 命을 받고 세 번 사양한 것을 모두 삭제하여 기록하지 않았다. ≪資治通鑑綱目≫에 九錫을 기록한 것이 14번인데, 자신이 행하고 다시 사양했다가 비로소 받은 것을 기록한 것이 2번이니(司馬昭와 劉裕) 晉나라와 宋나라 초기에 똑같은 전철을 밟았다.〔懿嘗辭九錫矣 止書不受 此其書復 何 昭自加之 復自辭之 詐已甚矣 上書自爲 下書復辭 後書始受 所以深誅其心也 故自是昭復三命三讓皆削之不書 綱目書九錫十四 書自爲復辭始受者二(司馬昭劉裕) 晉宋之初 一轍也〕" ≪書法≫ '始受'는 본서 189쪽 '魏司馬昭 始稱相國晉公 受九錫'이라고 한 것을 가리킨 것이다.

"세태의 변화가 나날이 나빠지고 간사한 거짓이 날로 커져 曹操와 曹丕가 漢나라를 찬탈하고 힘써 공허한 말로 세상을 미혹시키더니, 司馬氏에 이르러 더욱 심해졌다. 지금 司馬昭는 스스로 相國이 되고 晉公에 봉해지고 九錫을 더하고는 또다시 사양하여 받지 않았으니, 과연 어떠한 마음인가. 亂臣賊子가 글로 천하 사람을 속이려 하였는데, ≪資治通鑑綱目≫에서 그 간사함을 모두 드러내어 올바른 모습으로 그것을 기록하였으니, 그러한 뒤에야 손발이 실추되어 그 속마음을 보는 것처럼 되었다.〔世變日下 姦僞日勝 自操丕簒漢 務爲虛詞以惑世 至司馬氏 又益甚之 今昭旣自爲相國封晉公加九錫矣 又復辭而不受 果何意哉 亂臣賊子 將以文欺天下 綱目盡發其姦 正色書之 然後手足失墜 如見其肺肝矣〕"

【綱】 가을 8월에 魏主 曹髦가 太學에서 養老禮를 거행하고 〈三老와 五更[50]에게〉 좋은 말을 해주기를 청하였다.

◑ **秋八月**에 **魏主髦**가 **養老乞言於太學**[①51]하다

① 《禮記》〈內則〉에 말하기를 "무릇 養老禮에서 五帝는 그들의 덕행을 법으로 삼았고〔憲〕, 三王은 또다시 그들이 좋은 말을 해주기를 청하였다."라고 하고, 〈鄭玄의〉 註에 "憲은 본받는 것이니, 〈五帝가〉 養老禮를 시행한 것은 노인의 덕행을 본받기 위함이고, 三王이 또다시 이를 따라 시행할 만한 좋은 말을 청하였다."라고 하였다.
記曰 "凡養老, 五帝憲, 三王又乞言." 注曰 "憲, 法也, 養之爲法其德行, 三王又從之求善言可施行也."

【目】 王祥을 三老로 삼고 鄭小同을 五更으로 삼았다.

以王祥爲三老하고 鄭小同爲五更[①]하다

① 小同은 鄭玄의 손자이다.
小同, 玄之孫也.

【綱】 9월에 吳나라 孫綝이 吳主 孫亮을 폐위시켜 會稽王으로 삼고, 겨울 10월에 琅邪王 孫休를 맞이하여 황제로 세웠다. 손휴는 손침을 丞相으로 삼고 형의 아들 孫皓를 봉하여 烏程侯로 삼았다.

九月에 **吳孫綝**이 **廢其主亮**하여 **爲會稽王**하고 **冬十月**에 **迎立琅邪王休**하니 **休以綝爲丞相**하고 **封兄子皓**하여 **爲烏程侯**하다

【目】 孫綝이 그의 임금 孫亮이 親政을 할 적에 힐문한 것이 많은 것으로 인해 병을 핑계

《發明》

50) 三老와 五更 : 《禮記》〈文王世子〉에 "三老와 五更의 자리를 설치하였다.〔設三老五更〕"라고 하였는데 그 鄭玄 註에 "삼로와 오경은 각각 한 사람씩인데, 모두 늙도록 일을 하고 벼슬에서 물러난 사람들이다. 천자가 父兄처럼 봉양하여 천하에 효도와 우애를 본보기로 보인 것이다.〔三老五更 各一人也 皆年老更事致仕者也 天子以父母養之 示天下之孝弟也〕"라고 하였다.

51) 魏主髦 養老乞言於太學 : "養老禮를 하여 좋은 말을 해주기를 청하는 것은 성대한 예절이다. 曹髦가 이를 시행하였으나 또한 난리를 구제하지는 못하였다. 《資治通鑑綱目》이 끝날 때까지 養老를 기록한 것이 네 번인데(明帝 永平 2년(59), 이해(258), 齊나라 壬申年(492) 魏主 拓跋宏, 陳나라 癸未年(563) 周主 宇文邕), 오직 조모는 아름답게 여긴 말이 아니다.〔養老乞言 盛典也 髦能行之 然亦無救於亂矣 終綱目 書養老四(明帝永平二年 是年 齊壬申年魏主宏 陳癸未年周主邕) 惟髦非美辭〕" 《書法》

하여 조회를 드리지 않고 아우 孫據를 시켜 궁중에 들어가 宿衛하게 하고 孫恩, 孫幹, 孫闓(손개)로 여러 군영에 나누어 주둔하게 하여 자신을 튼튼하게 하였다. 손량은 손침을 미워하여 은밀하게 全公主와 將軍 劉承과 함께 손침을 주살할 것을 모의하였다. 全皇后의 아버지 全尙은 衛將軍이었다. 손량은 전상의 아들 全紀로 하여금 전상에게 말하게 하기를 "兵馬를 엄정하게 정비하라. 내가 마땅히 宿衛 병력을 이끌고 朱雀橋로 가겠다."라고 하고, 또 말하기를 "卿(전기)의 어머니에게 알리지 말라. 여인은 大事를 이해하지 못하고 또 손침의 손윗누이이기도 하다. 만나서 누설하게 되면 나를 잘못되게 하는 것이 작지 않을 것이다."라고 하였다.

孫綝이 吳主 孫亮을 폐위시키다

전기가 조칙을 받들어 전상에게 고하니, 전상은 심모원려함이 없어서 그것을 전기의 어머니에게 고하니, 그녀는 사람을 보내어 몰래 손침에게 고하였다. 손침은 밤중에 전상을 습격하여 잡고 유승을 죽이고, 날이 밝을 즈음에 마침내 궁궐을 포위하였다. 손량은 크게 노하여 말에 올라 동개를 차고 활을 잡아 나가려고 하면서 말하기를 "나는 大皇帝(孫權)의 適子로서 황위에 있은 지가 이미 5년이다. 누가 감히 따르지 않을 자가 있느냐."라고 하였으나, 근신들이 함께 붙잡아 저지하여 나갈 수 없었다.

손침은 光祿勳 孟宗을 시켜서 太廟에 고하게 하여 손량을 폐위하여 會稽王으로 삼고 그 죄를 원근에 포고할 적에 尙書 桓彛(환이)가 署名을 하려고 하지 않자, 손침이 노하여 환이를 죽이고는 마침내 琅邪王 孫休를 會稽에서 맞이하고, 회계왕 손량을 보내어

封國으로 가게 하니, 손량은 이때 나이가 16세였다. 전상을 죽이고 전공주를 豫章으로 옮겼다.

孫綝이 以其主亮親政에 多所難問으로 稱疾不朝하고 使弟據入宿衛하고 恩幹闓로 分屯諸營以自固①하니 亮惡(오)之하여 陰與全公主將軍劉承으로 謀誅之하니 全后父尙이 爲衛將軍이라 亮使尙子紀로 語尙嚴整兵馬하라 孤當率宿衛臨橋②하리라 且曰 勿令卿母知하라 女人不曉大事하고 且綝姊也라 邂逅漏泄이면 誤孤非小리라 紀承詔以告尙하니 尙無遠慮라 以語紀母하니 母使人密語綝한대 綝夜襲尙執之하고 殺劉承하고 比明에 遂圍宮하니 亮大怒하여 上馬帶韃執弓欲出③曰 孤는 大皇帝適子로 在位已五年이라 誰敢不從者리오 近臣共牽止之하여 不得出하니 綝使光祿勳孟宗으로 告太廟하여 廢亮爲會稽王하고 以其罪班告遠近④할새 尙書桓彝가 不肯署名이어늘 綝怒殺之하고 遂迎琅邪王休於會稽⑤하고 遣會稽王亮之國하니 亮時年十六이러라 殺全尙하고 遷全公主於豫章하다

① 孫恩, 孫幹, 孫闓는 孫綝의 세 아우 이름이다.
恩·幹·闓, 綝三弟名.
② 橋는 朱雀橋를 말하니, 孫綝은 집을 주작교 남쪽에 설치하였다.
橋, 謂朱雀橋. 綝築第橋南.
③ 韃(동개)은 居言의 切이니, 활과 화살을 넣는 기구이다.
韃, 居言切, 戢弓矢器.
④ 班은 펼친다는 뜻이다. 告는 선고한다는 뜻이다.
班, 布也. 告者, 宣告也.
⑤ 吳나라는 建興 원년(252)에 孫休는 丹陽으로 옮겼다가 이윽고 또 會稽로 옮겼다.
吳建興元年, 休徙丹(楊)〔陽〕,[52] 旣又徙會稽.

【目】孫綝은 孫休가 아직 도착하지 않은 것으로 인해 궁중에 들어가 머물면서 백관을 불러 회의를 하려고 하니, 모두 떨면서 '네, 네.' 하였는데, 選曹郎 虞汜(우사)는 다음과 같이 말하였다.

"明公께서 황제를 폐하고 세우는 위엄을 전적으로 행하는 것은 진실로 위로 宗廟를 편안하게 하려는 것입니다. 지금 琅邪王을 맞이함에 아직 도착하지 않았는데 궁중에 들어가려 하시니, 여러 사람이 듣고 의혹을 품을까 염려됩니다. 忠孝를 오래 보전하며 명예를 후세에 드날리는 방법이 아닙니다."

손침이 기뻐하지 아니하고 그쳤다.

52) (楊)〔陽〕: 저본에는 '楊'으로 되어 있으나, ≪資治通鑑≫ 註에 의거하여 '陽'으로 바로잡았다.

10월에 손휴가 도착하였다. 여러 신하들이 璽符(옥새)를 바쳐 올렸는데 손휴는 세 번 사양한 뒤에야 받고 그날로 正殿에 나아가 大赦免令을 내리고 연호를 바꾸었다. 손침은 草莽의 신하라고 일컫고 궁궐에 나아가 인장, 인끈과 부절, 斧鉞을 올리고서 현명한 자에게 자리를 양보하겠다고 청하자 吳主 손휴가 그를 위로하여 타이르고 丞相 荊州牧으로 삼았다.

綝이 以休未至로 欲入居宮中하여 召百官會議하니 皆惶怖唯唯어늘 選曹郞虞汜曰[①] 明公擅廢立之威는 誠欲上安宗廟라 今迎王未至而欲入宮하니 竊恐衆聽疑惑이라 非所以永終忠孝揚名後世也니이다 綝이 不懌而止하다 十月에 休至하니 群臣이 奉上璽符한대 三讓乃受하고 卽日에 御正殿하여 大赦하고 改元하니 綝稱草莽臣하고 詣闕上印綬節鉞하여 求避賢路[②]어늘 吳主休가 慰諭之하고 以爲丞相荊州牧하다

① 虞汜는 虞翻의 아들이다.
汜, 翻之子也.
② "草莽"은 草茅(草野)라는 말과 같다.
草莽, 猶言草茅也.

【目】 이보다 앞서 丹陽太守 李衡이 자주 일로써 孫休를 침해하였는데, 그 아내 習氏가 간언하였으나 따르지 않았다. 손휴가 글을 올려 會稽로 옮겨가게 되었다. 이때에 이르러 이형이 그의 아내에게 말하였다.

"그대의 말을 따르지 않다가 이 지경에 이르렀다. 내가 魏나라로 도주하려 하니, 어떠한가."

아내가 말하였다.

"배반하고 도망가서 살기를 구하면 무슨 면목으로 中原 사람들을 보겠습니까. 琅邪王께서는 평소 선행을 좋아하고 명예를 흠모하였습니다. 장차 자신을 천하에 드러내려고 하시니 결국 사사로운 혐의로 그대를 죽이지 않을 것입니다. 스스로 감옥으로 가셔서 表文을 올려 과거의 잘못을 열거하여 공개적으로 죄를 받겠다고 청하십시오. 이와 같이 하면 당연히 우대를 받을 것이니 살아나는 것뿐만이 아닐 것입니다."

이형이 그 말을 따르니 조칙을 내려서 郡으로 되돌아가게 하여 將軍 호칭을 더해주고 棨戟(고급 지방 관원의 의장용 창)을 주었다. 또 故 南陽王 孫和의 아들 孫皓를 봉하여 烏程侯로 삼았다.

◑ 先是에 丹陽守李衡이 數(삭)以事侵休어늘 其妻習氏 諫之不聽하니 休上書得徙會稽러니 至是하여 衡謂妻曰 以不用卿言至此하니 吾欲奔魏하노니 何如오 妻曰 逃叛求活이면 何面目見中國人이리오 琅邪素好善慕名이라 方欲自顯於天下하니 終不以私嫌殺君이니 可自詣獄하여 表列前失하여 顯求受罪니 如此면 當逆見優饒라 非但直活而已[1]리라 衡從之하니 詔遣還郡하여 加將軍號하고 授以棨戟하다 又封故南陽王和子皓爲烏程侯하다

① 逆은 맞이한다는 뜻이니, 〈"當逆見優饒"는〉 장차 그 관직을 더하여 우대해주는 것을 말한다.
逆, 迎也. 言將優加其官以饒益之.

【綱】 12월에 吳나라 孫綝이 주살되었다.

十二月에 吳孫綝이 伏誅하다

【目】 孫綝이 소고기와 술을 받들고 孫休에게 갔는데 손휴가 받지 않았다. 이를 가지고 張布에게 가서 술이 거나하게 취했을 적에 원망하는 말을 하기를 "황제께서는 내가 아니면 즉위하지 못하셨는데, 지금 예물을 올려 거절을 당했다. 이는 일반 신하로 대하는 것과 다름이 없으니 마땅히 다시 바꾸기를 도모해야 하겠다."라고 하였다. 장포가 이를 손휴에게 고하였는데, 손휴가 앙심을 품었지만 변란이 있을까 우려하여 자주 포상을 더 내렸다.

어떤 이가 손침이 반란을 일으켰다고 고하자, 손휴가 그를 잡아다 손침에게 넘겼는데 손침이 그를 죽였다. 이로 말미암아 손침은 더욱 두려워하여 武昌으로 나가 주둔해 있겠다고 청하니, 손휴는 허락하고 모든 요청을 하나도 어김없이 해주었다.

將軍 魏邈이 손휴를 설득하기를 "손침이 지방에 있게 되면 반드시 변란이 있을 것입니다."라고 하였고, 衛士가 또다시 손침이 반란하였다고 고하였다. 손휴가 토벌하려 하여 비밀리에 장포에게 묻자, 장포가 말하기를 "左將軍 丁奉이 비록 관부의 문서 작성은 잘하지 못하지만 계략이 남보다 뛰어나서 큰일을 결단할 수 있습니다."라고 하자, 정봉을 불러 계획을 물었다. 정봉이 말하기를 "丞相(손침)의 형제와 파당들이 매우 번성하니, 갑자기 제압할 수 없습니다. 臘會(臘祭日의 조정 모임)를 이용하여 陛兵을 써서 주살할 수 있습니다."라고 하였다.

綝奉牛酒詣休한대 休不受하니 齎詣張布[1]하여 酒酣에 出怨言曰 帝非我不立이어늘 今上禮見

拒하니 是與凡臣無異라 當復改圖耳[②]리라 布以告休한대 銜之호되 恐其有變하여 數(삭)加賞賜하고 或告綝反이어늘 休執付綝하니 綝殺之하다 由是益懼하여 求出屯武昌이어늘 休許之하고 凡所請求를 無一違者러라 將軍魏邈이 說休曰 綝居外에 必有變하리이다 衛士가 又告綝反하니 休將討之하여 密問於張布한대 布曰 左將軍丁奉이 雖不能吏書나 而計略過人하여 能斷大事라한대 乃召奉問計畫하니 奉曰 丞相兄弟支黨이 甚盛하니 不可卒制[③]라 可因臘會有陛兵하여 以誅之[④]니이다

① 孫綝은 張布가 吳主에게 신임을 받고 의지하는 바가 되었기 때문에 그에게 간 것이다.
綝以布爲吳主所信倚, 故詣之.
② 上(올리다)은 時掌의 切이다.
上, 時掌切.
③ 卒(갑자기)은 猝로 읽는다.
卒, 讀曰猝.
④ "陛兵"은 殿陛(전각 계단)를 끼고 宿衛하는 병사이니, 이른바 "陛戟之士(전각 계단 곁에 戟을 잡고 서 있는 병사)"이다.
陛兵, 宿衛之兵夾殿陛者, 所謂陛戟之士.

【目】12월 臘會에 孫綝이 병을 핑계 대었는데, 孫休가 억지로 권하여 나오게 하자 할 수 없이 조정으로 들어왔다. 丁奉과 張布가 左右 사람들에게 눈짓을 하여 손침을 결박하고 참수하게 하여 그 머리를 들고서 대중들에게 명령하고 함께 도모한 자들을 다 사면하니, 병기를 내려놓는 자가 5천 명이었다. 손침의 삼족을 멸하고 孫峻(손침의 종형)의 관을 파내어 印綬를 꺼내고 관을 얇게 깎고서 파묻고 諸葛恪・滕胤・呂據 등을 개장하고 제갈각 등의 사건에 걸려들어 멀리 귀양 간 사람들을 일체 불러 돌아오게 하였다.

제갈각을 위하여 비석을 세우자고 청하는 이가 있었는데, 조칙을 내려 말하기를 "한창 여름에 군대를 출동했을 적에 사졸을 손상하여 조금의 공도 없었으니 능력이 있다고 말할 수 없고, 어린 임금을 보필하는 중임을 받아 소인배의 손에 죽었으니 지혜롭다고 말할 수 없다."라고 하니, 마침내 중지되었다.

十二月臘會에 綝稱疾이어늘 休强起之한대 不得已而入이어늘 奉布目左右하여 縛而斬之하여 以其首令衆하고 諸同謀者를 皆赦之하니 放仗者가 五千人[①]이라 夷綝三族하고 發孫峻棺하여 取印綬하고 斲而埋之[②]하고 改葬諸葛恪及胤據等하고 其罹恪等事遠徙者를 一切召還하다 有乞爲恪立碑者[③]어늘 詔曰 盛夏出軍에 士卒傷損하여 無尺寸之功하니 不可謂能이요 受託寄之任하여 死於豎子

之手하니 不可謂智라하니 遂寢하다

① 放은 버린다는 뜻이다. 仗은 兵器이다.
放, 棄之也. 仗, 兵器也.
② 옛날에 棺과 槨의 두께는 모두 법도가 있었는데, 지금 깎아 얇게 하여 강등함을 보인 것이다.
古者, 棺槨厚薄皆有度, 斲而薄之以示貶.
③ 爲(위하다)는 去聲이다.
爲, 去聲.

【綱】詔令을 내려 漢中의 군대는 漢壽에 주둔하고 漢城과 樂城 두 성을 지키게 하였다.

詔漢中兵屯漢壽하고 守漢樂二城[53]하다

【目】예전에 昭烈帝(劉備)가 漢中을 평정했을 때 외변을 둘러싼 진영들에 병력을 채워서 외적을 방어하여 적군이 만약 공격해오면 들어올 수 없게 하였다. 그 뒤에 모두 이 규칙을 이어받았다. 姜維가 권력을 행사하자 다음과 같이 건의하였다.

"외변을 둘러싼 진영들은 다만 적을 방어할 수 있을 뿐이고 큰 승리를 거두지는 못합니다. 병력을 거두어 곡식을 모으고 물러나 漢城과 樂城 두 성을 지켜서 적군이 평지에 들어오도록 방치하고 중요한 관문을 지켜서 막는 것만 못합니다. 적군은 관문을 공격하여도 이기지 못할 것이고, 천릿길에 군량을 운송하는 데 자연히 피곤해질 것입니다. 적병이 후퇴한 뒤에 여러 성에서 아울러 출동하여 공격하면 이는 적군을 섬멸하는 방법입니다."

이에 조칙을 내려 督漢中 胡濟에게 물러나 漢壽에 주둔하게 하고, 王含에게 樂城을 지키게 하고, 蔣斌(장빈)에게 漢城을 지키게 하였다.

初에 昭烈定漢中에 實兵諸圍以禦外敵하여 敵若來攻이면 使不得入케하니 其後에 皆承此制러니 及姜維用事에 建議以爲호되 諸圍適可禦敵이요 不獲大利라 不若斂兵聚穀하고 退守漢樂二城하여 聽敵入平하고 重關頭鎭守以捍之①니 敵攻關不克하고 千里運糧에 自然疲乏이니 引退之日然後에 諸城竝出搏之하면 此殄敵之術也라한대 於是에 詔督漢中胡濟却屯漢壽하고 王含守樂城하고 蔣斌

53) 詔漢中兵屯漢壽 守漢樂二城 : "姜維의 잘못된 계책은 蜀漢이 망한 원인이다. 그러므로 특별히 기록한 것이다.〔維之失計 漢所以亡者也 故特書之〕"≪書法≫

守漢城[②]하다

① "聽敵入平"은 적군을 방치하여 평지에 들어오도록 한 것을 말한다.
聽敵入平, 謂縱敵使入平地也.

② 斌은 음이 彬이다.
斌, 音彬.

己卯年(259)

【綱】 漢나라(蜀漢) 後主 景耀 2년이다.

二年이라

【目】 魏主 曹髦 甘露 4년이고, 吳나라 景帝 孫休 永安 2년이다.

魏甘露四年이요 吳永安二年이라

【綱】 봄 정월에 黃龍이 두 번 魏나라 寧陵 우물에 나타났다.

春正月에 黃龍二見(현)魏寧陵井中[①54)]하다

① 寧陵縣은 前漢 때에 陳留郡에 속하였고, 後漢과 魏나라 때에 梁國에 속하였다.
寧陵縣, 前漢屬陳留郡, 後漢魏屬梁國.

【目】 이보다 앞서 魏나라 우물에 자주 龍이 나타나니 여러 신하들이 길한 징조라고 하였다. 魏主 曹髦가 말하기를 "龍은 임금의 德이다. 위로는 하늘에 있지 않고 아래로는 밭에 있지도 아니하여 자주 우물에 굽혀 있으니[55)] 아름다운 조짐이 아니다."라고 하였다.

---

54) 黃龍二見魏寧陵井中 : "龍이 우물에 나타나자 曹叡는 이 일로 연호를 바꾸고, 曹髦는 이 일로 자신을 풍자하였으니 또한 두 사람의 식견과 취향을 엿볼 수 있다. 조예는 지위를 유지하여 온당히 죽었으나 조모는 成濟에게 죽는 화를 면하지 못했으니 후세에 龍이 나타남으로 상서로움을 삼는 이는 살펴볼 수 있을 것이다.〔龍見井中 叡以之改元 而髦以之自諷 亦足以覘二人之識趣矣 叡雖克終于位 而髦則不免成濟之禍 後世以龍見爲祥者 可以觀矣〕" ≪發明≫

55) 위로는……있으니 : 용이 제자리가 아닌 우물에 있다고 한 것은 魏主 曹髦가 자신의 울분을 감추지 못한 것이다. ≪周易≫ 乾卦 九五爻辭에는 "나는 용이 하늘에 있다.〔飛龍在天〕"라고 하였고, 乾卦 九二爻辭에는 "나타난 용이 밭에 있다.〔見龍在田〕"라고 하여, 용은 하늘이나 밭에 있는 경우를 들었다. 그리고 ≪資治通鑑≫의 胡三省 註에는 "魏主 曹髦가 司馬昭를 주살할 뜻이 있었는데 힘써 잘 숨기지

〈潛龍詩〉를 지어 자신을 풍자하니, 司馬昭가 이를 보고 싫어하였다.

先是에 魏地井中에 屢有龍見(현)하니 群臣以爲吉祥이라한대 魏主髦曰 龍者는 君德也라 上不在天하고 下不在田하여 而數(삭)屈於井하니 非嘉兆也①라 作潛龍詩以自諷하니 司馬昭見而惡(오)之하다

① 數(자주)은 음이 朔이다.
數, 音朔.

【綱】가을 8월에 陳祗가 卒하니 董厥로 尙書令을 삼고 諸葛瞻으로 僕射를 삼았다.

秋八月에 陳祗卒[56]하니 以董厥爲尙書令하고 諸葛瞻爲僕射하다

【目】陳祗는 간교와 아첨으로 인해 총애가 있었다. 姜維는 비록 지위가 진지의 위에 있었으나 대부분 외방에 처해 있어 권력과 임무가 진지에 미치지 못하였다.

祗以巧佞有寵하니 姜維雖位在祗上이나 而多處外하여 權任不及祗러라

庚辰年(260)

【綱】漢나라(蜀漢) 後主 景耀 3년이다.

三年이라

【目】魏나라 元帝 曹奐 景元 원년이고, 吳나라 景帝 孫休 永安 3년이다.

魏元帝曹奐景元元年이요 吳永安三年이라

못하고 울분의 기분을 말에 나타내어 잘 가리지 못했으니 또한 경솔하였다. 이것이 魏主 조모가 權臣의 손에 죽게 된 이유이다.〔帝有誅昭之志 不務善晦 而憤鬱之氣 見於辭 而不能自揜 蓋亦淺矣 此其所以死於權臣之手乎〕"라고 하여 경솔하게 말했음을 지적하였다.

56) 陳祗卒 : "蜀漢의 여러 신하들은 卒한 경우에 관직을 갖추어 기록하지 않은 것이 없는데 오직 陳祗에게 기록하지 않은 것은 죄를 준 것이다. 蜀漢의 혼란은 진지가 한 짓이다.〔漢蜀諸臣 無不具官卒者 惟陳祗不書 罪之也 漢之亂 陳祗爲之〕" ≪書法≫

【綱】 봄 정월 초하루에 일식이 있었다.

春正月朔에 **日食**하다

【綱】 여름 5월에 **魏**나라 **司馬昭**가 그의 임금 **曹髦**를 남쪽 궁궐 아래에서 시해하니 **尙書 王經**이 피살되었다.

◑ **夏五月**에 **魏司馬昭**가 **弑其主髦於南闕下**①하니 **尙書王經**이 **死之**57)하다

① 〈曹髦는〉 향년이 20세였다.
壽, 二十.

---

57) 魏司馬昭……尙書王經 死之 : "'남쪽 궁궐 아래〔南闕下〕'라고 기록한 것은 어째서인가. 맞이하여 시해한 것이다. 司馬氏의 간사한 도모는 예정이 되었고, 간사한 도당은 많았다. 이에 王經이 사마소에게 갖추어 보고하지 않은 것으로 인해 피살된 것이다. ≪資治通鑑綱目≫에서 특별히 '死之(피살되다)'라고 기록하여 온 조정이 모두 간사한 도당임을 나타낸 것이다. ≪자치통감강목≫이 끝날 때까지 '死之'라고 기록된 것이 55번이다.(漢나라 孺子嬰 居攝 원년(6)에 자세하다.) 임금이 시해되어 피살된 자는 5명인데, 王經, 庾珉, 王雋, 辛賓, 顔見遠, 宋令詢이다.〔書南闕下 何 迎而弑之也 司馬氏之姦謀豫矣 其姦黨衆矣 於是經以不俱報昭被殺耳 綱目特書死之 以見擧朝皆姦黨也 終綱目 書死之五十五(詳孺子嬰居攝元年) 君弑而死之者五 王經也 庾珉王雋也 辛賓也 顔見遠也 宋令詢也〕" ≪書法≫ 庾珉, 王雋은 晉 愍帝 建興 원년(313), 辛賓은 晉 元帝 建武 원년(317), 顔見遠은 梁 武帝 天監 원년(502), 宋令詢은 唐 閔帝 應順 원년(934)에 보인다.

"曹髦의 죽음은 본래 경거망동하여 무모하게 굴다가 재앙에 이르게 된 것이다. 하물며 반역을 이끈 자는 賈充이고 창을 빼어서 시해한 자는 成濟인데 지금 다만 죄를 司馬昭에게만 돌리고 조금도 다른 이에게 돌리지 않은 것은 어째서인가. 趙穿이 직접 桃園의 난리를 일으켰는데, ≪春秋≫에서 올바른 표현으로 趙盾(조돈)이 죽였다고 기록하였다. 하물며 사마소는 오래도록 국가의 명령을 쥐고 있어서 다만 성제의 손을 빌렸을 뿐이니, 말할 나위가 있겠는가. 비록 조모를 王의 禮로 장사 지내고 성제의 삼족을 멸하였어도 천하 사람들을 어찌 글로 속일 수 있겠는가. 만약 상황이 바뀌어 사마소를 주벌하였다면 임금이 시해되었지만 역적이 토벌되어 비로소 禮에 맞는 장례를 이룰 수 있을 것이다. 王經이 비로소 자기 임금에게 간언하고 결국 그 재앙에 걸려 죽음이 온당하게 되었으니, ≪資治通鑑綱目≫에서 온전한 절개로 허여해준 것이 마땅하다.〔曹髦之殞 本以輕擧無謀而見及 況唱逆者賈充 而抽戈者成濟 今但歸獄於昭 略不他及 何哉 趙穿親擧桃園之難 而春秋正色書盾 況昭久操國命 特借成濟之手而已 雖葬以王禮 夷濟三族 天下豈可以文欺哉 若移以誅昭 則君弑賊討 始可以成禮葬矣 王經始諫其主 終罹其禍 死得其所 宜乎綱目以全節予之也〕" ≪發明≫ '趙穿親擧桃園之難 而春秋正色書盾'은 ≪春秋左氏傳≫ 宣公 2년 조에 실린 내용이다. 이 당시에 晉나라 靈公이 趙盾을 죽이려고 하자 조돈이 도망하여 망명하려고 하다가 국경을 넘지 않고 돌아왔다. 그때 마침 조돈의 사촌 아우 趙穿이 桃園에서 영공을 시해하였다. 그러자 太史 董狐가 "조돈이 그 임금을 시해하였다."라고 써서 조정에서 내보이니, 조돈이 그렇지 않다고 반박하였다. 이에 동호가 말하기를 "그대가 正卿의 신분으로 망명하려다 국경을 넘지 않고 돌아와서 임금을 시해한 역적을 토벌하지 않았으니, 그대가 임금을 시해한 것이 아니고 무엇이겠는가?"라고 하니, 조돈이 자기 죄라고 인정한 故事이다. 또 ≪春秋≫에서는 임금이 시해당하고 역적을 토벌하지 않으면 임금의 장례를 기록하지 않았는데, 이는 조정에 신하다운 신하가 없기 때문이다. 여기서는 조모가 죽고 綱에 조모의 장례를 기록하지 않은 것은 사마소를 토벌하지 못한 조정 신하들을 탓한 것이다.

【目】魏主 曹髦는 위엄과 권세가 날로 사라짐을 보고 그 분노를 견디지 못하여 侍中 王沈, 尙書 王經, 散騎常侍 王業을 불러서 말하기를 "司馬昭의 야심은 길 가는 사람도 아는 것이다. 나는 앉아서 폐위당하는 모욕을 받을 수 없으니, 오늘 마땅히 경들과 함께 스스로 나아가 토벌해야 하겠다."라고 하였다.

王經이 말하기를 "옛날에 魯나라 昭公이 季氏에게 참지 못하여 〈토벌했으나〉 패주하여 나라를 잃어[58] 천하에 웃음거리가 되었습니다. 지금 권력이 사마소의 집안에 있는 것이 시일이 오래되었습니다. 조정과 사방의 사람들이 모두 그를 위해 목숨을 바치니 반역과 순응의 이치를 돌아보지 않은 지가 하루이틀이 아닙니다. 또 宿衛하는 군대가 허약하니, 폐하께서 무엇을 의지하시겠습니까. 그런데 갑자기 이와 같이 하면 병을 제거하려다가 더욱 깊게 하는 것이 아닙니까. 아마도 재앙을 헤아리지 못할 것입니다."라고 하였다.

조모는 품속에서 황색 비단에 쓴 조칙을 꺼내어 땅에 던지며 말하기를 "토벌을 시행하기를 결정하였다. 바로 죽는다 한들 무엇을 두려워하겠는가. 하물며 꼭 죽는 것만이 아닌데 말할 것이 있겠는가."라고 하였다.

魏主髦가 見威權日去하고 不勝其忿하여 召侍中王沈과 尙書王經과 散騎常侍王業하여 謂曰 司馬昭之心은 路人所知也라 吾不能坐受廢辱이니 今日에 當與卿自出討之니라 經曰 昔에 魯昭公이 不忍季氏하여 敗走失國하여 爲天下笑하니 今權在其門이 爲日久矣라 朝廷四方이 皆爲之致死하니 不顧逆順之理가 非一日也요 且宿衛寡弱하니 陛下何所資用이완대 而一旦如此면 無乃欲除疾而更深之邪아 禍殆不測이리이다 髦出懷中黃素詔投地曰 行之決矣라 正使死인들 何懼리오 況不必死邪①아

① 素는 白緻繒(백색의 세밀한 비단)이다. "黃素詔"는 白緻繒을 황색으로 염색하여 조서를 쓴 것이다.
素, 白緻繒也. 黃素詔者, 蓋以白緻繒染爲黃色以書詔.

【目】이에 內宮으로 들어가서 太后께 아뢰었다. 王沈과 王業이 달려가 司馬昭에게 고하면서 王經을 불러 그와 함께하려고 하였으나 왕경이 따르지 않았다. 曹髦는 마침내 검을 뽑아 들고 가마에 올라, 殿中의 宿衛軍, 蒼頭(노복)와 官僮(하인)을 인솔하고, 북을

58) 魯나라……잃어 : 春秋時代 때 魯나라 季氏가 전횡을 하자 昭公이 토벌하였으나 이기지 못하여 昭公 25년에 出奔하여 齊나라로 갔다가 28년에 晉나라로 가서 乾侯에 머물렀고, 32년에 그곳에서 죽었다.(≪春秋左氏傳≫ 昭公 25~32년)

司馬昭가 曹髦를 시해하다

치고 소리 지르며 나아갔다. 中護軍 賈充이 밖에서 들어와 황제와 남쪽 성문 아래에서 싸웠다. 조모가 스스로 칼을 휘두르니 가충의 무리들이 물러나려 하자 太子舍人 成濟가 가충에게 묻기를 "사태가 급박합니다. 마땅히 어찌해야 합니까?"라고 하니, 가충이 말하기를 "司馬公(司馬昭)께서 너희들을 기른 것이 바로 오늘을 위해서이다. 오늘의 일은 물을 것도 없다."라고 하였다. 성제가 즉시 창을 뽑아 전진하여 조모를 찔러, 조모가 수레 아래에서 죽었다. 사마소는 이 소식을 듣고 크게 놀라 절로 땅에 쓰러졌다. 太傅 司馬孚가 달려가서 조모를 자기 다리에 베어놓고 곡하여 매우 슬퍼해 하며 말하기를 "폐하를 죽게 한 것은 신의 죄입니다."라고 하였다.

사마소가 殿閣 안으로 들어가서 여러 신하들을 소집하여 회의를 할 적에 尙書僕射 陳泰가 오지 않았다. 사마소가 진태의 외삼촌 尙書 荀顗를 시켜서 진태를 부르게 하였는데 진태가 말하기를 "논하는 이들이 저를 외삼촌과 견주었는데, 이제 외삼촌은 저만 못합니다."라고 하였다. 진태의 자제들이 진태를 압박하자 마침내 궁중에 들어가서 사마소를 만나고 비통해하였다.

사마소 역시 진태를 대하여 울면서 말하기를 "玄伯(진태)아, 卿은 여기 있는 나에게 무슨 말을 해주겠는가?"라고 하니, 진태가 말하기를 "다만 가충을 참수해야 조금 천하에 사죄할 수 있을 것입니다."라고 하였다. 사마소가 한참 있다가 말하기를 "다시 그 다음 방법을 생각하라."라고 하니, 진태가 말하기를 "저의 말은 오직 이것을 진언할 뿐이니, 그 다음 방법은 모릅니다."라고 하자 사마소는 마침내 다시 말하지 않았다. 순의는 荀彧의 아들이다.

於是에 入白太后하니 沈業奔走告昭하고 呼經欲與俱어늘 經不從하니 髦遂拔劍升輦하여 率殿中宿衛蒼頭官僮하고 鼓譟而出하니 中護軍賈充入하여 與戰南闕下러니 髦自用劍하니 衆欲退어늘 太子舍人成濟가 問充曰 事急矣라 當云何①오 充曰 司馬公畜養汝等이 正爲今日이라 今日之事는 無所問也니라 濟卽抽戈하여 前刺髦하여 殞于車下하니 昭聞之하고 大驚하여 自投於地러라 太傅孚奔往하여 枕之股而哭하여 甚哀曰 殺陛下者는 臣之罪也②라하다 昭入殿中하여 召群臣會議할새 尙書僕射陳泰가 不至어늘 昭使其舅尙書荀顗로 召之한대 泰曰 論者가 以泰方舅③러니 今舅不如泰也④로다 子弟逼之한대 乃入하여 見昭하고 悲慟하니 昭亦對之泣曰 玄伯아 卿何以處我⑤오 泰曰 獨有斬賈充이라야 少可以謝天下耳니이다 昭久之曰 更思其次하라 泰曰 泰言이 惟有進於此者니 不知其次⑥로이다 昭乃不復言하다 顗는 彧之子也라

① 이때 아직 太子를 세우지 않아서 東宮의 官屬을 두어서는 안 되는데, 成濟는 본래 司馬昭의 사사로운 사람이어서 이 관직에 임명하였다.
時未立太子, 不應置東宮官屬, 濟本昭之私人, 授以是官耳.
② 枕(베다)은 職任의 切이다. "枕之股"는 曹髦를 다리에 베어놓은 것이다.
枕, 職任切. 枕之股, 枕髦於股也.
③ 方은 견주다는 뜻이다.
方, 比也.
④ 荀顗가 司馬氏에게 아부하였으나, 자기는 魏나라 황실에 충성함을 말한 것이다.
言顗阿附司馬氏, 而已忠於魏室.
⑤ 玄伯은 陳泰의 字이다.
玄伯, 泰字.
⑥ 〈"不知其次"는〉 마땅히 임금을 시해한 죄로 司馬昭에게 죄를 주어야 함을 말한 것이다.
言當以弑君之罪罪昭.

【目】太后의 명으로 曹髦의 죄상을 공포하고, 폐위하여 庶人으로 삼고, 백성의 예법으로 장사 지내고, 王經과 그 가족을 잡아 廷尉에게 회부하였다. 왕경이 그 어머니에게 사과하였는데, 어머니는 웃으면서 말하기를 "사람이 누군들 죽지 않겠느냐. 바로 온당하게 죽을 곳을 얻지 못할까 염려하였는데, 이것으로 〈임금과〉 함께 죽는다면 무슨 한이 있겠느냐."라고 하였다. 죽임을 당할 적에 故吏인 向雄(상웅)이 통곡하자 저잣거리의 모든

사람들이 애통해하였다. 王沈이 공적으로 安平侯에 봉해졌다. 太傅 司馬孚 등이 王의 예법으로 조모를 장사 지낼 것을 청하였는데 허락하였고, 司馬昭는 成濟를 大逆不道라고 말하여 三族을 멸하였다.

以太后下令으로 罪狀髦하여 廢爲庶人하고 葬以民禮하고 收王經及其家屬하여 付廷尉하니 經謝其母한대 母笑曰 人誰不死리오 正恐不得其所라 以此幷命이면 何恨之有①리오 及就誅에 故吏向雄이 哭之하여 哀動一市러라 王沈이 以功封安平侯하다 太傅孚等이 請以王禮葬髦한대 許之하고 昭言成濟大逆不道라하여 夷三族하다

① 幷(함께)은 去聲이다. "幷命"은 竝死(함께 죽는다)라고 말하는 것과 같으니, 〈"此幷命"은〉 이것으로 그 임금과 함께 죽음을 말한다.
幷, 去聲. 幷命, 猶言竝死. 言以此而與其主竝死.

【綱】 6월에 魏主 曹奐이 즉위하였다.

六月에 魏主奐이 立[59])하다

【目】 曹奐은 燕王 曹宇의 아들이니 본명은 璜이다. 常道鄕公에 봉해졌는데 司馬昭가 맞이하여 황제에 즉위시키고 이름을 바꾸어 奐이라 하니, 나이가 15세였다.

奐은 燕王宇之子也니 本名璜이라 封常道鄕公이러니 司馬昭迎立之하고 更名奐이라하니 年十五矣러라

① 〈曹奐은〉 甘露 2년(257)에 安次縣 常道鄕公에 봉해졌다.
甘露二年, 封安次縣常道鄕公.

【綱】 吳나라는 浦里塘(제방의 이름)을 修築하였다.

---

59) 魏主奐 立 : "이때에 司馬昭가 曹奐을 맞이하여 세웠는데 '迎立'이라고 기록하지 않은 것은 어째서인가. 조환에게 죄를 준 것이다. 나라의 임금이 막 시해되었는데 조환은 즉위하여 역적을 토벌하지 않았으니, 평상시와 무엇이 다른가. 그러므로 평상시의 말로 기록한 것이다. 그렇다면 魏主 拓拔濬는 어찌하여 '濬立(탁발예가 즉위하였다.)'으로 기록하였는가.(宋나라 壬辰年(452)) 탁발예는 嫡孫이기 때문이다. 탁발예가 즉위하여 역적을 토벌하였으니, '立'으로 쓰는 데 문제가 없는 것이다.〔於是昭迎立奐 不書迎立 何 罪奐也 國君新弑 奐立不討賊 則與平時 奚辨矣 故以恒辭書之 然則魏主濬 曷爲書濬立(宋壬辰年) 濬嫡孫也 立而討賊 則無嫌乎立矣〕" 《書法》 '魏主濬 曷爲書'는 宋나라 元嘉 29년(452)에 "겨울 10월에 魏나라(北魏) 宗愛가 그 임금 余를 시해했다. 魏主 拓拔濬가 즉위하여 종애를 토벌하여 주살하였다.〔冬十月 魏宗愛弑其君余 魏主濬立 討愛誅之〕"라고 하여, 임금을 시해한 역적을 참수한 일이 보인다.

吳作浦里塘하다

【目】 吳나라 都尉 嚴密이 浦里塘을 수축하자고 건의하였다. 여러 신하들이 모두 어렵다고 하였으나 오직 將軍 濮陽興이 힘써 그것을 주장하였는데, 공사 비용을 헤아릴 수 없었다. 士卒들이 많이 죽으니 백성들이 크게 근심하고 원망하였다.

吳都尉嚴密이 **建議作浦里塘**①하니 **群臣**이 **皆以爲難**호되 **唯將軍濮陽興**이 **力主之**②하니 **功費不可勝數**라 **士卒**이 **多死**하니 **民大愁怨**하더라

① ≪後漢書≫ 〈方術傳〉에 의하면 浦里塘은 丹陽郡 宛陵縣 경계에 있다.
據范書方術傳, 浦里塘在丹陽郡宛陵縣界.

② 濮陽은 複姓이고 興은 그 이름이다.
濮陽, 複姓. 興, 其名.

【綱】 吳나라 會稽王 孫亮이 자살하였다.

吳會稽王亮이 **自殺**하다

【目】 會稽에 떠도는 풍문에 "會稽王 孫亮이 마땅히 조정으로 돌아가 천자가 되리라."라고 하여, 孫亮의 궁녀가 회계왕이 祈禱하면서 악담을 하였다고 고발하였는데 吳主(孫休)가 마침내 손량을 강등하여 候官侯로 삼으니 손량이 자살하였다.

會稽謠言王亮이 **當還爲天子**라하여 **而亮宮人**이 **告王禱祠有惡言**이라한대 **吳主**가 **遂黜亮爲候官侯**하니 **亮自殺**①하다

① ≪晉書≫ 〈地理志 下〉에 이르기를 "建安郡은 옛날 秦나라 閩中郡이고, 漢 高祖는 閩越王을 봉하였다. 武帝 때에 와서 閩越을 멸망시키고서 그 사람들을 옮겨 명칭을 東冶라고 하고, 後漢 때에 고쳐서 候官都尉라 하였다. 吳나라 때에 建安郡을 두고 候官을 縣으로 만들고 건안군에 소속시켰다."라고 하였다. 宋白이 말하기를 "漢 武帝 元鼎 6년(B.C. 111)에 都尉를 세우고, 候官을 두어서 兩越을 방어하였으니, 이른바 南北 1候이다."라고 하였다.
晉志曰 "建安郡, 故秦閩中郡, 漢高祖以封閩越王. 及武帝滅之, 徙其人, 名爲東冶, 後漢改爲候官都尉. 吳置建安郡, 以候官爲縣屬焉." 宋白曰 "漢武帝元鼎六年, 立都尉, 居候官以禦兩越, 所謂南北一候也."[60]

---

60) 所謂南北一候也 : ≪太平御覽≫ 권170에는 "이른바 동북쪽에 尉가 하나이고 서남쪽에 候가 하나이

【綱】 겨울에 魏나라가 王沈을 豫州刺史로 삼았다.

冬에 魏以王沈爲豫州刺史하다

【目】 王沈이 처음 豫州에 부임하여 教命을 내리기를 "長吏(郡縣의 높은 관리)의 옳고 그름을 진술하거나 백성의 근심하는 것을 말하는 자가 있으면 곡식 5백 斛을 주고, 刺史의 잘잘못과 조정 정사의 관대함과 가혹함을 말하는 자가 있으면 곡식 1천 斛을 주겠다."라고 하였다.

主簿 陳廞(진흠)과 褚䂮(저략)이 왕침에게 가서 아뢰기를 "教命의 뜻은 苦言을 듣기를 생각하여 권면과 포상을 보인 것입니다. 청렴한 人士가 혹은 포상을 꺼려서 말하지 않고 탐욕스런 사람이 이익을 추구하여 망령되이 거론할까 우려됩니다. 만약 말이 적합하지 않을 때에 상을 주지 않으면 멀리서 듣는 이들은 또다시 마땅한지의 여부를 알지 못하므로 다만 명령이 쓰이지 않는 것만을 보고 인하여 教命만 내리고 시행하지 않는다고 여길 것입니다. 아랫사람들에게 포고하는 일은 조금 뒷날을 기다리십시오."라고 하였다.

왕침이 말하기를 "윗사람에게 유익함이 생기며 아랫사람에게 상을 받게 하는 것이 군자의 품행이니 어찌 말을 하지 않겠는가."라고 하였다.

저략이 말하기를 "堯, 舜, 周公이 충성스러운 간언을 이르게 할 수 있었던 것은 정성스러운 마음이 드러났기 때문입니다. 얼음과 숯불이 말하지 않아도 차고 뜨거운 성질이 자명한 것은 그 실제가 있기 때문입니다. 만약 충성과 정직을 좋아하기를 얼음과 숯불이 절로 그러하듯이 하면 바른말이 구하지 않아도 절로 이를 것이고, 만약 그렇지 않으면 비록 큰 상을 걸어도 충직한 말을 이르게 할 수 없을 것입니다."라고 하니, 왕침이 마침내 중지하였다.

沈初到下教[61]曰 有能陳長吏可否說百姓所患者면 給穀五百斛하고 言刺史得失朝政寬猛

다.〔所謂東北一尉 西南一候也〕"로 되어 있다. 그런데 ≪漢書≫ 〈律歷志〉의 注에 "東南一尉 西北一候"라고 하였는데, 이 글은 ≪漢書≫ 〈揚雄傳〉에 나오는 말로, 〈양웅전〉에는 "지금 漢나라는 왼쪽에 東海가 있고 오른쪽 渠搜(西戎의 나라)가 있고 앞(남쪽)에는 番禺(남월왕의 도읍)가 있고 뒤(북쪽)에는 陶塗(북방의 나라)가 있고 동남에는 하나의 都尉(會稽 東部都尉)가 있고 서북쪽에는 하나의 關候(敦煌 玉門關候)가 있다.〔今大漢 左東海 右渠搜 前番禺 後陶塗 東南一尉 西北一候〕"라고 하였다. 訓義의 글은 〈揚雄傳〉의 내용을 인용하면서 잘못된 것으로 보인다.

61) 教 : 思政殿訓義 ≪資治通鑑綱目≫ 제11권 중 漢 桓帝 建和 3년(144) 訓義에 "郡守가 내는 命을 教라 한다.〔郡守所出命曰教〕"라 한다 하였다.

者면 給穀千斛하리라 主簿陳廞褚䂮이 入白曰① 敎旨思聞苦言하여 示以勸賞하니 竊恐拘介之士가 或憚賞而不言하고 貪昧之人이 將慕利而妄擧②요 苟言不合宜에 不加以賞하면 則遠聽者가 又未知當否之所在③라 徒見言之不用하고 因謂設而不行이리라 告下之事를 可小須後④니라 沈曰 興益於上하며 受分於下가 斯乃君子之操니 何不言之有⑤리오 䂮曰 堯舜周公이 所以能致忠諫者는 以其款誠之心이 著也요 氷炭이 不言而冷熱之質이 自明者는 以其有實也라 若好忠直을 如氷炭之自然이면 則謇謇之言이 將不求而自至요 若其不然이면 雖懸重賞이나 忠言을 未可致也니라 沈乃止하다

① 廞은 許今의 切이다. 䂮은 力灼의 切이니, 略과 통용하여 쓴다.
廞, 許今切. 䂮, 力灼切, 通作略.
② 拘는 잡아서 지킨다는 뜻이다. 介는 청렴결백하다는 뜻이다.
拘, 執守也. 介, 廉潔也.
③ 當(마땅하다)은 丁浪의 切이다.
當, 丁浪切.
④ 須는 기다린다는 뜻이다.
須, 待也.
⑤ "興益"은 進言이 윗사람에게 유익함이 있음을 말한다. "受分"은 상을 받는 것을 말한다.
興益, 謂進言有益於上也. 受分, 謂受賞也.

辛巳年(261)

【綱】 漢나라(蜀漢) 後主 景耀 4년이다.

四年이라

【目】 魏나라 元帝 曹奐 景元 2년이고, 吳나라 景帝 孫休 永安 4년이다.

魏景元二年이요 吳永安四年이라

【綱】 봄 3월에 魏나라는 병사를 보내어 吳나라의 항복한 장수를 맞아들이려고 하다가 가기 전에 중지하였다.

春三月에 魏遣兵迎吳降將이라가 未行而罷하다

【目】 魏나라 襄陽太守 胡烈이 말하기를 "吳나라 장군 鄧由 등 18개 주둔군이 함께 歸化하려고 하여 사자를 파견하여 볼모를 보내왔습니다."라고 하였는데, 조칙을 내려 王基에게 여러 군대를 편성하여 바로 沮水에 나아가 그들을 맞이하게 하였다.

왕기는 司馬昭에게 편지를 보내어 등유 등의 의심스러운 상황을 말하고 또 "夷陵의 동서는 길이 모두 험애하고 대나무와 나무들이 울창합니다. 갑자기 군대가 험요한 지역이 있게 되면 弓弩와 말이 힘을 펼 수 없으니 이 일은 위험합니다. 嘉平(魏나라 曹芳의 연호) 이래로 누차 국내에 난리가 있었으니 지금에 맞는 일은 마땅히 힘써 社稷을 안정시켜서 위아래 사람들을 편안하게 하고 농업에 힘써서 백성들을 품어주는 것이지, 군대를 동원하여 외변의 이익을 구하는 일은 마땅치 않습니다."라고 하니, 사마소가 그 말을 따랐다. 이윽고 등유 등은 과연 항복하지 않았다.

魏襄陽太守胡(列)〔烈〕[62]이 言호되 吳將鄧由等十八屯이 同謀歸化하여 遣使送質①이라한대 詔王基部分諸軍하여 徑造沮水以迎之②하니 基遺司馬昭書하여 言由等可疑狀하고 且曰 夷陵東西가 道皆險陿하고 竹木叢蔚하니 卒有要害면 弩馬不陳이니 此事之危者③라 嘉平以來로 累有內難④하니 當今之宜는 當務鎭安社稷하여 撫寧上下하고 力農務本하여 懷柔百姓이요 未宜動衆以求外利니이다 昭從之러니 既而由等이 果不降하다

① 魏나라 武帝(曹操)가 荊州를 평정하고 南郡의 編 이북과 南陽의 山都를 나누어 襄陽郡을 만들었다. 胡烈은 胡奮의 아우이다. 質(인질)은 음이 致이다.
魏武平荊州, 分南郡編以北及南陽之山都, 立襄陽郡. (列)〔烈〕, 奮之弟也. 質, 音致.

② 沮는 千余의 切이다. ≪水經≫에 "沮水는 漢中 房陵縣 淮山에서 나와서 동남쪽으로 臨沮縣 경계를 지나고, 다시 동남쪽으로 當陽縣 북쪽을 지나가고, 다시 동남쪽으로 枝江縣을 지나고, 동남쪽으로 長江에 들어간다."라고 하였다.
沮, 千余切. 水經 "沮水, 出漢中房陵縣淮山, 東南過臨沮縣界, 又東南逕當陽縣北, 又東南過枝江縣, 東南入于江."

③ 卒(갑자기)은 猝로 읽으니, 〈"弩馬不陳"은〉 갑자기 적군이 험요한 지역에 복병을 두어 요격하면 弓弩와 말이 그 힘을 펼 수 없음을 말한 것이다.
卒, 讀曰猝, 謂猝然敵人於要害之地設伏邀擊, 弩馬不得陳其力也.

④ 〈"累有內難"은〉 曹爽 형제가 이미 죽었고 누차 임금을 폐하고 세운 일이 있고, 毌丘儉, 諸葛誕이 서로 이어서 병란을 일으킨 것을 말한다. 難(환난)은 去聲이다.
謂曹(焚)〔爽〕[63]兄弟既死, 累有廢立之事, 毌丘儉諸葛誕相繼而擧兵也. 難, 去聲.

62) (列)〔烈〕: 저본에는 '列'로 되어 있으나, ≪資治通鑑≫에 의거하여 '烈'로 바로잡았다. 아래도 같다.
63) (焚)〔爽〕: 저본에는 '焚'으로 되어 있으나, ≪資治通鑑≫ 註에 의거하여 '爽'으로 바로잡았다.

【綱】 겨울에 董厥과 諸葛瞻을 將軍으로 삼아 함께 尙書의 일을 의논하게 하고, 樊建을 尙書令으로 삼았다.

冬에 以董厥諸葛瞻爲將軍하여 共平尙書事하고 樊建爲尙書令하다

【目】 이때에 中常侍 黃皓가 권세를 부리니 董厥・諸葛瞻이 모두 바로잡지 못하였다. 士大夫들이 대부분 황호에게 붙었으나 오직 樊建만이 황호와 왕래하지 않았다. 秘書令 郤正이 오래도록 內職에 있으면서 황호와 집이 이웃하였으나 응대하는 30여 년 동안 담박하게 자신을 지켜서 스스로 독서를 즐기니, 황호에게 총애를 받지도 않고 또한 미움을 받지도 않았으므로 官秩이 六百石을 넘지 못하였으나 그 재앙을 당하지 않았다. 皇帝(劉禪)의 아우 甘陵王 劉永이 황호를 미워하니, 황호가 유영을 헐뜯어서 10년 동안 朝見하지 못하게 하였다.

吳나라 사신 薛珝(설후)가 내빙하였다가 귀국하였을 때 吳主(孫休)가 蜀漢 정치의 잘잘못을 묻자 대답하기를 "군주는 암매하여 자기의 잘못을 모르고 신하는 자신만 보전하여 죄에서 벗어나기를 구합니다. 그 조정에 들어갔을 때 바른말을 듣지 못하였고, 그 들을 지날 때 백성들은 모두 부황이 들은 얼굴빛이었습니다. 신이 들으니 '제비와 참새가 대청에 둥지를 틀고서 새끼와 어미가 서로 즐겁게 지내면서 굴뚝이 무너지며 기둥이 불타는데도 흐뭇해하며 화가 장차 이르는 줄도 모른다.'[64]고 하니, 이를 말한 것입니다."라고 하였다.

時에 中常侍黃皓가 用事하니 厥瞻이 皆不能矯正이라 士大夫多附之호되 唯建이 不與皓往來하고 秘書令郤正이 久在內職하여 與皓比屋호되 周旋三十餘年에 澹然自守하여 以書自娛하니 旣不爲皓所愛하고 亦不爲所憎이라 故官不過六百石이나 而亦不罹其禍①하다 帝弟甘陵王永이 憎皓하니 皓譖之하여 使十年不得朝見(현)이러라 吳使薛珝來聘②이러니 及還에 吳主가 問漢政得失한대 對曰 主闇而不知其過하고 臣下容身以求免罪하니 入其朝에 不聞直言하고 經其野에 民皆菜色이라 臣聞燕雀處堂에 子母相樂하여 突決棟焚하되 而怡然不知禍之將及이라하니 其是之謂乎인저

① 秘書令은 秩이 六百石이다.
秘書令, 秩六百石.

64) 제비와……모른다 : 화가 닥쳐오는 줄도 모르고 편안히 지낸다는 뜻이다. ≪孔叢子≫ 〈論勢〉의 "굴뚝에 불길이 치솟아 기둥과 처마가 불타려 하는데 제비와 참새는 안색이 변하지 않은 채 화가 자기에게 이르는 줄도 모른다.〔竈突炎上 棟宇將焚 燕雀顔色不變 不知禍之己也〕"에서 유래한 것이다.

② 薛珝는 薛綜의 아들이다. 珝는 況羽의 切이다.
珝, (珠)〔綜〕[65]之子也. 珝, 況羽切.

【綱】 鮮卑의 索頭部(삭두부)가 魏나라에 인질을 바쳤다.

鮮卑索頭가 **貢質于魏**[66]하다

【目】 鮮卑의 索頭部가 대대로 북쪽 변방에 살면서 남방의 中夏(中國)와 교류하지 않았다. 可汗 拓跋毛에 이르러 비로소 강대해져서 통합한 나라가 36국이고, 大姓이 99성이었다. 그 뒤 5世 可汗 拓跋推寅에 이르러 남쪽 大澤으로 옮기고, 또다시 7世가 지나 可汗 拓跋隣에 이르러 그 형제 7인과 族人 乙旃氏(을전씨), 車惃氏(차곤씨)에게 部族의 무리들을 나누어 통솔하게 하여 10族으로 만들었다. 탁발린이 늙게 되자 지위를 그 아들 拓跋詰汾에게 주어 남쪽으로 가서 匈奴의 옛 땅에 살게 하였다. 탁발힐분이 죽자, 拓跋力微가 즉위하여 다시 옮겨 定襄의 盛樂에 살면서 部衆이 점점 많아졌다. 여러 部族들이 두려워하여 승복하였다. 이에 이르러 탁발력미가 비로소 그 아들 拓跋沙漠汗을 보내어 魏나라에 공물을 바치니 그대로 붙잡아두어 인질로 삼았다.

鮮卑索(삭)頭部가 世居北荒하여 不交南夏①러니 至可汗毛하여 始彊大하여 統國三十六이요 大姓九十九②러니 後五世에 至可汗推寅하여 南遷大澤③하고 又七世에 至可汗隣하여 使其兄弟七人及族人乙旃氏車惃氏分統部衆爲十族④이러니 隣老에 以位授其子詰汾하여 使南遷居匈奴故地⑤러니 詰汾이 死에 力微立하여 復徙居定襄之盛樂하여 部衆이 浸盛하니 諸部畏服之⑥러니 至是하여 始遣其子沙漠汗貢于魏하니 因留爲質하다

① 索頭는 鮮卑의 別部이니, 姓은 拓跋氏(탁발씨)이다. 그 풍속은 새끼를 꼬듯이 머리를 땋았기 때문에 索頭라고 불렀다. 魏收가 말하였다. "北魏의 선조가 黃帝에서 나왔고, 황제의 아들은 昌意이고, 창의의 작은아들이 봉지를 北國으로 받았는데, 大鮮卑山이 있기 때문에 鮮卑로 호칭을 하였다." 하였다.
索頭, 鮮卑別部也, 姓拓跋氏. 其俗以索辮髮, 因號索頭. 魏收曰 "魏之先出(曰)〔自〕[67]黃帝, 黃帝子曰昌意, 昌意少子受封北國, 有大鮮卑山, 因以爲號."
② 可汗은 음이 榼寒이니, 북방의 尊稱으로 漢나라 때의 單于와 같다. 오랑캐 풍속에는 하늘

65) (珠)〔綜〕: 저본에는 '珠'로 되어 있으나, ≪資治通鑑≫ 註에 의거하여 '綜'으로 바로잡았다.
66) 鮮卑索頭 貢質于魏 : "索頭가 처음 ≪資治通鑑綱目≫에 보인 것이다.〔索頭 始見綱目〕" ≪書法≫
67) (曰)〔自〕: 저본에는 '曰'로 되어 있으나, ≪資治通鑑≫ 註에 의거하여 '自'로 바로잡았다.

을 可汗이라고 부른다. 毛는 그 이름이고, 뒤에 追尊하여 成皇帝라고 하였다.

可汗, 音榼寒, 北方之尊稱, 猶漢時之單于也. 虜俗呼天爲可汗. 毛其名, 後追尊成皇帝.

③ 拓跋毛가 죽자 拓跋貸가 즉위하고, 탁발대가 죽자 拓跋觀이 즉위하고, 탁발관이 죽자 拓跋樓가 즉위하고, 탁발루가 죽자 拓跋越이 즉위하고, 탁발월이 죽자 拓跋推寅이 즉위하였다. 뒤에 追尊하여 宣皇帝라고 하였다.

毛死, 貸立, 貸死, 觀立, 觀死, 樓立, 樓死, 越立, 越死, 推寅立. 後追尊宣皇帝.

④ 拓跋推寅이 죽자 拓跋利가 즉위하고, 탁발리가 죽자 拓跋俟가 즉위하고, 탁발사가 죽자 拓跋肆가 즉위하고, 탁발사가 죽자 拓跋機가 즉위하고, 탁발기가 죽자 拓跋蓋가 즉위하고, 탁발개가 죽자 拓跋儈가 즉위하고, 탁발쾌가 죽자 拓跋鄰이 즉위하였다. 뒤에 追尊하여 獻皇帝라고 하였다. 車는 昌遮의 切이다. 焜은 胡昆·公渾·古本 3개의 切이다. 살펴보면 ≪魏書≫ 〈官氏志〉에 "拓跋毛가 나라를 통합하여 99姓이 있었고, 탁발린에 와서는 나라 사람들을 일곱으로 나누어 여러 형제들에게 각각 다스리게 하였다. 〈탁발린이〉 그 백성을 나누어 첫째 형을 紇骨氏로 삼았는데 뒤에 胡氏로 바꾸었고, 둘째 형을 普氏로 삼았는데 뒤에 周氏로 바꾸었고, 셋째 형을 拔拔氏로 삼았는데 뒤에 長孫氏로 바꾸었고, 첫째 아우를 達奚氏로 삼았는데 뒤에 奚氏로 바꾸었고, 둘째 아우를 伊婁氏로 삼았는데 뒤에 伊氏로 바꾸었고, 셋째 아우를 丘敦氏로 삼았는데 뒤에 丘氏로 바꾸었고, 넷째 아우를 俟氏로 삼았는데 뒤에 亥氏로 바꾸었다. 일곱 씨족이 일어난 것은 이로부터 시작되었다. 또 叔父의 아들을 명하여 乙旃氏를 삼았는데 뒤에 叔孫氏로 바꾸었고, 또 疏族(소원한 씨족)을 명하여 車焜氏를 삼았는데 뒤에 車氏로 바꾸었다. 무릇 托拔氏(拓跋氏)가 일어난 것은 10姓이니, 百世토록 서로 혼인하지 않았다." 하였다.

推寅死, 利立, 利死, 俟立, 俟死, 肆立, 肆死, 機立, 機死, 蓋立, 蓋死, 儈立, 儈死, 鄰立. 後追尊獻皇帝. 車, 昌遮切. 焜, 胡昆·公渾·古本三切. 按魏書官氏志"毛統國有九十九姓, 至鄰, 七分國人, 使諸兄弟各攝領之. 乃分其民, 以兄爲紇骨氏, 後改爲胡氏, 次兄爲普氏, 後改爲周氏, 次兄爲拔拔氏, 後改爲長孫氏, 弟爲達奚氏, 後改爲奚氏, 次弟爲伊婁氏, 後改爲伊氏, 次弟爲丘敦氏, 後改爲丘氏, 次弟爲俟氏, 後改亥氏. 七族之興, 自此始也. 又命叔父之胤曰乙旃氏, 後改爲叔孫氏, 又命疏族爲車焜氏, 後改爲車氏. 凡興托拔氏爲十姓, 百世不通婚."

⑤ 詰汾은 바로 元魏(北魏)의 聖武皇帝 이름이다.

詰汾, 卽元魏聖武皇帝名.

⑥ 拓跋詰汾이 일찍이 산과 늪에서 사냥을 할 적에 홀연히 휘장을 친 수레가 하늘에서 내려오는 것을 보았다. 내려오자 아름다운 부인을 보았는데 스스로 칭하기를 天女라고 하면서 천명을 받아 짝이 된다고 하였다. 해가 뜨자 돌아가겠다고 하면서 일 년 週期가 될 때 다시 여기에서 만나자고 하고, 말을 마치자 헤어졌다. 일 년이 되어 〈탁발힐분이〉 예전에 사냥하던 곳에 갔는데 과연 천녀를 만났고 〈천녀는〉 낳은 아들을 탁발힐분에게 주면서 말하기

를 "이 아이는 그대의 아들이니 當代에 帝王이 될 것이다."라고 하고, 말을 마치자 떠나갔다. 바로 拓跋力微이니 뒤에 追尊하여 神元皇帝라고 하였다. "盛樂"은 ≪後漢書≫ 〈郡國志〉에 "成樂"으로 쓰였다. 漢나라 定襄郡에 成樂縣이 있는데 後漢 때에는 雲中郡에 속하였다. 建安 20년(215)에 雲中, 定襄, 五原, 朔方을 합병하여 新興郡을 만들어 郡은 다만 1縣만 두어 新興에 속하였고, 盛樂 옛 縣은 황량한 외변에 버려두었으므로 力微가 그곳에서 살 수 있었다.

詰汾嘗田於山澤, 欻見輜軿自天而下. 既至, 見美婦人, 自稱天女, 受命相偶. 旦日請還, 期年周時, 復會于此, 言終而別. 及期, 至先田處, 果見天女, 以所生男授詰汾, 曰"此君之子也, 當世爲帝王." 語訖而去. 即力微也, 後追尊神元皇帝. 盛樂, 漢書作成樂. 漢定襄郡有成樂縣, 後漢屬雲中郡. 建安二十年, 併雲中・定襄・五原・朔方爲新興郡, 郡止置一縣, 以屬新興, 而盛樂故縣, 棄之荒外, 故力微得居之.

思政殿訓義 資治通鑑綱目 제16권 중

蜀漢 後主 景耀 5년(262)~晉 武帝 泰始 6년(270)

壬午年(262)

【綱】 漢나라(蜀漢) 後主 景耀 5년이다.

五年이라

【目】 魏나라 元帝 曹奐 景元 3년이고, 吳나라 景帝 孫休 永安 5년이다.

魏景元三年이요 吳永安五年이라

【綱】 가을 8월에 吳나라가 皇子 孫䨻(손완)을 세워서 太子로 삼았다.

秋八月에 吳立子䨻하여 爲太子①하다

① 䨻은 烏關의 切이다. 《三國志》 〈吳書 三嗣主傳〉에 의하면 "吳主 孫休는 네 아들의 이름자를 지었는데, 䨻의 音은 湖水의 물굽이라고 할 때의 灣이다."라 하였으니, 이전에는 이 음이 없었다.

䨻, 烏關切. 據吳志 "吳主休爲四子作名字, 䨻音湖水灣澳之灣." 非先有此音也.

【綱】 겨울 10월에 姜維가 魏나라 洮陽을 정벌하여 승리하지 못하였다.

◑ 冬十月에 姜維伐魏洮陽하여 不克[1]하다

---

1) 姜維伐魏洮陽 不克 : "諸葛亮이 魏나라를 정벌할 때에 6번 정벌에 여섯 번 그 관직을 기록하였다. 姜維도 여기에서 여섯 번 정벌하였으나 모두 관직을 기록하지 않은 것은 어째서인가. 강유를 죄준 것이다. 힘을 헤아리지 않고 자주 백성들을 괴롭게 하였으니 《資治通鑑綱目》에서 진실로 허여할 수 없는 것이다.〔亮之伐魏也 六伐六書其官 維於是亦六伐矣 皆不書官 何 罪維也 不量力而數勦民 綱目固不得而予之〕" 《書法》

"姜維가 누차 魏나라를 정벌하여 한 치를 전진함에 한 자를 후퇴를 하는데도 전쟁을 그치지 않았다. 당시에 지식이 있는 人士로 예컨대 譙周, 廖化 등이 모두 근심을 하였는데 《資治通鑑綱目》에서 그것을 기록하고서 애초에 깎아내린 말이 없는 것은 어째서인가. 전쟁은 원수와 같은 역적을 토벌하는 것이니, 진실로 탐하고 분노하는 사욕으로 일으키는 것이 아니다. 만약 국가 역적을 놓아두

【目】 예전에 姜維가 군대를 출동하려 할 적에 車騎將軍 廖化가 말하였다.

"전쟁을 멈추지 아니하면 반드시 자신을 불태워 자멸한다는 것은 바로 伯約(강유)을 말하는 것이다. 智謀는 적보다 출중하지 못하고 힘은 적보다 약한데 이를 사용함에 만족함이 없으니 어떻게 자신을 보존하겠는가."

강유가 마침내 魏나라를 정벌해서 洮陽을 공격하였는데 鄧艾가 그들과 侯和에서 싸워 격파했다.

初에 維將出軍할새 車騎將軍廖化曰 兵不戢하면 必自焚은 伯約之謂也①로다 智不出敵而力少於寇어늘 用之無厭하니 何以自存②이리오 維遂伐魏하여 攻洮陽③이어늘 鄧艾與戰於侯和하여 破之④하다

① ≪春秋左氏傳≫ 隱公 4년에 "魯나라 大夫 衆仲이 말하였다. '戰爭은 불과 같으니, 그치지 않으면 장차 자신을 태울 것입니다.'"라고 하였다. 伯約은 姜維의 字이다.
左傳 "魯衆仲曰 '兵, 猶火也. 不戢, 將自焚.'" 伯約, 維字.

② 〈"智不出敵而力少於寇"는〉 智謀를 비교하면 敵보다 뛰어나지 않고 힘을 비교하면 더욱 약소함을 말한 것이다. 厭(편안하다)은 於鹽의 切이다.
謂較智則不出於敵人之上, 而較力則又弱少(出)〔也〕.[2] 厭, 於鹽切.[3]

③ "洮陽"은 洮水의 북쪽이다. 洮水의 남쪽은 魏나라에서 郡縣을 설치하지 않아서 姜維가 洮水를 건너 공격한 것이다.
洮陽, 洮水之陽也. 洮水之陰, 魏不置郡縣, 維渡洮而攻之也.

④ ≪水經註≫에 "洮水는 洮陽城을 지나고 또다시 동쪽으로 가서 共和山 남쪽을 지나는데 성곽이 사방 산 안에 있고 또다시 동으로 가서 迷和城 북쪽을 지난다."라고 하였으니, 侯和는 곧 이 지역을 의미한다.

고 문책하지 않는다면 비록 구차히 편안하게 되더라도 오히려 매우 치욕스러운 일이다. 이 점을 분명히 헤아리면 ≪春秋≫에서 乾時(齊나라 땅)의 전쟁에서 〈魯나라가〉 비록 패하였으나 영광스럽게 여겼으니 역적을 토벌하는 의리를 하루라도 잊어서는 안 된다는 것을 알 수 있다.〔姜維屢擧伐魏 進寸退尺 而用兵不已 當時智識之士 如譙周廖化輩 皆爲之隱憂 然綱目書之 初無貶詞 何也 用兵以討讐賊 固非貪忿私慾之擧 若置國賊而不問 雖可苟安 猶爲深恥 明乎此 則知春秋乾(간)時之戰 雖敗猶榮 而討賊之義 無一日而可忘矣〕" ≪發明≫ "春秋乾時之戰 雖敗猶榮"은 ≪春秋≫ 莊公 9년에 "8월 경신일에 魯나라 군대가 齊나라 군대와 乾時에서 전투를 하여 我軍이 大敗하였다.〔八月庚申 及齊師戰于乾時 我師敗績〕"라고 하였는데, 이때 齊나라는 無知가 齊 襄公을 시해하여 齊나라 公子들이 망명했다가 小白이 이미 귀국하여 임금으로 정해졌는데도 魯 莊公은 군대를 출동하여 오랫동안 전쟁을 하다가 마침내 大敗하여 돌아왔다. 魯나라가 乾時 전쟁에는 패배하였지만, 임금을 시해한 자를 토벌했다는 명분을 세운 것을 영광이라고 표현한 것이다.

2) (出)〔也〕: 저본에는 '出'로 되어 있으나, ≪資治通鑑≫ 註에 의거하여 '也'로 바로잡았다.

3) 厭 於鹽切 : 平聲으로 '편안하다〔安〕'의 뜻인데, 본서에서는 이를 따르지 않고 ≪資治通鑑新注≫(陝西人民出版社, 1998)의 '만족하다〔滿足〕'를 따라 번역하였다.

水經註 "洮水逕洮陽城, 又東逕共和山南, 城在四山中, 又東逕迷和城北." 意侯和卽此地也.

【目】 이때에 黃皓가 권력을 잡아 右大將軍 閻宇와 친하게 지냈다. 〈황호가〉 姜維를 폐하여 염우를 세우려고 하였는데 강유가 이를 알고 後主에게 말하기를 "황호는 간교하고 방자하여 장차 국가를 패망하게 할 것이니 그를 죽이십시오."라고 하니, 황제(後主)가 말하기를 "황호는 잔일하는 낮은 신하일 뿐이다. 과거에 董允이 매번 이를 갈았는데,[4] 내가 늘 이를 한스럽게 여겼다. 그대가 어찌 개의할 만한 존재이겠는가."라고 하였다.

강유는 황호가 나무줄기에 가지와 잎이 붙은 것처럼 황제와 긴밀한 관계임을 알아차리고 말을 겸손히 하고 나왔다. 황제가 황호에게 칙서를 내려 강유를 찾아가 사과하게 하니, 강유는 이로 말미암아 의구심이 들어서 스스로 洮陽으로 되돌아가서 이어서 沓中 지역에 보리를 심기를 청하고 감히 成都로 돌아오지 못하였다.

時에 黃皓用事하여 與右大將軍閻宇親善이라 欲廢維樹宇어늘 維知之하고 言於帝曰 皓姦巧專恣하니 將敗國家니 請殺之하노이다 帝曰 皓는 趨走小臣耳라 往董允이 每切齒어늘 吾常恨之러니 君何足介意오 維見皓枝附葉連하고 遜辭而出이어늘 帝勅皓詣維陳謝하니 維由是疑懼①하여 返自洮陽하여 因求種麥沓中하고 不敢歸成都②하다

① 이것은 姜維가 아직 洮陽으로 출병하기 이전의 일이다.
此維未出洮陽以前事也.

② 沓中은 여러 羌族 가운데에 있으니 곧 沙漒 지역이다.
沓中, 在諸羌中, 卽沙漒之地.

【綱】 吳나라가 濮陽興을 丞相으로 삼았다.

吳以濮陽興爲丞相하다

【目】 예전에 吳主 孫休가 會稽에 거처할 때에[5] 濮陽興이 會稽太守로 있으면서 손휴를 후하게 대우하였고, 일찍이 張布가 〈손휴의〉 左右督將이 되었었는데, 손휴가 즉위하자 두 사람은 모두 신분이 높아지고 총애를 받아 권력을 장악하게 되었다. 장포가 궁정의 일을 관장하였고 복양흥은 軍國의 일을 관계하였는데 아첨하고 간사한 짓을 하여 서로

4) 董允이……갈았는데 : 본서 38쪽에 보인다.
5) 예전에……때에 : 예전에 孫休가 琅邪王에 책봉되어 琅邪에 있다가 會稽에 거처했던 일을 말한다.

표리를 이루니, 吳나라 사람들이 실망하였다.

初에 吳主休在會稽에 興爲太守하여 遇之厚하고 而張布嘗爲左右督將이러니 及卽位에 二人皆貴寵用事하니 布典宮省하고 興關軍國하여 以佞巧로 更相表裏하니 吳人失望이러라

【目】孫休는 독서를 좋아하여 祭酒 韋昭·博士 盛沖과 강론하려고 하였는데 張布는 위소와 성충이 강직함으로 入侍할 적에 자기 허물을 말할 것이 두려워 굳이 諫言하여 제지하였다.

손휴가 말하기를 "내가 위소 등과 함께 옛날의 典籍과 전해진 말을 강론하여 익히고자 하는 것이 또한 무슨 손해될 것이 있겠는가. 그대는 다만 위소 등이 신하들의 간특함을 말할까 두려워하므로 들어오지 못하게 하려는 것뿐이다. 이와 같은 일은 내가 이미 본래 대비하고 있으니, 위소 등의 말을 듣기를 기다린 뒤에 알 수 있는 것은 아니다."라고 하였다.

장포가 황공하여 사죄하고 또한 그들의 정사에 방해가 될까 우려된다고 말하니, 손휴가 말하기를 "국가 일과 학업은 그 흐름이 각기 다르지만 서로 방해하는 것은 아니다."라고 하였다. 그러나 손휴는 장포가 의구심을 품을까 걱정되어 결국 강론하는 학업을 폐하고 위소 등을 궁궐에 들어오지 못하게 하였다.

休喜讀書하여 欲與祭酒韋昭博士盛沖으로 講論이러니 布以昭沖切直으로 恐入侍言己過하여 固諫止之하니 休曰 孤欲與昭等으로 講習舊聞이 亦何所損가 君特恐其道臣下姦慝이라 故不欲令入耳라 如此之事는 孤已自備之하니 不須昭等然後에 解也라 布惶恐陳謝하고 且言懼妨政事라한대 休曰 王務學業이 其流各異하되 不相妨也[①]니라 然休恐布疑懼하여 卒廢講業하고 不使昭等入하다

① "王務"는 王事(국가 일)라는 말과 같다.
王務, 猶言王事也.

【綱】魏나라 司馬昭가 中散大夫 嵇康(혜강)을 죽였다.

魏司馬昭가 殺中散大夫嵇康[①]하다.

① 嵇는 姓이다.
嵇, 姓也.

【目】嵇康은 문장과 언사가 뛰어나고 老子와 莊子에 관하여 말하기를 좋아하며 기이한

행동을 숭상하고 의협심이 강해서 阮籍, 완적의 조카 阮咸, 山濤, 向秀(상수), 王戎, 劉伶과 함께 벗하며 잘 지내면서 竹林七賢이라 불렀다. 모두가 虛無를 숭상하고 禮法을 경멸하여, 술을 실컷 마시고 크게 취해서 세상일을 잊어버렸다.

嵇康

완적은 步兵校尉가 되었는데 그의 어머니가 죽었을 때 한창 어떤 사람과 바둑을 두고 있었다. 대국하는 자가 그만둘 것을 청하였는데, 완적이 만류하면서 승패를 결정지었다. 이윽고 술 두 말을 마시고 소리를 질러 한 번 통곡을 하자 피를 몇 되나 토하고 비쩍 말라서 뼈를 세워놓은 것 같았으나 居喪 중에도 술을 마시는 것이 평일과 다르지 않았다.

康文辭壯麗하고 好言老莊而尚奇任俠하여 與阮籍籍兄子咸山濤向秀王戎劉伶으로 相友善하여 號竹林七賢①하니 皆崇尚虛無하고 輕蔑禮法하여 縱酒昏酣하고 遺落世事러라 籍爲步兵校尉러니 其母卒에 方與人圍棋러니 對者求止한대 籍留與決賭②하고 旣而飮酒二斗하고 擧聲一號에 吐血數升하고 毁瘠骨立하나 居喪飮酒가 無異平日③이러라

① 阮은 姓이다.
阮, 姓也.
② 〈"與決賭"는〉 함께 승부를 결정짓는 것이다.
與決勝負也.
③ "骨立"은 심히 수척하여 몸의 살이 모두 사라져 오직 뼈만 서 있다는 것을 말한 것이다.
骨立者, 言其瘠甚, 身肉俱消, 唯骨立也.

【目】司馬昭가 앉아 있는 자리에서 司隷校尉 何曾이 阮籍의 면전에 대고 꾸짖기를 "卿은 감정대로 행동하고 예법을 어겨서 풍속을 파괴하는 사람이니 나쁜 풍조를 助長해서는

안 된다."라고 하고, 이어서 사마소에게 말하기를 "公께서는 바야흐로 孝로 천하를 다스리시는데 완적이 服喪 중에도 公이 있는 자리에서 술을 마시고 고기를 먹는 것을 내버려두시니, 공께서 무엇으로 다른 사람을 훈계하실 수 있겠습니까. 마땅히 그를 사방 오랑캐들의 지역으로 물리쳐서 華夏 지역을 더럽히지 않도록 하십시오."라고 하였으나, 사마소는 완적의 재주를 아껴서 늘 그를 옹호하였다.

司隷何曾이 **面質籍於司馬昭座曰**① **卿**은 **縱情背禮敗俗之人**이니 **不可長也**②라하고 **因謂昭曰 公方以孝治天下**로되 **而聽籍以重哀**로 **飮酒食肉於公座**하니 **何以訓人**이리오 **宜擯之四裔**하여 **無令汚染華夏**라한대 **昭愛籍才**하여 **常擁護之**③러라

① 何曾은 何夔의 아들이다. 質은 질정한다는 뜻이니, 〈"面質"은〉 얼굴을 맞대고 정의로 꾸짖는 것이다.
曾, 夔之子也. 質, 正也. 面以正義責之也.

② 長(조장하다)은 知兩의 切이다.
長, 知兩切.

③ 司馬昭가 九錫을 사양할 적에 阮籍이 公卿들을 위하여 勸進牋(나아가기를 청하는 글)을 지었는데 그 언사가 심히 청아하고 장중하였으므로 사마소가 그의 재주를 아꼈다.
昭之讓九錫也, 籍爲公卿爲勸進牋, 辭甚淸壯, 故昭愛其才.

【目】 阮咸은 본래 고모의 여종을 총애했는데 고모가 여종을 데리고 가버렸다. 완함이 한창 손님과 응대하고 있다가 급히 손님이 타고 온 말을 빌려 타고 쫓아가서 여종을 말에 태우고 돌아왔다.

咸은 **素幸姑婢**러니 **姑將婢去**라 **咸方對客**이라가 **遽借客馬追之**하여 **累騎而還**①이러라

① 累는 포갠다는 뜻이니, 두 사람이 함께 말을 타는 것을 "累騎"라 말한다.
累, 重也. 兩人共馬, 謂之累騎.

【目】 劉伶은 술을 매우 좋아해서 평상시 鹿車를 타고서 술 한 동이를 가지고 사람을 시켜 삽을 메고 따르게 하며 말하기를 "죽게 되면 바로 나를 묻어라."라고 하니, 당시 사대부들이 모두 그를 賢明하다고 여겨 다투어 흠모하고 본받으면서 그를 放達하다고 하였다.

伶은 **尤嗜酒**하여 **常乘鹿車**하여 **攜一壺酒**하고 **使人荷鍤隨之曰 死便埋我**①라하니 **當時士大夫**가 **皆以爲賢**하여 **爭慕效之**하여 **謂之放達**②이러라

① "鹿車"는 수레가 작아서 겨우 사슴 한 마리 정도 실을 만한 것을 말한다. 荷(메다)는 上聲이니, 등에 진다는 뜻이다.
鹿車, 言其小僅可容鹿也. 荷, 上聲, 負也.

② "放達"은 玄虛하고 호방함을 曠達이라 함을 이른다. 一說에 "放達은 방탕하고 허탄하며 활달한 것이다."라고 하였다.
放達, 謂以玄虛宏放爲夷達也. 一說"放達謂放誕豁達也."

【目】鍾會가 嵇康의 명성을 듣고 그에게 찾아갔는데 혜강이 다리를 뻗고 앉아서 쇠를 두들기며 그에게 예를 차리지 않았다. 종회가 돌아가려 하자 혜강이 말하기를 "무엇을 듣고서 왔다가 무엇을 보고 돌아가는가?"라고 하니, 종회가 말하기를 "소문을 듣고 왔다가 본 것을 보고 간다."라고 하고, 결국 이로 인하여 종회는 매우 앙심을 품게 되었다. 山濤가 吏部郞이 되어서 자신의 후임으로 혜강을 천거하였는데 혜강이 산도에게 편지를 보내서 스스로 말하기를 "자신을 세속적인 일을 감당하지 못하겠고, 湯王이나 武王도 비루하게 생각한다."라고 하니, 사마소는 이 말을 듣고 성을 내었다.

鍾會聞康名造之한대 **康箕踞**[6]**而鍛**하고 **不爲之禮**①러니 **會將去**에 **康曰 何所聞而來**라가 **何所見而去**오 **會曰 聞所聞而來**라가 **見所見而去**라하고 **遂深銜之**하다 **濤爲吏部郞**에 **擧康自代**②한대 **康與濤書**하여 **自說不堪流俗**하고 **而非薄湯武**하니 **昭聞而怒之**③러라

① 踞는 倨와 통용한다. 鍛(단련하다)은 都玩의 切이니 小冶(가볍게 망치질하는 것)이다. 망치질할 뿐이고 녹이지 않으므로 小冶라고 한다. 嵇康은 성격이 정교해서 쇠를 단련하기를 좋아했다.
踞, 通作倨. 鍛, 都玩切, 小冶也. (推)〔椎〕[7]之而已, 不消, 故曰小冶. 康性巧而好鍛.

② 魏나라는 尙書郞이 23명이 있는데 吏部郞이 그 1명이다.
魏尙書郞有二十三員, 吏部其一也.

③ 商湯과 周 武王이 革命을 하였는데, 嵇康이 비루하게 여겼으므로 司馬昭가 이를 듣고서 성을 낸 것이다.
湯・武革命, 而康非薄之, 故昭聞而怒.

【目】嵇康이 東平 사람 呂安과 잘 지냈는데, 呂安의 형 呂巽이, 여안이 불효한다고 무고

6) 箕踞 : 두 다리를 키처럼 벌리고 앉아 있는 것을 말하는데 예의를 차리지 않고 거만하게 앉는 것을 말한다.

7) (推)〔椎〕: 저본에는 '推'로 되어 있으나, ≪說文繫傳≫의 '鍛'에 대한 설명에 의거하여 '椎'로 바로잡았다.

하자, 혜강이 그렇지 않다고 증언하였다. **鍾會**가 이어서 참소하기를 "혜강이 일찍이 毌丘儉을 돕고자 하였고, 또 呂安과 함께 모두 세상에 성대한 명성이 있는데 말하는 것이 방탕하여 時俗을 해치며 교화를 어지럽히니 마땅히 이 기회를 이용하여 그를 제거해야 합니다."라고 하니, 司馬昭가 마침내 여안과 혜강을 죽였다. 혜강이 일찍이 隱者인 孫登을 방문하였는데 손등이 말하기를 "그대는 재주는 많으나 견식이 적으니 지금 세상에서 화를 면하기 어려울 것이다."라고 하였다.

康與東平呂安으로 **親善**이러니 **安兄巽**이 **誣安不孝**어늘 **康爲證其不然**[①]한대 **會因譖**호되 **康嘗欲助毌丘儉**[②]하고 **與安皆有盛名於世**하되 **而言論放蕩**하여 **害時亂教**하니 **宜因此除之**라하니 **昭遂殺安及康**하다 **康嘗詣隱者孫登**한대 **登曰 子才多識寡**하니 **難乎免於今之世矣**라하더라

① 爲(위하다)는 去聲이다.
爲, 去聲.

② 〈"康嘗欲助毌丘儉"은〉 毌丘儉이 叛亂을 일으켰을 때 嵇康이 돕고자 한 것을 말한다.
言儉反, 而康欲助之.

【綱】魏나라가 鍾會를 都督關中軍事로 삼았다.

魏以鍾會都督關中軍事하다

【目】**魏**나라 司馬昭는 姜維가 자주 북쪽을 침략하는 것을 근심하고 있었는데, 官騎 路遺가 자객이 되어서 蜀漢에 들어가게 해달라고 청하였다. 從事中郎 荀勖이 말하기를 "明公께서는 천하를 주재하고 계시면서 마땅히 정의에 입각하여 반역한 자들을 정벌하셔야 하는데 자객으로 적을 제거하는 것은 四海에 본받도록 하는 방도가 아닙니다."라고 하였다.

魏司馬昭가 **患姜維數北伐**이러니 **官騎路遺**가 **求爲刺客入蜀**[①]이어늘 **從事中郎荀勖曰**[②] **明公爲天下宰**하여 **宜仗正義以伐違貳**로되 **而以刺客除賊**은 **非所以刑于四海也**[③]로다

① 官騎는 騶騎[8])이다. 路遺는 姓名이다.
官騎, 騶騎也. 路遺, 姓名也.

---

8) 騶騎 : 《漢書》 顔師古 註에 "騶는 본래 마구간의 말을 모는 자이다. 뒤에 그들을 기병으로 삼았기 때문에 騶騎라 하였다.〔騶 本廐之馭者 後又令爲騎 因謂騶騎耳〕" 하였다. 또한 《資治通鑑》 註에서 漢官儀를 인용하면서 "騶騎는 王家에서는 官騎라고 하니 廐馬와 함께 모두 太僕에 속한다.〔騶騎王家名官騎與廐馬皆屬太僕〕" 하였다.

② 從事中郞은 大將軍의 속관이다. 荀勖은 荀爽의 曾孫子이다.
從事中郞, 大將軍屬官. 勖, 爽之曾孫也.

③ 違는 떠나가고, 배반한다는 뜻이다. 貳는 두 마음을 품고 양쪽에 소속된다는 뜻이다.
(達)〔違〕,[9] 離也, 背也. 貳, 攜貳也, 兩屬也.

【目】司馬昭가 이 말이 옳다고 하며 마침내 크게 출동하여 蜀漢을 정벌하려고 하자 조정의 신하들은 대부분 불가하다고 하였는데, 오직 鍾會만이 이를 권하였다.

사마소가 여러 사람들에게 諭示하기를 "壽春을 평정한 이래로 전쟁을 쉰 것이 6년째인데,[10] 그동안 군대를 훈련시키고 무기를 정비하여 〈吳나라와 蜀漢〉 양쪽 오랑캐를 대비해왔다. 지금 吳나라는 땅이 광대하면서 낮고 습하니 그들을 공격하면 힘을 쓰기가 좀 어렵다. 巴蜀 지방을 먼저 평정하고 3년 후에 〈長江의〉 順流의 형세[11]를 이용하여 水陸으로 함께 전진하는 것만 못하니, 이것이 虢나라를 멸하고 虞나라를 빼앗는 형세이다. 蜀漢의 戰士를 헤아려보면 9만 명인데 成都 지역에 수비하거나 다른 경계 지역을 대비하는 숫자가 4만 명을 밑돌지 않을 것이니, 그렇다면 나머지 무리는 5만 명에 불과하다. 지금 姜維를 沓中에 묶어놓아 동쪽을 돌아볼 수 없게 하고 곧바로 駱谷을 향하여 나아가 그 빈 곳으로 나가서 漢中을 습격한다면 劉禪의 어리석음으로 인해 변경의 성들이 밖에서 격파를 당하고 남녀 백성들이 안에서 동요할 것이니, 망할 것을 알 수 있다."라고 하였다.

마침내 종회를 鎭西將軍으로 삼고 關中 지역을 감독하게 하니, 鄧艾는 蜀漢이 아직 빈틈을 보이지 않는다고 누차 다른 의견을 펼쳤는데, 사마소가 사람을 보내서 유시하자 등애가 마침내 명령을 받들었다.

昭善之하여 遂欲大擧伐漢한대 朝臣多以爲不可로되 獨鍾會勸之어늘 昭諭衆曰 自定壽春已來로 息役六年에 治兵繕甲하여 以擬二虜①러니 今吳地廣大而下濕하니 攻之用力差難이라 不如先定巴蜀하고 三年之後에 因順流之勢하여 水陸竝進이니 此滅虢取虞之勢也②라 計蜀戰士九萬에 居守成都及備他境이 不下四萬이니 然則餘衆不過五萬이라 今絆姜維於沓中하여 使不得東顧③하고 直指駱谷하여 出其空虛之地하여 以襲漢中하면 以劉禪之闇而邊城外破하고 士女內震하리니 其亡

9) (達)〔違〕: 저본에는 '達'로 되어 있으나, 《資治通鑑》 註에 의거하여 '違'로 바로잡았다.

10) 壽春을……6년째인데 : 壽春에서 諸葛誕이 일으킨 반란을 평정한 이후를 말한다. 이 사건은 高貴鄕公 甘露 3년(258)에 일어났으므로 실제로는 5년이 된다.

11) 長江의……형세 : 蜀 지방이 長江의 上流이므로 蜀漢을 멸망시키고 上流에서 강물을 따라 下流 지역인 吳나라를 공격한다는 말이다.

可知也라 **乃以會爲鎭西將軍**하여 **督關中**하니 **鄧艾以蜀未有釁**으로 **屢陳異議**어늘 **昭使人諭之**한대 **艾乃奉命**하다

① 擬는 헤아리고 의논한다는 뜻이니, 헤아려 상대하는 것이다.
擬, 度也, 議也. 揣度而待也.

② ≪春秋≫ 僖公 5년에 晉 獻公이 虢나라를 멸하고 인하여 虞나라를 멸한 것이다.[12] 이것은 蜀漢을 멸하고 그 勝勢를 타서 吳나라를 멸할 수 있다는 말이다.
春秋, 晉獻公滅虢, 因以滅虞, 此言滅蜀乘勢可以滅吳也.

③ 다리를 묶는 것을 絆이라고 한다.
繫足曰絆.

【目】 姜維가 표문을 올리기를 "左車騎將軍 張翼과 右車騎將軍 廖化를 파견하여 여러 군대를 감독하게 하고, 陽安의 關口와 陰平의 橋頭를 나누어 보호하여 미연에 방비해야 합니다."라고 하였다. 黃皓는 鬼神과 무당의 말을 믿어 적군이 끝내 스스로 이르지 못할 것이라 여겨서 황제(後主)에게 아뢰고 그 일을 묵살하니 여러 신하들 중에는 아는 자가 없었다.

姜維表호되 **遣左右車騎張翼廖化督諸軍**하고 **分護陽安關口及陰平之橋頭**하여 **以防未然**[①]이라한대 **黃皓信巫鬼**하여 **謂敵終不自致**라하여 **啓帝寢其事**하니 **群臣莫知**[②]하더라

① 이때 張翼은 左車騎將軍이었고, 廖化는 右車騎將軍이었다. 陽安의 關口는 생각건대 陽平關이다. 杜佑가 말하기를 "陰平의 橋頭는 文州의 경계에 있다."라고 하였다.
時, 翼爲左車騎將軍, 化爲右車騎將軍. 陽安關口, 意卽陽平關也. 杜佑曰 "陰平橋頭在文州界."

② 致는 이른다는 뜻이고, 또 나아간다는 뜻이고 보낸다는 뜻이다.
致, 至也, 又詣也, 送也.

癸未年(263)

【綱】 漢나라(蜀漢) 後主 炎興 원년이다.

炎興元年이라

---

12) 春秋……것이다 : 春秋時代에 晉 獻公이 虞나라에 길을 빌려 虢나라를 멸망시키고 돌아오는 길에 虞나라까지 멸망시킨 일을 말한다.

【目】 魏나라 元帝 曹奐 景元 4년이고, 吳나라 景帝 孫休 永安 6년이다. 이해에 漢나라(蜀漢)가 멸망하였다.

魏景元四年이요 吳永安六年이라 ◑ 是歲에 漢亡하다

【綱】 봄에 詔書를 내려 故 丞相 諸葛亮의 사당을 沔陽에 세웠다.

春에 詔立故丞相亮廟於沔陽[13)]하다

【目】 諸葛亮이 막 죽었을 때에 각 지역마다 그를 위하여 사당을 세울 것을 요청하자 조정에서 의논하여 禮法과 品級 문제로 허락하지 않으니, 백성들이 마침내 절기를 따라 사사로이 도로 가에서 제사를 지냈다. 이때에 이르러 校尉 習隆 등이 청하기를 "묘지에 가까운 곳인 沔陽에 사당 하나를 세워서 四時에 제사를 내려주고, 옛 신하와 관리들 중에 제사를 올리고자 하는 자는 모두 사당에 오도록 하고, 사사로이 祭祀를 지내는 것을 금지하여 正禮를 존중하게 하소서."라고 하니, 後主가 그것을 따랐다.

亮初亡에 所在各求爲立廟①한대 朝議以禮秩不許하니 百姓遂因時節하여 私祭之於道陌上이러니 至是하여 校尉習隆等請호되 近其墓立一廟於沔陽하여 以時賜祭하고 其故臣吏欲奉祠者는 皆至其廟케하고 斷其私祠하여 以崇正禮하소서한대 從之하다

① 爲(위하다)는 去聲이다.
爲, 去聲.

【綱】 여름 5월에 吳나라 交阯 사람이 太守를 죽이고 魏나라에 항복하였다.

夏五月에 吳交阯殺其太守以降魏하다

【目】 吳나라 交阯太守 孫諝가 탐욕스럽고 포악하였다. 마침 吳主 孫休가 사신을 파견하여 交阯郡에 이르렀는데, 사신이 또 제멋대로 공작 30마리를 징발하여 建業으로 보내려고 하였다. 백성들이 먼 길에 노역하는 것을 꺼려서 마침내 난을 일으키자, 郡吏 呂

---

13) 詔立故丞相亮廟於沔陽 : "사당을 세운 것을 기록한 것은 功臣을 追錄한 것이다. ≪資治通鑑綱目≫이 끝날 때까지 功臣의 사당을 세운 것을 기록한 것이 두 번이니(이해와 唐 玄宗 天寶 4년(745)의 李靖, 李勣), 武氏의 崇恩廟는 여기에 포함되지 않는다.〔書立廟 錄功臣也 終綱目 功臣書立廟二(是年 唐玄宗天寶四載(李)〔靖〕勣) 武氏之崇恩不與焉〕" ≪書法≫ 저본에 '李勣'으로 되어 있는 것을 ≪資治通鑑綱目≫ 唐 玄宗 天寶 4년(745)의 "立李靖李勣廟"에 의하여 바로잡았다.

興은 손서와 사신을 죽이고 魏나라에 관리를 보내달라고 청하였다. 九眞과 日南이 모두 호응하니, 魏나라가 여흥을 將軍都督으로 삼았는데 얼마 뒤에 여흥은 그 부하에게 죽임을 당하였다.

吳交阯太守孫諝貪暴①이러니 會吳主遣使至郡이어늘 又擅調孔雀三十頭하여 送建業②하니 民憚遠役하여 遂作亂이어늘 郡吏呂興이 殺諝及使人하고 而請吏於魏하니 九眞日南이 皆應이어늘 魏以興爲將軍都督이러니 尋爲其下所殺하다

① 諝는 私呂의 切이다.
諝, 私呂切.
② 調(징발하다)는 徒弔의 切이다.
調, 徒弔切.

【綱】 가을에 魏나라가 鄧艾와 鍾會를 파견하여 군사들을 지휘하여 關口에 침입하였다. 守將 傅僉이 죽고 姜維가 패배하여 돌아와 劍閣을 수비하였다.

秋에 魏遣鄧艾鍾會하여 將兵入寇關口하니 守將傅僉이 死之하고 姜維戰敗하여 還守劍閣[14]하다

【目】 魏나라는 鄧艾를 파견하여 3만여 명의 병사를 감독하고 狄道에서 甘松과 沓中으로 나아가서 姜維를 묶어놓게 하고, 雍州刺史 諸葛緖에게는 3만여 명의 병사를 감독하고 祁山에서 武街의 橋頭로 나아가서 강유의 돌아가는 길을 차단하게 하고, 鍾會에게는 10여만 명을 통솔하여 斜谷(야곡)·駱谷·子午谷을 따라 나누어 漢中으로 나아가게 하고, 衛瓘으로 持節로 軍事를 감독하고 鎭西軍司[15]를 겸직하게 하였다.

魏遣鄧艾督三萬餘人하여 自狄道趣甘松沓中하여 以綴姜維①하고 雍州刺史諸葛緖 督三萬餘人하여 自祁山趣武街橋頭하여 絶維歸路②하고 鍾會 統十萬餘衆하여 分從斜谷駱谷子午谷趣漢中하고 以衛瓘으로 持節監軍事行鎭西軍司③하다

① 甘松은 地名으로 여러 羌族의 땅이며 甘松嶺이 있다.
甘松, 地名, 諸羌之地, 有甘松嶺.

---

14) 還守劍閣 : "돌아와 劍閣을 지킨 것을 기록한 것은 어째서인가. 漢壽로 물러나 지킨 잘못을 드러낸 것이다. 蜀漢의 멸망은 姜維가 한 짓이다.〔還守劍閣 何 著退屯漢壽之失也 漢之滅 姜維爲之〕" 《書法》

15) 軍司 : 軍司馬의 약칭으로 병사를 관장하였는데 秦漢時代에 이후에도 이어졌다. 兩漢時代에는 校尉의 속관이 되었으며, 교위가 없는 곳에서는 長이 되었다.

② 李賢이 말하기를 "下辨縣은 武都郡에 속하였는데 지금의 城州 同谷縣이고 옛 이름은 武街城이다."라고 하였다. 《水經註》에 "濁水는 武街城 남쪽을 지난다."라고 하고, 또 말하기를 "白水는 臨洮縣 西傾山 동남쪽에서 발원하여 陰平 故城 남쪽을 지나고 또다시 동북쪽으로 가서 橋頭를 지난다."라고 하였다.

賢[16]曰 "下辨縣屬武都郡, 今城州同谷縣, 舊名武街城." 水經註 "濁水逕武街城南." 又曰 "白水, 出臨洮縣西傾山東南, 逕陰平故城南, 又東北逕橋頭."

③ 衛瓘은 衛覬의 아들이다. 鍾會는 당시 鎭西將軍이 되었다. 위관은 이미 鄧艾와 鍾會의 군사를 감독하였는데 또다시 종회의 軍司를 겸직하게 되었다.

瓘, 覬之子也. 鍾會時爲鎭西將軍, 瓘旣監艾・會軍, 又行會軍司.

【目】 鍾會가 幽州刺史 王戎에게 들러서 계책을 물었는데 왕융이 말하기를 "道家의 말에 '일을 하고 자랑하지 말라.'라고 하였으니, 성공하기 어려운 것이 아니라 이를 보존하기가 어려운 것이다."라고 하였다.

어떤 사람이 參相國軍事[17] 劉寔에게 묻기를 "鍾會와 鄧艾가 蜀漢을 평정할 수 있겠습니까?"라고 하니, 유식이 말하기를 "蜀漢을 격파하는 것은 필연적인 것이다. 그러나 모두 돌아오지는 못할 것이다."라고 하였다. 빈객이 그 까닭을 물었는데, 유식은 웃으면서 대답하지 않았다.

會過幽州刺史王戎하여 **問計**①한대 **戎曰 道家有言**호되 **爲而不恃**②라하니 **非成功難**이라 **保之難也**니라 **或**이 **以問參相國軍事劉寔曰 鍾鄧**이 **其平蜀乎**③아 **寔曰 破蜀必矣**나 **而皆不還**하리라 **客問其故**한대 **寔笑而不答**하더라

① 王戎은 王雄의 손자이다.

戎, 雄之孫也.

② 〈"爲而不恃"는〉 老子의 《道德經》의 말이다.

老子道經之言.

③ 相國은 參軍事가 있는데, 당시의 賢人을 뽑아서 참모회의에 참여시켰다. 劉寔은 漢나라 濟北惠王 劉壽(章帝의 아들)의 후손이다.

相國有參軍事, 妙選時賢, 參預謀議. 寔漢濟北惠王壽之後.

---

16) 賢 : 《後漢書》를 주석한 唐 章懷太子 李賢이다.

17) 參相國軍事 : 《晉書》 〈劉寔傳〉에는 '參文帝相國軍事'로 되어 있다. 參軍事는 參軍으로 약칭되는데, 後漢 말 車騎將軍의 막료로 설치되어 참모의 역할을 하였다. 이후 曹操가 丞相으로 있었을 때에 軍政을 총람하게 하였다. 특히 조조가 자신의 막료 중에 參丞相軍事를 두었는데, 직임이 매우 중하였다. 이후 參相國軍事로 바뀌었는데, 相國參軍이라고도 한다. 상국참군은 본서 189쪽에도 보인다.

【目】 8월에 군사들이 洛陽을 출발할 적에 군사를 정렬시키고 맹세하였는데 장군 鄧敦이 "蜀漢을 토벌할 수 없을 것입니다."라고 말하니, 司馬昭는 그를 참수하여 조리돌렸다.

蜀漢은 廖化를 파견하여 姜維의 후원이 되게 하고 張翼과 董厥은 陽安의 關口로 가서 외변의 요새를 돕도록 하였다. 大赦免令을 내리고 〈炎興이라고〉 改元하고, 외변의 요새에 칙령을 내려 싸우지 말고 물러나서 漢城과 樂城 두 성을 지키도록 하였다. 鍾會는 평안하게 행군하여 漢中에 도착해서 병사를 시켜서 두 성을 포위하도록 하고, 곧바로 陽安口에 나아가서 사람을 보내 諸葛亮의 묘소에 제사 지내게 하였다. 그리고 종회는 護軍 胡烈로 하여금 선봉으로 삼아서 關口를 공격하게 하자, 守將 傅僉이 항거하고 수비하였는데 부하 蔣舒가 그 무리를 이끌고 〈호렬을〉 맞이하여 항복하였다. 호렬이 빈틈을 이용하여 성을 습격하자, 부첨이 싸우다가 죽었다. 종회는 마침내 계속 전진하여 창고에 쌓인 곡식을 많이 획득하였다.

八月에 軍發洛陽할새 陳師誓衆이러니 將軍鄧敦이 謂蜀未可討라한대 司馬昭斬以徇하다 漢人이 遣廖化爲姜維繼援하고 張翼董厥이 詣陽安關口하여 爲諸圍外助하고 大赦改元하고 勅諸圍不得戰하고 退保漢樂二城케하다 會平行至漢中[①]하여 使兵圍二城하고 徑趣陽安口하여 遣人祭諸葛亮墓하고 使護軍胡烈爲前鋒하여 攻關口어늘 守將傅僉拒守러니 其下蔣舒率衆迎降[②]하니 烈乘虛襲城이어늘 僉格鬪而死하니 會遂長驅而前하여 大得藏庫積穀[③]하다

① "平行"은 편안하게 행군한다는 뜻이다.
平行, 安然而行也.

② 傅僉은 傅肜(부융)의 아들이다. 예전에 蜀漢 武興督 蔣舒가 일을 할 때 걸맞지 않아서 蜀漢 조정에서 다른 사람으로 교체하게 하고 將軍 傅僉을 도와서 關口를 지키게 하니 장서는 이로 말미암아 한을 품었다.
僉, 肜之子也. 初漢武興督蔣舒, 在事無稱, 漢朝令人代之, 使助將軍傅僉, 守關口, 舒由是恨.

③ "長驅"는 直進한다는 말과 같으니, 막는 자가 없음을 이른다. 藏(창고)은 徂浪의 切이다.
長驅, 猶言直進也. 謂無禦之者. 藏, 徂浪切.

【目】 姜維는 鍾會의 군대가 이미 漢中으로 들어갔다는 소식을 듣고 군사를 이끌고 돌아가니, 鄧艾가 병사를 보내 彊川口까지 추격하여 크게 싸웠다. 강유가 패주하여 陰平으로 돌아와서 병사들을 모아 關城으로 가려고 하다가 그 城이 이미 격파되었다는 소식을 듣고 廖化·張翼·董厥 등을 만나서 군사를 합쳐 劍閣을 지키면서 종회를 막았다.

維聞會已入漢中하고 引兵還이러니 艾遣兵追躡於彊川口하여 大戰①하니 維敗走하여 還至陰平하여 合衆欲赴關城이라가 聞其已破하고 遇化翼厥等하여 合兵守劍閣以拒會②하다

① 彊川口는 強臺山(강대산) 남쪽에 있다. 強臺山은 곧 臨洮縣의 西傾山이다.
彊川口, 在強臺山南. 強臺山, 卽臨洮之西傾山.

② 劍閣은 利州의 綿谷과 葭萌 두 縣에 있다. 諸葛亮이 蜀漢에 재상이 되어 이곳에 劍閣縣을 세웠다. ≪水經註≫에 "小劍戍에서 서쪽으로 大劍山까지 거리가 30리인데, 산이 연이어 매우 험하고 높은 閣道(棧道)에 사방 길이 통하므로 劍閣이라고 한다."라고 하였다.
劍閣, 在利州綿谷·葭萌二縣. 諸葛亮相蜀, 於此立劍(門)〔閣〕[18]縣. 水經註 "小劍戍西去大劍山三十里, 連山絶險, 飛閣通衢, 故謂之劍閣."

【綱】 겨울 10월에 吳나라 사람들이 와서 지원하였다.

冬十月에 吳人이 來援[19]하다

【目】 사신을 보내 吳나라에 위급함을 알렸는데, 吳나라는 大將軍 丁奉으로 하여금 壽春으로 나아가게 하고, 丁封과 孫異로 하여금 沔中으로 나아가서 蜀漢을 구원하게 하였다.

遣使告急於吳한대 吳使大將軍丁奉으로 向壽春하고 丁封孫異로 向沔中하여 救漢①하다

① 沔中은 당시에 魏나라의 境內이어서 吳나라 병사가 이를 수 없으니 그곳으로 향하려고 할 뿐이었다.
沔中, 時爲魏境, 吳兵未能至也, 擬其所向耳.

---

18) (門)〔閣〕: 저본에는 '門'으로 되어 있으나, ≪資治通鑑≫ 註에 의거하여 '閣'으로 바로잡았다.

19) 吳人 來援 : "'人'이라고 기록한 것은 미천한 자들이라 여긴 것이고, '來援'이라고 기록한 것은 늦었다는 말이다. 이때 蜀漢은 거꾸로 떨어지는 위급한 상황이었으니, 吳나라 사람들이 진실로 환난을 구원하며 재난을 나누어 가지려는 마음이 있었다면 당연히 장군을 보내서 군사를 이끌고 북을 치면서 행군하여 전진하기를 마치 불을 끄며 물에 빠진 이를 건져내듯이 하여 오히려 미치지 못할 듯이 해야만 한다. 그런데 지금 겨우 丁奉 등에게 명하여 壽春으로 향하게 하고 沔中으로 향하게 했을 뿐이니, 이것이 과연 일에 무슨 도움이 되겠는가. 이것이 '救'라고 기록하지 않고 '援'이라고 기록하고, 또 '人'이라고 기록하여 미천하게 여긴 이유이다. 비록 그러나 吳나라 사람들이 의리를 행함에 힘쓰지 않고, 자신이 행한 것이 또한 자신에게 똑같이 미쳐서 虢나라가 망하자 虞나라가 멸망하는 꼴을 당하였으니, 애석함을 견딜 수 있겠는가. 슬프다.〔書人 微者也 書來援 緩詞也 是時 漢有倒垂之急 吳人苟有救患分災之意 則當遣將師師 鼓行而進 如救焚拯溺 猶恐弗及 今乃僅命丁奉輩 向壽春 向沔中而已 是果何益於事哉 此所以不書救而書援 而又書人以微之也 雖然吳人爲義不力 行亦自及 虢亡虞擧 可勝惜哉 吁〕" ≪發明≫

【綱】魏나라 司馬昭가 비로소 相國 晉公을 칭하고 九錫을 받았다.[20)]

魏司馬昭始稱相國晉公하고 受九錫하다

【目】예전에 司馬昭가 누차 職位의 승진과 爵位의 하사를 사양하였다. 이때에 와서 蜀漢에서 승첩이 교대로 이르자 조서를 내려 다시 수여하니, 사마소가 命을 받았다. 魏舒를 불러서 相國參軍으로 삼았다.

위서는 어렸을 때 느리고 질박하여 향리 친척들에게 소중하게 여겨지지 않았다. 從叔父 魏衡은 당시 세상에 유명하였는데도 또한 위서를 알아보지 못하여 위서에게 물레방아를 맡아보게 하고 매번 탄식하여 말하기를 "위서가 수백 戶의 長을 담당한다면 내 소원을 다 풀 수 있겠다."라고 하였다.

初에 昭累辭進位爵賜러니 至是하여 蜀捷交至어늘 詔復授之한대 昭乃受命하다 辟魏舒爲相國參軍하다 舒少時에 遲鈍質朴하여 不爲鄕親所重①이러니 從叔父衡은 有名當世②호되 亦不知之하여 使守水碓하고 每嘆曰 舒堪數百戶長이면 我願畢矣③로다

① "鄕親"은 鄕里에 사는 親戚이다.
鄕親, 鄕里親戚也.

② 從(방계 친속)은 才用의 切이다.
從, 才用切.

③ 碓(방아)는 都內의 切이니, 방아라는 뜻이다. 방아를 물가에 만들어 바퀴를 방아 뒤에 설치하고 橫木(가로로 된 나무)으로 바퀴를 관통하고 橫木 양쪽 끝에 다시 나무 길이 2尺쯤 되는 것을 교차해서 관통하여 곧바로 방아 꼬리에 만나게 한다. 나무가 물에 격동되고 바퀴에 물이 흘러가서 바퀴가 돌면 교차된 나무가 방아 꼬리의 나무를 쳐서 스스로 방아 찧게 되어 번거롭게 사람의 힘을 쓸 필요가 없으니 이를 水碓(물레방아)라고 한다. 長(우두머리)은 展兩의 切이다. 漢나라 制度에 1만 가구 이상에는 〈책임자로〉 縣令을 두고, 1천 가구 이상에는 縣長을 두었다. "數百戶長"은 小邑長을 말한다.
碓, 都內切, 舂也. 爲碓水側, 寘輪碓後, 以橫木貫輪, 橫木之兩頭, 復以木長二尺許, 交午貫之, 正直碓尾. 木激水灌輪, 輪轉則交午木戛擊碓尾木而自舂, 不煩人力, 謂之水碓. 長, 展兩切. 漢制萬戶以上爲令, 千戶以上爲長. 數百戶長, 謂小邑長也.

【目】魏舒는 또한 개의치 않고 고상한 일을 하지 않았다. 오직 太原 사람 王乂만이 위서

20) 九錫을 받았다 : 九錫을 내린 것은 曹髦 甘露 3년(258)의 일인데 5년이 지난 이제야 받아들인 것이다.

에게 말하기를 "卿은 끝내 台輔(재상)가 될 것이다."라고 하고, 항상 그의 가난함을 구휼해주니, 위서는 사양하지 않고 받았다. 나이가 40여 세가 되어 郡에서 上計掾으로 선발하여 孝廉에 천거하였다.

친척들이 위서가 학업이 없으므로 그에게 벼슬에 나가지 않아서 이를 고매함으로 삼으라고 권하였는데, 위서가 말하기를 "만약에 시험을 쳐서 합격하지 못하면 그 책임은 나에게 있으니, 어찌 벼슬에 나가지 않는 고매함을 훔쳐서 자신의 영광으로 삼아서야 되겠는가."라고 하고, 이에 스스로 학업을 하여 백 일 동안에 하나의 경전을 익혀서 對策에서 합격하였고, 여러 차례 승진하여 나중에는 將軍 鍾毓의 長史가 되었다.

종육이 매번 參軍과 보좌관들과 활쏘기를 할 때마다 위서는 늘 점수를 계산할 뿐이었다. 그 후에 편이 부족하게 되어 위서로 인원수를 채우니, 위서는 용모와 태도가 여유있고 단아하였으며 활을 쏘아서 맞추지 못한 경우가 없었다. 온 좌중의 사람들이 깜짝 놀라고 대적할 자가 없었다. 종육이 감탄하고 사과하면서 말하기를 "내가 경의 재주를 다 쓰지 못한 것이 이 활쏘기와 같을 것이다."라고 하였다.

參軍이 되어서는 府朝(相國府)의 번잡한 업무를 시비한 적이 없었고, 국가의 흥폐와 관련된 큰일에 이르러서는 많은 사람들이 결정을 내리지 못한 것을 위서가 여유롭게 헤아리니, 대부분 여러 사람들의 논의를 뛰어넘었다. 司馬昭는 그를 매우 소중하게 여겼다.

舒亦不以介意하고 **不爲皎厲之事**[①]한대 **唯太原王乂謂舒曰 卿終爲台輔**라하고 **常振其匱乏**하니 **舒受而不辭**[②]하더라 **年四十餘**에 **郡擧上計掾**[21)]하여 **察孝廉**하니 **宗黨以舒無學業**으로 **勸令不就**하여 **可以爲高**라한대 **舒曰 若試而不中**이면 **其負在我**[③]니 **安可竊不就之高**하여 **以爲己榮乎**리오하고 **於是**에 **自課**하여 **百日習一經**하여 **對策升第**하고 **累遷後將軍鍾毓長史**하니 **毓每與參佐射**에 **舒常爲畫籌而已**[④]러니 **後遇朋人不足**하여 **以舒滿數**[⑤]하니 **舒容範閑雅**하고 **發無不中**하니 **擧坐愕然**하고 **莫有敵者**어늘 **毓歎而謝曰 吾之不足以盡卿才**이 **有如此射矣**로다 **及爲參軍**에 **府朝碎務**를 **未嘗是非**[⑥]하고 **至廢興大事**에 **衆人莫能斷者**를 **舒徐爲籌之**하니 **多出衆議之表**이라 **昭深器重之**하더라

① 皎는 세상에 드러내려는 것을 구하는 것이다. 厲는 고상한 행위이다.
皎者, 求以暴白於世. 厲, 危行也.

② 振은 賑과 통용하니, 구휼한다는 뜻이다.
振, 與賑通, 救也.

21) 上計掾 : 上計는 지방 관청에서 호구, 조세, 소송 등을 장부로 작성하여 중앙에 보고하는 일이며, 上計掾은 이를 담당하는 관리이다.

③ 中(맞다)은 去聲이다.
中, 去聲.

④ "參佐"는 參軍과 여러 보좌관이다. 爲(위해서)는 去聲으로 아래 "徐爲"의 爲도 같다. 활쏘기의 점수를 계산하는 것은 投壺의 점수를 계산하는 것과 같다.
參佐, 參軍及諸佐吏也. 爲, 去聲, 下徐爲同. 射之畫籌, 猶投壺之釋算也.

⑤ 朋은 편이다. 무릇 활쏘기를 하는 이는 두 편으로 나누는데 편의 인원을 균등히 하여 승부를 겨룬다. 그 편을 짝을 맞추는데 한 사람이 부족하여 마침내 魏舒로 숫자를 메꾼 것이다.
朋, 輩也. 凡射者分爲兩朋, 朋人均敵, 以較勝負. 偶遇其朋, 乏一人, 遂以舒補數.

⑥ 府朝는 府庭(관부 뜰)이라는 말과 같다.
府朝, 猶言府庭也.

【綱】衛將軍 諸葛瞻이 綿竹에서 鄧艾와 싸워 대패하여 그의 아들 諸葛尙과 함께 전사하였다.

衛將軍諸葛瞻이 **及鄧艾戰於綿竹敗績**하여 **及其子尙皆死之**하다

鄧艾가 산에 길을 뚫어 西川을 습격하다

【目】鄧艾가 진격해 陰平에 도착하여 諸葛緖와 함께 江油에서 成都로 나아가려 하는데, 제갈서는 서쪽으로 가는 것이 본래 詔書의 뜻이 아니라고 여겨 마침내 군사를 이끌고 鍾會와 합류하였다. 종회는 군권을 독차지하고자 하여 비밀리에 아뢰어 제갈서가 두려워하여 전진하지 않는다고 하니, 제갈서를 檻車에 실어 소환하고, 그의 군사들은 모두 종회에게 소속시켰다.

姜維가 군영을 배치해 험준한 곳을 지키니, 종회가 이들을 공격하였으나 이기지 못하였고, 군량을 운반하는 길이 험하고 머니, 군량이

부족하여 군사를 이끌고 돌아가려고 하였다.

鄧艾가 上言하기를 "적은 이미 사기가 꺾였으니 마땅히 이를 틈타 공격해야 합니다. 만약에 陰平에서 샛길을 경유해서 蜀漢의 德陽亭을 거쳐 涪縣으로 나아가서 劍閣에서 서쪽으로 100리쯤 되는 곳으로 진출하면 成都까지 거리가 300여 리 정도입니다. 奇兵이 그들의 심장부를 공격하면 〈蜀漢의〉 劍閣을 지키는 군대가 반드시 돌아와서 涪縣으로 달려갈 것이니, 종회의 군대가 길을 나란히 하여 〈검각을 넘어〉 전진할 수 있을 것이고, 만일 검각의 군대가 부현으로 돌아가지 않으면 부현에서 대응할 군대가 적을 것입니다."라고 하였다.

마침내 음평에서부터 인적이 없는 땅 700여 리를 행군하여 산을 깎아 길을 통하며 橋閣(棧道)을 만들었는데, 산은 높고 골짜기가 깊고 또 군량 운반도 장차 끊기려 하여 위태로운 지경에 빠졌다. 등애가 털 담요로 자신의 몸을 감싸고 험한 곳을 굴러 내려가고 장병들은 모두 나무를 붙잡고 벼랑을 올라서 물고기를 꿴 듯이 일렬로 전진하여 선두 부대가 江油에 도착하니, 蜀漢의 수비 장수인 馬邈이 항복하였다.

鄧艾進至陰平하여 欲與諸葛緒로 自江油趣成都①한대 緒以西行이 非本詔라하여 遂引兵與鍾會合하니 會欲專軍勢하여 密白緒畏懦不進이라하니 檻車徵還하고 軍悉屬會하다 姜維列營守險하니 會攻之不能克하고 糧道險遠하니 軍食乏하여 欲引還이러니 艾上言호되 賊已摧折하니 宜遂乘之라 若從陰平由邪徑하여 經漢德陽亭趣涪하여 出劍閣西百里하면 去成都三百餘里니 奇兵이 衝其腹心하면 劍閣之守 必還赴涪니 則會方軌而進하고 如不還則應涪之兵이 寡矣②라하니 遂自陰平으로 行無人之地七百餘里하여 鑿山通道하며 造作橋閣한대 山高谷深하고 又糧運將匱하여 瀕於危殆③러라 艾以氈自裹하여 推轉而下하고 將士皆攀木緣崖하여 魚貫而進④하여 先登至江油하니 守將馬邈降하다

① 江油는 본래 漢나라의 廣漢 剛氐道 지역으로 후에 이어서 縣을 설치해서 蜀漢의 변방 요새가 되었다. 三國時代에 魏나라가 그 땅을 차지하고 江油郡을 설치했다.
江油, 本漢之廣漢剛氐道地, 後因置縣, 蜀之邊要也. 三國魏得其地, 置江油郡.

② 살펴보건대, 前漢 때에는 德陽縣이 없었다. ≪後漢書≫ 〈郡國志〉에 "廣漢郡에 처음 德陽縣을 두었으니, 漢나라의 옛 停으로 인하여 縣을 설치한 것이다." 하였다. 蜀漢 때에 廣漢을 나누어 梓潼郡을 설치한 후로 劍閣縣은 梓潼에 속하였고 덕양현은 廣漢에 속하였다. ≪續漢志≫에 "德陽縣에 劍閣에 있다."라고 하였다. 지금 姜維가 劍閣을 지키면서 鍾會에게 대항하고, 鄧艾는 德陽亭에서 涪縣으로 나아가려 하였으니, 이때 두 현으로 나뉜 것이 분명하다. 그러나 덕양정은 역시 이때 덕양현의 治所가 아니고 예전 前漢 때의 덕양정의 옛 자리이다.
按前漢無德陽縣. 後漢志"廣漢郡始有德陽縣, 蓋因漢故亭而置縣也." 自蜀分廣漢置梓潼郡之

後, 劍閣縣屬梓潼, 德陽縣屬廣漢. 續漢志以爲"德陽縣有劍閣." 今姜維守劍閣拒鍾會, 而鄧艾欲從德陽亭趣涪, 則此時分爲兩縣明矣. 然德陽亭亦非此時德陽縣治, 蓋前漢德陽亭故處也.

③ 瀕은 만난다는 뜻이다.
瀕, 際也.

④ 推(밀다)는 通回의 切이니, 〈"推轉而下"는〉 밀어 굴리고 밀어 떨어져서 굴러가는 것이다. "魚貫而進"은 산애가 험준하고 좁아서 한 줄로 서로 이어서 나아가니 마치 물고기를 꿰어놓은 것과 같은 것이다.
推, 通回切, 推轉推墮而流轉也. 魚貫而進, 山崖險(買)〔陜〕,[22] 單行相繼而進, 如貫魚然.

【目】 諸葛瞻은 여러 부대를 감독하여 鄧艾를 막았는데 涪縣에 이르러 나아가지 않았다. 尙書郞 黃崇이 누차 제갈첨에게 신속하게 나아가 험한 곳을 점거하여 적들이 평지로 들어오지 못하게 하라고 하였는데, 제갈첨은 이 말을 따르지 않았다. 鄧艾가 마침내 계속 전진하여 나아가자 제갈첨은 綿竹으로 퇴각하여 머물렀다.

등애가 편지를 써서 제갈첨을 꾀어 말하기를 "만약 항복한다면 표문을 올려 琅邪王으로 삼겠다."라고 하였다. 제갈첨은 使者의 목을 베고 진을 치고서 등애를 기다렸다. 등애가 크게 격파하고 제갈첨과 황숭의 목을 베니 제갈첨의 아들 諸葛尙이 말하기를 "우리 父子가 나라의 큰 은혜를 받고서 일찍 黃皓의 목을 베지 못하여 나라를 패망하게 하고 백성들을 죽게 하였으니 살아서 무엇을 하겠는가."라고 하고, 말에 채찍질하여 적진에 쳐들어가서 죽었다.

諸葛瞻이 **督諸軍拒艾**한대 **至涪不進**이어늘 **尙書郞黃崇**이 **屢勸瞻速行據險**하여 **無令敵得入平地**호되 **瞻不從**①이라 **艾遂長驅而前**이어늘 **瞻**이 **退住綿竹**하니 **艾以書誘瞻曰 若降者**면 **表爲琅邪王**②호리라 **瞻斬其使**하고 **列陳以待**③어늘 **艾大破之**하여 **斬瞻及崇**하니 **瞻子尙曰 父子荷國重恩**하여 **不早斬黃皓**하여 **使敗國殄民**하니 **用生何爲**리오하고 **策馬冒陳而死**하다

① 黃崇은 黃權의 아들이다.
崇, 權之子也.

② 諸葛氏는 본래 琅邪人이므로 이로써 그를 유인한 것이다.
諸葛氏, 本琅邪人, 故以此誘之.

③ 陳(진을 치다)은 陣이라고 읽으니, 아래에도 동일하다.
陳, 讀曰陣, 下同.

---

22) (買)〔陜〕: 저본에는 '買'로 되어 있으나, ≪資治通鑑≫ 註에 의거하여 '陜'으로 바로잡았다.

【綱】鄧艾가 成都에 도착하니 황제(後主)가 나와서 항복하였다. 皇子 北地王 劉諶이 죽자 漢나라(蜀漢)가 망하였다.

鄧艾至成都어늘 **帝出降**하니 **皇子北地王諶**이 **死之**하니 **漢亡**[23)]하다

【目】蜀漢 사람들은 뜻밖에 魏나라 병사들이 갑자기 도착하여 성곽을 지킬 준비를 하지 못하였다. 鄧艾가 이미 평지까지 침입하였다는 소식을 듣고 황제(劉禪)가 여러 신하들

23) 鄧艾至成都……漢亡 : "'帝出降'이라고 기록한 것은 어째서인가. 社稷을 위하여 죽지 않았기 때문이다. 그러므로 劉諶에게는 작위를 기록하고 '死之'라고 기록하였으며, 傅僉과 諸葛瞻 父子에게는 관직을 기록하고 '死之'라고 기록하였다. 나라가 멸망했을 때 '死之'라고 기록하는 것은 멸망한 나라에 대한 훌륭한 말이니, 나라가 비록 멸망했어도 인물이 없는 것은 아니라고 여기는 것이다. ≪資治通鑑綱目≫이 끝날 때까지 '死之'라고 기록한 것이 54번이니(孺子 嬰 居攝 원년(6)에 자세하다.) 그런데 나라가 멸망하여 '死之'라고 기록한 것은 三國의 蜀漢의 멸망에 傅僉, 諸葛瞻, 北地王을 기록하고, 吳나라의 멸망에 張悌를 기록하고, 涼의 멸망에 掌據를 기록하였으니, 모두 멸망한 나라에 대한 훌륭한 말이다. 周나라와 秦나라의 멸망에 '亡'이라고 기록하지 않았는데, 여기에서 '漢亡'이라고 기록한 것은 어째서인가. 昭烈帝를 高祖와 光武帝에 이었기 때문이다. 獻帝가 〈魏나라에 의해〉 폐위되었지만 漢나라는 아직 멸망하지 않은 것이고, 여기에 이르러서 멸망한 것이니 특별히 들어 기록하여 드러낸 것이다.〔書帝出降 何 不死社稷也 故諶書爵書死之 傅僉諸葛瞻父子書官書死之 凡國滅書死之 亡國之善辭也 以爲國雖亡 不爲無人焉耳 終綱目 書死之五十四(詳孺子嬰居攝元年) 而國滅書死之者 三國漢之亡也 書傅僉諸葛瞻北地王 吳之亡也 書張悌 涼之亡也書掌據 皆亡國之善辭也 周秦亡 不書亡 此其書漢亡 何 所以紹昭烈於高光也 獻帝之廢 漢未亡也 至此而亡矣 特揭書著之〕" ≪書法≫

"姜維는 자신이 장군과 재상을 도맡고서 군사를 잃고 변경을 위급하게 하였으며, 黃皓는 총애가 한 시대에 으뜸이면서 백성을 피폐시키고 나라를 그르쳐서 漢나라의 운명이 전복되자 구차하게 살아 구질구질하게 죽음에서 벗어났다. 절개를 바쳐 죽은 신하는 傅僉, 諸葛瞻 父子, 北地王 劉諶뿐이었다. 이때 鄧艾가 단독의 군대로 깊이 들어갔는데, 만일 蜀漢의 임금과 신하들이 힘을 다하여 죽도록 지켰다면 반드시 갑자기 멸망하지는 않았을 것이다. 後主의 용렬한 재주로는 이미 임금이 사직을 위해 죽어야 하는 의리를 알지 못했고, 譙周 등 여러 사람들은 또 경솔하게 나라를 역적에게 내주었으니, 유심의 사직을 위해 함께 죽자는 말과 昭烈帝의 사당에서 크게 통곡하고 죽은 절개와 비교해보면 개돼지만도 못한 것이다. 아! 유심은 비록 이미 죽었으나 그 말이 지금까지 늠름하여 마치 살아 있는 기운이 있는 듯하다. 後主 劉禪은 이와 같은 아들을 두고서 그 말을 따라 쓰지 못하였으니, 위로는 그의 아버지에게 부끄럽고 아래로는 그의 아들에게 부끄럽다고 하겠다. 부첨과 제갈첨은 관직을 기록하고, 유심은 皇子라고 기록하고, 그 아들까지도 여전히 모두 '死之'라고 기록하였으니, 매우 포상하고 지극하게 허여해주어 萬代에 이르도록 절개를 위해 죽은 臣子들의 권면이 된다. 그리고 등애에게 '至成都'라고 기록하자마자 바로 '帝出降'이라고 기록한 것은 後主 劉禪이 죽음으로 지키지 못한 죄를 꾸짖은 것이고, '漢亡'이라고 기록한 것은 蜀漢이 스스로 멸망한 것이고 등애의 무리가 멸망시킬 수 있는 것이 아님을 보인 것이다. 이것은 모두 書法의 깊은 뜻이니, 아! 은미하다.〔姜維身都將相 喪師蹙境 黃皓寵冠一時 殄民誤國 漢祚顚覆 偸生苟免 至於死節之臣 乃在傅僉諸葛瞻父子及北地王諶而已 是時鄧艾孤軍深入 使漢之君臣 能竭力死守 未必遽爾滅亡 後主庸才 旣不知國君死社稷之義 譙周諸人 又輕以其國予賊 其視諶同死社稷之言 與大哭於昭烈之廟而死之節 曾犬彘之不若 嗚呼 諶雖已死 其言至今凜凜 猶有生氣 帝禪有子如此 而不能聽用其言 可謂上愧乃父 下愧乃子矣 傅葛書爵 諶書皇子 及其子尙皆書死之 所以深褒亟予 爲萬世臣子死節者之勸也 若夫鄧艾方書至成都, 卽書帝出降 所以責帝禪不能死守之罪 書漢亡 所以見漢之自亡 而非艾輩所能滅之也 此皆書法之深旨也 嗚呼微矣〕" ≪發明≫

에게 회의를 열게 하니, 어떤 이는 吳나라로 달아나자고 권하였고 어떤 사람은 南中으로 들어가자고 권하였다.

譙周가 말하기를 "예부터 다른 나라에 寄生하여 천자 노릇 하는 이는 없었습니다. 魏나라는 吳나라를 병합할 수 있지만 吳나라는 魏나라를 병합할 수 없으니 똑같이 신하를 칭한다면 작은 나라를 위해 칭하는 것이 어찌 큰 나라를 위해 칭하는 것만 하겠으며, 두 번 당하는 수치가 어찌 한 번 당하는 치욕만 하겠습니까. 만약에 남쪽으로 도망하려고 한다면 마땅히 조속히 계책을 세웠어야 합니다. 지금 강대한 적이 이미 가까이에 있으니, 대중들의 인심을 보장할 수 없습니다. 출발하는 날 그 변고를 예측할 수 없을까 두렵습니다. 만약 南方으로 간다면 먼 곳의 이적들은 평상시에 공물 바침이 없었는데도 오히려 자주 반란하였습니다. 지금 밖으로 적에 대항하여야 하고 안으로 服飾과 車馬를 바쳐야 하는데 여러 이적들의 재력을 소모하게 하면 그들은 반드시 반란을 일으킬 것입니다."라고 하였다.

漢人은 不意魏兵卒至하여 不爲城守調度[①]러니 聞艾已入平地하고 帝使群臣會議하니 或勸奔吳하고 或勸入南中이어늘 譙周以爲호되 自古無寄他國爲天子者라 魏能并吳나 吳不能并魏하니 等爲稱臣인댄 爲小孰與爲大며 再辱이 何與一辱[②]이리오 若欲奔南컨대 當早爲計어늘 今大敵已近하니 群心無可保者라 恐發足之日에 其變不測[③]이요 就能至南인댄 遠夷平常無所供爲로되 猶數反叛[④]하니 今外當拒敵이요 內供服御라 耗損諸夷니 其叛必矣니이다

① 卒(갑자기)은 猝로 읽는다.
卒, 讀曰猝.

② "爲小爲大"의 爲(위하다)는 모두 去聲이다. 지금 魏나라에게 항복하면 한 번의 치욕을 당할 뿐이다. 만약 吳나라로 도망해 신하를 칭해서 한 번의 치욕을 당하고 吳나라와 함께 망하게 되면 또다시 魏나라에게 항복해 신하가 되니, 이는 두 번 치욕을 당하는 것이다.
爲小・爲大之爲, 竝去聲. 今降魏, 一辱而已. 若奔吳稱臣, 是一辱矣. 與吳俱亡. 又將臣服於魏, 是爲再辱.

③ 〈"發足之日 其變不測"은〉 많은 사람들의 마음이 이미 떠나서 행군을 하고 난 후에 中道에서 뿔뿔이 흩어져 반드시 南中에 도착하지 못함을 말한 것이다.
謂衆心已離, 旣行之後, 中道潰散, 必不能至南中.

④ "無所供爲"는 南中의 백성들이 이미 조세를 내어 조정의 용도에 제공하지 않고 있고, 또다시 노동력을 제공하여 조정을 위해 시행하는 것이 없음을 말한다.
無所供爲, 言其民旣不出稅租以供上用, 又不出力爲上有所施爲.

【目】 황제(劉禪)는 곧바로 사신을 파견하여 玉璽와 인끈을 받들고 가서 鄧艾에게 항복하게 하니, 北地王 劉諶[24]이 성을 내어 말하기를 “만약에 계책이 다하고 힘이 모자라서 재앙과 실패가 닥치려 하면 마땅히 부자와 군신이 성곽을 등지고 한 번 싸워 社稷을 위하여 같이 죽어서 먼저 先帝(昭烈帝)를 뵙는 것이 옳으니, 어찌 항복하겠습니까.”라고 하였다. 황제가 이 말을 따르지 않자, 유심은 소열제의 사당에서 통곡하고 먼저 처자를 죽이고 나서 자살했다.

蜀 後主가 수레에 관을 싣고 나아가 항복하다

황제는 姜維에게 별도로 칙령을 내려서 鍾會에게 항복하도록 하고 또한 士民의 名籍簿를 등애에게 보내니, 戶數는 28만 가구이고 인구는 94만 명이었으며, 갑사는 10만 2천 명이었고 관리는 4만 명이었다.

鄧艾가 成都城 북쪽에 도착하자 황제가 여러 신하들을 인솔하고 손을 뒤로 묶고 얼굴을 들고 관을 수레에 싣고[25] 군문에 나아갔다. 등애가 부절을 가지고 결박을 풀고 관을 불태우고 인견하고 장병들에게 엄명하여 노략질하는 일이 없게 하고 곧바로 鄧禹의 故事에 의거하여 承制하여[26] 漢나라(蜀漢) 황제 이하 관리들에게 벼슬을 주었다.

24) 劉諶 : 蜀漢 後主 劉禪의 다섯째 아들이다.

25) 손을……싣고 : 面縛은 얼굴을 앞으로 내밀고 손을 뒤로 묶은 것이고, 輿櫬은 관을 수레에 싣고 가는 것을 말하는데 이는 항복의 표시이다. 蜀漢 劉備는 後漢 獻帝 建安 19년(214)에 蜀을 얻어 魏 文帝 黃初 2년(221)에 황제에 즉위하였다. 문제 황초 4년(223)에 죽었고 그 아들 劉禪이 즉위하였으며 이때 그의 나이 17세였는데, 이 기사는 《資治通鑑》 권70에 실려 있다. 촉한의 멸망은 유선이 즉위한 지 40년 만이고, 그의 나이가 57세였으며, 蜀漢이 칭제한 후 43년 만이다.

26) 鄧禹의……承制하여 : 承制는 大臣이 지방에서 특별히 황제 이름으로 일을 처리하는 것을 말한다. 鄧禹는 後漢 光武帝의 開國功臣인데, 광무제의 이름으로 隴西의 군벌 隗囂를 西州大將軍을 임명하였

黃皓를 잡아서 장차 죽이려고 하였는데, 황호가 등애의 측근에게 뇌물을 주어서 죽음을 면하였다.

강유 등과 여러 郡縣의 요새를 수비하던 자들은 황제(유선)의 칙령을 받고서 무기를 내려놓고서 종회에게 가서 항복하니, 장병들은 모두 화가 나서 칼을 뽑아 돌을 쳤다. 종회는 강유 등을 후하게 대해주고 그들의 印綬·符節·車蓋를 모두 임시로 돌려주었다.

乃遣使奉璽綬하여 **詣艾降**하니 **北地王諶**이 **怒曰**① **若理窮力屈**하여 **禍敗將及**이면 **便當父子君臣**이 **背城一戰**하여 **同死社稷**하여 **以見先帝**이 **可也**니 **奈何降乎**리오 **帝不聽**한대 **諶哭於昭烈之廟**하고 **先殺妻子而後自殺**하다 **帝別勑姜維**하여 **使降鍾會**하고 **又送士民簿於艾**하니 **戶二十八萬**이요 **口九十四萬**이요 **甲士十萬二千**이요 **吏四萬人**②이러라 **艾至成都城北**이어늘 **帝率群臣**하고 **面縛輿櫬**(츤)하여 **詣軍門**③하니 **艾持節**하여 **解縛焚櫬延見**하고 **禁將士無得擄掠**하고 **輒依鄧禹故事**하여 **承制拜漢帝以下官**④하고 **收黃皓將殺之**러니 **皓賂左右以免**하다 **維等及諸郡縣圍守**는 **得勑放仗詣會降**하니 **將士咸怒**하여 **拔刀斫石**⑤이러라 **會厚待維等**하고 **皆權還其印綬節蓋**하다

① 劉諶은 景耀 2년에 北地王에 封해졌다.
諶, 景耀二年受封.

② 簿는 문서(장부)이다.
簿, 籍也.

③ 櫬는 棺이니, "輿櫬"은 장차 죽음을 받아들이겠다는 표시이다.
櫬, 棺也. 輿櫬, 示將受死.

④ 鄧禹가 承制하여 隗囂에게 제수한 故事에 의거한 것이다. ≪資治通鑑≫에 "漢王 劉禪은 行驃騎將軍을 삼고, 太子는 奉車都尉로 삼고, 여러 왕들은 駙馬都尉로 삼고 蜀漢의 여러 관리들은 각각 지위의 고하에 따라 魏나라 王朝의 관원에 임명하고 혹은 鄧艾의 官屬을 겸직하게 하였다."라고 했다.
依鄧禹承制授隗囂故事也. 通鑑 "拜漢(主)〔王〕27)禪行驃騎將軍, 太子奉車, 諸王駙馬都尉, 漢群司各隨高下拜爲王官, 或領艾官屬."

⑤ "圍守"는 바로 魏延이 설치한 漢中의 여러 요새의 수비 병사이다.
圍守, 卽魏延所置漢中諸圍之守兵也.

【綱】 吳나라 병사들이 돌아갔다.

吳兵이 **還**하다

다.(≪資治通鑑≫ 後漢 光武帝 建武 원년(25))

27) (主)〔王〕: 저본에는 '主'로 되어 있으나, ≪資治通鑑≫에 의거하여 '王'으로 바로잡았다.

【目】 吳나라는 蜀漢이 멸망하였다는 소식을 듣고 군사를 철수하니, 中書丞 華覈(화핵)이 궁전의 문에 나와서 표문을 올리기를 "삼가 소식을 듣건대 成都를 지키지 못하여 社稷이 무너졌다고 합니다. 臣은 草芥 같은 존재로서 가만히 편치 못한 생각을 품게 되었습니다. 성스럽고 인자한 폐하께서는 반드시 哀悼하는 마음을 내리실 것입니다. 臣은 근심과 서글픈 마음을 가누지 못하여 삼가 절하면서 表文을 올립니다."라고 하였다.

吳聞漢亡하고 乃罷兵하니 中書丞華覈이 詣宮門上表曰① 伏聞成都不守하여 社稷傾覆하니 臣以草芥로 竊懷不寧②하니 陛下聖仁이 必垂哀悼라 臣不勝忡悵之情하여 謹拜表以聞③하노이다

① 魏나라에는 中書監과 中書令만 있고 中書丞은 없으니, 중서승은 吳나라에 설치한 것이다.
魏有中書監·令, 無中書丞, 此官蓋吳置也.

② 芥는 풀이니, 그 열매가 아주 작다. 草芥는 자신이 지극히 작고 지극히 천함을 비유함을 말한 것이다.
芥, 萊也, 其實至細. 言草芥者, 自喩至微至賤也.

③ "忡悵"은 매우 근심하여 슬픔에 젖어 멍하게 있음을 말한다. 蜀漢은 吳나라의 동맹국이니 蜀漢이 망하였는데도 吳나라 君臣들이 두려워할 줄을 알지 못하였다. 그러므로 華覈이 表를 올려 경계시킨 것이다.
忡悵, 謂憂忡而悵惘也. 蜀, 吳之與國, 蜀亡, 吳之君臣不知懼, 故覈拜表以儆之.

【目】 魏나라가 蜀漢을 정벌할 때에 吳나라 사람 중에 어떤 이가 襄陽 사람 張悌에게 말하기를 "司馬氏가 정권을 얻은 이후로 큰 환난이 누차 일어났고, 백성들은 아직도 복종하지 않았는데, 지금 또다시 遠征을 하니, 어찌 이길 수 있겠는가."라고 하였다.

魏之伐蜀也에 吳人이 或謂襄陽張悌曰 司馬氏得政以來로 大難屢作하고 百姓未服이어늘 今又遠征하니 何以能克①이리오

① "大難屢作"은 王淩·毌丘儉·諸葛誕 등이 擧兵한 것을 말한다.
大難屢作, 謂王淩毌丘儉諸葛誕擧兵也.

張悌

【目】張悌가 말하였다.

"그렇지 않다. 曹操가 공로가 비록 中夏를 뒤덮었다고 하나 백성들은 그의 위엄만을 두려워하고 그 덕을 가슴에 품지는 않았다. 曹丕와 曹叡가 계승하여 형벌은 번거로우며 부역은 가중되었고 동서로 백성들을 몰고 다녀서 편안한 세월이 없었다.

司馬懿 부자는 누차 큰 공로를 세워 번잡하고 가혹한 정무를 없애고 공평함과 은혜를 베풀었으며 謀主가 되어 일을 계획하여 그들의 고통을 구제하였으니, 민심이 司馬氏에게 귀의한 지가 오래되었다. 그러므로 淮南 지역에서 세 번이나 반란이 일어났으나 심장부는 혼란하지 않았고, 曹髦가 죽었는데도 사방에서 동요하지 아니하였다. 현인에게 맡기고 능력 있는 사람을 부려서 각각 마음을 다하니, 그 근본이 확고해지고, 간사한 계획은 성립되었다.

지금 蜀漢은 宦官들이 조정을 전횡하고 국가에 政令이 없으면서 무력을 남용하여 백성들은 피곤하고 병졸들은 지쳤으니, 魏나라가 위태로움을 이용하여 정벌하면 거의 이기지 못함이 없을 것이다. 아, 저들(사마씨)이 뜻을 얻는 것은 우리에게는 걱정거리이다."

吳나라 사람들이 그 말을 비웃었는데, 이때에 와서 수긍하였다.

悌曰 不然하다 曹操雖功蓋中夏나 民畏其威而不懷其德也요 丕叡承之하여 刑繁役重하고 東西驅馳하여 無有寧歲이러니 司馬懿父子가 累有大功하여 除其煩苛而布其平惠하고 爲之謀主而救其疾苦하니 民心歸之 亦已久矣라 故로 淮南이 三叛하되 腹心이 不擾[①]하고 曹髦之死에 四方不動하고 任賢使能하여 各盡其心하니 其本根固矣며 姦計立矣라 今蜀은 閹宦專朝하고 國無政令而玩戎黷武하여 民勞卒敝하니 因危而伐이면 殆無不克이니 噫라 彼之得志는 我之憂也라하니 吳人笑其言이러니 至是乃服하다

① 延熙 12년(249)에 王淩이 叛亂을 일으켰고, 18년(255)에 毌丘儉이 叛亂을 일으켰으며, 20년(257)에 諸葛誕이 반란을 일으켰다.
延熙十二年王淩叛, 十八年毌丘儉叛, 二十年諸葛誕叛.

【綱】吳나라에서 鍾離牧을 武陵太守로 삼았다.

吳以鍾離牧爲武陵太守하다

【目】吳나라는 武陵五溪 夷族이 蜀漢과 경계를 맞대고 있는데 蜀漢이 망하였으니 그들이 반란을 일으킬까 염려된다 하여 마침내 鍾離牧을 武陵太守로 삼았다. 이때에 魏나라는

이미 郭純을 파견하여 여러 夷族들을 유인하고 선동하여 酉陽으로 진격하게 하니, 郡 내의 사람들이 두려움에 떨었다.

吳以武陵五溪夷與蜀接界하니 蜀亡에 懼其叛亂하여 乃以牧爲太守하니 時에 魏已遣郭純誘動諸夷하고 進攻酉陽하니 郡中震懼①러라

① 酉陽縣은 武陵郡에 속하는데, 縣은 酉溪의 북쪽에 있다.
酉陽縣, 屬武陵郡, 縣在酉溪之陽.

【目】 朝吏(郡의 관리)들이 말하기를 "여러 夷族들이 무력에 의지하고 있으니 군대를 써서 그들을 놀라게 하여 소요를 일으켜서는 안 됩니다. 은혜롭고 믿을 수 있는 관리를 파견하여 교화를 베풀고 위로해야 합니다."라고 하자, 鍾離牧이 말하기를 "그렇지 않다. 국경 밖의 적이 내침하면 백성들을 속여 유혹할 것이니, 마땅히 그들의 뿌리가 아직 깊지 않을 때 습격하여 그들을 사로잡아야 한다. 이것은 불을 끌 때처럼 신속함을 귀하게 여길 상황이다."라고 하고, 곧바로 자기의 소속 군사들을 인솔하여 밤낮으로 길을 달려서 험한 산을 따라 거의 2천 리를 가서 악한 백성과 두 마음을 품은 사람들을 참수하였는데, 모두 1천여 명이었다. 郭純 등이 흩어져 도망을 치니, 五溪 지역이 모두 평정되었다.

朝吏以爲호되 諸夷阻兵하니 不可以軍驚擾라 宜遣恩信吏하여 宣敎慰勞①라한대 牧曰 不然하다 外境內侵하면 誑誘人民하리니 當及其根柢未深而撲取之라 此救火貴速之勢也라하고 卽率所領하여 晨夜進道하여 緣山險行垂二千里하여 斬惡民懷異心者가 凡千餘人이라 純等散走하니 五溪皆平하다

① 朝는 郡朝(郡廳 또는 郡守)이다.
朝, 郡朝也.

【綱】 魏나라가 益州에 赦免令을 내리고, 租稅의 반을 5년 동안 면제해주었다.

魏赦益州하고 **復**(복)**半租五年**[28]이라

【綱】 魏나라가 鄧艾를 太尉로 삼고 鍾會를 司徒로 삼았다.

28) 魏赦益州 復(복)半租五年 : "魏나라가 잘한 것을 기록한 것이다. 멸망한 나라에 그 백성들에게 세금을 면제해준 것은 ≪資治通鑑綱目≫이 끝날 때까지 모두 두 번이다.(이해(263)와 隋 文帝 開皇 9년(589)에 陳나라 지역에 10년 동안 세금을 면제해주었다.)〔書善魏也 滅國復其民 終綱目 凡再書(是年 隋文帝 開皇九年 復陳境十年)〕" ≪書法≫

◑ **魏以鄧艾爲太尉**하고 **鍾會爲司徒**하다

甲申年(264)

魏나라 元帝 曹奐 咸熙 원년이고, 吳主 孫皓 元興 원년이다.[29] 모두 두 나라이다.

魏咸熙元年이요 **吳主孫皓元興元年**이라 ◑ **凡二國**이라

【綱】 봄 정월에 魏나라가 鄧艾를 檻車에 실어 소환하고, 鍾會가 모반하여 伏誅되고, 監軍 衛瓘이 등애를 기습하여 죽였다.

春正月에 **魏以檻車徵鄧艾**하고 **鍾會**가 **謀反伏誅**하고 **監軍衛瓘**이 **襲艾殺之**[30]하다

---

29) 魏나라……원년이다 : 魏나라 元帝 咸熙 원년(264)부터 晉나라 武帝 咸寧 5년(278)까지 無統이다. 朱熹의 〈綱目凡例〉에 國號, 諡號, 姓名, 年號, 年度의 경우 正統은 大字로 쓰고 無統은 小字로 쓴다고 하였는데, 이를 따라 歲年을 小字로 표기하였다.

30) 魏以檻車徵鄧艾……襲艾殺之 : "'襲艾殺之'라고 기록한 것은 어째서인가. 鄧艾에게 죄가 없기 때문이다. 그러므로 장병들이 등애를 뒤따라가서 맞이해 돌아온 것은 기록하지 않고, 뒤에 등애의 손자 鄧朗이 郎中이 된 것은 기록하였다.〔書襲艾殺之 何 艾無罪也 故將士追艾迎還不書 後以鄧艾孫朗爲郎中則書〕" ≪書法≫ 鄧朗이 郎中이 된 것은 본서 278쪽에 보인다.

"≪春秋≫에 나라를 멸망시킨 것이 비록 한 차례가 아니지만, 모두 허여해준 적이 없다. ≪춘추≫ 莊公 10년에 '齊나라 군사가 譚나라를 멸망시키자 譚子가 莒나라로 도주했다.'라고 하였는데, '滅譚'이라고 기록한 것은 齊나라 사람들이 强暴하여 옳지 못한 죄를 미워했기 때문이고 '奔莒'라고 기록한 것은 譚子가 군주의 지위에서 죽지 않은 잘못을 꾸짖었기 때문이다. 齊나라 사람들이 遂나라를 멸망시키고 楚나라 사람들이 黃나라를 멸망시키고 江나라를 멸망시킨 부류에 있어서는 모두 다만 나라를 멸망시킨 사람의 죄만을 기록하고, 멸망을 당한 사람의 연유를 기록하지 않았다. 先儒가 말하기를 '滅'은 멸망한 나라에 대한 좋은 말이라고 하니, 윗사람과 아랫사람이 노력을 함께 한 것이다.

강함을 믿고 약한 자를 능멸하여 남의 土地를 빼앗아 그 臣民을 소유할 수 없게 하고, 남의 宗廟를 훼손하여 그 제사를 받들 수 없게 하는 것은 지극히 인자하지 않은 자가 아니면 차마 하지 못하는 것이다.

劉禪의 우매함은 나라를 위해 죽지 못하고 살기를 탐하며 구차하게 죽음을 면하였으니, 진실로 크게 꾸짖을 만하다.

종회와 등애는 弑害를 저지른 반역자인 司馬昭를 신하로서 섬기면서 蜀漢을 멸망시켜서 晉나라의 찬탈을 이루게 하여 사마소에게 공을 세운 것이 컸으나 漢나라 제사에는 어떠했는가. 생각건대 옛날에 昭烈帝와 신하들이 隴右와 西蜀에서 고생하면서 의리를 잡아 역적을 토벌하였으나 불행하게도 하늘이 漢나라에 복을 주지 않아 逆賊들이 하늘의 주벌을 피할 수 있었으니, 소열제의 아들이 한 지방을 계승하여 赤帝子(劉邦)의 제사를 조금 연장할 수 있었다. 종회와 등애는 계책을 쓰고 군대를 동원하여 백성들을 칼날 아래에 죽게 했으면서도 스스로 세상에 없는 공로를 세웠다고 생각하였으나 상을 받기도 전에 자신들의 종족을 멸하게 하였다. ≪資治通鑑綱目≫에서 일에 의거하여 그대로 기록하여 이치가 절로 드러나니, 종회는 반역으로 주살되어 진실로 말할 것이 없고, 등애는 본래

【目】 鄧艾가 成都에 있으면서 스스로 정벌한 일을 매우 자랑스럽게 생각하여 晉公 司馬昭에게 편지를 써서 다음과 같이 말하였다.

"용병에는 소문을 먼저 퍼뜨리고 뒤에 실행하는 경우가 있습니다. 지금 蜀漢을 평정한 형세를 이용하여 吳나라를 공격하면 吳나라 사람들이 두려움에 떨게 될 것이니, 석권하여 그들을 평정할 때입니다. 그러나 크게 거병을 하고 난 뒤라 장병들이 피로하니, 바로 전쟁에 동원할 수 없습니다. 隴右의 병사와 蜀의 병사를 남겨두어 소금을 생산하고 쇠를 주조하는 일을 일으키고 아울러 배를 만들어 미리 長江을 따라 내려갈 준비를 하게 하십시오. 또 劉禪을 왕으로 봉하여 귀순하여 받는 은총을 드러내셔야 합니다. 이처럼 하시면 吳나라 사람들이 위엄을 두려워하고 은덕을 생각하여 멀리서 우리의 위세를 보고서 순종할 것입니다."

鄧艾在成都에 頗自矜伐하여 以書言於晉公昭曰 兵有先聲而後實者하니 今因平蜀之勢以乘吳면 吳必震恐이니 席卷之時也라 然大擧之後에 將士疲勞하니 不可便用이라 宜留隴右及蜀兵하여 煮鹽興冶하고 竝作舟船하여 豫爲順流之事①하고 且王劉禪하여 以顯歸命之寵이니 如此則吳人이 畏威懷德하여 望風而從矣리라

① 蜀에는 鹽井이 있고 朱提[31]에서는 銀을 생산했고 嚴道[32]와 邛都에서는 銅을 생산했으며, 武陽・南安・臨邛・沔陽에서는 모두 鐵을 생산했다. 漢나라는 鹽官과 鐵官을 설치했었는데, 등애가 그 이익을 회복하고자 하였다.
蜀有鹽井, 朱提出銀, 嚴道・邛都出銅, 武陽・南安・臨邛・沔陽皆出鐵. 漢置鹽官鐵官, (丈)〔艾〕[33]欲復其利.

죄가 없는데도 또한 화를 벗어나지 못하였다. 그런 뒤에 天道가 환하게 밝아서 특히 남의 손을 빌어 멸족하여 漢나라를 멸망시킨 죄를 갚게 한 것임을 알 수 있다. 《論語》〈堯曰〉에 '멸망한 나라를 일으켜 주고, 끊어진 세대를 계승해주니, 천하의 민심이 귀의하였다.'라고 하였으니 뒷날 남의 국가를 멸망시키려고 도모하는 자가 살펴볼 수 있을 것이다.〔春秋滅國 雖不一 然皆未嘗予之 齊師滅譚 譚子奔莒 書滅譚 以惡齊人强暴不義之罪 書奔莒 以責譚子不死于位之失 至於齊人滅遂 楚人滅黃滅江之類 皆止書滅國者之罪 而不書見滅者之由 先儒謂滅者 亡國之善詞 上下之同力者也 夫恃强凌弱 奪人土地 使不得有其臣民 毁人宗廟 使不得奉其祭祀 非至不仁者 莫之忍爲 劉禪庸愚 不能死國 貪生苟免 固可深責 鍾鄧臣事弑逆之人 呑滅蜀漢 以成晉簒 有功於昭大矣 其如漢祀 何哉 思昔昭烈君臣 間關隴蜀 仗義討賊 不幸天不祚漢 逆賊逋誅 其子承襲一方 少延赤帝子之祀 鍾鄧設謀動衆 戕民鋒鏑之下 自謂不世之功 未及受賞 皆赤其族 綱目據事直書而理自見 會以反誅 固無可言 艾本無罪而亦不免 然後知天道昭昭 特假手誅夷 以償滅漢之罪爾 語曰 興滅國 繼絶世 天下之民歸心焉 後之謀欲滅人家國者 可以觀矣〕" 《發明》

31) 朱提 : 산 이름으로, 현재의 雲南省 昭通縣이다.

32) 嚴道 : 縣名으로 현 四川省 滎經縣이다. 고대 남부 실크로드의 중요 驛站이다.

33) (丈)〔艾〕 : 저본에는 '丈'으로 되어 있으나, 《資治通鑑》 註에 의거하여 '艾'로 바로잡았다.

【目】司馬昭가 衛瓘을 보내서 鄧艾에게 유시하기를 "이 일은 마땅히 회보를 기다려야 할 것이니 갑자기 시행해서는 안 된다."라고 하니, 등애가 다음과 같이 말하였다.

"元兇(劉禪)이 이미 항복하였으니 承制하여 임시로 관직을 제수하여 막 귀부한 사람들을 안정시키는 것이 임시변통에 알맞다고 생각합니다. 만약 나라의 명령을 기다려서 〈사신이〉 오가게 되면 시간을 지연할 것입니다. ≪春秋≫의 의리에 '大夫가 국경을 나가서 사직을 편안하게 하고 국가를 이롭게 할 수 있으면, 독단해도 좋다.'라고 하였습니다. 지금 吳나라가 복종하지 아니하여 지세가 蜀과 연결되어 쳐들어올 것이니 常規에 구애되어 일의 기회를 놓쳐서는 안 됩니다. ≪兵法≫에 '나아감에는 명성을 구하지 아니하고 물러남에는 죄를 피하지 않는다.'라고 하니, 제가 비록 옛사람과 같은 절조는 없으나 끝내 스스로 혐의하여 국가 계획에 손해를 끼치지 않겠습니다."

昭使衛瓘喩艾호되 事當須報니 不宜輒行이니라 艾曰 元惡이 既服하니 承制拜假하여 以安初附가 謂合權宜①니 若待命往復면 延引日月이리니 春秋之義에 大夫出疆하여 有可以安社稷利國家者면 專之可也②라하니 今吳人未賓하여 勢與蜀連하니 不可拘常以失事機라 兵法에 進不求名이요 退不避罪③라하니 艾雖無古人之節이나 終不自嫌以損國家計也리라

① 官職을 제수하는 것을 拜라고 한다. 假는 임시로 대신하는 뜻이니 평상시 조치가 아님을 말한다.
除官曰拜. 假者, 權攝之義, 謂弗常置也.

② 〈"大夫出疆……專之可也"는〉 ≪春秋公羊傳≫ 莊公 18년의 말이다.
春秋公羊傳之言.

③ ≪孫子≫ 〈地形〉에 "將帥의 지극한 임무이니, 살피지 않아서는 안 된다. 나아감에는 명성을 구하지 않고 물러남에는 죄를 피하지 않으며, 오직 백성을 보호하고 군주를 이롭게 하면 이것이 나라의 보배이다."라고 하였다.
孫子曰 "將之至任, 不可不察也. 進不求名, 退不避罪, 唯人是保, 而利於主, 國之寶也."

【目】鍾會는 반란을 일으킬 마음을 가지고 있었는데 姜維가 이것을 알고 혼란을 조성하고자 하여 마침내 종회를 설득하기를 "그대는 淮南에서 온 이후로 책략을 낸 것 중에 버려진 것이 없고 이제 다시 蜀漢을 평정하였으니 위엄과 덕이 세상에 떨쳤다. 〈백성이 그 공을 높이 여기고 군주(司馬昭)는 그 책략을 두려워하니〉[34] 이것으로 편안히 돌아가려 하는가. 어찌 陶朱公이 배를 타고 가서 종적을 끊어서 공로를 온전히 하고 몸을 보

34) 백성이……두려워하니 : ≪資治通鑑≫에는 "威德振世" 뒤에 "民高其功 主畏其謀"라고 되어 있다.

존했던 것을 본받으려고 하지 않는가?"라고 하였다.

鍾會有異志하여 **姜維知之**하고 **欲構成擾亂**한대 **乃說會曰 君自淮南已來**로 **筭無遺策**①이러니 **今復定蜀**하니 **威德振世**라 **欲以此安歸乎**오 **何不法陶朱公泛舟絶迹全功保身邪**②아

① 〈"君自淮南已來 筭無遺策"은〉 諸葛誕의 반란을 평정한 것을 말한다.
謂平諸葛誕也.

② 陶는 고을 이름이다. 越나라 大夫 范蠡는 越王 句踐과 함께 吳나라를 멸망시키고, 會稽에서 당했던 치욕[35]을 씻고는 마침내 五湖에서 扁舟를 타고 넓은 바다로 나가 陶에 머물며 그의 종적을 단절하고자 하여 마침내 호칭을 陶朱公이라고 하였다.
陶, 邑名也. 越大夫范蠡, 旣與越王句踐滅吳, 以雪會稽之恥, 乃扁舟五湖, 汎海而止於陶, 欲絶其跡, 乃號曰陶朱公.

【目】 **鍾會**가 말하기를 "그대의 말이 원대하므로 내가 실행할 수 없다."라고 하니 **姜維**가 대답하기를 "그 이외는 그대의 지혜와 능력으로 할 수 있는 일이니, 이 늙은이에게 번거롭게 말할 것이 없다."라고 하였다. 이로 말미암아 서로 감정이 매우 좋아졌다.

종회는 **鄧艾**가 **承制**하여 일을 전횡하는 것을 이용하여 바로 **衛瓘**과 함께 등애가 반란을 일으킬 형세가 있다고 몰래 고하였다. 종회는 다른 사람의 글씨를 잘 모방했는데, **劍閣**에서 등애의 상주문과 **表文**을 가로채서 그 말을 모두 바꾸어 패역하고 오만하게 하였다.

이에 이르러 조서를 내려 **鄧艾**를 **檻車**에 실어 소환할 적에 **司馬昭**는 등애가 명령을 따르지 않을까 두려워하여 종회에게 명령을 내려 **成都**로 진군하게 하고 또한 **賈充**을 파견하여 병사를 거느리고 **斜谷**(야곡)으로 들어가게 하였다. 사마소는 자신이 대군을 거느리고서 **魏主**를 호종하여 **長安**에 행차하고 **山濤**를 **行軍司馬**로 삼아서 **鄴城**에 **鎭守**하게 하였다.[36]

---

35) 會稽에서……치욕 : 春秋時代 때 越王 句踐이 會稽山에서 吳王 夫差에게 대패한 치욕을 말한다. 구천은 吳나라의 속국이 된 越나라로 돌아와서 은밀히 군사를 길러 결국 회계의 치욕을 씻고 부차를 대신하여 천하의 霸者가 되었다. 이때 臥薪嘗膽하며 회계에서의 치욕을 상기했다 한다.(≪史記≫ 〈越王句踐世家〉)

36) 行軍司馬로……하였다 : 行軍司馬는 主將의 막료로 전쟁 시에 임시로 설치하였다. 行軍司馬는 西魏와 北周 시대에 등장하여 그 이후에 많이 사용되었다. 여기서 胡三省은 行軍司馬의 시작으로 보았으나 ≪晉書≫ 〈山濤傳〉에 "본관으로 軍司馬를 대행하게 하고 친위병 500명을 주어서 鄴에 진수하게 하였다.〔以本官行軍司馬 給親兵五百人 鎭鄴〕"로 되어 있다. 西魏까지 行軍司馬가 등장하지 않는 것으로 보아 호삼성의 논의는 문제가 있어 보인다. 楚王 曹彪가 죽었을 때 여러 王公을 조사하여 鄴城에 두었는데, 이번에는 山濤를 두어 왕공들을 감시시킨 것이다. 왕공을 업성에 안치한 것은 본서 76쪽

會曰 君言遠矣라 **我不能行**이로다 **維曰 其他則君智力之所能**이니 **無煩於老夫矣**①니라 **由是**로 **情好歡甚**이러니 **因艾承制專事**하여 **乃與瓘**으로 **密白艾有反狀**하고 **會善效人書**한대 **於劍閣**에 **要艾章表**하여 **皆易其言**하여 **令悖傲**②러니 **至是**하여 **詔以檻車徵艾**할새 **昭恐艾不從命**하여 **勅會進軍成都**하고 **又遣賈充將兵入斜谷**하고 **昭自將大軍**하여 **從魏主幸長安**하고 **令山濤爲行軍司馬鎭鄴**③하다

① 〈"其他則君智力之所能 無煩於老夫矣"는〉 반란을 일으킴을 말한 것이다.
言爲亂也.
② 要(가로막다)는 一遙의 切이다.
要, 一遙切.
③ 여러 王公들이 모두 鄴城에 있었다. 行軍司馬의 칭호는 여기에서 시작되었다.
以諸王公皆在鄴也. 行軍司馬之號始此.

【目】 예전에 **鍾會**는 재능으로 임용이 되었는데 **司馬昭**의 **夫人 王氏**[37]가 사마소에게 말하기를 "종회는 이익을 보면 의리를 잊는 사람이고 사건을 일으키기를 좋아합니다. 총애함이 지나치면 반드시 난리를 일으킬 것이니 대임을 맡기시면 아니 됩니다."라고 하였다. **蜀漢**을 정벌하려 할 때에 이르러 **西曹**의 **掾屬**[38] **邵悌**가 말하기를 "종회는 홀몸으로 **人質**이 없으니 다른 사람이 가게 하는 것만 못합니다."라고 하였다.

初會以才能見任이러니 **昭夫人王氏**가 **言於昭曰 會見利忘義**하고 **好爲事端**하니 **寵過必亂**이니 **不可大任**이니라 **及將伐漢**에 **西曹屬邵悌曰**①**會單身無任**하니 **不若使餘人行也**②라하다

① 漢나라 때부터 丞相府에 東曹와 西曹의 掾屬이 있었다.
自漢以來, 丞相有(來)〔東〕[39]西曹掾屬.
② 魏나라 제도에 의하면 將帥를 파견할 때에는 모두 그 가족을 남겨서 인질로 삼았다. 鍾會는 홀몸이고 子弟가 없으므로 "單身無任"이라고 한 것이다.
魏制, 凡遣將帥, 皆留其家以爲質任. 會單身無子弟, 故曰單身無任.

【目】 司馬昭가 웃으면서 말하였다.

"내가 어찌 이를 모르겠는가. 蜀漢이 자주 변방을 침입하여 군사들은 지치고 백성들은 피로하니, 내가 지금 그들을 정벌하는 것은 마치 손바닥을 가리키는 것처럼 쉬운데

에 보인다.

37) 昭夫人王氏 : 王肅의 딸로 司馬炎과 司馬攸를 낳았으며 후에 文明皇后가 된 사람이다.

38) 掾屬 : 漢나라 때 三公府와 將軍府의 屬僚, 郡縣의 屬僚를 가리키는 말이다.

39) (來)〔東〕: 저본에는 '來'로 되어 있으나, ≪資治通鑑≫ 註에 의거하여 '東'으로 바로잡았다.

많은 사람들이 蜀漢을 정벌할 수 없다고 말을 한다. 사람의 마음은 미리 겁을 먹으면 지혜와 용기가 나란히 고갈되니 억지로 출병하게 하면 다만 적에게 사로잡히게 된다. 오직 鍾會만이 나와 의견과 같으니, 지금 종회를 파견하여 蜀漢을 정벌하면 蜀漢을 반드시 멸망시킬 수 있을 것이다. 蜀漢을 멸망시킨 다음에는 만일 경이 염려한 대로 사건이 생기더라도 蜀漢이 이미 격파되어 망하고 나서 그 遺民들이 두려워하므로 종회와 더불어 일을 도모하지 못할 것이고, 中原(魏나라) 출신 장병들은 각기 스스로 고향으로 돌아가기를 생각하므로 종회가 만약에 악독한 일을 저지른다면 다만 자신이 멸족될 뿐이니, 걱정할 필요가 없다."

昭笑曰 我寧不知此邪아 蜀數(삭)爲邊寇하여 師老民疲하니 我今伐之는 如指掌耳어늘 而衆言蜀不可伐이라하니 夫人心預怯하면 則智勇竝竭하나니 强使之면 適所以爲敵禽耳라 惟會意與人同하니 今遣伐蜀이면 蜀必可滅이니 滅蜀之後에 就如卿慮라도 蜀已破亡하고 遺民震恐하니 不足與圖事요 中國將士는 各自思歸하니 會若作惡이면 祇自滅族耳라 不須憂也[①]니라

① "作惡"은 叛亂을 일으키는 것이다.
作惡, 作亂也.

【目】 司馬昭가 장차 長安으로 갈 적에 邵悌가 다시 말하기를 "鍾會가 거느리는 병사는 鄧艾 군사의 5, 6배나 되니 다만 종회에게 명하여 등애를 잡아오게 할 것이지, 스스로 가실 필요는 없습니다."라고 하였다.

司馬昭가 말하기를 "卿은 전에 한 말을 잊었는가. 그러나 말한 것을 퍼뜨리지는 말라. 내가 응당 스스로는 진실한 뜻으로 남을 대해야 하지만 다만 남이 나를 저버리지 않게 할 뿐이다. 근래에 護軍 賈充이 나에게 묻기를, '종회가 꽤 의심스럽지 않습니까?'라고 하니 내가 답하기를 '만약 경을 파견하여 보냈다면 어찌 다시 卿을 의심할 수 있겠는가.'라고 하였다. 내가 長安에 도착하면 자연히 처리될 것이다."라고 하였다.

及昭將之長安에 悌復曰 會所統兵이 五六倍於艾하니 但可勅會取艾요 不須自行이니이다 昭曰 卿忘前言邪[①]아 雖然이나 所言을 不可宣也라 我要自當以信意待人이니 但人不當負我耳라 近日賈護軍이 問我호되 頗疑鍾會不[②]아하거늘 我答言호되 如遣卿行이면 寧可復疑卿邪아 我到長安하면 則自了矣[③]리라

① 忘(잊다)은 巫放의 切이다.
忘, 巫放切.

② 賈護軍은 賈充을 말하니, 당시에 中護軍이 되었다. 不는 否로 읽는다.
賈護軍, 賈充也, 時爲中護軍. 不, 讀曰否.
③ 了는 처리하고 결정한다는 뜻이다.
了, 辦也, 決也.

【目】 **鍾會**는 **衛瓘**을 파견하여 먼저 **成都**에 가서 **鄧艾**를 체포하게 하였는데, 종회는 위관의 군사가 적기 때문에 등애에게 위관을 죽이게 해서 이를 이용하여 등애의 죄로 삼고자 하였다. 위관은 그 의도를 알았으나 거역할 수가 없었다. 마침내 밤에 **成都**에 도착하여 등애가 통솔하고 있는 **諸將**들에게 **檄文**을 보내 이르기를 "조서를 받들어 등애를 체포하려는 것이고, 그 나머지 사람들은 하나도 **推問**하는 것이 없을 것이다. 만약 관군에게 나아오면 먼젓번과 같은 **爵位**와 **賞**을 줄 것이고, 감히 나오지 않는 자가 있으면 **誅罰**이 **三族**에 미칠 것이다."라고 하였다.

會遣瓘先至成都하여 **收艾**하니 **會以瓘兵少**라 **欲令艾殺瓘**하여 **因以爲艾罪**러니 **瓘知其意**나 **然不可得距**①라 **乃夜**에 **至成都**하여 **檄艾所統諸將**하여 **稱**호되 **奉詔收艾**요 **其餘一無所問**하리라 **若來赴官軍**이면 **爵賞如先**이요 **敢有不出者**면 **誅及三族**②호리라

① 距는 위반한다는 뜻이다. 衛瓘은 鄧艾와 鍾會의 군대를 감독하므로 위관을 보내서 등애를 체포하게 하였다. 이는 職分으로 시킨 것이므로 거절할 수 없었던 것이다.
距, 違也. 瓘監艾・會軍, 遣之收艾, 是以職分使之, 故不可得而距.
② "爵賞如先"은 다시 爵位와 賞을 주는 것이 이전에 蜀漢을 평정할 때와 같이 함을 말한 것이다.
爵賞如先, 謂復加爵賞, 如先平蜀時也.

【目】 닭이 울 때쯤에 모두가 **衛瓘**에게로 달려왔고, **鄧艾**만이 **軍幕** 안에 있었다. 날이 밝아 군영의 문이 열렸는데 위관이 사자의 수레를 타고 곧바로 들어가니 등애는 누워서 아직 일어나지 않았다. 마침내 등애 부자를 잡아서 **檻車**에 가두니, **諸將**들이 등애를 탈취하려고 무기를 정비하여 위관의 진영으로 갔다. 위관이 가벼운 복장으로 나가서 그들을 영접하고 거짓으로 **表章**을 지어서 장차 등애의 일을 해명하려 한다고 하니, 제장들이 이를 믿고 중지하였다.

比至鷄鳴에 **悉來赴瓘**하니 **唯艾帳內在焉**이러니 **平旦開門**이어늘 **瓘乘使者車徑入**①하니 **艾臥未起**어늘 **遂執艾父子**하여 **置之於檻車**하니 **諸將**이 **圖欲劫艾**하여 **整仗趣瓘營**이어늘 **瓘輕出迎之**하여 **僞**

出表草하여 將申明艾事②하니 諸將이 信之而止하다

① ≪續漢志≫에 의하면 "大使車, 小使車, 諸使車[40]가 있다."라고 하였다.
續漢志 "有大使車·小使車·諸使車."

② 거짓으로 등애에게 반란할 마음이 없음을 밝히려 한다고 말하였다.
詭言將(中)〔申〕[41]明艾無反心.

【目】鍾會가 成都에 도착하여 鄧艾를 호송하여 京師로 보냈다. 종회가 꺼리는 사람은 오직 등애뿐이었는데, 등애가 이미 붙잡히자, 마침내 모반을 결의하였다.

〈鍾會는〉 姜維를 선봉으로 삼아 나아가게 하고 자신은 병사를 거느리고 그 뒤를 쫓아가서, 長安에 도착한 뒤에는 騎兵들을 육로로 가게 하고 步兵들을 물길로 가게 하여 渭水에 배를 띄워 黃河로 들어간다면 5일 만에 孟津에 도착할 것이니, 騎兵과 洛陽에서 만나면 하루아침에 천하를 평정할 수 있다고 여겼다.

종회가 司馬昭의 편지를 받았는데 이르기를 "등애가 혹 소환에 나아오지 않을까 걱정이 되어서 내가 직접 병사를 거느리고 長安에 주둔하고자 하니 가까운 시일 안에 서로 만날 것이다."라고 하였다.

종회가 놀라 말하기를 "단지 등애만을 잡는 것이라면 相國(사마소)은 내가 단독으로 일을 처리할 수 있을 것을 알 텐데, 지금 오는 것이 매우 엄중하니, 반드시 내가 변심한 것을 알아차린 것이다. 마땅히 속히 군사를 출동시켜야 하니, 일이 성공하면 천하를 얻을 수 있고 성공하지 못하더라도 물러나서 蜀郡과 漢中郡을 보존하면 劉備만큼 되는 것을 그르치지 않을 것이다."라고 하였다.

會至成都하여 送艾赴京師하니 會所憚이 惟艾라 艾旣就擒에 遂決意謀反하여 欲使姜維로 爲前驅하고 自將隨其後하여 旣至長安에 令騎士從陸道하고 步兵從水道하여 浮渭入河면 五日可到孟津이니 與騎兵會洛陽이면 一旦에 天下可定也라하더라 會得昭書하니 云 恐艾或不就徵이라 吾自將屯長安하니 相見在近이라하니 會驚曰 但取艾인댄 相國知我獨辦之어늘 今來太重하니 必覺我異矣①로다 便當速發이니 事成이면 可得天下요 不成이라도 退保蜀漢이면 不失作劉備也②라

40) 大使車……諸使車 : 大使車는 서서 타고, 네 마리 말로 멍에 메우고, 赤色 수레 휘장을 쓴다. 小使車는 서서 타지 않고, 騑馬(驂馬의 곁말)가 있으며, 적색 병풍에 기름을 칠하고, 겹친 絳色 수레 휘장을 쓴다. 諸使車는 모두 朱色 무늬 수레바퀴이고, 네 개의 輻(伏兎와 굴대를 매는 끈)이 있고, 붉은 멍에이다.(≪後漢書≫ 〈輿服志〉)

41) (中)〔申〕: 저본에는 '中'으로 되어 있으나, ≪資治通鑑≫ 註에 의거하여 '申'으로 바로잡았다.

① 異는 다른 마음을 품는다는 뜻이다.
異, 變也.

② "蜀漢"은 漢나라 때 蜀郡과 漢中郡의 땅을 말한다.
蜀・漢, 謂漢蜀郡・漢中郡之地.

【目】 마침 郭太后가 卒하자 鍾會는 곧바로 諸將들을 다 불러 모아서 太后를 위해 發喪을 하고 遺詔를 詐稱하여 자기에게 병사를 일으켜 司馬昭를 폐출하게 하였다고 하고, 다시 친히 믿는 사람을 시켜서 여러 부대를 대신 거느리게 하였다. 불려온 여러 관리들을 〈益州의〉 여러 官署에 가두었는데 衛瓘은 병이 심하다고 사칭하여 나가서 밖의 관사로 가니 종회는 그것을 믿고서 다시 그를 꺼리지 않았다.

會郭太后卒어늘 會乃悉召諸將하여 爲太后發哀하고 稱遺詔하여 使起兵廢司馬昭라하고 更使所親信으로 代領諸軍하고 所請群官을 悉閉諸曹屋中이어늘 瓘詐稱疾篤하여 出就外廨①하니 會信之하여 無所復憚이러라

① 廨는 官舍이다.
廨, 舍也.

【目】 姜維는 鍾會에게 북쪽에서 온 魏나라 장수들을 모두 죽이도록 하고, 자기는 그 틈을 이용하여 종회를 죽이고, 다시 前 漢나라 황제(劉禪)를 세우려고 하여 황제에게 몰래 편지를 쓰기를 "바라건대 폐하께서는 며칠 동안의 치욕을 참으십시오. 臣은 社稷이 위태로워진 것을 다시 안정시키고 해와 달이 어두워진 것을 다시 밝히려고 합니다."라고 하였다.

종회는 강유의 말을 따라서 장수들을 죽이려고 하였으나 우물쭈물하며 결정을 못하였다. 종회의 帳下督[42] 丘建이 본래 胡烈에게 소속되었는데, 종회가 그를 신뢰하고 총애하였다. 구건은 호렬이 홀로 관사에 유폐되어 있는 것을 근심해서 종회에게 아뢰어 친병 한 명을 들여서 밖에 나가 음식을 가져올 수 있게 하였다.

維欲使會盡殺北來諸將하고 己因殺會하고 復立故漢帝하여 密書與帝曰 願陛下는 忍數日之辱하소서 臣欲使社稷危而復安하고 日月幽而復明하노이다 會欲從維言하여 誅諸將호되 猶豫

42) 帳下督 : 軍中의 보좌관의 일종으로 행군 중 帳中에 거하는 경우가 많기 때문에 이렇게 이른 것이다. 帳下督은 魏나라 왕공 중에 군대를 통솔하는 자, 한 방면에 임명된 자, 장군 등에 1인을 두는데 帳下의 병사(親兵)를 통솔하며 7품관이다. 이후 晉나라에서도 두었다.

未決이러니 會帳下督丘建本屬胡烈한대 會信愛之①러니 建愍烈獨坐하여 啓會하여 使聽內(납)一親兵出取飮食②하니라

① 丘建은 姓名이다.
丘建, 姓名.
② 啓는 아뢴다는 뜻이다. 鍾會는 丘建으로 하여금 胡烈에게 親兵 한 명을 들여서 친병에게 밖에 나가 음식을 가져오도록 하는 것을 허락해주었다. 內(들여 넣다)은 納으로 읽으니, 아래도 같다.
啓, 白. 鍾會使聽從胡烈內入親兵一人, 使出外取飮食. 內, 讀納. 下同.

【目】胡烈이 親兵에게 거짓말을 하여 쪽지를 그의 아들 胡淵에게 전해주게 하였는데, 쪽지에 이르기를 "鍾會가 이미 큰 구덩이를 파고 흰 나무 방망이 수천 개를 만들어놓고서 밖에 있는 병사들을 불러들여서 방망이로 때려죽여 구덩이에 집어넣으려고 한다."라고 하니, 하룻밤 사이에 돌아가며 서로 알려주어 전부 알게 되었다.

호연은 마침내 부친의 병사들을 인솔하여 軍營門을 나갔는데 여러 군사들이 북을 치고 함성 지르면서 앞을 다투어 성으로 달려갔다. 갇혀 있던 사람들이 각각 지붕으로 올라가 탈출하여 자기 군사들과 서로 회합하여 종회와 姜維를 참수하자 사상자가 널려 있게 되었다. 衛瓘은 장수들을 나누어 배치하여 수일 만에 비로소 안정되었다.

烈이 紿語親兵하고 及疏與其子淵曰① 會已作大坑하고 白棓(방)數千하여 欲悉呼外兵하여 棓殺內坑中②이라하니 一夜에 轉相告皆徧이러라 淵遂率其父兵出門한대 諸軍鼓譟하여 爭先赴城하니 所閉諸人이 各緣屋出하여 與其軍士相得하여 斬會及維어늘 死喪狼籍(자)하니 瓘分部諸將하여 數日乃定하다

① 紿는 속인다는 뜻이다. 語(말해주다)는 去聲이다. 疏는 書記(편지)라는 말과 같다.
紿, 誑詐也. 語, 去聲. 疏, 猶書記也.
② 棓(몽둥이)은 步項의 切이며 棒과 통용하여 쓰니, 나무 몽둥이이다.
棓, 步項切, 通作棒, 木杖也.

【目】鄧艾 본영의 장병들이 쫓아가서 檻車에서 등애를 꺼내어 영접하여 돌아오자, 衛瓘은 자신이 鍾會와 함께 등애를 모함하였으므로 그가 변란을 일으킬까 두려워했다. 마침내 護軍 田續을 파견하여 등애 부자를 綿竹 서쪽에서 습격하여 참수하였다. 등애가 江油로 진입할 적[43]에 전속이 전진하지 아니하자 등애는 전속을 참수하려고 하다 얼마 뒤에

그를 놓아주었다. 이때에 와서 위관이 전속에게 말하기를 "강유에서 받은 모욕을 보복할 수 있다."라고 하였다.

鎭西長史 杜預가 여러 사람들에게 말하기를 "伯玉(위관)은 그 화를 면하지 못할 것이다. 자신이 명사가 되어 지위와 명망도 이미 높은데, 이미 덕이 있는 말을 하지 않고 또 다시 아랫사람을 올바름으로 통솔하지 아니하니, 장차 어떻게 그 책임을 감당하겠는가."라고 하였다. 위관은 이 말을 듣고 수레를 기다릴 것이 없이 빨리 가서 두예에게 사과하였다. 낙양에 있던 등애의 남은 아들들도 모두 주살되었다.

艾本營將士가 **追出艾於檻車**하여 **迎還**이어늘 **瓘自以與會共陷艾**라 **恐其爲變**하여 **乃遣護軍田續**하여 **襲艾父子於綿竹西斬之**하다 **艾之入江油也**에 **續不進**이어늘 **艾欲斬續**이라가 **旣而捨之**러니 **及是**하여 **瓘謂曰可以報江油之辱矣**로다 **鎭西長史杜預**가 **言於衆曰**① **伯玉其不免乎**인저 **身爲名士**하여 **位望已高**이어늘 **旣無德音**하고 **又不御下以正**하니 **將何以堪其責乎**②리오 **瓘聞之**하고 **不候駕而謝預**하다 **艾餘子在洛陽者**는 **悉被誅**하니라

① 杜預는 杜恕의 아들이다. 衛瓘이 鎭西軍司를 겸직하고 두예는 鎭西長史가 되었으니 동료가 되었는데 軍事는 衛瓘이 책임졌다.
預, 恕之子也. 瓘行鎭西軍司, 而預爲鎭西長史, 則爲同僚, 而軍事則瓘任之也.

② 伯玉은 衛瓘의 자이다. "不御下以正"은 田續을 격동시켜 鄧艾에게 보복하여 그의 사사로운 일을 행하게 한 것을 말한다.
伯玉, 瓘字. 不御下以正, 謂激田續使報鄧艾而行其私也.

【目】 **鍾會**의 **功曹**인 **向雄**(상웅)이 종회의 시체를 거두어 장사 지내자 **司馬昭**가 그를 불러 꾸짖기를 "옛날에 王經이 죽었을 때 卿이 東市에서 곡을 하였으나 나는 문책하지 않았다.[44] 지금 종회는 반역을 하였는데 또다시 거두어 장사를 지내주었으니 만약 다시 용서하면 王法은 어찌하겠는가."라고 하였다.

상웅이 말하기를 "옛날에 선왕들은 들판에 드러난 시체와 해골을 묻어주어 어진 마음이 썩은 뼈까지 흘러들어가게 하였으니,[45] 당시에 어찌 죽은 자의 공과 죄를 헤아리고 난 뒤에 시체를 거두어 장사 지낸 것이겠습니까. 지금 王者의 주벌이 이미 시행되었으니 법에는 이미 갖추어진 것입니다. 저는 의로움을 느끼고 거두어 장사 지냈으니 교화

43) 등애가……적에 : 등애가 蜀漢을 공격할 적에 험한 산지를 넘어 江油로 들어와서 城都로 나아갔다.

44) 옛날에……않았다 : 이 일은 본서 164쪽에 보인다.

45) 옛날에……하였으니 : ≪禮記≫ 〈月令〉에 "맹춘의 달에는……사람의 시체와 해골을 거두어 장사 지내준다.〔孟春之月……掩骼埋胔〕"라고 하였다.

에도 역시 결함이 없습니다. 법이 위에서 확립되고 교화가 아래에서 널리 퍼지는 것이니, 이것으로 사람들을 가르치는 것이 역시 옳지 않겠습니까."라고 하였다.

사마소는 기뻐하여 그와 더불어 연회를 열어 담소를 하고 보냈다.

會功曹向雄이 收葬會尸이어늘 昭召而責之曰 往者王經之死에 卿哭於東市而我不問이러니 今會爲叛逆이어늘 又輒收葬하니 若復相容이면 其如王法何오 雄曰 昔에 先王掩骼埋胔하여 仁流朽骨하니 當時에 豈卜其功罪而後收葬哉리오 今에 王誅旣加하니 於法已備요 雄感義收葬하니 教亦無闕이라 法立於上하고 教弘於下하니 以此訓物이 不亦可乎아 昭悅하여 與宴談而遣之하다

【目】 鍾會가 蜀漢을 정벌할 때 辛憲英이 그 남편의 조카 羊祜에게 말하기를 "종회는 일에 있어서 방종하니 오래도록 아랫자리에 처할 도리가 아니다. 나는 그가 다른 마음을 갖고 있을까 두렵다."라고 하였다. 종회가 신헌영의 아들 羊琇를 청하여 參軍으로 삼았는데 신헌영이 걱정하여 말하기를 "지난날에 내가 나라를 위하여 걱정하였는데 오늘에는 환난이 우리 집에 닥쳤구나."라고 하였다.

會之伐漢也에 辛憲英이 謂其夫之從子羊祜曰① 會在事縱恣하니 非持久處下之道이라 吾畏其有他志也②하노라 會請其子琇하여 爲參軍③한대 憲英憂曰 他日에 吾爲國憂이러니 今日에 難至吾家矣④로다

① 辛憲英은 羊耽의 아내이다.
憲英, 爲羊耽妻.
② "在事"는 관직에 있으면서 일을 맡은 것이다.
在事者, 在官任事也.
③ 琇는 息救의 切이다.
琇, 息救切.
④ 爲(위하다)는 去聲이다. 難(환난)은 乃旦의 切이다.
爲, 去聲. 難, 乃旦切.

【目】 羊琇가 굳이 사양하였으나 들어주지 않자 辛憲英이 〈양수에게〉 말하기를 "가서 조심하거라. 군대 안에서 자신을 구제할 수 있는 방법은 오직 인자하고 관대한 마음뿐일 것이다."라고 하였는데, 양수가 결국 온전하게 돌아왔다. 조서를 내려서 양수가 일찍이 종회가 반란하는 것에 간언하였기 때문에 關內侯의 작위를 내렸다.

琇固辭不聽이어늘 憲英謂曰 行矣戒之하라 軍旅之間에 可以濟者는 其惟仁恕乎인저 琇竟以全

歸하니 詔以琇嘗諫會反으로 賜爵關內侯①하다

① 羊琇는 司馬師 夫人의 從父弟이기 때문에 鍾會에게 諫言한 것을 功으로 삼아서 封爵을 얻은 것이다.
琇, 司馬師夫人之從父弟, 故以諫會爲功而得封.

【綱】3월에 魏나라 晉公 司馬昭가 작위를 올려 王이 되었다.

三月에 魏晉公昭 進爵爲王[46]하다

【目】魏나라는 晉公 司馬昭에게 조서를 내려 작위를 높여 왕으로 삼고, 追命하여 사마소의 부친 司馬懿를 宣王으로 삼고,[47] 사마소의 형 司馬師를 景王으로 삼았다. 太尉 王祥, 司徒 何曾, 司空 荀顗가 함께 晉王에게 찾아갈 적에 순의가 왕상에게 말하기를 "相王[48]은 매우 높으니 何侯와 조정의 신하들이 모두 이미 극진하게 공경을 표하였다. 오늘 마땅히 우리가 함께 절을 하고 뵙는 것이 의심할 것이 없다."라고 하니, 왕상이 말하기를 "王爵과 公爵은 서로 한 계급 차이일 뿐이니, 어찌 천자의 三公이 갑자기 다른 사람에게 절할 수 있겠는가. 군자는 예로써 사람을 아끼니 나는 절하지 않겠다."라고 하였다. 들어가고 나서 순의는 절을 하고 왕상은 홀로 길게 읍만 하니, 사마소가 왕상에

46) 魏詔晉公昭 進爵爲王 : "'進爵爲王'이라고 기록한 것은 어째서인가. 자신이 올린 것이다. 魏公 曹操에게 일찍이 이렇게 기록하였는데, 이때에 '晉公昭'라고 기록하였으니 司馬氏의 찬탈은 曹氏가 가르친 것이다. 反復되는 이치가 두려워할 만하다. ≪資治通鑑綱目≫에서 조씨와 사마씨에 대해 기록한 말이 대부분 동일한 것은 만대에 경계를 드리우기 위한 것이다.〔進爵爲王 何 自進也 魏公操嘗書之矣 於是書晉公昭 司馬氏之簒 曹氏教之也 反復之理 可畏哉 綱目於曹馬書辭多同 所以垂萬世戒也〕" ≪書法≫ 思政殿訓義 ≪資治通鑑綱目≫ 제14권 상 漢 獻帝 建安 21년(216)에 "魏公操進爵爲王(魏公 曹操가 작위를 올려 王이 되었다.)"라고 하였다.
"여기에서 어찌하여 司馬昭 자신이 작위를 올려 王이 되었다고 기록하지 않았는가. 사마소는 몸소 주군을 시해하는 반역을 저질렀으니, 무릇 관직에 있는 자라면 그를 가차없이 죽여야 하니 누구나 주살할 수 있다. 魏나라 조정의 여러 신하들 중에 王祥, 何曾과 같은 무리들은 손을 공손히 잡고 역적을 섬긴데다 또다시 따라서 王爵을 더해주면서도 편안히 여기며 부끄러워할 줄을 몰랐다. 그러므로 書法을 이와 같이 하여 사마소가 시해하는 반역을 저지른 뒤에도 爵位에 편안해하는 모습을 보인 것이다. 비록 찬탈할 형세가 이미 이루어졌으나 또한 평상시 일이 없을 때에 大臣을 포상해 진급시키는 것처럼 하였으니, 魏나라 조정의 신하들이 역적에게 편당한 죄를 드러낸 것이다. 그렇지 않으면 ≪資治通鑑綱目≫에서 어찌 이를 허여하였겠는가.〔此何不書昭自進爵爲王 昭躬行弑逆 凡在官者 殺無赦 人得而誅之 魏朝諸臣 如王祥何曾輩 拱手事賊 又從而加以王爵 恬不知恥 故書法如此 以見昭弑逆之後 雍容爵位 雖簒勢已成 亦如平居無事 褒進大臣然者 所以著魏朝臣子黨賊之罪爾 不然 綱目豈予之哉〕" ≪發明≫

47) 追命하여……삼고 : 司馬懿의 작위가 舞陽侯였는데 죽은 다음에 시호를 文宣侯로 하였다. 이제 그 아들 司馬昭가 왕이 되자 다시 추존하여 왕으로 삼은 것이다.

48) 相王 : 司馬昭의 직책은 相國이고 작위는 王이 되었으므로 相王이라고 말한 것이다.

게 말하기를 "오늘에서야 그대가 살피고 돌아보는 것이 신중하다는 것을 알겠다."라고 하였다.

魏詔晉公昭進爵爲王하고 追命其父懿爲宣王하고 兄師爲景王하다 太尉王祥司徒何曾司空荀顗共詣晉王할새 顗謂祥曰 相王尊重하니 何侯與朝臣皆已盡敬이라 今日에 便當相率而拜 無疑也①니라 祥曰 王公이 相去一階而已니 安有天子三公이 可輒拜人者리오 君子愛人以禮[49]하나니 我不爲也리라 及入에 顗拜而祥獨長揖하니 昭謂祥曰 今日然後에 知君見顧之重也와라

① 何侯는 何曾을 말한다.
何侯, 謂何曾.

【綱】 魏나라가 前 漢나라(蜀漢)의 皇帝 劉禪을 安樂公에 봉하였다.

魏封故漢帝禪爲安樂公하다

【目】 劉禪의 온 가족이 洛陽으로 옮겨갈 적에 대신 중에 따라가는 사람이 없었고 오직 秘書令 郤正과 殿中督 張通이 처자를 버리고 단신으로 따라갔다. 극정이 인도하기를 적절하게 하여 거동에 결함이 없으니 유선은 마침내 개탄하면서 극정을 늦게 안 것을 한스러워하였다.

蜀漢의 建寧太守 霍弋이 成都를 지키지 못했다는 소식을 듣고는 상복을 입고 3일 동안 크게 곡을 하였다. 장수들이 곽익에게 빨리 항복하자고 권하였는데 곽익이 말하기를 "지금 도로가 막혀서 군주의 안위도 모르는데 거취(항복)의 큰일을 편의대로 할 수는 없다. 만약 魏나라에서 우리 주군을 예로 대해준다면 경내를 보존하였다가 항복하는 것이 늦지 않을 것이요, 만에 하나 위태롭거나 욕을 당하면 나는 장차 죽음으로 그들에게 항거할 것이니, 어찌 거취가 느리고 빠른 것을 논하겠는가."라고 하였다.

禪擧家遷洛陽에 大臣이 無從行者①요 惟秘書令郤正及殿中督張通捨妻子하고 單身從行이러니 正相導宜適하여 擧動無闕②하니 禪乃慨然歎息하여 恨知正之晩이러라 漢建寧太守霍弋이 聞成都不守하고 素服大臨三日③이어늘 諸將勸弋速降한대 弋曰 道路隔塞하여 未詳主之安危하니 去就大故을 不可苟也라 若魏以禮遇主上이면 則保境而降이 不晩也요 萬一危辱이면 吾將以死拒之니 何論遲速耶아

49) 君子愛人以禮 : ≪資治通鑑≫에는 이 앞에 "損魏朝之望 虧晉王之德(魏나라 조정의 위망을 손상시키고 晉王의 덕을 손상시키는 것이다.)"이라고 하였다.

① 姜維는 이미 죽었고, 張翼・廖化・董厥도 필시 어지러운 군사들 사이에서 죽었을 것이다.
姜維旣死, 張翼・廖化・董厥必亦死於亂兵矣.

② 宜는 합당하다는 뜻이다. 適도 합당하다는 뜻이다. 劉禪이 처음 洛陽에 들어가서 魏나라의 임금과 신하들을 만날 적에 그 예의가 각각 도리에 합당함이 있었다.
宜, 當也. 適, 亦當也. 禪初入洛, 見魏君臣, 其禮各有所當.

③ 建寧은 蜀漢의 益州郡이다. 蜀漢 後主 建興 원년(223) 때 建寧郡으로 고쳤으며 治所는 味縣이다. 臨(곡하다)은 力鴆의 切이다.
建寧, 漢益州郡也. 蜀後主建興元年, 改建寧郡, 治味縣. 臨, 力鴆切.

【目】〈霍弋은〉 劉禪이 동쪽으로 옮겨갔다는 소식을 듣고서 비로소 여섯 郡의 장수와 太守를 거느리고 표문을 올려 말하였다.

"신이 듣건대 '사람은 세 분에 의해 살게 되니 이들을 섬기기를 한결같이 하여 오직 환난이 있는 곳에서는 목숨을 바쳐야 한다.'[50]라고 하였습니다. 지금 신은 나라가 패망하고 군주가 귀의하여 죽음으로 지킬 대상이 없습니다. 이 때문에 몸을 바쳐서 감히 두 마음을 품지 않겠습니다."

晉王 司馬昭는 훌륭하게 여겨서 본래의 임무를 맡겼다.

劉禪을 安樂公으로 봉하였는데 뒷날 함께 연회를 열 때에 그를 위해 蜀漢의 음악을 연주하니, 곁에 있는 사람들은 모두 처량한 마음을 가졌으나 유선은 기쁘게 웃으며 태연자약하였다. 사마소가 賈充에게 이르기를 "사람의 무감각함이 마침내 이 지경에 이르렀구나. 비록 諸葛亮이 살아 있더라도 그를 오랫동안 온전하게 보필할 수 없을 터인데, 하물며 姜維야 말할 것이 있겠는가."라고 하였다.

及得禪東遷之聞에 **始率六郡將守**하여 **上表曰**① **臣聞人生於三**하니 **事之如一**이라 **惟難所在**엔 **則致其命**하나니 **今臣**이 **國敗主附**하니 **守死無所**라 **是以委質**하여 **不敢有貳**하노이다 **晉王昭善之**하여 **委以本任**하다 **封禪爲安樂公**②이러니 **他日**에 **與宴**할새 **爲之作蜀技**③하니 **旁人皆感愴**이로되 **而禪喜**

50) 人生於三 事之如一 : ≪國語≫ 〈晉語〉에 "欒共子가 대답하기를 '사람은 세 분의 은혜로 살게 마련이니, 그분들을 똑같이 섬겨야 한다고 들었다. 어버이는 나를 낳아주셨고, 선생님은 나를 가르쳐주셨고, 임금님은 나를 먹여주셨다. 어버이가 아니면 태어나지 못했을 것이고, 먹지 않았으면 자라지 못했을 것이고, 가르침이 아니면 깨우치지 못했을 것이니, 나를 살아가게 해준 분들이다. 그러므로 한결같이 섬겨야 할 것이니, 오직 이분들이 있는 곳에서는 목숨을 바쳐야 한다.〔成聞之 民生於三 事之如一 父生之 師敎之 君食之 非父不生 非食不長 非敎不知 生之族也 故壹事之 唯其所在 則致死焉〕'라고 하였다."에서 유래한 것이다. 이에 대하여 ≪資治通鑑≫ 註에는 "父・母가 없으면 어찌 살며, 임금이 없으면 어찌 살아가겠는가. 이른바 사람이 살아감이 세 분에 있다는 것이다.〔無父母烏生 無君烏以爲生 所謂人生在三也〕"라고 하여, 세 분을 父・母・君으로 설명하였다.

笑自若이어늘 昭謂賈充曰 人之無情이 乃至於是하니 雖使諸葛亮在라도 不能輔之久全이어늘 況姜維邪아

① 南中은 7郡인데[51] 여기서 6군이라고 말한 것은 越巂가 이미 魏나라에 항복했기 때문이다.
南中七郡, 而此言六郡者, 蓋越巂已降魏也.

② 樂은 音이 洛이며 아래에도 동일하다. ≪晉書≫ 〈地理志〉에 "安樂은 燕나라에 속하였다."라고 하였다.
樂, 音洛, 下同. 晉志 "安樂, 屬燕國."

③ 技(舞樂)는 伎와 같으니, "蜀技"는 蜀의 音樂으로, 巴渝舞(파투 지역의 민간 춤)와 같은 부류이다.
技, 與伎同. 蜀技. 蜀樂也. 如巴渝舞之類也.

【目】 뒷날 〈司馬昭가〉 劉禪에게 묻기를 "蜀 땅이 꽤 그립지 않는가?"라고 하니, 유선이 말하기를 "이곳이 즐거우니 蜀이 그립지 않습니다."라고 하였다.

郤正이 이 말을 듣고 유선에게 말하기를 "만약에 晉王이 다시 묻거든 눈물을 흘리면서 대답하시기를 '돌아가신 조상의 무덤이 멀리 岷山과 蜀에 있으니, 마침내 마음이 서쪽을 향해 서글퍼져서 생각하지 않을 때가 없습니다.'라고 하시고, 이어서 눈을 감으소서."라고 하였다.

마침 사마소가 다시 묻자, 유선이 이전에 극정이 말해준 대로 대답하였다. 사마소가 말하기를 "어찌하여 극정이 한 말과 같은가?"라고 하니, 유선이 놀라서 쳐다보며 말하기를 "진실로 대왕께서 말씀하신 것과 같습니다."라고 하자, 좌우의 사람들이 모두 웃었다.

他日에 問禪曰 頗思蜀否아 禪曰 此間樂하니 不思蜀也로이다 正聞之하고 謂曰 若王復問이어든 宜泣而答曰 先人墳墓가 遠在岷蜀하니 乃心西悲[52]하여 無日不思라하고 因閉其目하소서 會昭復問이어늘 禪對如前한대 昭曰 何乃似郤正語邪아하니 禪驚視曰 誠如尊命이라하니 左右皆笑之하더라

【綱】 여름 5월에 魏나라가 五等爵[53] 제도를 부활하였다.

51) 南中은 7郡인데 : 越巂郡・朱提郡・牂柯郡・雲南郡・興古郡・建寧郡・永昌郡이다.

52) 乃心西悲 : ≪詩經≫ 〈豳風 東山〉의 "마음이 서쪽을 향해 서글퍼지네〔我心西悲〕"에서 유래한 것이다.

53) 五等爵 : 周나라 시대에는 爵位는 公爵, 侯爵, 伯爵, 子爵, 男爵으로 나누었는데, 이를 五等爵라고 한다. 이들에게 주는 食邑은 작위에 따라서 토지의 차등을 두었다. 秦나라에서는 商鞅의 논의에 따라 軍功에 따른 二十等爵制를 실시하게 되었다. 이것이 漢代에 들어서 일반 백성을 대상으로 하는 民爵制로 성격이 변화하였다. 20등작은 ① 公士 ② 上造 ③ 簪裊 ④ 不更 ⑤ 大夫 ⑥ 國大夫・官大夫

夏五月에 **魏復五等爵**하다

【目】 晉王 司馬昭가 상주하여 五等爵 제도를 회복시키고 騎督[54] 이상 600여 명에게 작위를 봉해주었다.

晉王昭奏復五等爵하고 **封騎督以上六百餘人**①하다

① 蜀漢을 平定시킨 공에 賞을 준 것이다. 後漢 獻帝 建安 20년(215)에 魏王 曹操가 名號侯[55]를 두어 軍功에 賞을 주었는데 虛封(식읍이 없는 封爵)이 이때부터 시작되었다. 지금 비록 五等爵을 회복시켰지만 역시 虛封이다.
賞平蜀之功也. 漢獻帝建安二十年, 魏王操置名號侯, 以賞軍功, 虛封自此始矣. 今雖復五等爵, 亦虛封也.

【綱】 가을 7월에 魏나라가 羅憲을 陵江將軍으로 삼았다.

秋七月에 **魏以羅憲爲陵江將軍**①하다

① 魏나라가 陵江將軍을 설치하고 40號(장군의 호칭)의 수장으로 삼았으니, 長江의 물길을 건너서 吳와 會稽 지역을 평정하고자 함을 말한 것이다.
魏置陵江將軍, 爲四十號之首,[56] 言欲陵駕江流, 以蕩平吳會也.

【目】 예전에 蜀漢이 羅憲을 보내어 永安을 지키게 하였는데 蜀漢이 패하고 나서 나헌이 劉禪의 손수 쓴 칙서를 받고는 마침내 통솔하는 부대를 거느리고 都亭에서 3일 동안 곡

---

⑦ 七大夫・公大夫 ⑧ 公乘 ⑨ 五大夫 ⑩ 左庶長 ⑪ 右庶長 ⑫ 左更 ⑬ 中更 ⑭ 右更 ⑮ 少上造 ⑯ 大良造・大上造 ⑰ 駟車庶長 ⑱ 大庶長 ⑲ 關內侯 ⑳ 徹侯・通侯・列侯인데, 列侯가 가장 높고 공사가 가장 낮다. 백성에게 작위를 내린 것은 1급인 공사에서 8급인 공승까지로 보인다. 通侯는 본래 徹侯로 漢 武帝의 이름인 徹을 휘하여 通侯로 개칭하였고 이후 보통 列侯로 불려졌다. 列侯는 본래 郡縣에 무관하게 설치되었다. 그러나 前漢 때 吳楚七國의 亂과 武帝 시기를 거치면서 郡縣制가 강화되면서 列侯의 封地를 거의 縣 단위로 부여하였는데, 後漢 때 列侯가 분화되어 縣侯, 鄕侯, 亭侯로 명칭과 지위가 나뉘어졌으며 後漢末에는 縣侯, 鄕侯, 都鄕侯, 都亭侯, 亭侯로 분화하였다.

54) 騎督 : 騎兵을 督率하는 軍官으로 晉나라 때는 雜號將軍의 아래에 있었으며 지위가 5品이었다.

55) 名號侯 : 封號만 있고 食邑이 없는 諸侯이다.

56) 魏置陵江將軍 爲四十號之首 : '陵江'은 '凌江'으로도 쓰였다. 40號는 ≪宋書≫ 권39 〈百官志〉에 "凌江將軍은 魏나라에 설치했는데, 凌江으로부터 이하는 宣威, 明威, 驤威, 厲威, 威厲, 威寇, 威虜, 威戎, 威武, 武烈, 武毅, 武奮, 綏遠, 綏邊, 綏戎, 討寇, 討虜, 討難, 討夷, 蕩寇, 蕩虜, 蕩難, 蕩逆, 殄寇, 殄虜, 殄難, 掃夷, 掃寇, 掃虜, 掃難, 掃逆, 厲武, 厲鋒, 虎威, 虎牙, 廣野, 横野, 偏將軍, 裨將軍으로 모두 40號가 있다."라고 하였다.

하였다. 吳나라는 蜀漢이 패했다는 소식을 듣고 병사를 일으켜 서쪽으로 올라가서 겉으로는 구원한다고 핑계 대고 속으로는 나헌을 습격하고자 하였다.

나헌이 말하기를 "吳나라가 우리의 환난을 救恤하지 않고 맹약을 배반하여 이익을 추구하려 하니, 매우 의롭지 못하다."라고 하였다.

初에 漢使羅憲으로 守永安이러니 及漢敗에 憲得其主手勅하고 乃帥(솔)所統하여 臨于都亭三日[①]이러니 吳聞蜀敗하고 起兵西上하여 外託救援하고 內欲襲憲이어늘 憲曰 吳不恤我難하고 而背盟徼利하니 不義甚矣라하다

① 帥(거느리다)은 率로 읽는다. 臨(곡하다)은 力鴆의 切이다. 都亭은 永安의 都亭이다.
帥, 讀曰率. 臨, 力鴆切. 都亭, 永安之都亭也.

【目】 마침내 무기를 정비하고 병사들과 맹세하여 절개와 의리를 지킬 것을 격려하고 사신을 보내 魏나라에 급한 상황을 알렸다. 吳나라 사람이 와서 공격하자, 그들과 싸워 크게 격파하니, 吳主(孫休)가 성내어 다시 陸抗 등을 파견하여 군사 3만 명을 통솔하고 와서 그 포위를 가중시켰다. 羅憲이 공격을 받은 지 6개월이 되었는데 구원병이 이르지 않으니 어떤 이가 나헌에게 성을 버리고 도주하라고 말하였다. 나헌이 말하기를 "나는 성주이니 백성들이 우러러보고 있는 바이다. 백성들의 위태로움을 안정시키지 못하고 급박할 때에 그들을 버리는 것은 君子는 하지 않으니, 이곳에서 목숨을 마칠 것이다."라고 하였다.

乃繕甲誓衆하여 厲以節義하고 遣使告急於魏러니 吳人來攻이어늘 與戰大破之하니 吳主怒하여 復遣陸抗等하여 帥(솔)衆三萬增其圍[①]하니 憲被攻凡六月에 救援不到러니 或說憲棄城走한대 憲曰 吾爲城主하니 百姓所仰이라 危不能安하고 急而棄之를 君子不爲也니 畢命於此矣리라

① 당시 吳나라는 陸抗을 鎭軍將軍으로 삼아 西陵을 都督하게 하였다.
時, 吳以抗爲鎭軍將軍都督西陵.

【目】 魏나라에서 荊州刺史 胡烈을 파견하여 西陵을 공격해 구원하자, 吳나라 군사가 마침내 퇴각하니, 晉王 司馬昭가 羅憲에게 옛 임무를 계속하여 맡도록 하고 장군 칭호를 더하고 亭侯에 책봉하였다.

魏遣荊州刺史胡烈하여 攻西陵以救之하니 吳師遂退[①]어늘 晉王昭가 使仍舊任하고 加號將軍하고 封亭侯하다

① 西陵은 곧 夷陵이다. 吳主 孫權 黃武 원년(222)에 夷陵을 고쳐 西陵이라 하였는데 宜都郡의 治所로 하였다.
西陵, 卽夷陵. 吳主權黃武元年, 改夷陵曰西陵, 宜都郡治焉.

【綱】 魏나라가 荀顗에게 禮儀를 정하게 하고, 賈充에게 법률을 바로잡게 하고, 裴秀에게 관직제도를 논의하게 하였다.

魏使荀顗定禮儀하고 **賈充正法律**[57]하고 **裴秀議官制**하다

【目】 晉王 司馬昭의 요청을 따른 것이다.

從晉王昭之請也라

【綱】 吳主 孫休가 殂하니 烏程侯 孫皓[58]가 즉위하였다.

吳主休殂[①59]하니 **烏程侯皓立**하다

① 향년이 30세였다. 천자가 천하를 다 소유한 경우에는 죽음을 '崩'이라 기록하고, 한 지역만을 나누어 다스린 경우에는 죽음을 '殂'라고 기록하였다.
壽, 三十. 天子奄有四海者書崩, 分治者書殂.

【目】 吳主가 병이 나서 입으로 말할 수 없어서 손으로 글씨를 써서 濮陽興을 불러 들어오게 하여 아들 孫𩅦에게 나와서 절하게 하고, 孫休가 복양흥의 팔을 잡고 손완을 가리키면서 부탁하고 죽으니, 시호를 景帝라 하였다.

吳主寢疾하여 口不能言하여 手書呼濮陽興入하여 令子𩅦出拜하고 把興臂하고 指𩅦託之而卒하니 諡曰景帝라

【目】 吳나라 사람들은 蜀漢이 막 멸망한 것으로 인해 두려워하여 나이가 든 군주를 모시

57) 賈充正法律 : "賈充은 자신이 시해를 저지른 역적인데, 그를 시켜서 법률을 바로잡게 하였으니, 3천 가지 죄에서 과연 이것보다 큰 것이 있는가.〔充自弑逆之賊 而使之正法律 三千之罪 果有大於此者乎〕" ≪發明≫

58) 孫皓 : 字가 元宗이며, 태자였다가 쫓겨난 孫和의 아들이다.

59) 吳主休殂 : "이전에 '吳主 孫權이 卒하였다.'고 기록한 것은 蜀漢을 높인 것이고, 이때에 蜀漢이 멸망했기 때문에 孫休에게 '殂'라고 기록한 것이다.〔前書吳主權卒 尊漢也 於是漢亡矣 故休得書殂〕" ≪書法≫

려고 하였다. 左典軍 萬彧이 일찍이 烏程 縣令을 지내면서 烏程侯 孫皓와 서로 사이가 좋았는데, 그를 칭찬하기를 "손호는 재주와 식견, 그리고 명석한 판단력이 있어 長沙桓王(孫策)과 비슷합니다. 게다가 학문을 좋아하고 법도를 받들어 따릅니다."라고 하고, 누차 濮陽興과 左將軍 張布에게 말하였다.

복양흥과 장포가 朱太后를 설득하여 손호를 세우고자 하니, 주태후가 말하기를 "나는 과부이니 어찌 사직에 관한 우려를 알겠는가. 진실로 吳나라가 실추됨이 없고 종묘가 의뢰할 만하면 좋다."라고 하였다. 마침내 손호를 맞이하여 황제로 세우니, 吳主 손호가 주태후를 강등하여 景皇后로 삼고, 그의 아버지 孫和를 追諡하여 文皇帝라 하고, 그 어머니 何氏를 추존하여 太后라 하였다.

吳人이 以蜀初亡으로 恐懼하여 欲得長君①이러니 左典軍萬彧이 嘗爲烏程令하여 與烏程侯皓로 相善②이러니 稱호되 皓才識明斷이 長沙桓王之疇也요 加之好學奉遵法度라하고 屢言於興及左將軍張布하니 興布說(세)朱太后하여 欲立皓③한대 后曰 我寡婦人이니 安知社稷之慮리오 苟吳國無隕하고 宗廟有賴면 可矣④라 遂迎立之하니 吳主貶朱太后爲景皇后하고 追諡父和曰文皇帝라하고 尊母何氏爲太后하다

① 長(어른)은 知兩의 切이다.
長, 知兩切.
② 吳나라 제도에는 中營에 左典軍과 右典軍을 두었다.
吳制, 中營置左右典軍.
③ 朱太后는 吳主 孫休의 夫人으로 손휴가 죽자 여러 신하들이 높여 皇太后로 삼았다.
朱太后, 吳主休夫人, 休卒, 群臣尊爲皇太后.
④ 賴는 믿고 이롭다는 뜻이다.
賴, 恃也, 利也.

【綱】 8월에 魏나라 晉王 司馬昭가 그의 아들 中撫軍 司馬炎을 副相國으로 삼았는데, 겨울 10월에 晉나라 世子로 세웠다.

八月에 魏晉王昭가 以其子中撫軍炎으로 副相國[60]이러니 冬十月에 立爲晉世子하다

---

60) 魏晉王昭……副相國 : "曹操에게는 '그 아들 曹丕를 丞相副로 삼았다.'고 기록하고, 여기에서는 '그 아들 사마염을 副相國으로 삼았다.'고 기록하였으니, 기록한 말이 한결같다. 사람들에게 反復된 이치를 보여주는 것이 매우 절실하다.〔操書以其子丕爲丞相副 此書以其子炎副相國 書辭若一 其示人反復之理 深切矣〕" 《書法》

【目】 예전에 晉王 司馬昭가 王肅의 딸과 혼인하여 司馬炎과 司馬攸를 낳았는데 사마유로 景王(司馬師)의 뒤를 잇게 하였다. 사마유는 성품이 효성스럽고 우애가 있었으며 재주가 많고 맑고 온화하며 공평하고 진실하여 명성이 사마염보다 뛰어났다. 사마소가 사마유를 아껴서 항상 말하기를 "천하는 景王의 천하이니, 나의 백년 뒤 大業이 마땅히 사마유에게 돌아갈 것이다."라고 하였다.

初에 晉王昭가 娶王肅之女하여 生炎及攸하여 以攸繼景王後라 攸性孝友多材藝하고 清和平允하여 名過於炎이라 昭愛之하여 常曰 天下者는 景王之天下也니 吾百年後에 大業宜歸攸리라

晉 武帝 司馬炎

【目】 司馬炎은 서 있을 때 머리카락이 땅에 닿았고 손을 내리면 무릎을 지나갔다. 또 羊琇는 時政에 있어 마땅히 가감할 것을 살펴서 사마염에게 미리 기억하게 하여 〈晉王의〉 방문에 대비할 수 있도록 가르쳤다.

진왕 司馬昭가 司馬攸를 세자로 삼고자 하였는데, 山濤가 말하기를 "큰아들을 폐출하고 작은아들을 세우는 것은 예법에 어긋나서 성서롭지 못합니다."라고 하고, 賈充·何曾·裴秀가 말하기를 "中撫軍(사마염의 관직)은 총명하고 신묘한 무용으로 세상에 뛰어난 재주를 가지고 있으니 사람들의 명망이 이미 큽니다. 타고난 모습이 이와 같으니 진실로 신하의 관상이 아닙니다."라고 하니 마침내 사마염을 세자로 세웠다.

炎이 立髮委地하고 手垂過膝하고 羊琇又教以宜察時政所宜損益하여 豫記以備訪問이러라 昭欲以攸爲世子한대 山濤曰 廢長立少는 違禮不祥이라하고 賈充何曾裴秀曰 中撫軍은 聰明神武有超世之才하니 人望既茂하고 天表如此하니 固非人臣之相也라한대 乃立炎爲世子하다

【綱】 11월에 吳나라가 丞相 濮陽興과 左將軍 張布를 죽였다.

十一月에 吳殺其丞相濮陽興左將軍張布[61)]하다

【目】 吳主가 처음 즉위하여 우대하는 조서를 내려서 士民들을 불쌍히 여기고 창고를 열어서 가난하며 궁핍한 사람들을 구제하고 궁녀들을 헤아려서 내보내어 처가 없는 사람에게 짝을 만들어주었고, 황제의 동산에 있는 짐승들을 모두 놓아주니, 당시 사람들이 흡족해하여 明君이라고 칭송하였다. 이미 뜻을 얻고 나서는 거칠고 포악하며 교만한데다 자만하고 꺼리는 일도 많았으며 주색을 좋아하니, 위아래 사람들이 모두 실망했다. 濮陽興과 張布가 이를 후회하였는데 어떤 사람이 이를 吳主에게 참소하였다. 11월 초하루에 복양흥과 장포가 入朝하자, 吳主는 그들을 잡아서 廣州로 귀양 보냈다가 도중에 그들을 살해하고 삼족을 멸하였다.

吳主初立하여 發優詔하여 恤士民하고 開倉廩하여 振貧乏하고 料出宮女하여 以配無妻者하고 苑中禽獸를 皆放之하니 當時翕然하여 稱爲明主러니 及旣得志에 麤暴驕盈하고 多忌諱하고 好酒色하니 大小失望이라 濮陽興張布가 竊悔之러니 或譖諸吳主하니 十一月朔에 興布入朝어늘 執之하여 徙於廣州라가 道殺之하고 夷三族①하다

① 吳나라는 交州를 나누어 廣州를 설치했는데 광주는 番禺에 治所를 두었다.
吳, 分交州置廣州, 廣州治番禺.

【綱】 魏나라가 屯田官[62)]을 철폐하였다.

魏罷屯田官하다

乙酉年(265)

魏나라 元帝 曹奐 咸熙 2년이고, 晉나라 世祖 武皇帝 司馬炎 泰始 원년이고, 吳

61) 吳殺其丞相濮陽興左將軍張布 : "濮陽興과 張布는 小人이다. 작위를 기록하고 '殺'이라고 기록한 것은 어째서인가. 그 죄로 죽인 것이 아니기 때문이다. ≪資治通鑑綱目≫의 書法은 비록 죄가 있어서 죽이더라도 그 죄로 죽이지 않으면 한결같이 '殺'이라고 기록하였으니, 잘못된 것을 징계하고 刑罰을 바로잡은 것이다.〔興布小人也 書爵書殺 何 殺不以其罪也 綱目之法 雖有罪而殺之 不以其罪 一以殺書之 懲枉濫 正刑罰也〕" ≪書法≫

62) 屯田官 : 後漢 獻帝 建安 원년(196)에 설치하여 69년이 흐른 뒤, 이해에 철폐하였다.

主 孫皓 甘露 원년이다. 이해에 魏나라가 망하고 晉나라가 대신하니, 모두 두 나라이다.

魏咸熙二年이요 晉世祖武皇帝司馬炎泰始元年이요 吳甘露元年①이라 ◑是歲魏亡晉代하니 凡二國이라

① 이때 蔣陵(孫權의 능)에서 보고하기를 "甘露가 내렸다."고 한 것에 의해 改元한 것이다.
時因蔣陵言甘露降改元.

【綱】 여름 5월에 魏나라 晉王 司馬昭가 그 妃를 后라고 칭하고, 世子를 太子라고 하였다.

夏五月에 魏晉王昭가 號其妃曰后[63]라하고 世子曰太子라하다

【綱】 가을 7월에 吳主(孫皓)가 景后와 그 두 아들을 죽였다.

◑秋七月에 吳主殺景后及其二子하다

【綱】 8월에 魏나라 晉王 司馬昭가 卒하니, 태자 司馬炎이 계승하였다.

◑八月에 魏晉王昭卒하니 太子炎嗣하다

【目】 司馬昭의 시호를 文王이라 하고 崇陽陵에 장사 지냈다.

諡昭爲文王하고 葬崇陽陵하다

【綱】 겨울에 吳나라가 도읍을 武昌으로 옮겼다.

冬에 吳遷都武昌하다

【目】 西陵督 步闡(보천)의 奏請을 따른 것이다.

---

63) 魏晉王昭 號其妃曰后 : "'其'라고 기록한 것은 어째서인가. 그 이른바 妃라 한 것이다. 晉王이 妃가 있는 것이 마땅하다. 그렇다면 어째서 '其妃'라고 기록하였는가. 진왕의 王號가 스스로 봉한 것이라면 그 妃도 그 스스로 이른 것이 이와 같은 것일 뿐이다. 그러므로 그를 后라고 칭할 때도 '晉王昭號'라고 기록한 것이다.〔其者 何 其所謂妃也 晉王之有妃 宜矣 曷爲書曰其妃 王所自封 則其妃亦其所自謂之云爾已矣 故號之曰后 亦書晉王昭號〕" ≪書法≫

從西陵督步闡之請也①라

① 步闡은 步騭(보즐)의 아들이다.
闡, 騭之子也.

司馬氏가 다시 찬탈하여 선양을 받다

【綱】 12월에 晉王 司馬炎이 황제라 칭하고 魏主(曹奐)를 폐하여 陳留王으로 삼았다.

十二月에 晉王炎이 稱皇帝하고 廢魏主爲陳留王하다

【目】 魏主 曹奐이 晉나라 司馬炎에게 禪位하고[64] 황궁에서 나와서 金墉城에 거주하였다. 太傅 司馬孚가 절하여 하직 인사를 하고 눈물을 흘리면서 흐느껴 스스로 견디지 못해 말하기를 "신은 죽는 날까지 진실로 大魏의 순수한 신하입니다."라고 하였다.

魏主禪位于晉하고 出舍金墉城①하니 太傅司馬孚拜辭하고 流涕歔欷不自勝曰 臣死之日에 固大魏之純臣也라하더라

① 墉은 음이 容이다. 金墉城은 洛陽城 서북쪽 모퉁이에 있는데 魏나라 明帝(曹叡)가 쌓았다.
墉, 音容. 金墉城在洛陽城西北角, 魏明帝所築.

【目】 晉王 司馬炎이 황제에 즉위하여 魏主 曹奐을 받들어 陳留王으로 삼아 鄴城에 있는 궁궐에 나아가게 하고 魏나라의 諸王들을 모두 侯爵으로 강등하고, 宣王·景王·文王[65]을 추존하여 황제로 하고, 王太后를 높여 皇太后라 하였다.

64) 魏主……禪位하고 : 魏나라 마지막 황제인 曹奐은 이때 22세였다. 魏나라는 220년에 건국하여 다섯 임금 46년 동안 통치하였다. 이때 司馬炎은 30세였다.

65) 宣王·景王·文王 : 宣王은 司馬懿, 景王은 司馬師, 文王은 司馬昭이다.

晉王이 卽皇帝位하여 奉魏主爲陳留王하여 卽宮于鄴[①]하고 魏氏諸王을 皆降爲侯하고 追尊宣王景王文王爲皇帝하고 尊王太后曰皇太后라하다

① 卽(나아가다)은 나아간다는 뜻이다.
卽, 就也.

【綱】 晉나라가 宗室들을 크게 책봉하였다.

晉이 大封宗室하다

【目】 晉나라에서는 叔祖父(작은할아버지) 司馬孚를 安平王에 봉하고 太宰 都督中外諸軍事로 삼고, 숙부 司馬伷를 東莞王(동관왕)에 봉하고, 아우 司馬攸를 齊王에 봉하고, 그 나머지를 봉하여 임명하기를 차등 있게 하였다. 사마주는 宣帝(司馬懿)의 아들이다. 晉主는 魏나라가 고립되었던 폐단을 경계하였으므로 종실들을 크게 봉하여 직위와 임무를 주었다. 또 諸王들에게 조서를 내려서 모두 스스로 자기 나라 안에서 長吏를 뽑을 수 있게 하였다. 齊王 사마유만이 홀로 감히 하지 못하여 모두 〈황제가 관리를 임명해줄 것을〉 上請하였다.

晉封叔祖父孚爲安平王太宰都督中外諸軍事하고 叔父伷東莞王하고 弟攸齊王하고 其餘를 封拜有差하니 伷는 宣帝之子也[①]라 晉主懲魏氏孤立之敝라 故로 大封宗室하여 授以職任하고 又詔諸王하여 皆得自選國中長吏하니 齊王이 獨不敢하여 皆上請[②]하더라

① 太宰·太傅·太保는 周나라 三公의 관직이다. 晉나라 초기에 景帝(司馬師)의 諱이기 때문에 또한 周官의 官名을 채택하여 太宰를 설치하고 太師의 임무를 대신하게 했으며 秩品은 三司보다 더하였고 太傅, 太保와 함께 모두 上公으로 삼았다. 莞은 音이 官이다. 東莞縣은 漢나라 때에 琅邪郡에 속하였고 魏나라 때에 나누어 郡으로 만들었다. 沈約이 말하기를 "晉武帝 泰始 원년(265)에 琅邪(낭야)를 나누어 東莞郡을 설치했고 당시에 魏나라가 이미 분리하였다가 琅邪에 다시 합쳤고 晉나라가 다시 분리했다."라고 했다.
太宰·太傅·太保, 周之三公官也. 晉初以景帝諱故, 又採周官官名, 置太宰以代太師之任, 秩增三司, 與太傅·太保皆爲上公. 莞, 音官. 東莞縣漢屬琅邪郡, 魏分爲郡. 沈約曰 "晉武帝泰始元年, 分琅邪立東莞郡, 當時魏旣分而復合於琅邪, 晉又分也."

② 上(올리다)은 時掌의 切이다.
上, 時掌切.

【綱】 晉나라는 漢나라와 魏나라가 종실을 禁錮했던 것을 없애고 장군과 관리들의 인질을 철폐하였다.

晉除漢魏宗室禁錮하고 罷將吏質任①하다

① 質(볼모)는 음이 致이다. 魏나라가 漢나라를 대신하고 나서 여러 劉氏들을 禁錮하고 또 宗室들을 엄금하기를 준엄하게 하고, 또다시 금고하여 관리로 임명될 수 없도록 하였는데 지금 그것을 모두 해제하였다. 또 모든 장수들 중에 출정하거나 주둔하는 자와 州郡에 벼슬하는 長吏는 모두 京師에 인질로 남겨두었는데, 지금 또한 철폐하였다.
質, 音致. 魏既代漢, 禁錮諸劉, 且防禁宗室甚峻, 又錮不得仕進, 今皆除之. 又諸將征戍及長吏仕州郡者, 皆留質任於京師, 今亦罷之.

【目】 이때에 晉主 司馬炎은 魏나라의 각박하며 사치스러웠던 것을 계승하여 인자함과 검소함으로 바로잡으려 하였다. 장차 太廟에 제사를 지내려 할 때에 조정에서 논의하기를 太常 許奇는 아버지 許允이 주살을 당했으니, 황제의 측근에 가까이 있게 해서는 안 된다고 하였다. 晉主가 허윤의 옛 명망을 말하고 허기의 재능을 칭찬하여 祠部郎으로 발탁하였다. 有司가 말하기를 "御牛[66]의 푸른 비단실로 된 고삐〔紖〕가 끊어졌습니다."라고 하자, 조서를 내려서 푸른 삼으로 대체하라고 하였다.

時에 晉主承魏氏刻薄奢侈之後하여 欲矯以仁儉이러니 將有事於太廟할새 朝議以太常許奇父允이 受誅하니 不宜接近左右①라한대 晉主乃述允之夙望하고 稱奇之才하여 擢爲祠部郎②하고 有司言호되 御牛青絲紖斷이어늘 詔以青麻代之③하다

① 許允이 誅殺된 일은 蜀漢 後主 延熙 17년(254)에 보인다.[67]
允受誅事, 見漢後主延熙十七年.
② 魏나라 禮部尚書曹에는 祠部郎이 있어 禮制를 주관하였는데 晉나라도 그것을 따랐다.
魏禮部尚書曹有祠部郎, 主禮制, 晉因之.
③ 紖(소의 고삐)은 直忍과 以忍의 두 切이다. 소의 코에 매는 끈으로 소를 끌고 가는 것이다.
紖, 直忍·以忍二切, 著(착)牛鼻繩, 所以牽牛者.

【綱】 晉나라는 傅玄과 皇甫陶를 諫官으로 삼았다.

晉이 以傅玄皇甫陶爲諫官[68]하다

---

66) 御牛 : 황제가 제사에 사용하는 소를 말한다.
67) 許允이……보인다 : 본서 108쪽에 보인다.

【目】 晉나라가 처음으로 諫官을 두고, 傅玄과 皇甫陶로 간관을 삼았다. 부현은 魏나라 말기에 선비 기풍이 무너졌다고 하여 다음과 같이 상소하였다.

"신이 듣건대 先王(옛날의 어진 군주)이 천하를 다스렸을 때에는 교화가 위에서 융성하고, 淸議(공평한 논의)가 아래에서 시행되었다고 합니다. 근래에 魏 武帝(曹操)가 法術을 좋아하자 천하가 刑名을 중시하였고, 魏 文帝(曹丕)가 통달함을 사모하자 천하가 절개를 지키는 것을 천시하였습니다. 그 뒤로 기강이 정리되지 않고, 방탕하고 허망한 짓을 하는 자들이 조정에 가득하여 마침내 천하에 다시는 淸議가 없게 하였습니다. 폐하께서 왕업을 세워 禪位를 받아 아직 식견이 공평하고 원대하고 예절이 있는 신하를 등용하여 風節을 돈독히 하지 못하시고, 아직 거짓되고 비루한 짓을 하는 선비를 물리쳐 삼가지 않는 자들을 징계하지 못하셨으니, 신은 이 때문에 오히려 감히 말을 올립니다."

晉初置諫官하여 以傅玄皇甫陶爲之[①]하다 玄以魏末士風頹敝로 上疏曰 臣聞先王之御天下에 敎化隆於上하고 淸議行於下하나니 近者魏武好法術에 而天下貴刑名하고 魏文慕通達에 而天下賤守節이러니 其後綱維不攝하고 放誕盈朝하여 遂使天下로 無復淸議[②]어늘 陛下龍興受禪하여 未擧淸遠有禮之臣하여 以敦風節하고 未退虛鄙之士하여 以懲不恪하시니 臣是以猶敢有言하노이다

① 秦漢 이래로 諫大夫가 있었고 東漢 시대에는 諫議大夫가 있었으며 魏나라는 다시 두지 않았다. 晉나라는 散騎常侍로 황제의 결점을 보완하였는데 바로 諫官의 職責이다. 傅玄은 傅燮의 손자이다.
秦·漢以來有諫大夫, 東漢有諫議大夫. 魏不復置. 晉以散騎常侍拾遺補闕, 卽諫官職也. 玄, 燮之孫也.

② 攝은 가지런하다는 뜻이다. "放誕盈朝"는 何晏·阮籍 같은 무리를 말한다.
攝, 整也. 放誕盈朝, 謂何晏·阮籍輩也.

【目】 晉主는 그 말을 받아들이고 傅玄을 시켜서 조서를 기초하여 올리게 하였지만 역시 개혁할 수가 없었다. 다음 해에 다시 조서를 내리기를 "지금부터는 비록 조서에서 시행하려는 것과 상주한 것이 이미 허락을 받았더라도 일에 온당하지 않은 것은 모두 실정

68) 晉 以傅元皇甫陶爲諫官 : "後漢 靈帝 篇에 '諫議大夫 劉陶를 죽였다.'라고 기록한 뒤로 여기까지 80여 년 동안 諫官을 기록한 것이 없다가 이때에 傅玄과 皇甫陶를 기록한 것은 인물을 얻은 것을 아름답게 여긴 것이다. 晉나라의 초기 정치는 앞뒤를 알았다고 말할 만하다. 諫官은 晉나라 시대가 끝날 때까지 한 번 기록했을 뿐이다.(이해(266)) 이 밖에는 前趙에서 喬豫, 和苞를 諫議大夫로 삼은 것을 기록하였다.(晉 元帝 太興 3년(320))〔自靈帝之篇書殺諫議大夫劉陶 及是八十餘年 諫官無書者 於是書傅玄皇甫陶 嘉得人也 晉之初政 可謂知所先後矣 諫官終晉世一書而已(是年) 外此則趙書喬豫和苞爲諫議大夫(晉元帝太興(二)〔三〕年)〕" ≪書法≫ "殺諫議大夫劉陶"는 ≪資治通鑑綱目≫ 漢 靈帝 中平 2년(185)에 보인다. 저본에 '太興二年'으로 되어 있는데 ≪자치통감강목≫ 본문에 의거하여 '太興三年'으로 바로잡았다.

을 숨겨서는 안 된다."라고 하였다.

晉主嘉納하고 使玄草詔進之호되 然亦不能革也러라 明年에 又詔호되 自今雖詔有所欲及奏已得可라도 而於事不便者는 皆不得隱情①하라하다

① 〈"雖詔有所欲……皆不得隱情"은〉 이미 윗사람의 비위를 맞추어 영합해서는 안 되지만, 또한 이미 이루어진 일이라도 간언하지 않아서는 안 된다는 것이다.
既不可希指迎合, 又不可以遂事而不諫也.

丙戌年(266)

晉나라 世祖 武皇帝 司馬炎 泰始 2년이고, 吳主 孫皓 寶鼎 원년이다.

晉泰始二年이요 吳寶鼎元年①이라

① 소재지에서 大鼎을 얻었기 때문에 改元하였다.
以所在得大鼎改元.

【綱】 봄 정월에 晉나라가 七廟[69]를 세웠다.

春正月에 晉立七廟하다

【目】 처음에 漢나라 征西將軍 司馬鈞이 豫章太守 司馬量을 낳고, 사마량은 潁川太守 司馬儁을 낳고, 사마준은 京兆尹 司馬防을 낳고, 사마방은 宣帝인 司馬懿를 낳았다. 이때에 이르러 魏나라 廟制를 써서 征西府君(사마균) 이하와 景帝를 아울러 七廟로 삼아 제사 지냈다.

初에 漢征西將軍司馬鈞이 生豫章太守量하고 量生潁川太守儁하고 儁生京兆尹防하고 防生宣帝러니 至是卽用魏廟하여 祭征西府君以下幷景帝爲七室①하다

① 沈約의 ≪宋書≫ 〈禮志〉에 "晉나라 초에는 征西將軍・豫章府君・潁川府君・京兆府君・宣皇帝・景皇帝・文皇帝를 3昭 3穆으로 삼아 제사 지냈다. 이때 宣皇帝는 아직 종묘에 올리지 않았으며, 太祖 자리는 비어 있어서 6世와 景帝를 함께 제사하여 七廟가 되었는데 그 禮는

69) 七廟 : 황제는 사당에 7명의 조상을 모시도록 되어 있는데 司馬炎이 황제에 즉위하였으므로 七廟 제도를 사용하고 있는 것이다. 대상자는 晉나라 선조인 司馬鈞, 司馬量, 司馬儁, 司馬防, 司馬懿, 司馬師, 司馬昭이다.

王肅의 말을 근거한 것이다."라고 하였다.

沈約志曰 "晉初祭征西將軍·豫章府君·潁川府君·京兆府君, 與宣皇帝·景皇帝·文皇帝爲三昭三穆. 是時, 宣皇未升, 太祖虛位, 所以祠六世與景帝爲七廟. 其禮則據王肅說也."

【綱】 晉나라가 五帝에 郊祀하는 자리를 없앴다.

晉이 **除郊祀五帝座**하다

【目】 여러 신하들이 아뢰기를 "五帝[70]는 바로 天帝입니다. 왕성한 기운은 철마다 다르기 때문에 명칭에 5가지가 있는 것이니, 지금부터 明堂 南郊에 오제의 자리를 철폐해야 합니다."라고 하니, 그것을 따랐다. 晉主는 王肅의 외손자였기 때문에 有司가 郊祀의 禮를 대부분 왕숙의 의논을 따랐다.

群臣奏호되 **五帝**는 **卽天帝也**라 **王氣時異**라 **故**로 **名號有五**①하니 **自今明堂南郊**에 **宜除五帝座**라하거늘 **從之**하다 **晉主王肅外孫**이라 **故**로 **郊祀之禮**을 **有司多從肅議**하니라

① 王은 于放의 切이며 흥성한다는 뜻이다. 오행 중에 用事하는 것이 王(旺의 뜻임)이다.
王, 于放切, 興也. 五行用事者王.

【綱】 3월에 吳나라가 사신을 보내 晉나라에 가서 조문하고 제사를 지냈다.

三月에 **吳遣使如晉弔祭**하다

【目】 吳나라 使者 丁忠이 돌아와 吳主 孫皓에게 말하기를 "북방(晉나라)에는 수비하거나 싸울 준비를 하고 있지 않으니 弋陽을 습격하면 빼앗을 수 있습니다."라고 하였다. 吳主가 여러 신하들에게 묻자, 鎭西大將軍 陸凱가 말하였다.

"북방 사람들은 막 巴蜀을 합병하고 사신을 파견하여 와서 화친을 청하니 우리에게 도움을 요구하는 것이 아니라, 힘을 저축하여 때를 기다리려고 하는 것입니다. 적의 세력이 강한데, 요행으로 승리하기를 바라니 그 유리함을 알 수 없습니다."

吳主는 병사들을 출동시키지 않았으나 마침내 晉나라와는 절교하였다. 육개는 陸遜

70) 五帝 : 여기서의 五帝는 三皇五帝와 같이 정치적인 의미로 쓰인 五帝가 아니라, 靑帝, 赤帝, 黃帝, 白帝, 黑帝를 말하며 이는 오행과 일치한다. 그러므로 천제는 그 처한 시기의 기운에 따라서 그 이름을 달리한다는 것인데, 동쪽이며 木의 기운일 경우에는 청제라 하고 남쪽이며 火의 기운일 경우에는 적제가 된다. 즉 五帝一神의 사상이라고 할 수 있다.

의 族子이다.

吳使者丁忠이 還說吳主曰 北方無守戰之備하니 弋陽을 可襲而取①라하거늘 吳主以問群臣한대 鎭西大將軍陸凱曰 北方新幷巴蜀하고 遣使求和하니 非求援於我也라 欲蓄力以俟時耳니 敵勢方彊이어늘 而欲徼幸求勝하니 未見其利也로이다 吳主雖不出兵이나 然遂與晉絶하다 凱는 遜之族子也라

① 弋陽縣은 漢나라 때에 汝南郡에 속하였는데 魏 文帝가 나누어 弋陽郡을 세웠다.
弋陽縣, 漢屬汝南郡, 魏文帝分立弋陽郡.

【綱】 吳나라가 散騎常侍 王蕃을 죽였다.

吳殺其散騎常侍王蕃하다

【目】 王蕃은 기질이 고상하고 정직하여 윗사람의 안색을 살피고 윗사람의 뜻에 따르지 않으니 吳主가 기뻐하지 않았다. 萬彧과 陳聲이 이를 따라 왕번을 참소하였다. 후에 吳主가 여러 신하들과 회합을 할 적에 왕번이 술에 몹시 취하여 넘어지자, 吳主는 거짓으로 그렇게 하는 것이라고 의심하여 殿閣 아래에서 참수하였다.

蕃은 體氣高亮하여 不能承顔順指하니 吳主不悅이어늘 萬彧陳聲이 從而譖之러니 後吳主會群臣할새 蕃沈醉頓伏이어늘 吳主疑其詐하여 斬之殿下하다

【綱】 여름 6월 그믐에 일식이 있었다.

夏六月晦에 日食하다

【綱】 가을 8월에 晉主(司馬炎)가 崇陽陵을 배알하였다.

○ 秋八月에 晉主謁崇陽陵[71]하다

【目】 文帝 司馬昭의 상례에 신하와 백성들이 모두 임시제도를 따라 3일 만에 상복을 벗었고, 장사를 지내고 나서 晉主 역시 상복을 벗었다. 그러나 흰색의 관을 쓰며 素饌만

71) 晉主謁崇陽陵 : "陵에 배알하는 것은 옛 도리가 아니고, 後漢 明帝부터 시작되었다. 陵에 배알하는 것을 다 기록하지 않았는데 여기에 기록한 것은 효성스러운 생각을 가상히 여긴 것이다.〔朝陵 非古也 自明帝始矣 不悉書 書此 嘉孝思也〕" ≪書法≫

으로 식사를 하고 슬픔으로 몸이 수척해져서 마치 居喪하는 사람과 같았다. 이때에 와서 崇陽陵을 배알하였는데 조서를 내리기를 "〈나만〉 衰絰(상례 복장)을 입고서 예를 시행하고, 여러 신하들은 옛 제도대로 하라."라고 하니, 尙書令 裴秀가 아뢰기를 "폐하께서 이미 상복을 벗으시고 다시 상복을 입으시는 것은 예법의 뜻에 근거할 것이 없습니다."라고 하니, 마침내 중지하였다.

文帝之喪에 臣民이 皆從權制하여 三日除服하고 旣葬에 晉主亦除之나 然猶素冠疏食하고 哀毁如居喪者러니 至是하여 謁陵한대 詔以衰絰(최질)從行①하고 群臣은 自依舊制하니 尙書令裴秀가 奏曰 旣除復服이 義無所依라한대 遂止하다

① 여기서 구두를 뗀다.
句.

【目】 中軍將軍 羊祜가 傅玄에게 말하였다.

"三年喪은 비록 존귀한 사람이라도 服喪의 기한을 마치는 것이 예의인데, 漢 文帝가 그것을 폐지하였으니[72] 禮를 훼손하고 의리를 상하게 하였다. 지금 主上께서는 지극히 효성스러워 비록 상복을 벗고 계시나 실제로는 상례를 실천하고 계시니 만약에 이를 이용하여 先王의 법도를 회복시킨다면 또한 좋지 않겠는가."

부현이 말하였다.

"〈상례 기간을 줄여〉 하루로 한 달을 바꾸어 한 지가[73] 이미 수백 년이니 갑자기 옛 제도로 회복시키는 것은 아마 시행하기가 어려울 것이다."

양호가 말하였다.

"천하 사람들에게 모두 예법대로 하게 할 수는 없으나 우선 主上께 服喪의 기한(三年)을 마치게 하는 것이 오히려 낫지 않겠는가."

부현이 말하였다.

"主上께서 상복을 벗지 않으셨는데 천하 사람들이 상복을 벗는다면 이는 부자 관계만 있을 뿐이고, 군신 관계는 없는 것이다."

---

72) 漢……폐지하였으니 : 漢 文帝가 죽기 전에 遺詔를 내려서 臣民들에게 3년 동안 상복을 입지 말고 短喪을 하여 3일 이후에 상복을 벗도록 한 조치를 말한다.(≪資治通鑑≫ 漢 文帝 後元 7년(B.C. 157))

73) 하루로……지가 : 상복 기간의 한 달을 하루로 대체하여 줄이는 것을 말한다. 이를 '以日易月制'라고 하는데 三年喪의 제도를 漢 文帝가 고쳐서 36일 만에 상복을 벗게 한 제도이다.(≪漢書≫ 〈文帝紀〉)

마침내 논의를 중지하였다.

中軍將軍羊祜가 謂傅玄曰 三年之喪이 雖貴遂服이 禮也[①]어늘 而漢文除之하니 毁禮傷義라 今主上至孝하사 雖奪其服이나 實行喪禮하시니 若因此復先王之法이면 不亦善乎아 玄曰 以日易月이 已數百年이니 一旦復古는 殆難行也니라 祜曰 不能使天下如禮나 且使主上遂服이 不猶愈乎아 玄曰 主上不除하거늘 而天下除之면 此爲有父子而無君臣也라하니 乃止하다

① 三年喪은 天子에서부터 庶人에게까지 공통된 것이니, 비록 존귀한 천자일지라도 또한 그 효성으로 喪服을 입는 3년의 기한을 마쳐야 함을 말한 것이다.
三年之喪, 自天子達于庶人, 言雖以天子之貴, 亦得以遂其孝思爲三年之服.

【目】여러 신하들이 평소 복장으로 바꾸어 입고 평소 반찬을 회복하기를 청하였는데, 다음과 같이 조서를 내렸다.

"상복을 입는 기한을 마치는 예의를 하지 못하는 것을 생각할 때마다 침통한데, 하물며 쌀밥을 먹고 비단옷을 입겠는가. 朕은 본래 유생의 가정에서 생장하여 禮法을 전해온 것이 오래되었는데, 어찌 하루아침에 부모에 대한 효심을 바꿀 수 있겠는가. 그대들은 孔子가 宰我에게 대답한 말[74)]을 살펴보아 다시는 시끄럽게 굴지 말라."

마침내 素餐을 먹고 素服을 입으며 3년을 끝마쳤다.

群臣이 請易服復膳한대 詔曰 每念不得終苴絰之禮하여 以爲沈痛이어늘 況食稻衣錦乎[①]아 朕本諸生家라 傳禮來久하니 何至一旦에 易此情於所天[②]이리오 可試省孔子答宰我之言하여 無事紛紜也[③]라하고 遂以疏素終三年하다

① 苴은 七餘의 切이고 씨가 있는 삼이다. 喪禮에는 苴麻를 입으니 그 거칢을 취한 것이다.
苴, 七餘切, 麻之有子者. 喪禮服苴麻, 取其麤也.
② 신하가 하늘로 여기는 것이 임금이고, 자식이 하늘로 여기는 것이 아버지이다.
臣所天者君, 子所天者父.
③ 省은 살피고 알아본다는 뜻이다.
省, 察也, 審也.

---

74) 孔子가……말 : 孔子의 제자 宰予가 삼년상이 길고 현실에 맞지 않으니 1년으로 줄이는 것이 어떠냐고 하였다. 공자는 재여에게 1년이 지나서 복을 벗으면 몸과 마음이 편하냐고 되물었다. 재여가 그렇다고 대답하자, 공자는 자네가 편하다면 편한 대로 하라고 나무랐다. 재여가 문을 나가자 "재여는 어질지 못하구나. 자식이 태어나서 3년이 지난 뒤에야 부모의 품을 벗어난다. 삼년상은 온 천하에 통행되는 喪制이다. 재여는 제 부모에게 삼년의 사랑이 있는 것인가.〔予之不仁也 子生三年然後免於父母之懷 夫三年之喪 天下之通喪也 予也有三年之愛於其父母乎〕"라고 하였다.(≪論語≫ 〈陽貨〉)

【目】 司馬溫公(司馬光)이 말하였다.

"三年喪은 천자에서부터 서인에까지 공통된 것이니, 이는 先王께서 만드신 예법이므로 백대가 지나도 바꾸지 않는 것이다. 漢 文帝는 자기 마음을 스승으로 삼고 배우지 않아 옛날의 예법을 고치고 파괴하여 부자간의 은혜를 끊어버리고 군신의 의리를 헐어버리자, 후세의 제왕들이 슬픈 감정을 돈독히 하지 못하였고 여러 신하들은 아첨하여 바로잡으려고 하는 자가 없었다. 晉 武帝 때에 이르러서 홀로 천성에 의하여 이를 바로잡아 시행하였으니 세상에 없는 훌륭한 임금이라고 할 것이다. 그러나 裵秀와 傅玄 같은 무리들은 고루하며 못난 신하이므로 일상적인 것과 옛것에 익숙해 있어서 임금의 아름다운 점을 받들어 따를 수 없었으니 서글프다."

司馬公曰 三年之喪은 自天子達于庶人하니 此先王禮經이라 百世不易者也라 漢文이 師心不學하여 變古壞禮하여 絶父子之恩하고 虧君臣之義하니 後世帝王이 不能篤於哀戚之情하고 而群臣諂諛하여 莫肯釐正[①]이러니 至於晉武하여 獨以天性矯而行之하니 可謂不世之賢君이나 而裴傅之徒는 固陋庸臣이라 習常玩故하여 不能將順其美하니 惜哉[②]라

① 釐는 力之의 切이니, 다스린다는 뜻이다.
釐, 力之切, 理也.

② 將은 받든다는 뜻이다.
將, 奉也.

【綱】 吳나라가 陸凱와 萬彧을 左丞相과 右丞相으로 삼았다.

吳以陸凱萬彧爲左右丞相하다

【目】 吳主는 남이 자기를 쳐다보는 것을 싫어하니, 여러 신하들이 감히 눈을 들어 쳐다보는 이가 없었다. 陸凱가 말하기를 "君主와 臣下는 서로 面識하지 않을 도리가 없으니 만약에 갑자기 의외의 일이 있으면 갈 곳을 알지 못하게 됩니다."라고 하자, 吳主는 육개가 자기를 쳐다보도록 허락하였다.

吳主惡人視己하니 群臣莫敢擧目[①]이러니 凱曰 君臣이 無不相識之道하니 若猝有不虞면 不知所赴라한대 吳主乃聽凱視[②]하다

① 惡(싫어하다)은 烏故의 切이다.
惡, 烏故切.

② 오직 陸凱만 그를 쳐다볼 수 있었고, 타인은 이전처럼 바라볼 수가 없었다.
唯凱得視之, 它人仍舊不得視也.

【目】吳主가 武昌에서 살게 되자, 揚州 백성들이 물을 거슬러 올라가서 主君이 사용할 물건을 공급하게 되었으므로 이를 아주 고통스러워하였고, 또 사치하여 법도가 없어서 公的으로나 私的으로 궁핍하였다. 陸凱가 다음과 같이 상소하였다.

"지금 재앙이 없는데도 백성들의 목숨이 다 없어질 지경이고 특별한 일이 없는데도 나라의 재물이 텅 비었으니 신은 이를 통탄합니다. 옛날에 漢나라 황실이 쇠퇴하고 나자 三國이 정립하였는데, 지금 曹氏(魏)와 劉氏(蜀漢)가 道를 잃어서 모두 晉나라의 소유가 되었으니 이것이 눈앞에 본 분명한 증거입니다. 어리석은 臣은 다만 폐하를 위하여 우리나라를 애석하게 생각할 뿐입니다.

吳主居武昌하니 揚州民이 泝流供給이라 甚苦之하고 又奢侈無度하니 公私窮匱①어늘 凱上疏曰 今無災而民命盡하고 無爲而國財空하니 臣竊痛之하노이다 昔漢室旣衰에 三家鼎立이러니 今曹劉失道하여 皆爲晉有하니 此目前之明驗也라 臣愚는 但爲陛下惜國家耳라

① 吳나라 武昌은 荊州에 속하고, 丹陽·宣城·毗陵·吳·吳興·會稽·東陽·新都·臨海·建安·豫章·臨川·鄱陽·廬陵이 모두 揚州에 소속하였다. 그러므로 서쪽으로 올라가기에 고생하면서도 물의 흐름을 거슬러 올라가서 물건을 공급한 것이다.
吳武昌屬荊州, 而丹陽·宣城·毗陵·吳·吳興·會稽·東陽·新都·臨海·建安·豫章·臨川·鄱陽·廬陵皆屬揚州, 故苦於西上, 泝流以供給.

【目】武昌은 토지가 험준하고 척박하니 王者의 도읍이 아닙니다. 또 童謠에 말하기를 '차라리 建業의 물을 마실지언정 무창의 물고기를 먹지 않고, 차라리 건업으로 돌아가 죽을지언정 무창에 머물러 살지 않겠다.'라고 하였으니, 이것으로 충분히 백성의 마음과 하늘의 뜻을 명백히 알 수 있습니다. 지금 나라에는 1년 먹을 저축이 없어서 나무뿌리가 점점 드러날 지경인데 관리들은 힘써 가혹한 짓을 하여 조금도 구휼하는 사람이 없습니다. 大帝(孫權) 시절에는 후궁에 궁녀가 백 명을 채우지 않았는데 景帝 이후에는 마침내 천 명을 헤아리게 되었으니, 이것이 재물을 극심하게 소모한 것입니다.

또 좌우 측근들이 대부분 온당한 사람이 아니어서 여러 패거리들이 서로 협조하여 충성스런 사람을 해치고 현명한 사람을 매몰시키니, 이런 모든 것이 정치를 좀먹고 백성

들을 괴롭게 하는 것입니다. 바라건대 폐하께서는 수많은 부역을 줄이고 가혹하며 소란스러운 일을 철폐하고 궁중의 여인들을 헤아려서 내보내고 백관을 공평하게 선발하신다면 하늘이 기뻐하고 백성들이 따라서 국가가 편안할 것입니다."

吳主는 비록 기뻐하지 않았으나 陸凱가 오랜 명망이 있으므로 특별히 우대하여 수용하였다.

武昌은 土地險塉하니 非王者之都[①]라 且童謠에 云 寧飮建業水언정 不食武昌魚요 寧還建業死언정 不止武昌居[②]라하니 此足明民心與天意矣라 今國無一年之蓄하여 有露根之漸이로되 而官吏務爲苛急하여 莫之或恤[③]하고 大帝時에 後宮女不滿百이러니 景帝以來에 乃有千數하니 此耗財之甚者也요 又左右率非其人이라 群黨相扶하여 害忠隱賢하니 此皆蠹政病民者也라 願陛下는 省(생)百役하고 罷苛擾하고 料出宮女하고 清選百官하면 則天悅民附而國安矣리이다 吳主雖不悅이나 以其宿望으로 特優容之하다

① 塉(척박하다)은 秦背의 切이니 토양이 척박하다는 뜻이다.
塉, 秦背切, 土薄也.

② 이것은 물의 흐름을 거슬러 올라가 힘들게 물건을 공급하여 이 때문에 노래를 부른 것이다.
此苦於泝流供給而爲是謠也.

③ "露根之漸"은 나무로 비유한 것이다. 나무가 생존하고 번식할 수 있는 것은 뿌리가 있기 때문이다. 뿌리가 점차 드러나면 그 근본이 뽑히게 될 것이다.
露根之漸, 以木爲喩也. 木之所以能生殖者, 以有根本也. 根漸露, 則其本將撥.

【綱】 겨울 10월 초하루에 일식이 있었다.

冬十月朔에 日食하다

【綱】 11월에 晉나라가 圓丘와 方丘에서 지내는 祭祀와 南郊와 北郊에서 지내는 제사를 병합하여 지냈다.[75)]

◑ 十一月에 晉이 幷圓方丘之祀於南北郊[①]하다

① 《禮記》〈禮器〉 鄭玄 註에 "높은 것을 만드는 데에 반드시 丘陵에 의거하는 것은 冬至에

75) 晉나라가……지냈다 : 圓丘는 둥글게 만든 제단인데 하늘에 제사를 지내는 곳이고, 方丘는 네모나게 만든 제단인데 地神에게 제사를 지내는 곳이다. 南郊와 北郊는 수도의 남쪽 교외와 북쪽 교외에 만든 제단인데, 남교에서는 하늘에게 북교에서는 지신에게 제사를 지낸다.

圓丘 위에서 하늘에 祭祀를 지내는 것을 말한다. 낮은 것을 만드는 데에 반드시 川澤에 의거하는 것은 夏至에 네모난 못에서 땅에 제사를 지내는 것을 말한 것이다. 그리고 四郊祭는 또한 圓丘와 方澤 밖에서 제사를 지내는 것이다."라고 하였다. 魏나라 景初 원년(237)에 처음으로 洛陽의 남쪽 委粟山에 圓丘를 만들어서 冬至에 圓丘에서 皇皇帝天(위대하고 위대한 하늘)을 제사 지내고, 夏至에 方丘에서 皇皇后地(위대하고 위대한 땅)를 제사 지냈다. 하늘을 郊外에서 제사 지내는 호칭을 皇天之神이라 하고, 땅을 郊外에서 제사 지내는 호칭을 皇地之祇라고 하는데, 지금 동지와 하지의 제사를 南郊와 北郊의 제사에 합하여 지냈다. 이 이후로 圓丘와 方澤을 별도로 세우지 않았다.

鄭氏註禮記"爲高必因丘陵, 謂冬至祭天於圓丘之上. 爲下必因川澤, 謂夏至祭地於方澤之中. 而四郊之祭, 又在圓丘方澤之外." 魏景初元年, 始營洛陽南委粟山爲圓丘, 以冬至祭皇皇帝天於圓丘, 夏至祭皇皇后地於方丘. 而天郊所祭曰皇天之神, 地郊所祭曰皇地之祇. 今以二至之祀合於二郊, 是後圓丘方澤不別立.

【綱】 晉나라가 山陽公(漢 獻帝)을 감시하는 군대를 철폐하고 그 禁制를 제거하였다.

◑ **晉**이 **罷山陽督軍**하고 **除其禁制**①하다

① 魏나라가 漢 獻帝를 받들어 山陽公으로 삼았다. 封國이 河內 山陽縣 濁鹿城에 있으며 감시하는 군대를 설치하여 護衛하게 하였다. 晉나라 때에 이르러 漢 獻帝의 손자인 劉康이 계승하니 인심이 漢나라를 떠난 지 오래되었으므로 그 호위병을 파하고 禁制를 제거한 것이다.

魏奉漢獻帝爲山陽公. 國於河內山陽縣之濁鹿城, 置督軍以防衛之. 至晉時, 帝孫康嗣立, 人心去漢久矣. 故罷其衛兵, 除其禁制.

【綱】 12월에 吳나라가 建業으로 還都하였다.

◑ **十二月**에 **吳還都建業**하다

【目】 吳主가 建業으로 환도하여 황후의 아버지인 衛將軍 滕牧에게 武昌에 머물러 수비하게 하였다. 조정 인사들은 등목이 황제의 인척이기에 그를 추대하여 황제에게 간쟁하게 하니 滕皇后에 대한 총애가 이로 말미암아 점차 쇠퇴하였다. 등목을 蒼梧로 좌천시키니 등목이 걱정하다 죽었다. 황후는 다시금 나아가 吳主를 알현할 수가 없었고, 여러 姬妃 가운데 황후의 璽綬를 차고 있는 사람이 매우 많았다. 또한 黃門(환관)에게

州郡을 두루 순찰하게 하여 장군과 관리 집안의 딸을 선발하도록 하고, 그중 二千石 대신들의 자녀는 모두 해마다 그 이름을 말하게 하고 선발에 들지 않아야 마침내 출가할 수가 있었다.

吳主還建業하여 使后父衛將軍滕牧으로 留鎭武昌이러니 朝士以牧尊戚으로 推令諫諍하니 滕后之寵이 由是漸衰하다 遷牧蒼梧하니 以憂死하다 后不復進見이요 諸姬佩皇后璽紱者가 甚衆이러라 又使黃門으로 徧行州郡하여 (科)〔料〕[76]取將吏家女①하고 其二千石大臣子女는 皆歲歲言名하여 簡閱不中이라야 乃得出嫁②하다

① 行(순행하다)은 去聲이다.
行, 去聲.
② 中(맞다)은 去聲이다.
中, 去聲.

丁亥年(267)

晉나라 世祖 武皇帝 司馬炎 泰始 3년이고, 吳主 孫皓 寶鼎 2년이다.

晉泰始三年이요 吳寶鼎二年이라

【綱】 봄 정월에 晉나라가 아들 司馬衷을 세워 太子로 삼았다.

春正月에 晉立子衷爲太子하다

【目】 詔書를 내리기를 "近世에 매번 太子를 세울 적마다 반드시 赦免令을 내려서 小人들에게 잘못 은혜를 주니 朕은 취하지 않겠다."라고 하고, 마침내 사면령을 내리지 않았다.

詔以近世每立太子에 必有赦하여 曲惠小人하니 朕無取焉이라하고 遂不赦하다

【目】 有司가 아뢰기를 "東宮께서 太傅와 少傅에게 존경을 행하는 것은 그 의례가 일반 사람과 같지 않습니다."라고 하였다. 晉主 司馬炎이 말하기를 "師傅를 존경함은 도의를

76) (科)〔料〕: 저본에는 '科'로 되어 있으나, ≪資治通鑑≫에 의거하여 '料'로 바로잡았다.

존중하고 교육을 중시하기 위함이니, 어찌하여 臣이라 칭하고 臣이라 칭하지 않는 것을 말하겠는가." 太子에게 절하는 예절을 하도록 하라."고 하였다.

◑ **有司奏**호되 **東宮施敬二傅**는 **其儀不同**①이라하거늘 **晉主曰 崇敬師傅**는 **所以尊道重敎也**니 **何言臣不臣乎**②아 **其令太子**로 **申拜禮**하다

① 晉나라 제도에 太子太傅는 祿秩이 中二千石이고 少傅는 2천석이니, 太子가 먼저 절하면 諸傅는 그 뒤에 답배를 한다. 이때 아직 詹事를 두지 않았기에 宮에 크고 작은 일들이 모두 太傅와 少傅를 경유했다.
晉制, 太子太傅中二千石, 少傅二千石, 太子先拜, 諸傅然後答之. 時未置詹事, 宮事大小, 皆由二傅.

② "臣不臣"은 有司가 上奏한 말이다. 漢·魏 고사에는 太子가 二傅에게 弟子의 禮를 행하는데 少傅는 臣이라 칭하지만 太傅는 臣이라고 칭하지 않는다.
臣不臣, 蓋有司所奏之言. 漢魏故事, 太子於二傅, 執弟子禮, 少傅稱臣而太傅不臣.

【綱】 晉나라가 前 立進縣令 劉友를 죽였다.

晉殺其故立進令劉友[77]하다

【目】 司隷校尉 李熹가 탄핵하여 아뢰기를 "前 立進縣令 劉友, 前 尙書 山濤, 中山王 司馬睦, 尙書僕射 武陔가 각기 관청의 稻田을 점거하였습니다."라고 하자, 다음과 같이 조서를 내렸다.

"유우는 백성들을 침탈하였으니 그 조사를 끝까지 하여 사악하며 간사한 것을 징계하도록 하라. 산도 등은 그 허물을 두 번 다시 저지르지 않을 것이니 모두 불문에 부치도록 하라. 이희는 고상한 뜻으로 公職에 있으면서 직책에 알맞게 행하니 이는 국가의 司直(관원의 잘못을 바로잡는 일을 맡은 직명)이라고 말할 수 있다. 이를 여러 臣僚들에게 알려서 각기 맡은 일에 愼重을 기하게 하라. 이렇게 관대한 恩典을 자주 만날 수 없을 것이다."

---

77) 晉殺其故立進令劉友 : "劉友가 官田(公田)을 점거한 것은 죄이다. 죄가 없는 것으로 '殺'이라고 기록한 것은 어째서인가. 〈형벌의〉 치우침을 나무란 것이다. 이때에 李熹가 아뢰기를 '劉友, 前 尙書 山濤, 中山王 司馬睦, 尙書僕射 武陔가 각기 官田을 점거하였다.'라고 하였는데, 죄가 아니라고 했으면 모두 죄가 없는 것이다. 그런데 유독 유우만 죽였으니, 이는 죄 없는 이를 죽인 것이므로 '殺'로 기록한 것이다.〔友占官田 罪也 以無罪書殺 何 譏偏也 於是李熹奏友及前尙書山濤中山王睦尙書僕射武陔各占官田 以爲非罪 則皆無罪也 而獨殺友 是殺無罪也 故以殺書之〕" ≪書法≫

司隷校尉李憙가 劾奏호되 故立進令劉友와 及前尙書山濤와 中山王睦과 尙書僕射武陔가 各占官稻田①이라한대 詔曰 友侵剝百姓하니 其考竟以懲邪佞하고 濤等不貳其過하니 皆勿問하고 憙亢志在公하여 當官而行하니 可謂邦之司直矣②라 其申勅群僚하여 各愼所司하라 寬宥之恩을 不可數(삭)遇也니라

① 司馬睦은 宣帝의 아우 司馬進의 아들이다. 武帝가 처음 禪位를 받았을 적에 中山王에 봉해졌다.
睦, 宣帝弟進之子也. 武帝初受禪, 封中山王.

② 亢(고상하다)은 抗과 같다.
亢與抗同.

【目】 司馬溫公(司馬光)이 말하였다.

"정치의 커다란 근본은 형벌과 포상에 있으니 형벌과 포상이 분명하지 않으면 정치를 무엇으로 이루겠는가. 晉 武帝는 山濤를 赦免해주고 李憙를 포상하였으니 형벌과 포상에 있어 둘 다 그르친 것이다. 만일 이희의 말이 옳다면 산도는 사면할 수 없고, 말이 잘못이면 이희는 포상하기에 부족하다. 이희를 포상하여 탄핵하는 말을 하라고 하고서 그 말을 채용하지 않는다면 원망이 아래에 맺힐 것이고, 權威가 위에 조롱거리가 될 것이니 장차 어디에 이것을 사용하겠는가. 또 네 명의 신하는 죄가 똑같은데 劉友는 형벌을 받아 주살되고 산도 등은 불문에 부쳤으니, 귀한 사람에게는 〈형벌이〉 피해가고 천한 사람에게만 시행하는 것이 政治라고 할 수 있겠는가."

司馬公曰 政之大本이 在於刑賞하니 刑賞不明이면 政何以成이리오 晉武帝赦山濤而褒李憙하니 其於刑賞에 兩失之矣라 使憙言是則濤不可赦요 非則憙不足褒니 褒之使言하고 言而不用하면 怨結於下요 威玩於上이니 將安用之리오 且四臣同罪어늘 友伏誅하되 而濤等不問하니 避貴施賤이 可謂政乎아

【綱】 晉나라에서 犍爲 사람 李密을 불렀으나 오지 않았다.

晉徵犍爲李密不至하다

【目】 晉主(司馬炎)는 犍爲 사람 李密을 불러 太子洗馬로 삼았는데, 이밀이 조모가 연로한 것 때문에 굳이 사양하자 허락하였다.[78] 이밀은 사람들과 교유할 때, 항상 그 득실을

공정하게 논의하고 절실하게 책망하였다. 그는 항상 말하기를 "내가 세상에 홀로 서서 그림자를 돌아보면 짝할 이가 없지만, 두렵지 않은 것은 사람들을 대할 적에 피차 차별을 두지 않기 때문이다."라고 하였다.

晉主徵犍爲李密하여 **爲太子洗馬**①하니 **密以祖母老**로 **固辭**어늘 **許之**②하다 **密與人交**에 **每公議其得失而切責之**하더니 **常言吾獨立於世**하여 **顧影無儔**나 **然而不懼者**는 **以無彼此於人故也**라하더라

① 洗(앞장서다)는 蘇典의 切이다. ≪後漢書≫ 〈職官志〉에 의하면 "太子洗馬는 職責이 謁者와 같다. 太子가 외출하면 당직자가 앞에서 말을 몰아 예의를 갖추어 인도한다."라고 하였다.
洗, 蘇典切.[79] 後書志 "太子洗馬, 職如謁者. 太子出, 則當直者在前, 導威儀也."

② 李密이 사양한 것은 곁에서 시중을 들 자가 없어서 조모와 손자가 서로 의지하여 목숨을 부지하였기 때문이다.
密所以辭者, 以旁無兼侍, 祖母與孫相依爲命故也.

【綱】 여름 6월에 吳나라가 昭明宮을 지었다.

夏六月에 **吳作昭明宮**하다

【目】 吳主(孫皓)가 昭明宮을 지을 적에 二千石 이하 관원은 모두 산에 들어가서 벌목을 감독하게 하였다. 苑囿를 크게 개설하여 흙산과 樓觀을 지었는데 극도로 화려하게 꾸며 공사비가 億萬을 헤아렸다.

吳主作昭明宮①할새 **二千石以下**는 **皆自入山**하여 **督伐木**하고 **大開苑囿**하여 **起土山樓觀**에 **窮極伎巧**하니 **功費以億萬計**라

① 昭明宮은 太初宮 동쪽에 있으며 사방 500丈이다.
宮在太初宮之東, 方五百丈.

---

78) 이밀이……허락하였다 : 李密(224~287)은 어려서 부친을 여의고 모친은 改嫁해서 祖母 劉氏의 양육을 받고 자랐다. 武帝가 벼슬에 임명하여 부르자 이를 사양하면서 96세가 된 조모의 곁을 잠시도 떠날 수 없어 봉양해야 할 처지임을 간곡하게 陳情한 글을 올렸는데, 이를 〈陳情表〉라고 한다. 무제는 이밀의 효행에 탄복하여 그 청원을 허락하였다. 조모가 죽은 후에 이밀은 벼슬에 나와서 漢中太守가 되었다.(≪晉書≫ 〈孝友列傳 李密〉)

79) 洗 蘇典切 : 이에 의하면 '洗馬'를 '선마'로 독해해야 하는데 후대에 '세마'로 굳어졌다. 洗馬는 '태자가 행차할 때 앞에서 길을 인도하는 관원'으로, 본래 '先馬'라고 썼고 뒤에 '洗馬'라고 하였는데, 洗은 先과 통용으로 '앞선다'는 뜻이다.

【目】陸凱가 간언하였으나 따르지 않자 中書丞 華覈(화핵)이 다음과 같이 상소하였다.

"지금 창고가 텅 비어 있고 호적에 편입된 백성들은 생업을 잃고 있는데 북방 晉나라에서는 곡식을 저축하고 백성들을 기르면서 동쪽으로 향하기에 전념하고 있습니다. 이러한 긴급한 일을 내버려두고 온 힘을 다하여 공사를 하니, 갑자기 風塵(전쟁)이 일어나는 변고가 생겨 원망에 쌓인 백성을 내몰아 시퍼런 칼날 앞에 나아가게 하면 이것은 바로 강대한 적이 기회로 이용하는 바탕으로 삼을 것입니다."

陸凱諫不聽이어늘 中書丞華覈上疏曰 今倉庫空匱하고 編戶失業한대 而北方積穀養民하여 專心東向[①]이어늘 乃舍此急務하고 盡力功作하니 卒有風塵之變하여 驅怨民而赴白刃이면 此乃大敵所因以爲資者也[②]니이다

① 洛陽에서 군사를 전진시켜서 長江의 물가에 이르고, 蜀에서 병사를 내려보내 荊과 楚에 이르는 것은 모두 동쪽으로 향하는 것이다.
自洛進師而造江濱, 自蜀下兵而臨荊楚, 皆東向也.

② 卒(갑자기)은 猝로 읽는다.
卒, 讀曰猝.

【目】이때에 吳나라의 風俗이 사치를 부리자 華覈이 또다시 상소하였다.

"지금 백성들은 가난한데 풍속은 사치로워져 전해가면서 서로 모방하니 병사들이나 민간의 집에는 안에 한 항아리에 곡식을 저축한 것도 없으면서 외출할 때면 비단옷을 걸치고 있습니다. 위로는 높고 낮은 등급의 차이가 없고 아래로는 재물을 소비하고 힘을 낭비하는 손실이 있으니, 〈국가가〉 부유하기를 구한다면 어찌 가능하겠습니까."

吳主는 이를 모두 따르지 않았다.

時에 吳俗奢侈어늘 覈又上疏曰 今民貧俗奢하여 轉相倣傚하니 兵民之家에 內無甔石之儲而出有綾綺之服하니 上無尊卑等級之差요 下有耗財費力之損이라 求其富給인댄 庸可得乎아 皆不聽하다

【綱】가을 9월에 晉나라가 官吏의 祿俸을 올려주었다.

秋九月에 晉增吏俸하다

【綱】 晉나라는 星氣와 讖緯[80]를 다루는 학문을 금지시켰다.

◑ 晉이 禁星氣讖緯之學①[81]하다

① 星은 별자리를 다루는 것이다. 氣는 기운을 살펴보는 것이다. 東漢 이래로 讖緯學이 있었다.

星, 爲星者. 氣, 望氣者. 東漢以來有讖緯之學.

【綱】 晉나라가 索頭部의 人質을 보내어 본국으로 돌려보냈다.

◑ 晉遣索頭質子歸國하다

戊子年(268)

晉나라 世祖 武皇帝 司馬炎 泰始 4년이고, 吳主 孫皓 寶鼎 3년이다.

晉泰始四年이요 吳寶鼎三年이라

【綱】 봄 정월에 晉나라 律令이 완성되었다.

春正月에 晉律令이 成하다

【目】 賈充 등이 수정한 律令을 올리자 晉主(司馬炎)가 친히 자리에 참석하여 講解하였다. 中書侍郎 張華가 사형 죄에 해당하는 조목을 베껴서 이를 게시하여 백성들에게 보여주기를 요청하자, 그것을 따랐다.

賈充等이 上所刊修律令①이어늘 晉主親自臨講하니 中書侍郎張華가 請抄死罪條目하여 懸以示

---

80) 星氣와 讖緯 : 星氣는 별자리를 보고 運數를 보는 것이고, 讖緯는 예언서인데 後漢時代에 특히 유행하였다.

81) 晉 禁星氣讖緯之學 : "星氣와 讖緯는 잘못된 학문이다. 後漢 光武帝가 圖讖을 선포하면서부터 東漢에 圖讖의 풍습이 성행하였다. 이때에 이르러 금지시켰으니 晉 武帝는 취사선택을 알았다고 말할 수 있다. 이를 기록하여 허여한 것이다. 圖讖의 금지를 기록한 것은 여기에서 시작되었다. ≪資治通鑑綱目≫이 끝날 때까지 圖讖의 금지를 기록한 것은 네 번이다.(이해(268), 東晉 孝武帝 寧康 3년(375), 齊나라 乙丑年(485, 太和 9년) 北魏, 隋 文帝 開皇 13년(593))〔星氣讖緯 曲學也 自光武宣布圖讖 而東漢圖讖之習盛 至是禁之 晉武可謂知所取舍矣 書予之也 書禁圖讖始此 終綱目 書禁圖讖四(是年 孝武帝寧康三年 齊乙丑年魏 隋文帝開皇十三年)〕" ≪書法≫

民이어늘 從之②하다

① 賈充 등이 수정한 것은 바로 漢律 9章에 11篇을 增補한 것이니, 모두 20편으로 620조였다. 그것에 들어가지 않는 律은 모두 令으로 삼아 시행하였다. 모든 律令은 모두 2,926조이다.
充等所刊修, 就漢律九章增十一篇, 合二十篇, 六百二十條. 其不入律者, 悉以爲令施行. 凡律令合二千九百二十六條.

② 抄는 楚交의 切이니 베낀다는 뜻이다.
抄, 楚交切, 謄寫也.

【綱】 晉나라가 조서를 내려 考課法을 만들게 하였으나 시행하지 못하였다.

晉詔立考課法이러니 不果行하다

【目】 河南尹 杜預에게 조서를 내려 승진과 퇴출에 해당하는 고과를 만들게 하였는데, 두예가 다음과 같이 아뢰었다.

"옛날에는 퇴출과 승진을 마음으로 헤아려 논하고, 법에 구애받지 않았습니다. 말세에는 원대함을 경영하지 못하고, 오로지 정밀함을 추구하여 마음으로 헤아리는 것을 의심하여 듣고 보는 것을 믿고, 듣고 보는 것을 의심하여 서류를 믿으니, 서류가 더욱 번잡해지고 관원이 부리는 술수가 더욱 거짓되었습니다.

詔河南尹杜預하여 爲黜陟之課하니 預奏호되 古者黜陟에 擬議於心이요 不泥於法①이러니 末世不能紀遠而專求密微하여 疑心而信耳目하고 疑耳目而信簡書하니 簡書愈繁하고 官方愈僞②라

① 泥(구속받다)는 乃計의 切이니 구속받는다는 뜻이다.
泥, 乃計切, 滯也.

② 方은 술수이니, 〈"官方"은〉 관리들이 술수를 부리는 것을 말한다.
方, 術也. 言爲官之方術也.

【目】 魏氏(魏나라)의 考課는 바로 京房이 남긴 뜻이니, 그 글이 지극히 정밀하다고 말할 수 있으나, 가혹하고 세밀함에 결점이 있어 근본 체제에 어긋납니다. 그러므로 歷代에 통용될 수 없었습니다. 어찌 唐堯(堯임금)의 옛 제도를 펼쳐서 큰 것을 채택하고 작은 것을 버리며, 정밀한 것을 버리고 간편한 것을 채택하는 것만 하겠습니까. 현달한 관원에게 맡겨서 각각 휘하의 사람들을 살펴서 해마다 그 인물들을 평가하고 그들이 우열을

말하게 해야 합니다.

魏氏考課는 卽京房之遺意①82)니 其文이 可謂至密이나 然失於苛細하여 以違本體라 故로 歷代不能通也하니 豈若申唐堯舊制하여 取大捨小하고 去密取簡이리오 委任達官하여 各考所統하여 歲第其人하여 言其優劣②이니이다

① 劉劭의 考課法은 그 대략이 蜀漢 後主 建興 15년(237)에 보인다.
劉劭考課法, 其略見漢後主建興十五年.

② "達官"은 현달한 관원이다. 한 관청의 수장으로 있으면서 그 일을 상부에 단독으로 전달할 수 있다.
達官, 顯官也. 居一官之長, 其事得專達於上.

【目】 이처럼 6년 동안 하여 주관하는 사람이 모두 모아서 평가한 말을 채택해 살펴 6년 동안 우수한 사람을 등급을 넘어 발탁하고 6년 동안 열등한 사람을 파면하도록 하며, 우수한 평가가 많고 낮은 평가가 적은 사람을 그 직위와 같은 등급에서 서용하고, 열등한 것이 많고 우수한 평가가 적은 사람을 좌천시키십시오. 그 사이에 평가를 올린 것이 불공평하기도 하고 등급의 품평에도 어려우며 쉬운 경우가 있으면 주관하는 사람이 진실로 경중을 기준대로 헤아려서 어느 정도 加減을 해야 할 것이니, 그 곡절을 모두 법으로 다할 수는 없습니다. 그 우열이 私情을 따라서 공론에 맞지 않는 점이 있는 자는 마땅히 監司에게 맡겨 탄핵하게 해야 합니다. 만일 위아래로 하여금 공공연히 서로 과실을 용납하게 한다면 이로 인해 淸議(공정한 여론)가 크게 무너지게 되니, 비록 고과법이 있더라도 이로움이 없습니다."

일이 끝내 시행되지 않았다.

如此六載에 主者總集하여 採案其言하여 六優者를 超擢하고 六劣者를 廢免하고 優多劣少者를 平敍하고 劣多優少者를 左遷①호되 其間所對不鈞하여 品有難易어든 主者固當準量輕重하여 微加降殺(쇄)니 不足曲以法盡也②니이다 其有優劣徇情하여 不叶公論者는 當委監司彈之③니 若令上下公相容過면 此爲淸議大頹니 雖有考課之法이라도 亦無益也라하되 事竟不行하다

① "六優"는 6년 동안 모두 우수한 등급을 말한다. "六劣"은 6년 동안 모두 열등한 등급을 말한다.

82) 京房 : 前漢 元帝 때 사람이다. 백관들의 공로를 평가하기 위하여 考功課吏法을 만들었으나 너무 번쇄하여 시행되지 않았다. 그 대체적인 내용은 《資治通鑑》 권73 魏나라 明帝 景初 원년(237) 조에 보인다.

六優, 謂六載俱優. 六劣, 謂六載俱劣.

② "準量"은 考課者가 그 優劣을 기준에 따라 헤아리는 것을 말한다.

準量, 謂考課者準則量度(탁)其優劣也.

③ 叶은 맞다는 뜻이다. 監(살피다)은 古御의 切이다. 監司는 御史, 司隷와 모든 州의 刺史이다. 彈은 탄핵한다는 뜻이다.

叶, 合也. 監, 古御切. 監司, 御史·司隷及諸州刺史也. 彈, 糾也.

【綱】 晉主(司馬炎)가 藉田에서 親耕하였다.

晉主親耕藉田하다

【綱】 3월에 晉나라 太后 王氏가 殂하였다.[83)]

◑ **三月**에 **晉太后王氏**殂하다

【目】 晉主는 居喪에 한결같이 옛날의 禮法을 준수하였다. 장사를 지내고 나서 有司가 衰服(상복)을 벗을 것을 청하자, 조서를 내리기를 "종신토록 사랑을 받고서 몇 년간의 衰服을 입지 않는 것은 情理로 보아 차마 하지 못하는 일이다."라고 하였다.

유사가 강력하게 요청하니 조서를 내리기를 "우려되는 점은 효도를 돈독하게 할 수 없을까 하는 데에 있으니, 몸이 수척해져 손상될까 하는 것은 근심하지 말라. 이전 시대의 예법은 질박함과 수식이 같지 않으니, 어찌 반드시 근래의 제도로 제한을 하여 通喪[84)]을 행하는데 결함이 있게 하겠는가."라고 하였다.

여러 신하들이 간청을 그치지 않자, 결국 그것을 허락하였으나 끝내 素服을 입고서 3년을 끝마쳤다.

晉主居喪에 **一遵古禮**하여 **旣葬**에 **有司請除衰服**이어늘 **詔曰 受終身之愛而無數年之服**은 **情所不忍也**니라 **有司固請**한대 **詔曰 患在不能篤孝**니 **勿以毁傷爲憂**하라 **前代禮典**이 **質文不同**하니 **何必限以近制**하여 **使達喪闕然乎**①아 **群臣請不已**어늘 **乃許之**나 **然猶素服以終三年**하다

---

83) 太后……殂하였다 : 王氏는 王元姬이다. 〈綱目凡例〉에 의하면 천하를 통일한 황제의 죽음을 '崩'이라 하고, 황제를 칭하였으나 천하를 통일하지 못해 정통으로 인정하지 않는 경우에는 '殂'라고 하였다. 이 경우 '殂'라고 쓴 것은 晉나라가 아직 천하를 통일하지 못하였기 때문에 그렇게 한 것이다.

84) 通喪 : 부모의 喪에 위로는 天子부터 아래로는 庶人까지 똑같이 三年服을 입는 것을 말한다.

① "達喪"은 通喪과 같다.
達喪, 猶通喪也.

【綱】 여름 4월에 晉나라 太保 王祥이 卒하였다.

夏四月에 **晉太保王祥卒**하다

【目】 王祥이 卒하자, 그 집 문안에는 〈단정한 조문객뿐이어서〉 잡된 조문객이 없었다. 그의 族孫 王戎이 감탄하며 말하기를 "太保께서는 正始의 시대를 당하여 말을 잘하는 부류에 속하지는 않았다. 간간이 그와 말을 할 적에 理致가 분명하고 원대했으니, 어찌 덕성이 말솜씨를 가린 것이 아니겠는가."라고 하였다.

祥卒에 **門無雜弔之賓**이러라 **其族孫戎**이 **歎曰 太保當正始之世**하여 **不在能言之流**러니 **及間與之言**에 **理致清遠**하니 **豈非以德掩其言乎**①아

① 正始는 魏나라 邵陵厲公(曹芳)의 年號이다. 正始 시대(240~248)에 말을 잘했던 사람은 何平叔(何晏) 등 몇 사람이다. 魏나라가 바뀌어서 晉나라가 되었으니 세상에 무슨 보탬이 되었는가. 王祥을 높이 평가할 만한 것은 계모에게 효도를 한 일과 晉王에게 절하지 않은 것뿐인데,[85] 君子는 평하기를 남에게서 柱石의 자리를 맡고서 남의 棟梁(國家)을 기울게 하였다고 하였다.[86] 다스리는 이치가 밝고 원대함은 言辯에 있는가, 功德에 있는가. 清談의 禍는 永嘉 연간까지 미쳤으며 폐단이 전해 내려와 江左(東晉과 南朝) 時代에 이르도록 여전

85) 王祥을……것뿐인데 : 王祥(184~268)은 모질게 대하는 繼母를 지극한 효성으로 봉양했는데, 계모가 한겨울에 잉어를 먹고 싶어 하자 강가로 내려가 얼음을 깨고 물에 들어가려고 하자 얼음이 저절로 깨지면서 잉어 두 마리가 튀어나왔고, 또 계모가 참새구이를 먹고 싶어 하자 참새들이 그 집으로 날아들었다. 또 자두가 열렸는데 계모가 그것을 지키라고 하자 비바람이 칠 때마다 나무를 끌어안고 울었다. 그리고 司馬炎이 魏나라의 相國으로서 晉王일 때 王祥, 何曾, 荀顗가 三公의 지위에 있었는데 晉王을 만나러 갈 때 절을 해야 한다고 하자, 왕상이 "상국이 존귀하기는 하나 魏나라의 재상일 뿐이다. 우리는 魏나라의 삼공이니, 공과 왕 사이는 한 등급의 차이만 있을 뿐이다. 반열이 거의 같은데, 어찌 천자의 三司(三公)로 남에게 절을 할 수가 있는가. 魏나라 조정의 위신을 깎아내리고 진왕의 덕망도 훼손하는 것이다.〔相國誠爲尊貴 然是魏之宰相 吾等魏之三公 公王相去一階而已 班例大同 安有天子三司而輒拜人者 損魏朝之望 虧晉王之德〕"라고 하고는 홀로 揖만 하고 절을 하지 않았다. (≪晉書≫ 〈王祥列傳〉)

86) 사람을……하였다 : 이 고사는 ≪世說新語≫ 〈規箴〉에 "陸玩이 司空에 임명되었는데, 어떤 사람이 방문하여 좋은 술을 찾았다. 술을 얻자 바로 일어나서 마룻대와 들보 사이에 부우면서 축원하기를 '지금 인재가 부족하여 너를 柱石으로 기용하였으니 남의 棟梁을 기울게 하지 말라.'라고 하니, 육완이 웃으면서 말하기를 '귀하의 좋은 경계를 받아들이겠소.'라고 하였다.〔陸玩拜司空 有人詣之 索美酒 得便自起 瀉箸梁柱間地 祝曰 當今乏才 以爾爲柱石之用 莫傾人棟梁 玩笑曰 戢卿良箴〕"라고 한 것에서 유래한 것이다.

히 그치지 않았다.

正始, 魏邵陵厲公年號也. 正始所謂能言者, 何平叔數人也. 魏轉而爲晉, 何益於世哉. 王祥所以可尙者, 孝於後母與不拜晉王耳. 君子猶謂其任人柱石而傾人棟梁也. 理致淸遠, 言乎, 德乎. 淸談之禍, 迄乎永嘉, 流及江左, 猶未已也.

【綱】가을 7월에 많은 별들이 서쪽으로 흘러가 비처럼 떨어졌다.

秋七月에 衆星이 西流如雨而隕하다

【綱】9월에는 晉나라에 홍수가 있었다.

◑ 九月에 晉大水하다

【綱】晉나라 揚州都督 石苞가 파면되었다.

◑ 晉揚州都督石苞罷하다

【目】晉나라 大司馬 揚州都督 石苞가 오랫동안 淮南에 있으면서 위엄과 은혜를 베푼 일이 매우 드러났다. 監軍 王琛이 이를 싫어하여 비밀리에 表文을 올려 석포가 吳나라와 내통하고 있다고 하였다. 晉主는 義陽王 司馬望을 파견하여 대군을 거느리고서 그를 불러들이도록 하였다. 석포의 掾吏 孫鑠이 許昌에 있다가 이 소식을 들었는데 어떤 이가 손삭에게 권하여 화가 될 일에 끼어들지 말라고 하였다. 손삭은 壽春으로 말을 달려가서 석포에게 권하여 병권을 내려놓고 걸어서 都亭에 가서 대죄하도록 하였다. 晉主(司馬炎)가 이 소식을 듣고 의심을 풀었다. 석포는 樂陵公의 신분으로 집에 돌아가게 되었다.

晉大司馬揚州都督石苞가 久在淮南하여 威惠甚著[①]하니 監軍王琛이 惡之하여 密表호되 苞與吳通이어늘 晉主遣義陽王望하여 帥(솔)大軍徵之[②]하니 苞椽孫鑠이 在許昌聞之러니 或勸鑠無與於禍[③]어늘 鑠馳詣壽春하여 勸苞放兵하고 步出都亭待罪[④]하니 晉主聞之意解라 苞以公還第[⑤]하다

① 蜀漢 後主 景耀 원년(258)에 魏나라가 諸葛誕의 반란을 평정하였다. 石苞가 후임으로 淮南에 鎭守하였는데, 이때에 이르기까지 모두 11년이다.
漢後主景耀元年, 魏平諸葛誕. 苞代鎭淮南, 至是凡十一年.

② 司馬望은 泰始 원년(265)에 봉작을 받았다. 帥(거느리다)은 率로 읽는다.

望, 泰始元年受封. (師)〔帥〕,[87] 讀曰率.

③ 與(관여하다)는 豫로 읽는다.
與, 讀曰豫.

④ 都亭은 壽春의 도정이다.
都亭, 壽春都亭也.

⑤ 〈"以公還第"는〉 樂陵公 신분으로 집으로 돌아간 것이다.
以樂陵公還第.

己丑年(269)

晉나라 世祖 武皇帝 司馬炎 泰始 5년이고, 吳主 孫皓 建衡 원년이다.

晉泰始五年이요 吳建衡元年이라

【綱】 봄 2월에 晉나라가 胡烈을 秦州刺史로 삼았다.

春二月에 晉以胡烈爲秦州刺史하다

【目】 이보다 앞서 鄧艾가 鮮卑族 가운데 항복한 사람 수만 명을 받아들여서 雍州와 涼州 사이에 두고 백성과 더불어 섞여 살게 하였다. 조정에서는 날이 오래되면 걱정거리가 될까 두려워하여 雍州, 涼州, 梁州로 나누어 秦州를 설치하고, 胡烈이 평소 서방 지역에 명망이 있었기 때문에 그를 보내어 백성들을 鎭撫하게 하였다.

先是에 鄧艾納鮮卑降者數萬하여 置雍涼之間하여 與民雜居[88]러니 朝廷이 恐其久而爲患하여 乃分雍涼梁州하여 置秦州하고 以烈素著名西方이라 故로 使鎭撫之①하다

① 이는 河西의 鮮卑族이다.
此河西鮮卑也.

【綱】 晉나라 靑州, 徐州, 兗州에 홍수가 났다.

---

87) (師)〔帥〕: 저본에는 '師'로 되어 있으나, 본문에 의거하여 '帥'로 바로잡았다.

88) 民 : 夷狄 등 外族과 구별할 때 民이라는 말을 써서 漢族임을 나타내고 있다. 여기에서는 鮮卑族과 구별되는 漢族을 말한다.

晉青徐兗州에 大水[89]하다

【綱】 晉나라가 羊祜를 都督荊州軍事로 삼았다.

◑ 晉이 以羊祜都督荊州軍事하다

【目】 晉主가 吳나라를 멸망시킬 뜻을 가지고 있어서 羊祜를 荊州都督으로 임명하여 襄陽에 鎭守하도록 하고 東莞王(동관왕) 司馬伷를 徐州都督으로 삼아 下邳에 鎭守하도록 하였다.

晉主有滅吳之志하여 使祜都督荊州鎭襄陽하고 東莞王伷都督徐州鎭下邳하다

【目】 羊祜는 원근의 백성들을 잘 품어주어서 長江과 漢水 지역의 인심을 크게 얻었고 吳나라 사람들과 크게 신의를 펼쳐 항복한 자가 떠나가려 하면 다 들어주었고, 수비와 순찰하는 군졸을 줄여 농지 8백여 頃을 개간하였다. 양호가 처음 부임하였을 때에는 군대에 1백 일을 버틸 양식도 없었는데, 말년에 이르러서는 마침내 10년의 동안 먹을 양식이 축적되었다. 양호가 군대에 있을 때에 항상 가벼운 가죽옷에 띠를 느슨히 매고 몸에는 갑옷을 입지 않았고, 방울〔鈴〕 아래와 閤門 아래에는 시중드는 호위가 십수 명을 넘지 않았다.

祜綏懷遠近하여 甚得江漢之心하고 與吳人開布大信하여 降者欲去면 皆聽之하고 減戍邏之卒하여 以墾田八百餘頃①하니 其始至也에 軍無百日之糧이러니 及其季年에 乃有十年之積이니라 祜在軍에 常輕裘緩帶하고 身不被甲하고 鈴閤之下에 侍衛不過十數人②이러라

① 戍는 邊境을 수비하는 것이다. 邏는 遊軍이다.
戍, 守邊也. 邏, 游兵也.

② 〈"鈴閤之下 侍衛不過十數人"은〉 鈴下卒(鈴 아래 있는 병졸)과 閤下威儀(閤門 아래에서 威儀를 담당하는 사람)이다. 鈴下는 命令할 일이 있으면 방울을 끌어당겨 사람을 호출함으로 인하여

89) 晉青徐兗州 大水 : "지난해에 晉나라의 홍수를 기록했는데, 지금에 또 홍수가 있어 몇 州에 연이어지니, 變異가 자주 있다고 말할 수 있다. ≪資治通鑑綱目≫에서 홍수를 기록한 것이 63번인데, 몇 州에 연이어진 것이 11번이다.(이해(269), 太康 4년(283), 惠帝 元康 5년(295), 8년(298), 隋 煬帝 大業 7년(611), 唐 太宗 貞觀 7년(633), 8년(634), 中宗 神龍 원년(705), 德宗 貞元 8년(792), 宣宗 大中 12년(858), 懿宗 咸通 14년(873))〔去年晉書大水矣 於是復大水 而連數州焉 變異可謂頻矣 綱目書大水六十三 連數州郡者十有一(是年 太康四年 惠帝元康五年 八年 隋煬帝大業七年 唐太宗貞觀七年 八年 中宗神龍元年 德宗貞元八年 宣宗大中十二年 懿宗咸通十四年)〕" ≪書法≫

붙여진 이름이다. 閤下威儀는 출입할 때에 길을 인도하는 일과 拜謁하려는 사람을 받아들이고 일을 접수하는 것을 담당한다.
鈴下卒及閤下威儀也. 鈴下者, 有使令則掣鈴以呼之, 因以爲名. 閤下威儀, 掌出入贊導及納謁受事.

【綱】 晉나라는 옛 漢나라(蜀漢)의 名臣들의 자손을 등용하였다.

晉이 錄用故漢名臣子孫[90]하다

【目】 濟陰太守 文立이 말하기를 "옛날 蜀漢의 名臣들의 자손을 마땅히 재주를 헤아려 임용하여 巴蜀 지역 사람들의 마음을 위로하고, 吳나라 사람들의 마음이 우리에게 향해 오도록 해야 합니다."라고 하였다.

晉主가 이 말을 따라서 조서를 내리기를 "諸葛亮이 蜀漢에 있을 때 그의 마음과 힘을 다하였고 아들 諸葛瞻도 환난을 만나 의리를 지켜 죽었으니, 그의 손자 諸葛京을 마땅히 재주에 따라 관리로 임명하라. 蜀漢의 장수인 傅僉 父子는 그의 주군을 위하여 죽자 〈부첨의 아들〉 傅著와 傅募가 奚官에 籍沒되어 들어갔으니, 마땅히 사면하여 庶人으로 삼아야 할 것이다."라고 하고, 또 문립을 散騎常侍로 삼았다.

濟陰太守文立이 言호되 故蜀名臣子孫을 宜量才敍用하여 以慰巴蜀之心하고 傾吳人之望이라한대 晉主從之하여 詔曰 諸葛亮在蜀에 盡其心力하고 子瞻臨難死義하니 其孫京을 宜隨才署吏하고 蜀將傅僉父子가 死於其主에 息著募沒入奚官하니 宜免爲庶人①하라하고 又以立爲散騎常侍하다

① 息은 아들이다. 著와 募는 〈傅僉의〉 두 아들의 이름이다. 少府에는 奚官令이 있는데, 적몰되어 들어간 남녀들이 소속되어 있다. 魏나라 이래로 鄴都에 奚官督이 있었다.
息, 子也. 著與募, 二子之名也. 少府有奚官令, 凡男女沒入者屬焉. 魏以來, 鄴都有奚官督.

【目】 蜀漢의 옛 尙書 程瓊이 평소 덕업을 쌓아 文立과 깊이 교제하였다. 晉主가 그 이름을 듣고서 문립에게 물었는데, 대답하기를 "臣이 그의 사람됨을 매우 잘 아는데 다만 나이가 거의 80살이고 품성이 겸손하니, 다시 당세의 명망을 구하지 않았습니다. 그러므로 황상께서 듣지 못한 것입니다."라고 하였다. 정경이 이 말을 듣고 말하기를 "廣休

90) 晉 錄用故漢名臣子孫 : "옛 漢나라의 名臣은 누구인가. 諸葛亮과 傅僉의 무리이다. 그 자손들을 녹용하였으니, 晉나라가 이때에 선행을 잘 권면한 것이므로, 기록하여 허여한 것이다.〔故漢名臣 何 葛傅之儔也 錄其子孫 晉於是能勸善矣 故書予之〕" ≪書法≫

는 朋黨을 짓지 않는다고 말할 수 있다. 이것이 내가 저 사람(문립)을 훌륭하게 여기는 이유이다."라고 하였다.

漢故尚書程瓊이 **雅有德業**하여 **與立深交**러니 **晉主聞其名**하고 **以問立**한대 **對曰 臣至知其人**한대 **但年垂八十**하고 **稟性謙退**하니 **無復當時之望**①이라 **故**로 **不以上聞耳**로이다 **瓊聞之曰 廣休**는 **可謂不黨矣**로다 **此吾所以善夫人也**②니라

① 〈"無復當時之望"은〉 그의 바람이 당세에 영달을 구하지 않았음을 말한다.
言其意望不求聞達於當時也.

② 廣休는 文立의 字이다.
廣休, 文立字也.

【綱】 가을 9월에 孛星이 紫宮星에 나타났다.

秋九月에 **有星孛于紫宮**하다

【綱】 겨울 10월에 吳나라 左丞相 陸凱가 卒하였다.

◑冬十月에 **吳左丞相陸凱卒**하다

【目】 예전에 何定이 일찍이 吳나라 大帝 孫權의 給使 노릇을 하였었는데, 스스로 表文을 올려 자신은 〈先帝(손권)의〉 옛 신하이니 內侍로 돌아가기를 청하였다. 吳主(孫皓)가 그를 都尉로 삼아서 술과 곡식의 구입을 담당하게 하였는데, 마침내 위엄(형벌)과 복록(상)을 내려주는 일을 전횡하였다. 吳主는 하정을 신임하여 여러 가지 일을 맡겼다. 陸凱가 면전에서 하정을 꾸짖기를 "卿이 보건대 古今에 주군을 섬기면서 不忠하여 나라의 정사를 기울이고 어지럽히고서 어찌 天壽를 누린 사람이 있는가. 마땅히 스스로 고쳐야 할 것이니, 그렇지 않으면 卿에게 예측할 수 없는 禍가 있는 것을 보게 될 것이다."라고 하니, 하정이 크게 원한을 품었다.

初에 **何定**이 **嘗爲大帝給使**러니 **自表舊人**이니 **求還內侍**어늘 **吳主以爲都尉**하여 **典知酤糴**한대 **遂專威福**하니 **吳主信任之**하여 **委以衆事**어늘 **凱面責之曰 卿見前後事主不忠傾亂國政**이요 **寧有得以壽終者邪**아 **宜自改厲**니 **不然**이면 **方見卿有不測之禍**이라하니 **定大恨之**하더라

【目】 陸凱는 국가에 마음을 다하여 충성스럽고 간절한 마음이 속에서 우러나와 표문

과 상소문에서 모두 사실대로 지적하면서 수식하는 일이 없었다. 병이 들자 吳主(孫皓)가 中書令 董朝를 파견하여 육개에게 하고 싶은 말을 묻게 하였는데 육개가 말하였다.

"何定은 중용해서는 안 되고, 奚熙는 자잘한 官吏로서 蒲里田[91] 공사를 하자고 건의하였으니 또한 들어줄 수 없습니다. 姚信·樓玄·賀邵·張悌·郭逴(곽탁)·薛瑩·滕脩와 族弟인 陸喜·陸抗은 어떤 사람은 청렴결백하며 충성스럽고 근면하며 어떤 사람은 재주와 자질이 뛰어나니, 모두 社稷을 보필할 훌륭한 인물입니다. 바라건대 時務를 물어서 각자 그들의 충성을 다하게 하십시오."라고 하였다.

육개가 얼마 뒤에 죽자 吳主는 평소 육개의 간절하고 정직한 말에 앙심을 품은 데다 하정의 참소를 듣고서는 육개의 집안을 建安으로 귀양 보냈다.

凱竭心公家하여 **忠懇內發**하여 **表疏**를 **皆指事不飾**①이러니 **及疾病**에 **吳主遣中書令董朝問所欲言**한대 **凱陳**호되 **定**을 **不可用**이요 **奚熙**는 **小吏**로 **建起浦里田**하니 **亦不可聽**②이요 **姚信樓玄賀邵張悌郭逴薛瑩滕脩及族弟喜抗**은 **或淸白忠勤**하고 **或資才卓茂**하니 **皆社稷之良輔**니 **願訪以時務**하여 **使各盡其忠**③하소서 **凱尋卒**하니 **吳主素銜其切直**하고 **且聞何定之譖**하여 **徙其家建安**④하다

① 〈"皆指事不飾"은〉 모두 사실을 지적하고 수식하지 않은 것이다.
皆指實事, 不爲文飾也.

② 奚熙는 姓名이다. 吳主 孫休 때에 嚴密이 일찍이 이 의견을 건의하였는데, 奚熙가 엄밀의 말을 계승한 것이다.
奚熙, 姓名. 吳主休之時, 嚴密嘗建此議, 熙蓋祖其說.

③ 賀邵는 賀齊의 손자이다. 逴은 勑角과 勑略의 두 切이다. 薛瑩은 薛綜의 아들이다.
邵, 齊之孫也. 逴, 勑角·勑略二切. 瑩, 綜之子也.

④ 恨과 忿怒가 있어 몸에 쌓여 드러나지 않은 것을 銜이라 한다. 沈約이 말하기를 "建安은 본래 閩越인데 秦나라가 閩中郡을 설립하였고 漢나라는 그 지역을 비워두었다가 후에 冶縣을 설립하여 會稽郡에 속하게 하였다. 후에 冶 지역을 나누어 會稽의 東部都尉와 南部都尉를 두었으니, 東部는 臨海가 이곳이고 南部는 建安이 이곳이다. 吳主 孫休 永安 3년(260)에는 남부를 나누어 建安郡을 설립하였다."라고 하였다. 宋白이 말하기를 "孫策이 建安 12년(207)에 東候官(地名)의 지역을 나누어 建安縣을 설립하였으니 바로 年號로 이름을 삼았다."라고 한다.
有所恨怒, 蓄而不發者爲銜. 沈約曰 "建安本閩越, 秦立爲閩中郡, 漢虛其地, 後立爲(治)〔冶〕[92]縣, 屬會稽郡, 後分(治)〔冶〕地, 爲會稽東南二部都尉. 東部, 臨海是也. 南部, 建安是

91) 蒲里田 : ≪資治通鑑≫에는 '田'이 '塘'으로 되어 있다. 塘은 제방, 둑을 의미한다.

也. 吳主休永安三年, 分南部立爲建安郡." 宋白曰 "孫策於建安十二年, 分東候官之地, 立建安縣, 卽以年號爲名."

庚寅年(270)

晉나라 世祖 武皇帝 司馬炎 泰始 6년이고, 吳主 孫皓 建衡 2년이다.

晉泰始六年이요 吳建衡二年이라

【綱】 여름 4월에 吳나라가 陸抗을 都督諸軍事로 임명하고 樂鄕에 治所를 두었다.

夏四月에 **吳以陸抗都督諸軍**하고 **治樂鄕**①하다

① ≪水經註≫에 "樂鄕城은 南平郡의 孱陵縣에 있으며, 長江이 그 북쪽을 지난다."라고 하였다. 水經註 "樂鄕城在南平郡之孱陵縣, 江水逕其北."

【目】 陸抗이 吳主(孫皓)가 政事에 결함이 많다 하여 다음과 같이 상소하였다.

"공덕이 비슷하면 병력이 많은 자가 적은 자를 이기고, 힘이 비등하면 편안한 자가 위태로운 자를 제어합니다. 이는 戰國時代의 6國이 秦나라에게 합병된 까닭이고, 西楚(項羽)가 漢나라에게 굴복한 까닭입니다.

지금 敵이 점거한 곳은 秦나라나 漢나라보다 넓은데, 우리나라는 밖으로 連衡[93]의 도움이 없고, 안으로 西楚의 강함도 없습니다. 여러 정무는 침체되고 백성들이 아직 다스려지지 않았는데 의논하는 자들은 다만 長江과 험준한 산이 강역을 둘러싸고 막고 있다고 하니, 이는 바로 나라를 지키는 말단의 일이어서 지혜로운 사람이 먼저 할 것이 아닙니다. 臣은 생각이 여기에 미칠 때마다 한밤중에도 베개를 어루만지고, 밥을 마주하고도 먹는 것을 잊습니다. 무릇 임금을 섬기는 의리는 임금 앞에서 간언하고 속이지 않는 것[94]이므로, 삼가 時宜 17조를 진술하여 올립니다."

---

92) (治)〔冶〕: 저본에는 '治'로 되어 있으나, ≪資治通鑑≫ 註에 의거하여 '冶'로 바로잡았다. 아래도 같다.

93) 連橫 : 連橫은 戰國時代의 秦나라가 동쪽의 여섯 나라와 우호관계를 가져 보호해주는 외교 국방 조약으로 張儀가 주장하였다. 이에 대해 여섯 나라가 남북으로 연합하여 秦나라에 대항하는 외교 조약을 合從이라 하는데, 蘇秦이 주장하였다.

吳主는 받아들이지 않았다.

抗이 以吳主政事多闕로 上疏曰 德均則衆者勝寡하고 力侔則安者制危하나니 此六國所以幷於秦이며 西楚所以屈於漢也라 今敵之所據는 廣於秦漢이로되 而國家外無連衡(횡)之援하고 內無西楚之彊이요 庶政陵遲하고 黎民未乂[①]어늘 議者徒以長江峻山限帶封域이라하니 此乃守國之末事라 非智者所先也니 臣每念及此에 中夜撫枕하고 臨餐忘食하니 夫事君之義는 犯而勿欺라 謹陳時宜十七條하노이다 吳主不納하다

① 乂는 다스린다는 뜻이다.
乂, 治也.

【目】何定이 諸將들에게 각각 御犬(궁중에서 기를 개)을 바치게 하였는데 개 한 마리의 값이 비단 수십 필이고, 개 줄의 값이 1만 전이었다. 이 개로 토끼를 잡아서 주방에 제공하니, 吳主가 충성이라고 여겨 列侯의 작위를 주었다. 陸抗이 상소하였다.

"소인은 이치와 도리를 잘 알지 못하여 소견이 이미 천박하니 비록 자기의 마음과 절개를 다한다고 할지라도 오히려 일을 맡기기에는 부족한데 하물며 간사한 마음이 평소 많아서 미워함과 좋아함이 자주 바뀌는 사람이야 말할 것이 있겠습니까."

吳主는 이 말을 따르지 않았다.

何定이 使諸將으로 各上御犬호되 一犬에 直(치)縑數十匹이요 纓紲에 直錢一萬이라 以捕兔供廚[①]하니 吳主以爲忠이라하여 賜爵列侯어늘 抗上疏曰 小人이 不明理道하여 所見既淺하니 雖使竭情盡節이라도 猶不足任이어든 況其姦心素篤而憎愛移易哉아 吳主不從하다

① 上(올리다)은 時掌의 切이며 纓와 紲은 모두 끈이다.
上, 時掌切. 纓·紲, 皆系也.

【綱】6월에 晉나라 胡烈이 鮮卑族 禿髮樹機能(독발수기능)을 토벌하다가 패하여 죽었다.

六月에 晉胡烈이 討鮮卑禿髮樹機能이라가 敗死[①]하다

① 樹機能은 이름이다. 祖父 壽闐이 어머니 뱃속에 있을 때에 그 모친 相掖氏가 잠을 자는 틈에 이불 속에서 출산하였다. 鮮卑族들은 이불을 禿髮이라 부르니 그것으로 인해 氏를 삼은

94) 얼굴을……것 : 子路가 임금을 섬기는 도리에 대해 묻자 孔子가 말하기를 "속이지 말고 임금 앞에서 간언을 해야 한다.〔勿欺也 而犯之〕"에서 유래한 것이다.(≪論語≫ 〈憲問〉)

것이다.

樹機能, 名也. 祖壽闐之在孕也, 其母相掖氏, 因寢而産於被中, 鮮卑謂被爲禿髮, 因而氏焉.

思政殿訓義 資治通鑑綱目 제16권 하

晉 武帝 泰始 7년(271)~晉 武帝 咸寧 5년(279)

辛卯年(271)

晉나라 世祖 武皇帝 司馬炎 泰始 7년이고, 吳主 孫皓 建衡 3년이다.

晉泰始七年이요 吳建衡三年이라

【綱】봄 정월에 晉나라의 匈奴 右賢王 劉猛이 반란을 일으켜 도망쳐서 변경 밖으로 나갔다.

春正月에 晉匈奴右賢王劉猛叛走出塞하다

【綱】晉나라 豫州刺史 石鑑이 죄를 지어 파직되었다.

○晉豫州刺史石鑑有罪免하다

【目】石鑑이 吳나라 군대를 공격할 때 首級의 수를 거짓으로 늘린 일에 연루되자, 조서를 내리기를 "석감은 大臣의 지위에 있어 내가 신임을 하였는데 아랫사람과 함께 거짓을 고하였으니, 의리상 이렇게 해서야 되겠는가. 지금 고향으로 돌려보내어 종신토록 다시 등용되지 못하게 하라."라고 하였다.

鑑坐擊吳軍에 虛張首級하니 鑑曰 鑑備大臣하여 吾所取信이어늘 而乃下同爲詐하니 義得爾乎①아 今遣歸田里하여 終身不得復用하라

① 爾는 如此(이와 같다)라는 말과 같다.
爾, 猶言如此也.

【綱】吳主(孫皓)가 크게 군사를 일으켜 華里로 遊幸하였는데, 가지 않고 돌아

왔다.

吳主大擧兵遊華里러니 不至而還[1)]하다

【目】 吳人 刁玄(조현)이 讖緯의 글을 날조하여 말하기를 “황색 깃발과 자주색 일산이 동남쪽에 보이니, 결국 천하를 차지할 사람은 荊州와 揚州의 군주이다.”라고 하니, 吳主가 그 사실을 믿어 크게 군사를 일으켜 華里로 출병하여 太后 및 後宮 수천 명을 수레에 태우고 서쪽을 향해 올라갔는데, 행군하다가 폭설을 만나 병사들이 얼어 죽을 지경에 이르자 모두 말하기를 “만약 적을 만나면 창을 거꾸로 들 것이다.”[2)]라고 하니, 吳主가 마침내 회군하였다.

吳人刁玄詐增讖文云 黃旗紫蓋가 見於東南하니 終有天下者는 荊揚之君①이라하니 吳主信之하여 大擧兵出華里하여 載太后及後宮數千人西上②이러니 行遇大雪하여 兵士寒凍殆死하니 皆曰 若遇敵이면 便當倒戈라한대 吳主乃還하다

① ≪江表傳≫[3)]에 이르기를 “刁玄이 蜀漢으로 사신을 갔다가 司馬徽가 운명과 曆數에 대해 논한 것을 얻어서는 그 글에 거짓 내용을 보태어 吳나라 사람을 속인 것이다.”라고 하였다. 江表傳曰 “玄使蜀, 得司馬徽論運命曆數事, 因詐增其文, 以誑吳人.”

---

1) 吳主大擧兵遊華里 不至而還 : “遊幸에는 ‘大擧兵’이라고 기록한 것이 아직 없었는데 ‘大擧兵’이라고 기록한 것은 어째서인가. 사람들을 고생시킨 것을 나무란 것이다. 漢나라 明帝 篇에 ‘명제가 河內에 가다가 가지 않고 돌아왔다.〔不至而還〕’라고 한 것은 善을 따름을 아름답게 여긴 것이다. 여기에서 ‘가지 않고 돌아왔다.〔不至而還〕’라고 한 것은 아름답게 여긴 것인가. 위태롭게 여긴 것이다. 이때에 큰 눈이 내려 병사들이 추위로 거의 얼어 죽게 되자, 모두 말하기를 “적을 만나면 바로 창을 거꾸로 돌려 공격하겠다.”라고 하자 吳主가 마침내 돌아왔다. ≪資治通鑑綱目≫에서 遊幸에 ‘不至’라고 기록하고 ‘不果’라고 기록한 것은 모두 아름답게 여긴 것인데, 오직 여기에서는 위태롭게 여기는 뜻이다. ≪자치통감강목≫이 끝날 때까지 遊幸에 ‘不至’라고 기록한 것이 두 번이다.(漢 明帝 永平 4년과 이해) ‘不果行(결국 가지 않았다.)’이라고 기록한 것이 1회이다(唐 高宗 總章 2년(669)).〔遊未有書大擧兵者 書大擧兵 何 譏勞人也 漢明帝之篇 書帝如河內 不至而還 美從善也 此書不至而還 其美之歟 危之也 於是大雪 兵士寒凍殆死 皆曰 遇敵便當倒戈 吳主乃還 綱目遊幸 書不至 書不果 皆美也 惟此爲危辭 終綱目 遊幸書不至二(漢明帝永平四年 是年) 書不果行一(唐高宗總章二年)〕” ≪書法≫

“병사는 국가의 중요한 일이니 가벼이 움직여서야 되겠는가. ≪資治通鑑綱目≫에서 위에 ‘大擧兵’이라고 기록하고 ‘遊華里’라고 기록하였으니, 吳主는 병사에 관한 일을 놀이로 여긴 것을 알 수 있다. 그러니 망하지 않을 수 있겠는가.〔兵者 國之重事 其可輕動乎 綱目上書大擧兵 書遊華里 則吳主以兵爲戱 蓋可知矣 其不亡得乎〕” ≪發明≫

2) 창을……것이다 : 창끝을 돌려서 거꾸로 자기 군대를 공격하는 것을 말한다. ≪書經≫ 〈周書 武成〉에 周 武王이 牧野에서 殷나라 紂王의 군대와 싸울 적에, 殷나라 군사들이 周나라를 대적하지 않고 오히려 자기편을 공격한 덕분에 크게 승리했던 일이 보인다.

3) 江表傳 : 西晉 사람 虞溥가 撰한 책으로 산실되었는데, ≪三國志≫ 裴松之 注에 일부가 보인다. 양자강 이남인 江表를 묘사한 작품이다.

② 華里는 建業의 서쪽에 있다.
華里, 在建業西.

【綱】 여름 4월에 晉나라의 涼州에서 胡人이 반란을 일으키자, 刺史 牽弘이 그들을 토벌하다가 패배하여 죽었다.

夏四月에 **晉涼州胡叛**이어늘 **刺史牽弘討之敗死**하다

【目】 예전에 大司馬 陳騫이 晉主(司馬炎)에게 아뢰기를 "胡烈과 牽弘이 모두 용맹하기만 하고 智謀가 없는데 자기 생각만을 옳다고 고집을 부리니, 변방을 안정시킬 수 있는 재목이 아니라 앞으로 나라의 수치거리가 될 것입니다."라고 하였다.

晉主가 진건이 견홍과 마음이 맞지 않아 그를 비방한다고 생각하여 그 말을 믿지 않았다. 이때에 이르러 호렬은 이미 패배하여 죽었고, 견홍이 반란을 일으킨 胡人을 토벌하였는데, 胡人이 禿髮樹機能과 연합하여 견홍을 공격하여 죽였다. 몇 해를 이어 토벌을 하고서야 겨우 안정을 찾게 되니, 晉主가 그제야 후회를 하였다.

初에 大司馬陳騫言於晉主曰 胡烈牽弘이 皆勇而無謀하고 强於自用하니 非綏邊之才也라 將爲國恥라한대 晉主以爲騫與弘不協而毁之라하여 不信也러니 至是하여 烈旣敗死하고 弘討叛胡하니 胡與樹機能으로 攻弘殺之하니 征討連年에 僅而能定하니 晉主乃悔之러라

【綱】 가을 7월에 吳나라가 다시 交趾를 취하였다.

秋七月에 **吳復取交趾**하다

【目】 吳나라가 세 차례나 交趾를 공격하여 모두 패배하였는데, 이때에 이르러 陶璜과 李勖 등을 보내어 공격하여 취하게 하니, 九眞郡과 日南郡이 모두 항복하자 도황을 交州牧에 임명하였다. 도황이 夷獠를 토벌하여 항복시키니 交州의 境內가 모두 평정되었다.

吳三攻交趾하여 皆敗沒이러니 至是하여 遣陶璜李勖等하여 擊取之하니 九眞日南이 皆降이어늘 以璜爲交州牧이라 璜討降夷獠하니 州境皆平[①]하다

① 獠는 魯皓의 切이다. 夷獠는 모두 交州에 귀속된 종족이다.
獠, 魯皓切. 夷獠皆羈屬交州者也.

【綱】 겨울 10월 朔日에 일식이 있었다.

冬十月朔日에 **日食**하다

【綱】 11월에 劉猛이 晉나라의 幷州를 침범하였다.

○**十一月**에 **劉猛寇晉幷州**하다

【綱】 晉나라의 安樂公 劉禪이 卒하였다.

○**晉安樂公劉禪卒**[4)]하다

【目】 시호는 思이다.

諡曰思라

壬辰年(272)

晉나라 世祖 武皇帝 司馬炎 泰始 8년이고, 吳主 孫皓 鳳凰 원년이다.

晉泰始八年이요 吳鳳凰元年[①]이라

① 西苑에서 鳳凰이 모였다고 말한 것으로 인해 改元한 것이다.
以西苑言鳳凰集, 改元.

【綱】 봄 정월에 匈奴가 劉猛을 죽이고 晉나라에 항복하였다.

春正月에 **匈奴殺劉猛**하고 **降晉**하다

【綱】 2월에 晉나라 太子 司馬衷이 賈氏를 太子妃로 맞았다.

○**二月**에 **晉太子衷**이 **納妃賈氏**[5)]하다

---

4) 晉安樂公劉禪卒 : "'卒'이라고 기록한 것은 어째서인가. 晉나라가 厚德함을 보존한 것을 인정한 것이다. 이때는 蜀漢이 망한 지 8년이 지난 뒤였다.〔書卒 何 予存厚也 於是漢亡八年矣〕" ≪書法≫

5) 二月 晉太子衷 納妃賈氏 : "太子가 妃를 맞아들이는 것은 기록하지 않는데 여기에서 기록한 것은 어째서인가. 어지러움의 시작을 기록한 것이다. ≪資治通鑑綱目≫이 끝날 때까지 太子가 妃를 맞아들

【目】 예전에 侍中 尙書令 賈充이 晉 文帝(司馬昭) 시절부터 총애를 받아 중용되어 일을 주관하였는데, 晉主(司馬炎)가 태자가 될 적에 가충이 꽤 힘을 썼으므로 더욱 총애를 받았다. 가충은 사람됨이 아첨을 잘하여 太尉 荀顗, 侍中 荀勖, 越騎校尉 馮紞(풍담) 등과 서로 黨友가 되니, 朝野에서 그를 미워하였다.

晉主가 侍中 裴楷에게 현재의 잘잘못을 묻자, 대답하기를 "폐하께서는 천명을 받아서 천하 사람들이 교화를 받들고 있지만, 그 恩德을 堯舜에게 견주지 못하는 것은 다만 가충의 무리가 여전히 조정에 있기 때문입니다. 마땅히 천하의 현인을 발탁하여 그들과 政道를 넓히고, 남들에게 사사로운 마음을 보여서는 안 됩니다."라고 하였다.

侍中 任愷, 河南尹 庾純이 모두 가충과 마음이 맞지 않았다. 때마침 禿髮樹機能이 秦州와 雍州 지역을 어지럽히자 晉主가 근심을 하였는데, 임개가 아뢰기를 "마땅히 위엄과 명망이 있는 重臣 가운데 지략이 있는 자를 임명하여 그곳을 진무해야 합니다."라고 하였다. 晉主가 "누가 적임자인가."라고 하자, 임개와 유순이 이로 인해 가충을 천거하여 그에게 秦州와 涼州의 모든 군대를 감독하게 하였다.

가충이 근심하여 순욱에게 계책을 묻자, 순욱이 말하기를 "이번에 가게 될 일은 실로 사양하기가 어렵습니다. 다만 太子와 혼인을 맺는다면 사양하지 않아도 저절로 여기에 남게 될 것입니다."라고 하였다.

初에 侍中尙書令賈充이 自文帝時로 寵任用事러니 晉主爲太子에 充頗有力이라 故益有寵이러라 充爲人巧諂하여 與太尉荀顗侍中荀勖越騎校尉馮紞(담)으로 相爲黨友하니 朝野惡之[①]러라 晉主問侍中裴楷以方今得失[②]한대 對曰 陛下受命에 四海承風호되 所以未比德於堯舜者는 但以賈充之徒가 尙在朝耳라 宜引天下賢人하여 與弘政道요 不宜示人以私니이다 侍中任愷河南尹庾純이 皆與充不協이러니 會樹機能亂秦雍하니 晉主以爲憂한대 愷曰 宜得威望重臣有智略者하여 以鎭撫之니이다 晉主曰 誰可者오하니 愷及純因薦充하여 使督秦涼諸軍이라 充患之하여 問計於勖한대 勖曰 是行也는 辭之實難하니 獨有結婚太子면 可不辭而自留矣니이다

① 紞은 都感의 切이다.
紞, 都感切.

② 裴楷는 裴秀의 從弟이다.

인 일을 기록한 것이 세 번인데(晉나라 賈妃, 宋나라 江氏, 北周 楊氏) 모두 이유가 있다.〔太子納妃不書 此其書 何 志亂始也 終綱目 書太子納妃三(晉賈妃 宋江氏 周楊氏) 皆有故也〕" ≪書法≫

"太子가 妃를 맞아들이는 것은 드물게 기록하는데 여기에서 기록한 것은 晉나라를 망하게 한 근본을 기록하기 위한 것이고, 또 역적의 딸을 맞이한 것이기 때문이다.〔太子納妃 罕書 而此書之者 所以志亡晉之本 又且逆賊之女也〕" ≪發明≫

楷, 秀之從弟也.

【目】 晉主가 처음에 태자를 위해 衛瓘의 딸을 태자비로 맞으려고 하였는데, 賈充의 처 郭槐(곽괴)가 楊皇后의 주위 사람들에게 뇌물을 주어 양황후로 하여금 晉主에게 자신의 딸을 태자비로 들이도록 설득하게 하였다.

그러자 晉主가 말하기를 "衛公의 딸은 다섯 가지 좋은 점이 있고, 賈公의 딸은 다섯 가지 불가한 점이 있다. 衛氏는 종족이 현명하고 아들이 많으며, 용모가 아름답고 키가 크며 흰 피부를 지녔다. 賈氏는 종족이 투기심이 있고 아들이 적으며, 용모가 추하고 키가 작으며 검은 피부를 지녔다."라고 하였다.

양황후가 굳게 청하였는데, 이때에 이르러 荀勖이 또 荀顗, 馮紞과 함께 모두 가충의 딸이 절세미인이며 才德을 갖추었다고 하자, 晉主가 드디어 그들의 말을 따라 가충을 머물러 다시 이전 직임을 맡게 하였다. 賈妃는 나이가 15세로, 태자보다 두 살이 많았다. 투기에다 권모술수와 속임수가 많아 태자가 총애하면서도 두려워하였다.

晉主初欲爲太子取衛瓘女러니 充妻郭槐가 賂楊后左右하여 使后說納其女하니 晉主曰 衛公女有五可하고 賈公女有五不可하니 衛氏種賢而多子하고 美而長白하며 賈氏는 種妬而少子하고 醜而短黑이니라 后固以爲請①이러니 至是하여 勖又與顗紞으로 皆稱充女가 絶美且有才德이라한대 晉主遂從之하여 留充復居舊任이라 賈妃年十五니 長太子二歲라 妬忌多權詐하니 太子嬖而畏之러라

① 다섯 가지 좋은 점은 종족이 현명한 것이 첫 번째이고, 아들이 많은 것이 두 번째이며, 용모가 아름다운 것이 세 번째이고, 키가 큰 것이 네 번째이며, 흰 피부를 지닌 것이 다섯 번째이니, 다섯 가지 불가한 점은 이를 통해 유추할 수 있다.
五可, 種賢一也, 多子二也, 美三也, 長四也, 白五也. 五不可, 可以類推.

【綱】 晉나라 太宰 安平王 司馬孚가 卒하였다.

晉太宰安平王孚卒하다

【目】 司馬孚는 성품이 충성스럽고 신중하여 宣帝(司馬懿)가 政事를 펼칠 때, 늘 스스로 겸손하였고, 뒤에 황제를 폐하고 세우는 상황을 만났을 때에도[6] 미리 모의를 한 적이 없었는데, 晉主가 즉위하고는 은혜와 예우를 더욱 융숭히 하였다. 元旦의 조회 때에 사

6) 뒤에……때에도 : 魏 高貴鄕公 正元 원년(254) 3월에 司馬師가 邵陵厲公(曹芳)을 폐위시키고, 魏 元帝 景元 원년(260) 4월에 司馬昭가 高貴鄕公(曹髦)을 살해한 일을 말한다.

마부에게 조령을 내려 가마를 탄 채로 殿閣에 오르라고 하였고, 晉主(司馬炎)가 阼階에서 맞이하여 배알하였으며, 자리에 앉고 나서는 직접 술잔을 올려 축수하여 민간 집안에서 행하는 예처럼 하였다.

사마부가 비록 존경과 은총을 받았으나 늘 근심하는 기색이 있었는데, 임종 때에 遺命을 내려 "魏나라의 곧은 선비 河內 사람 사마부는 字가 叔達인데, 伊尹도 되지 못하고, 周公도 되지 못하였으며, 管夷吾도 되지 못하고, 柳下惠도 되지 못하였지만, 몸을 세워 道를 행한 것이 시종 한결같았으니, 〈장례에〉 마땅히 평상복을 입히고 무늬가 없는 관을 사용하여 염을 하라." 하고 卒하니, 나이가 93세였다. 諡號를 獻이라 하고, 조서를 내려 東園의 溫明秘器를 내려주었는데, 그 집안에서는 그의 유언을 따라 어떤 물품도 쓰지 않았다.

孚性忠愼하여 宣帝執政에 常自退損하고 後逢廢立之際에 未嘗預謀러니 及晉主卽位에 恩禮尤重이라 元會에 詔孚乘輿上殿하여 晉主於阼階迎拜①하고 旣坐에 親奉觴上壽하여 如家人禮하니 孚雖見尊寵하나 常有憂色이러니 臨終遺令曰 有魏貞士河內司馬孚는 字叔達이니 不伊不周하고 不夷不惠하며 立身行道가 終始若一하니 當衣以時服하고 斂以素棺이라하고 卒하니 年九十三이라 諡曰獻이라하고 詔賜東園溫明秘器하되 其家遵遺旨하여 一不施用②하다

① "阼階"는 동쪽 섬돌이니, 주인이 다니는 계단이다.
阼階, 東階, 主階也.

② 服虔이 말하기를 "東園의 溫明은 모양이 네모난 漆桶 같다. 한쪽을 열면 옻칠로 그림이 그려져 있고, 그 가운데 거울이 있는데, 이것을 시체 위에 걸어두었다가 大斂 때에 아울러 덮는다."라고 하였다. 顔師古가 말하기를 "東園은 官署의 명칭으로 少府에 속하였는데, 그 관서에서 이 기물을 제작하는 것을 주관한다. 秘器와 梓棺은 흉한 기물이므로, 그것을 숨긴다."라고 하였다.
服虔曰 "東園溫明, 形如方漆(捅)〔桶〕.[7] 開一面, 漆畫之, 以鏡置其中, 以縣屍上, 大斂幷蓋之." 師古曰 "東園, 署名也, 屬少府, 其署主作此器. 秘器梓棺以凶器, 故秘之."

【綱】晉나라 散騎常侍 鄭徽가 죄를 지어 면직되었다.

晉散騎常侍鄭徽以罪免[8]하다

7) (捅)〔桶〕: 저본에는 '捅'으로 되어 있으나, ≪漢書≫〈霍光傳〉의 顔師古 注에 의거하여 '桶'으로 바로잡았다.

8) 晉散騎常侍鄭徽以罪免 : "이때에 皇甫陶가 일을 논의하여 다투어 변론을 그만두지 않자, 鄭徽가 그에게 벌을 주라고 청하니, 晉主가 정휘가 직분을 넘어 함부로 上奏한 것으로 인해 그를 면직시켰다.

【目】 晉主가 右將軍 皇甫陶와 일을 논의하였는데, 황보도가 다투어 변론을 하여 그만두지 않자, 鄭徽가 그에게 벌을 주라고 청하니, 晉主가 말하기를 "忠直한 말은 듣지 못할까를 근심할 뿐인데, 정휘는 자신의 직분을 넘어 함부로 上奏하였으니, 그를 면직시켜라."라고 하였다.

晉主與右將軍皇甫陶로 論事①러니 陶爭辯不已어늘 徽請罪之한대 晉主曰 忠讜之言은 惟患不聞이어늘 徽越職妄奏하니 可免其官이라하다

① 泰始 5년(269)에 鎭軍將軍을 없애고 다시 左將軍과 右將軍의 직위를 두었다.
泰始五年, 罷鎭軍將軍, 復置左右將軍.

【綱】 여름에 晉나라 益州 사람들이 刺史를 죽이자, 廣漢太守 王濬이 토벌하여 평정하니 왕준을 益州刺史로 임명하였다.

夏에 晉益州殺其刺史어늘 廣漢太守王濬이 討平之하니 以濬爲益州刺史[9]하다

【目】 당시에 汶山의 白馬胡가 여러 종족을 침략하자, 益州刺史 皇甫晏이 그들을 토벌하려고 하였다. 그러자 從事 何旅가 간언하기를 "오랑캐가 서로 해치는 것은 큰 근심거리가 되지 않습니다. 다만 한여름에 出兵을 하면 필시 전염병이 발생할까 염려됩니다."라고 하였는데, 따르지 않았다.

牙門 張弘이 난을 일으켜 황보안을 죽였는데, 兵曹從事 楊倉이 병사를 무장하여 싸우다가 죽자, 장홍이 마침내 황보안이 반란을 도모했다고 무고하여 그의 首級을 京師로 보냈다. 主簿 何攀이 한창 모친의 喪中이었는데, 그 소식을 듣고 洛陽에 이르러 황보안이 반란을 도모하지 않았음을 증명하였다.

≪資治通鑑綱目≫에서 '以罪免'이라고 특별히 기록한 것은 면전에서 아첨하는 자에 대한 경계를 보이기 위한 것이다.〔於是皇甫陶論事 爭辯不已 徽請罪之 帝以徽越職妄奏 免其官 綱目特書以罪免 所以示面諛者之戒也〕" ≪書法≫

9) 晉益州殺其刺史……以濬爲益州刺史 : "益州 사람들이 그 刺史를 죽였는데 어찌하여 '反'이라고 기록하지 않은 것인가. 오랑캐가 스스로 서로 해쳤는데 한여름에 군대를 출동하여 토벌하려 하여 사건과 재앙을 초래하였으므로 '州'로 기록을 하여 마치 한 州의 백성들이 서로 함께 그 刺史를 죽인 것처럼 기록한 것이다. 王濬이 조정에 청하지 않았는데 어찌하여 '矯(속임)'라고 기록하지 않은 것인가. 主將을 해친 자는 누구나 토벌할 수 있으니 어찌 청할 것이 있겠는가. 그러므로 '討'라고 기록하여 州兵의 죄를 바로잡은 것이니, 이것이 이른바 輕重의 權衡이다.〔益州殺其刺史 何以不書反 胡夷自相殘賊 而欲盛夏出軍討之 召釁啓禍 故以州書之 若一州之民 相與殺其刺史然耳 王濬不請于朝 何以不書矯 戕賊主將 人得誅之 何請之有 故書討以正州兵之罪 此所謂輕重之權衡也〕" ≪發明≫

廣漢主簿 李毅가 太守 王濬에게 말하기를 "廣漢이 成都와 아주 가깝지만 梁州의 통제를 받게 한 것은 조정에서 益州의 요충지를 제압하려고 한 것이니, 바로 오늘날과 같은 변고를 막고자 한 것입니다. 의당 때에 맞춰 토벌하러 나아가야지 기회를 잃어서는 안 됩니다."라고 하였다. 왕준이 먼저 조정에 알려 요청하고자 하였는데, 이의가 말하기를 "主將을 죽인 적은 악행이 더욱 크니, 마땅히 일상적인 법에 구애를 받지 않는데, 어찌 요청할 것이 있겠습니까."라고 하였다. 왕준이 이에 군사를 출동하여 장홍을 토벌하여 참수하니, 조서를 내려서 왕준을 益州刺史로 삼았다.

時에 汶山白馬胡가 侵掠諸種①이어늘 益州刺史皇甫晏欲討之②러니 從事何旅諫曰 胡夷相殘이 未爲大患이라 盛夏出軍에 必有疾疫일까하노이다하니 不聽하다 牙門張弘이 作亂殺晏이어늘 兵曹從事楊倉이 勒兵戰死③하니 弘遂誣晏欲反하여 傳首京師어늘 主簿何攀이 方居母喪이러니 聞之詣洛하여 證晏不反④하다 廣漢主簿李毅가 言於太守王濬曰 廣漢與成都密邇나 而統於梁州者는 朝廷欲以制益州之衿領이니 正防今日之變이라 宜卽時赴討하여 不可失也⑤라 濬欲先上請⑥한대 毅曰 殺主之賊은 爲惡尤大하니 當不拘常制어늘 何請之有리오 濬乃發兵討弘斬之하니 詔以濬爲益州刺史하다

① 汶은 읽는 것이 峄과 같다. 白馬胡는 西南 오랑캐 종족의 명칭이니, 汶山郡에 있다.
汶, 讀與峄(민)同. 白馬胡, 西南夷種名, 在汶山郡.
② 益州는 蜀郡, 犍爲郡, 汶山郡, 漢嘉郡, 江陽郡, 朱提郡, 越巂郡, 牂柯郡을 관할한다.
益州統蜀・犍爲・汶山・漢嘉・江陽・朱提・越巂・牂柯.
③ 漢나라 이후로 여러 州에 軍事에 관한 일이 있어서는 兵曹從事를 두었다.
自漢以來, 諸州有軍事, 則置兵曹從事.
④ 州의 主簿는 閤下의 일을 기록하고 文書를 살피며, 郡의 主簿도 직무가 대략 동일하다.
州主簿, 錄閤下事, 省文書. 郡主簿, 所職略同.
⑤ 漢나라 때에는 廣漢郡이 雒縣에 治所를 두었다가 泰始 2년(266)에 新都郡을 분할하여 雒縣에 치소를 두고 광한군은 廣漢縣에 치소를 두었는데, 成都와 서로 가까웠다.
漢廣漢郡治雒, 泰始二年, 分新都郡治雒, 而廣漢郡治廣漢縣, 與成都相近.
⑥ 上(올리다)은 時掌의 切이니, 아래에 나오는 "先上"과 "列上"의 上도 동일하다.
上, 時掌切, 下先上列上同.

【目】 예전에 王濬이 羊祜의 參軍으로 있었는데, 양호가 그를 잘 알았다. 혹자가 말하기를 "왕준은 사람됨이 뜻이 크고 사치하니, 일을 전적으로 맡길 수 없습니다."라고 하니, 양호가 말하기를 "왕준은 큰 재주를 지니고 있어 자신이 원하는 것을 이룰 수 있을 것

이니, 반드시 쓸 만하다."라고 하였다.

왕준이 益州에 이르러 위엄과 신의를 분명히 세우니 蠻夷가 귀부하자, 얼마 있다가 大司農으로 자리를 옮기게 되었다.

당시에 晉主가 양호와 吳나라를 정벌할 계획을 하였는데, 양호가 長江 上流에 위치한 형세를 이용해야 한다고 하여 비밀리에 晉主에게 표문을 올려 왕준을 그곳에 머무르게 하여 龍驤將軍의 직책을 더해주어 梁州와 益州의 군대를 감독하게 하였다. 조서를 내려 屯田兵을 철폐하고 艦船를 대대적으로 건조하게 하니, 別駕 何攀이 말하기를 "屯田兵 5, 6백 명이 갑작스레 배를 만들 수 없으니, 뒤에 만드는 것이 완성되기 전에 이전에 만든 배가 썩어버릴 것입니다. 의당 여러 郡의 병사들을 소집하여 도합 1만여 명으로 만들어야 하니, 그렇게 하면 한 해를 마치기 전에 완성할 수 있을 것입니다."라고 하였다.

왕준이 먼저 보고를 하여 응답을 기다리려고 하자, 하반이 말하기를 "조정이 대번에 1만 명의 군사를 소집한다는 말을 들으면 필시 허락하지 않을 것이니, 전적으로 결단하여 소집하는 것만 못합니다. 설령 허락을 받지 못하더라도 일이 이미 이루어져 형세상 중지하지 못할 것입니다."라고 하니, 왕준이 그 말을 따라 하반에게 배를 만드는 일을 맡겼다. 그리하여 큰 함선을 만드니, 길이가 120步이고, 2천여 명을 태울 수 있었으며, 배에는 나무로 城을 만들고 망루를 세워서 사방으로 나가는 문을 열어놓으면 그 위에서 말을 달리며 왕래할 수 있었다.

그때 배를 만들던 나무 조각이 장강을 덮으며 떠내려가니, 吳나라 建平太守 吳郡 사람 吾彦이 나무 조각을 주워 吳主에게 아뢰기를 "晉나라가 필시 吳나라를 공격할 계획을 하고 있으니, 의당 建平의 병력을 증강하여 그 요충지를 막게 해야 합니다."라고 하였는데, 吳主가 그 말을 따르지 않자, 오언이 이에 쇠사슬을 만들어 장강을 가로질러 물길을 가로막았다.

왕준이 비록 조정의 명을 받아 군사를 모집하였으나 虎符를 갖고 있지는 않았다. 廣漢太守 張斅(장효)가 왕준의 종사관을 잡아들여 정황을 열거하여 보고하였다. 晉主가 장효를 불러 京師에 돌아오게 하고 나무라기를, "어찌하여 은밀히 아뢰지도 않고 바로 종사관을 잡아들였는가?"라고 하니, 장효가 아뢰기를 "蜀과 漢中은 아주 먼 지역인데, 劉備가 이 점을 사용하였습니다. 바로 잡아들인 것도 신은 오히려 너무 가볍게 처리한 일이라 생각됩니다." 하니, 晉主가 훌륭하다고 여겼다.

初에 濬爲羊祜參軍하니 祜深知之①러니 或曰 濬爲人志大奢侈하니 不可專任이라한대 祜曰 濬有大才하여 將以濟其所欲하리니 必可用也니라 濬至益州에 明立威信하니 蠻夷歸附어늘 俄遷大

司農이러니 時에 晉主與羊祜謀伐吳할새 祜以爲宜藉上流之勢라하여 密表留濬하여 加龍驤將軍하여 監梁益軍②이라 詔使罷屯田兵하고 大作舟艦한대 別駕何攀曰 屯兵五六百人이 作船不能猝辦하니 後者未成에 前者已腐라 宜召諸郡兵하여 合萬餘人造之니 歲終可成이라 濬欲先上須報한대 攀曰 朝廷이 猝聞召萬兵하면 必不聽하리니 不如輒召③라 設或見却이라도 功夫已成에 勢不得止라하니 濬從之하여 令攀典造라 於是에 作大艦하니 長百二十步요 受二千餘人하고 以木爲城하고 起樓櫓하여 開四出門하면 其上에 可馳馬往來러라 時作船木杮가 蔽江而下④하니 吳建平太守吳郡吾彦이 取以白吳主曰 晉必有攻吳之計니 宜增建平兵하여 以塞其衝이니이다한대 吳主不從⑤하니 彦乃爲鐵鎖하여 橫斷江路하다 濬雖受中制[10] 募兵이나 而無虎符러니 廣漢太守張斅收濬從事列上⑥한대 晉主召斅還하고 責曰 何不密啓而便收從事오하니 斅曰 蜀漢絶遠하니 劉備嘗用之矣라 輒收⑦도 臣猶以爲輕하노이다하니 晉主善之러라

① 晉나라 제도에 의하면 諸位從公[11]으로 持節 都督이 된 사람은 參軍이 6명이다.
晉制, 諸位從公爲持節都督, 參軍六人.
② 龍驤將軍의 호칭이 여기에서 비롯되었다. 晉나라 제도에 의하면 方面의 직임을 맡는 경우 資級이 중한 사람이 都督諸軍事가 되고, 資級과 人望이 가벼운 사람이 監軍事가 되었다.
龍驤將軍之號始此. 晉制方面之任, 資重者爲都督諸軍事, 資望輕者爲監軍事.
③ 輒(오로지)은 專이라는 뜻이다.
輒, 專也.
④ 杮는 方廢의 切이니, 쪼개진 나무 조각이다.
杮, 方廢切, 斫木札也.
⑤ 建平郡은 漢나라 때에 南郡의 巫縣이었는데, 吳主 孫權이 나누어 宜都郡을 두었고, 吳主 孫休 永安 3년(260)에 宜都郡을 나누어 建平郡을 세웠다.
建平郡, 漢南郡之巫縣, 吳主權分置宜都郡, 吳主休永安三年, 分宜都立建平郡.
⑥ "列上"은 열거하여 봉함해 보고하는 것을 말한다.
列上, 謂陳列而封上.
⑦ 여기서 句를 뗀다.
句.

【綱】 가을 7월에 晉나라가 賈充을 司空에 임명하였다.

秋七月에 **晉以賈充爲司空**하다

---

10) 中制 : 조정의 詔書이다.
11) 諸位從公 : ≪通典≫ 〈晉官品〉에 의하면 제1품에 해당하는 관직이다.

【目】 賈充은 侍中 任愷와 함께 모두 晉主(司馬炎)의 총애를 받았는데, 가충이 명예와 권세를 독차지하려 하여 임개를 시기하니, 이에 조정의 인사들은 각기 朋黨을 이루게 되었다. 晉主가 가충과 임개를 불러서 연회를 베풀며 말하기를 "조정은 마땅히 하나가 되어야 하고, 大臣은 마땅히 화합해야 한다."라고 하니, 가충과 임개가 절하며 사과하였다.

얼마 후에 晉主가 알면서도 문책을 하지 않자 더욱 꺼리는 바가 없어서 겉으로는 상대를 존중하였지만, 속으로는 원망이 더욱 깊어졌다. 가충이 이윽고 임개를 추천하여 吏部尙書로 나가게 하고는 荀勖, 馮紞(풍담)과 함께 그를 참소하니, 임개가 이로 말미암아 죄를 얻어 집으로 폐출되었다.

充與侍中任愷로 皆爲晉主所寵任이러니 充欲專名勢而忌愷하니 於是에 朝士各有朋黨이어늘 晉主召充愷宴而謂之曰 朝廷宜一하고 大臣當和라한대 充愷拜謝러니 旣而以晉主知而不責으로 愈無所憚하여 外相崇重이나 內怨益深이라 充乃薦愷하여 出爲吏部尙書하고 而與荀勖馮紞으로 共譖之하니 愷由是得罪하여 廢於家하다

【綱】 9월에 吳나라 步闡이 西陵을 점거하고 반란을 일으켜 晉나라에 항복하였다.

九月에 吳步闡이 據西陵叛하여 降晉하다

【目】 步闡은 대대로 西陵에 살았는데, 이때에 吳主가 그를 부르자 보천이 자신의 직위를 잃을 것으로 여기고 거기다 자신을 참소함이 있을까 두려워하여 드디어 성을 점거하여 晉나라에 항복하였다.

闡世在西陵①이러니 至是하여 吳主徵之하니 闡自以失職하고 且懼有讒하여 遂據城降晉하다

① 吳主 孫權이 步騭을 등용하여 西陵을 감독하게 한 뒤로 보즐이 卒하자 그의 아들 步協이 승계하였다. 步闡은 보협의 아우이다.
自吳主權用步騭督西陵, 騭卒, 子協繼之. 闡, 協弟也.

【綱】 겨울 10월 초하루에 일식이 있었다.

冬十月朔에 日食하다

【綱】 11월에 吳나라 陸抗이 西陵을 함락하여 步闡을 誅殺하였는데, 晉나라 羊祜 등이 그를 구원하고자 하였으나 미치지 못했다.

◑ **十一月**에 **吳陸抗拔西陵**하여 **誅步闡**하니 **晉羊祜等**이 **救之不及**[12)]하다

【目】 吳나라 陸抗은 步闡이 〈西陵에서〉 반란했다는 소식을 듣고 급히 장군 吾彦을 파견하여 토벌하니, 晉나라에서는 荊州刺史 楊肇를 파견하여 보천을 맞이하였다. 羊祜는 江陵으로 출발하고, 徐胤은 建平을 공격하여 보천을 구원하였다. 육항이 서릉으로 간 군사들에게 성을 포위하는 담장을 견고히 구축하라고 명을 내려 赤谿에서 故市까지 쌓아서 이로써 안으로는 보천을 포위하고 밖으로는 晉나라 군사들을 막게 하여 밤낮으로 독촉하니, 군사들이 매우 고생을 하였다.

여러 장수들이 간언하기를 "지금 군사들의 銳氣를 이용하여 보천을 공격해야 마땅한데, 무엇 때문에 포위하는 것을 일삼아서 군사와 백성들을 수고롭게 하는 것입니까?"라고 하니, 육항이 말하기를 "이 城은 지세가 견고하고 군량이 넉넉하며 방어 무기를 모두 내가 알고 있다. 지금 도리어 그들을 공격하면 빨리 함락할 수가 없고, 북쪽의 병사들이 이르렀는데 아무 대비가 없으면 안팎으로 어려운 상황을 만나게 될 것이니, 무슨 수로 막을 수 있겠는가."라고 하였다.

여러 장수들이 공격하자고 청하기를 그치지 않자, 육항이 여러 사람의 마음을 승복시키려고 하여 한 번 공격하도록 허락하였지만 결과적으로 이득이 없었다. 포위망이 비로소 완성되자 양호의 병력 5만이 江陵에 도착하였다. 여러 장수들이 모두 육항이 서릉으로 가서는 안 된다고 하자, 육항이 말하기를 "강릉은 城이 견고하고 병력도 충분하니, 걱정할 것이 없다. 가령 적들이 강릉을 차지한다고 하더라도 필시 지켜내지 못할 것이니 우리의 손해가 적지만, 만약 晉나라가 서릉을 차지한다면 南山의 여러 오랑캐들이 동요하게 될 것이니 그 근심을 헤아릴 수 없다."라고 하고는 마침내 많은 병력을 이끌고 서릉으로 갔다.

---

12) 吳陸抗拔西陵……救之不及 : "'晉나라가 그를 구원하고자 하였으나 미치지 못했다.'라고 기록한 것은 어째서인가. 陸抗을 가상히 여긴 것이다. 육항이 步闡의 배반 소식을 듣고 급히 군대를 보내어 토벌하였으니, 임기응변에 능했다고 말할 수 있으므로 가상히 여긴 것이다. ≪資治通鑑綱目≫이 끝날 때까지 '不及'이라고 기록한 것이 세 번인데(이해(272)의 羊祜, 梁나라 乙亥年(555)의 王琳, 같은 해(555) 北齊가 군대를 파견함), 北齊의 경우는 나무라는 말을 한 것이다.〔書晉救之不及 何 嘉抗也 抗聞闡叛 亟遣兵討之 可謂能權矣 故嘉之 終綱目 救書不及三(是年羊祜 梁乙亥年王琳 同上齊遣兵) 惟齊爲譏辭〕" ≪書法≫

吳陸抗이 **聞步闡叛**하고 **亟遣將軍吾彦討之**어늘 **而晉遣荊州刺史楊肇迎闡**이러니 **羊祜**는 **出江陵**하고 **徐胤**은 **擊建平**하여 **以救之**어늘 **抗勅西陵諸軍築嚴圍**하여 **自赤谿至于故市**하여 **內以圍闡**하고 **外禦晉兵**하여 **晝夜催切**하니 **衆甚苦之**①라 **諸將諫曰 今宜乘銳攻闡**이어늘 **何事於圍**하여 **以敝士民之力**고하니 **抗曰 此城勢固糧足**하고 **凡備禦之具**가 **皆抗宿規**②라 **今反攻之**면 **不可猝拔**이요 **北兵至而無備**면 **表裏受難**이니 **何以禦之**리오 **諸將請不已**어늘 **抗欲服衆心**하여 **聽令一攻**이러니 **果無利**하다 **圍始合**하고 **而祜兵五萬至江陵**하니 **諸將咸以抗不宜上**③이어늘 **抗曰 江陵城固兵足**하니 **無可憂者**요 **假令敵得之**라도 **必不能守**니 **所損者小**어니와 **若晉據西陵**하면 **則南山群夷皆動**이니 **其患不可量也**④라하고 **乃帥衆赴西陵**하다

① 胡三省이 말하기를 "≪水經註≫에 '江水는 西陵의 협곡에서 나와 동남쪽으로 흘러 故城洲를 가로지른다. 洲의 북쪽이 해안에 붙어 있는데, 洲의 윗부분은 郭洲로 길이가 2리이고, 폭이 1리이다. 그 위에 步闡 옛 城이 있는데, 네모나고 둥근 모양이 洲와 걸맞고 주위를 둘러 대략 가득 차 있다. 故城洲 위에 5리에 걸쳐 있는 성이 있는데 보천의 아버지인 보즐이 쌓은 것이다. 또 〈江水가〉 동쪽으로 陸抗 옛 城을 지나간다.' 하였다. 지금의 峽州 遠安縣이 江北에 위치하여 거기에 孤山, 육항 옛 城, 丹山이 있다. 당시에 붉은 기운이 있었는데, 赤溪가 마땅히 丹山에서 나오는 것이라고 생각하였다. 故市는 바로 보즐 옛 城으로, 거처하는 곳에 市가 형성되었는데, 보천이 별도로 성을 쌓았기 때문에 故市라고 한 것이다."라고 하였다. 切은 급박하다는 뜻이다.
胡三省曰 "水經註 '江水出西陵峽, 東南流, 逕故城洲, 洲北附岸, 洲頭曰郭洲, 長二里, 廣一里, 上有步闡故城, 方圓稱洲, 周迴略滿. 故城洲上, 城周〔五〕[13]里, 闡父騭所築也. 又東逕陸抗故城.' 今峽州遠安縣在江北, 有孤山, 有陸抗故城, 有丹山. 時有赤氣, 意赤溪當出於丹山. 故市, 卽步騭故城, 所居成市, 而闡別築城, 故曰故市." 切, 迫也.

② 陸抗이 이전에 西陵을 감독한 적이 있다.
抗先嘗督西陵.

③ 樂鄕에서 서쪽을 향해 西陵으로 나아간 것이 올라가는 것이 된다.
自樂鄕而西赴西陵爲上.

④ "南山"은 江南의 여러 산을 말하는데, 여러 오랑캐들이 의지하는 험준한 지형이다.
南山, 謂江南諸山, 群夷所依阻.

【目】 예전에 陸抗은 江陵의 북쪽에 큰 둑을 쌓아 물길을 막아서 적의 노략질과 내부 반란을 단절시켰다. 羊祜는 수로를 통해 군량을 운반하려고 하여 일부러 소리를 질러 "장차 둑을 무너뜨려서 보병을 통과시키겠다."라고 하였다. 육항이 그 소식을 듣고는 즉시

---

13) 〔五〕: 저본에는 '正'이 없으나, ≪水經註≫에 의거하여 보충하였다.

둑을 트라고 하자, 여러 장수들이 모두 의아하게 생각하여 여러 차례 간언을 하였으나 따르지 않았다. 양호가 當陽에 이르러 둑이 터졌다는 소식을 듣고는 수레로 군량을 운반하였는데, 대단히 많은 힘이 소비되었다.

11월에 楊肇가 西陵에 이르렀는데, 육항이 스스로 병력을 거느리고 성을 포위하는 담장에 의지하여 대항하였다. 吳나라 都督 兪贊이 도망쳐서 양조에게 가자, 육항이 말하기를 "유찬은 〈우리 군중에〉 오래 있던 관리라, 우리의 虛實을 잘 알고 있다. 나는 늘 夷族의 병력이 평소 엄격한 훈련을 받지 않은 것을 염려하였는데, 만약 적들이 우리의 포위망을 공격해온다면 반드시 이곳을 먼저 공략할 것이다."라고 하고, 그날 밤에 夷族의 병력을 바꾸어 정예병으로 그곳을 지키게 하였다. 다음 날 양조가 과연 원래 夷族의 병력이 있던 곳을 공격하였다가 군사들이 패배하여 밤에 도망갔다. 육항이 추격하고자 하였으나 步闡이 틈을 보고 공략할까 염려되고 병력을 나누기에도 부족하여 다만 북을 울리며 추격하는 것처럼 하니, 양조의 군대가 두려워 모두 갑옷을 벗고 몸만 빼내어 도망쳤다. 육항이 경무장한 병력들로 그들을 뒤쫓게 하자 양조가 또 크게 패배하였고, 양호 등이 군사를 이끌고 돌아갔다. 육항이 드디어 서릉을 함락하여 보천과 같이 모의한 장군과 관리 수십 명의 목을 베고 이들의 삼족을 모두 멸하였는데, 동쪽으로 樂鄕에 돌아가서도 자랑하는 기색이 없었다.

吳主가 이미 서릉에서 승리하고는 뜻이 더욱 커져서 術士 尙廣에게 천하를 차지할 시기를 점치게 하니, 대답하기를 "길합니다. 庚子年(280)에 靑蓋[14]로 장식된 수레가 낙양에 들어가게 될 것입니다."라고 하니, 吳主가 기뻐하면서 德政을 펴지 않고 오로지 겸병할 계책만을 세웠다.

初에 抗以江陵北에 作大堰遏水以絶寇叛이러니 祜欲因水運糧하여 而揚聲將破堰以通步軍한대 抗聞卽決之하니 諸將皆惑하여 屢諫不聽이러니 祜至當陽聞堰敗하고 乃以車運하니 大費功力이러라

十一月에 肇至西陵이어늘 抗自將憑圍對之①하니 都督兪贊亡詣肇한대 抗曰 贊舊吏라 知吾虛實하니 吾常慮夷兵素不簡練이라 若敵攻圍면 必先此處라하고 卽夜易夷兵하여 以精兵守之러니 明日에 肇果攻故夷兵處하여 衆敗夜遁이어늘 抗欲追之나 而慮闡伺間하고 兵不足分하여 於是에 但鳴鼓若將追者하니 肇衆兇懼하여 悉解甲挺走②어늘 抗使輕兵躡之하니 肇又大敗하고 祜等이 皆引軍還이라 抗遂拔西陵하여 誅闡及同謀將吏數十人하여 皆夷三族한대 東還樂鄕에 貌無矜色이러라 吳主旣克西陵에 志益張大하여 使術士尙廣으로 筮取天下③한대 對曰 吉하니 庚子歲에 靑蓋當入洛陽④이라하니

14) 靑蓋 : 청색 陽傘을 치장한 수레로, 황제와 황태자가 타는 수레이다.

吳主喜하여 不修德政하고 專爲兼幷之計러라

① 성 주변을 두른 장벽에 의지하여 대치하면 저들은 客이 되고, 우리는 主가 된다.
憑長圍以對之, 則彼爲客, 我爲主.
② 挺은 뽑는다는 뜻으로, "挺走"는 몸을 빼내 도망치는 것이다.
挺, 拔也. 挺走, 拔身而走也.
③ 張(확장하다)은 去聲이다. 尙廣은 姓名이다.
張, 去聲. 尙廣, 姓名.
④ 그 후에 吳나라가 망하여 孫皓가 洛陽으로 들어갔으니, 庚子年의 일이었다.
其後吳亡, 皓入洛, 歲在庚子.

【目】羊祜가 江陵에서 돌아와 은덕을 베풀고 신의를 쌓아 吳나라 사람들을 감복시켰다. 교전을 벌일 때마다 날짜를 정하여 전투를 하였으며, 몰래 습격하는 계책을 쓰지 않았고, 장수들 가운데 속임수를 쓰자고 진언하려는 사람이 있으면 번번이 좋은 술을 마시게 하여 말을 할 수 없게 하였다. 군대가 吳나라의 접경 지역에 가서 곡식을 베어 군량으로 썼는데, 침탈한 양을 모두 계산하여 비단을 보내어 배상하고, 사냥을 할 때는 늘 晉나라의 땅에 그쳤고, 만약 잡은 짐승 중에 먼저 吳나라 사람에 의해 상처를 입은 것이 있으면 모두 돌려보내니, 吳나라의 변경 사람들이 모두 기뻐하여 탄복하였다.

양호와 陸抗이 경계를 마주하면서 使者들이 늘 왕래하여 육항이 양호에게 술을 보내면 양호는 의심하지 않고 이를 마셨으며, 육항이 병이 나자 양호가 조제해놓은 약을 그에게 주었는데, 육항이 즉시 복용하였다. 사람들이 대부분 육항에게 간언을 하자 육항이 말하기를

羊祜

"어찌 다른 사람에게 毒을 줄 羊叔子이겠는가."라고 하였다. 육항이 변경의 수비병들에게 말하기를 "저들은 전적으로 덕을 쌓는데 우리는 전적으로 포악한 짓을 한다면 이는 싸워보지도 않고 스스로 굴복하는 것이니, 각자 나누어진 경계를 지킬 뿐, 자잘한 이익을 구하지 말라." 하였다. 吳主가 그 일을 듣고는 육항을 꾸짖자, 육항이 말하기를 "한 邑이나 한 鄕도 信義가 없어서는 안 되는데, 더군다나 大國이야 말할 나위가 있겠습니까. 臣이 만약 이와 같이 하지 않는다면 다만 저들의 덕행을 드러낼 뿐이니, 양호에게는 손해가 되지 않습니다."라고 하였다.

祜歸自江陵하여 務修德信以懷吳人하니 每交兵에 刻日方戰하며 不爲掩襲之計하고 將帥有欲進譎計者어든 輒飮以醇酒하여 使不得言하고 軍行吳境에 刈穀爲糧한대 皆計所侵하여 送絹償之하고 每遊獵에 常止晉地하고 所得禽獸가 或先爲吳人所傷者어든 皆送還之하니 於是에 吳邊人이 皆悅服이러라 祜與陸抗對境에 使命常通①하여 抗遺祜酒에 祜飮之不疑하고 抗疾에 祜與之成藥이어든 抗卽服之하니 人多諫抗이어늘 抗曰 豈有酖人羊叔子哉②리오 抗告其邊戍曰 彼專爲德하고 我專爲暴면 是不戰而自服이니 各保分界而已요 無求細利③하라 吳主聞而責之한대 抗曰 一邑一鄕도 不可以無信義어든 況大國乎아 臣不如此면 適足彰彼之德이니 於祜無傷也니이다

① 使(사신)는 疏吏의 切이다.
使, 疏吏切.
② "成藥"은 이미 합성하여 조제한 약이다. 叔子는 羊祜의 字이다.
成藥, 已合成熟藥也. 叔子, 祜字.
③ 分(경계)은 扶問의 切이다.
分, 扶問切.

【目】 吳主가 여러 장수들의 계책을 이용하여 여러 차례 晉나라의 변경을 침략하여 노략질을 하였는데, 陸抗이 상소하기를 "지금 힘써 농사지어 나라를 부유하게 하는 데 힘쓰지 않고, 관리를 잘 살피고 능력 있는 사람을 임용하지 않으며, 관리의 승진과 좌천을 분명히 하고 형벌과 포상을 신중히 하지 않으며, 여러 관청을 덕으로써 가르치거나 백성들을 仁으로 어루만지지 않고, 功名만을 추구하는 여러 장수들의 말을 따라 병사들을 끝까지 내몰아 무력을 남발하여 걸핏하면 비용이 만으로 헤아리고 사졸들은 지쳐있으니, 적들은 쇠퇴하지 않았지만 우리나라는 이미 크게 병이 들었습니다. 천하 제왕의 기업을 다투면서 10이나 100의 작은 이익에 눈이 어두우니, 이는 신하의 간교한 꾀임이지, 국가의 좋은 계책은 아닙니다. 옛날에 齊나라와 魯나라가 세 번 싸웠는데, 魯나라

가 두 번 승리하였지만 발길을 돌릴 새도 없이 망하였습니다.[15] 하물며 지금 우리가 얻은 승리가 잃은 것을 메울 수 없는 데야 말할 나위가 있겠습니까."라고 하였으나, 吳主는 그 말을 따르지 않았다.

吳主用諸將謀하여 數侵盜晉邊한대 抗上疏曰 今不務力農富國하고 審官任能하며 明黜陟하고 愼刑賞하며 訓諸司以德하고 撫百姓以仁①하며 而聽諸將徇名하여 窮兵黷武하니 動費萬計요 士卒凋瘁하니 寇不爲衰而我已大病矣라 爭帝王之資而昧十百之利하니 此人臣之姦便이요 非國家之良策也②라 昔齊魯三戰에 魯人再克이로되 而亡不旋踵하니 況今克獲이 不補所喪哉아하니 吳主不從하다

① "諸司"는 百執事와 文人, 有司가 있는 곳이다.
諸司, 謂百執事・文人・有司存者.

② 昧는 어둡다는 뜻이다.
昧, 昏也.

【目】양호가 조정의 권력이 있고 귀한 사람들과 결탁하지 않으니, 荀勖과 馮紞의 무리가 모두 그를 싫어하였다. 從甥(5촌 생질) 王衍이 양호를 찾아가 이 일에 대해 말한 적이 있는데, 그 말이 아주 분명하고 조리가 있었다. 양호가 그렇지 않을 것이라고 하자, 왕연이 옷을 털고는 가버렸다. 그러자 양호가 빈객을 돌아보며 말하기를 "王夷甫가 마땅히 큰 명성을 얻어 높은 자리에 오르게 되겠지만 풍속을 훼손시킬 사람은 필시 이 사람일 것이다."라고 하였다. 江陵을 공격하게 되자, 양호가 軍法으로 王戎의 목을 베려고 하였다. 왕연은 왕융의 사촌동생이 되기 때문에 두 사람이 모두 이를 유감으로 생각하니, 당시 사람들이 이를 두고 말하기를 "두 왕씨가 나라를 책임지게 되면 羊公은 아무런 덕행을 펴지 못할 것이다."라고 하였다.

祜不附結中朝權貴하니 荀勖馮紞之徒가 皆惡之러라 從甥王衍이 嘗詣陳事하여 辭甚淸辯이어늘 祜不然之한대 衍拂衣去하니 祜顧謂客曰 王夷甫方當以盛名處大位나 然敗俗傷化는 必此人也①라하더니 及攻江陵에 祜以軍法으로 將斬王戎하니 衍은 戎之從弟也라 故二人皆憾之②하니 時人爲之語曰 二王當國에 羊公無德이라하더라

① 夷甫는 王衍의 字이다.

---

15) 齊나라와……망하였습니다 : 《戰國策》〈齊策 1〉에 "齊나라가 魯나라와 세 번 싸워 魯나라가 세 번 승리하였으나 나라가 위태로워지다가 뒤따라 나라가 망하였다. 그러니 비록 명분상으로는 이겼지만 실제로는 망한 것이다.〔齊與魯三戰而魯三勝 國以危 亡隨其後 雖有勝名而有亡之實〕"라는 내용이 보인다.

夷甫, 衍字.

② 《資治通鑑》에는 "두 사람이 모두 유감을 가져서 말할 적에 대부분 羊祜를 비난하였다."라고 하였다.
通鑑 "二人皆憾之, 言論多毁祜."

【綱】 晉나라가 國子祭酒 庾純의 관직을 파면시켰다가 얼마 뒤에 다시 그를 임용하였다.

晉免其國子祭酒庾純官이러니 **尋復用之**①16)하다

① 武帝가 처음에 國子學을 설립하여 규정을 마련하여 國子祭酒와 博士 각 1명 및 助敎 15인을 두어서 생도를 가르치게 하였다.
帝初立國子學, 定置國子祭酒博士各一人助教十五人, 以教生徒.

【目】 賈充이 조정의 인사들과 연회를 열었을 때에 河南尹 庾純이 취하여 가충과 언쟁을 벌였는데, 가충이 말하기를 "그대의 아버지가 연로한데도 돌아가서 봉양하지 않으니, 경은 하늘도 없고 땅도 없는 것이구려."라고 하였다. 그러자 유순이 말하기를 "高貴鄕公[17]이 어디 있는가."라고 하니, 가충이 부끄럽고 화가 나서 표문을 올려 해직을 청하고, 유순 역시 자신을 탄핵하였다. 그러자 조서를 내려 유순을 면직시키게 하고 그대로 五府에 회부하여 그의 잘잘못을 바로잡게 하였다. 石苞가 논하기를 유순이 관직에 나가는 것을 영광으로 여겨 부모를 잊었으니, 마땅히 제명시켜야 한다고 하였다. 齊王 司馬攸가 유순이 禮法과 刑律에 있어 아직까지 어긋나는 점이 없다고 하니, 조서를 내려 다시 유순을 祭酒로 삼았다.

賈充與朝士宴할새 **河南尹庾純醉與充爭言**이러니 **充曰 父老不歸養**하니 **卿爲無天地**로다하니 **純曰 高貴鄕公**이 **何在**①오한대 **充慙怒**하여 **上表解職**하고 **純亦自劾**이어늘 **詔免純官**하고 **仍下五府**하여

16) 晉免其國子祭酒庾純官 尋復用之 : "자기에게 잘못이 없은 뒤에야 남의 잘못을 비난하는 것이다. 賈充 자신이 시해를 저지른 반역자이면서 庾純이 부모 봉양을 어긴 것을 문책하였으니, 유순이 가충이 高貴鄕公에게 저지른 일을 문책한 것이 마땅하다. 그러나 晉나라는 간사한 자를 보호해 길러 마침내 유순의 관직을 파면하고서 이윽고 속으로 부끄러워하여 얼마 뒤에 다시 등용하였다. 《資治通鑑綱目》에서 이를 특별히 기록하여 의리를 일으켜서 後人들이 미루어 살펴서 알도록 하였다.〔無諸己而後 可以非諸人 充自弑逆之賊 乃以違養責 庾純宜其取高貴鄕公之問也 然晉方護養姦回 遂免純官 既而內愧於心 尋復用之 綱目所以特筆起義 欲使後人推考而得之也〕" 《發明》 "無諸己而後 可以非諸人"은 《大學章句》 傳 9장에 보인다.

17) 高貴鄕公 : 曹髦로 魏나라 황제이다. 司馬氏의 등장으로 분에 못 이겨 군사를 일으켜서 사마씨에게 대들다가 賈充의 지휘 아래 목숨을 잃었다. 이 일은 본서 161쪽에 보인다.

正其臧否(비)[②]러니 石苞以純榮宦忘親하니 當除名이라한대 齊王攸以爲純於禮律에 未有違者라하니 詔復純爲祭酒하다

① 賈充이 임금을 시해한 일을 배척한 것이다.
斥其弑君也.

② 당시에 賈充을 제외하고 公의 지위에 있는 자가 다섯 명이었기 때문에 五府에 맡겼다고 한 것이다.
當時除賈充之外, 居公位者有五, 故下五府.

【綱】吳나라가 丞相 萬彧·將軍 留平·大司農 樓玄을 죽였다.

吳殺其丞相萬彧將軍留平大司農樓玄[18)]하다

【目】吳主(孫皓)가 華里로 유람을 나갈 때[19)] 萬彧이 將軍 留平과 비밀리에 모의하여 말하기를 "만약에 君主가 華里에 갔다가 돌아오지 않으면 사직의 일이 중요하니, 스스로 돌아가지 않을 수 없다."라고 하였다. 吳主가 자못 이 소식을 듣고는 연회로 인하여 만욱과 유평에게 毒酒를 마시게 하였는데, 죽지 않았다. 그리하여 만욱은 자살하고 유평은 근심과 울분으로 卒하였다.

예전에 만욱은 충성스럽고 청렴한 인물을 선발하여 近臣으로 보임하기를 청하자, 吳主가 樓玄을 宮下鎭으로 임명하여 궁전의 일을 주관하게 하였는데, 누현은 몸을 바르게 하고 많은 사람들을 이끌며 법을 잘 받들어 시행하고 군주에게 응답하기를 간절하고 정직하게 하니, 吳主가 점차 기뻐하지 않았다.

吳主之遊華里也에 萬彧與將軍留平으로 密謀曰 若至華里不歸면 社稷事重하니 不得不自還이니라 吳主頗聞之하고 因會以毒酒飮(임)彧及平不死[①]러니 彧은 自殺하고 平은 憂懣而卒하다

18) 吳殺其丞相萬彧將軍留平大司農樓玄 : "萬彧과 留平은 吳主를 扈從했다가 도망오기를 생각했으니 죄가 없지 않은데 어째서 樓玄과 함께 아울러 '殺'이라고 기록했는가. ≪資治通鑑綱目≫에서는 본원을 맑게 하고 근본을 바로잡아서 만욱과 유평의 일을 생략하여 吳主를 죄준 것이다. 유람하는 데에 대한 경계가 크다.〔彧平扈從而思逃 不無罪矣 曷爲與樓玄竝書殺 綱目澄源正本 略彧平 所以罪吳主也 其爲盤遊之戒深矣〕" ≪書法≫
"孫皓가 이전에 王蕃을 죽인 것은 이미 冊에 기록되었는데 마치 일반 관료처럼 말하였고, 지금 또 죄가 없는데도 그 장군과 재상의 대신들을 죽인 것을 여기에 나열하여 기록하였으니 어지러이 망한 자취를 드러낸 것이다. 그렇다면 吳나라가 망한 것은 어찌 晉나라 王濬이 進軍하기를 기다린 뒤에 미친 결과이겠는가.〔孫皓前殺王蕃 已書于冊 猶曰庶僚云耳 今又以無罪殺其將相大臣 列書于此 所以著其亂亡之迹也 然則吳之亡也 豈俟王濬進軍而後及乎〕" ≪發明≫

19) 吳主(孫皓)가……때 : 본서 256쪽에 보인다.

初에 彧請選忠淸之士하여 以補近職한대 吳主以樓玄으로 爲宮下鎭하여 主殿中事②러니 玄이 正身帥衆하여 奉法而行하고 應對切直하니 吳主浸不悅이러니

① ≪資治通鑑≫에는 "毒酒를 萬彧에게 먹이게 하였는데, 술을 전해주던 사람이 사사로이 이를 덜어내었고, 또 留平에게 먹이게 하였는데, 유평이 이를 알아차리고 다른 약을 먹고 해독을 하여 죽지 않았다."라고 하였다.
通鑑 "以毒酒飮彧, 傳酒人私減之, 又飮留平, 平覺之, 服他藥以解, 得不死."

② 宮下鎭은 官名이다. 吳나라의 舊事에 궁궐의 일을 주관하는 자는 친근한 사람을 등용하는데, 孫晧가 萬彧의 말로 인해 樓玄을 등용하여 궁중의 일을 주관하게 하였다.
宮下鎭, 官名也. 吳舊事, 禁中主者, 自用親近人, 晧以彧言, 用玄主殿中事.

【目】 中書令 賀邵가 다음과 같이 간언하였다.

"신이 듣건대 나라를 일으키는 군주는 자신의 허물을 듣기 좋아하고, 나라를 혼란하게 하는 군주는 자신을 칭찬하는 말을 듣기 좋아한다고 합니다. 자신의 허물을 듣고자 하는 사람은 허물이 날로 줄어들어 복된 일이 찾아오고, 자신의 칭찬을 듣고자 하는 사람은 칭찬이 날마다 줄어들어 재앙이 이르게 됩니다.

폐하께서는 엄한 형법으로 곧은 말을 막고, 훌륭한 인물을 내쫓아서 간언하는 말을 막아서 술잔을 돌리는 연회에서조차 목숨을 보장받지 못하니, 이 때문에 올바른 인물은 바른 절조를 굽히고, 용렬한 신하는 구차히 아첨하여 사람들은 이치에 어긋나는 평의를 채택하고, 선비들은 도리에 어긋나는 논의를 펼쳐 이윽고 벼슬하는 자들에게 물러나는 것을 다행으로 여기게 하고, 중앙에 있는 관원에게 외직으로 나가는 것을 복으로 여기게 하니, 大業을 보존하는 방법이 아닙니다.

何定이 제멋대로 事役을 일으키고 江邊을 지키는 병사들을 징발하여 사슴 사냥을 하도록 하니, 노약자들은 굶주림과 추위에 떨고 어른과 아이들은 원망하고 탄식을 하였습니다.

傳(옛 책)에 이르기를 '나라가 흥성할 때에는 백성들을 갓난아이처럼 여기지만, 나라가 망할 때에는 백성을 초개처럼 여긴다.'라고 하였으니, 지금 형법과 금령이 점점 가혹해지고, 조세는 날로 많아져서 부르짖고 한탄하는 소리가 和氣를 해치고 있으며, 또 나라 안에는 1년 정도 버틸 곡식이 없고, 민가에도 한 달을 넘길 양식이 없는데, 후궁에서 가만히 앉아 밥을 먹는 이들이 1만여 명입니다.

북쪽의 적국(晉나라)이 주의를 기울여 우리나라의 성쇠를 엿보고 있으니, 長江의 한

계는 오래 믿을 것이 못됩니다. 만일 우리가 능히 장강을 지킬 수 없다면 뗏목 한 척으로 건널 수 있으니, 바라건대 폐하께서는 기초와 근본을 두텁고 굳건하게 하시고 개인적인 感情을 버리고 道를 따르소서. 그렇게 하신다면 聖祖의 복이 융성해질 것입니다."

吳主가 이를 한스럽게 여겼는데, 이때에 좌우 신하들이 누현과 하소를 무함하여 政事를 비방하였다고 하니, 두 사람 모두 힐책을 받아서, 누현을 交趾로 귀양을 보냈다가 마침내 죽였다.

中書令賀卲諫曰 臣聞興國之君은 **樂聞其過**하고 **荒亂之主**는 **樂聞其譽**라하니 **聞其過者**는 **過日消而福臻**하고 **聞其譽者**는 **譽日損而禍至**하나니 **陛下嚴刑法以禁直辭**하고 **黜善士以逆諫口**하여 **杯酒造次**에 **死生不保**하니 **是以**로 **正士摧方**하고 **庸臣苟媚**하여 **人執反理之評**하고 **士吐詭道之論**[①]하여 **遂使仕者**로 **以退爲幸**하고 **居者**로 **以出爲福**하니 **非所以保洪緖也**로소이다 **何定**이 **妄興事役**하여 **發江邊戍兵**하여 **以驅麋鹿**하니 **老弱飢凍**하고 **大小怨歎**이라 **傳曰 國之興也**에 **視民如赤子**하고 **其亡也**에 **以民爲草芥**[②]라하니 **今法禁轉苛**하고 **賦調益繁**하여 **呼嗟之聲**이 **感傷和氣**하고 **且國無一年之儲**하며 **家無經月之蓄**이로되 **而後宮坐食**이 **萬有餘人**이라 **北敵注目**하여 **伺國盛衰**하니 **長江之限**은 **不可久恃**라 **苟不能守**면 **一葦可航也**[③]니 **願陛下**는 **豐基彊本**하고 **割情從道**하시면 **則聖祖之祚隆矣**[④]리이다 **吳主深恨之**어늘 **於是**에 **左右誣玄與卲**로 **謗訕政事**라하니 **俱被詰責**하여 **徙玄於交趾**러니 **竟殺之**하다

① "摧方"은 모난 곳을 깎아서 둥글게 만드는 것이다. 詭는 어기고 다르다는 뜻이다.
摧方, 言刓稜角而爲圓也. 詭, 違也, 異也.

② ≪春秋左氏傳≫ 哀公 원년에 陳逢滑이 이르기를 "나라가 융성할 때에는 백성 보기를 다칠 것처럼 하고, 나라가 망할 때에는 백성을 초개처럼 간주한다."라고 하였다.
左傳, 陳逢滑曰 "國之興也, 視民如傷, 其亡也, 以民爲土芥."

③ 航은 杭과 통용하여 쓴다.
航, 通作杭.

④ 聖祖는 孫權을 말한다.
聖祖謂孫權.

癸巳年(273)

晉나라 世祖 武皇帝 司馬炎 泰始 9년이고, 吳主 孫皓 鳳凰 2년이다.

晉泰始九年이요 **吳鳳凰二年**이라

【綱】 여름 4월 초하루에 일식이 있었다.

夏四月朔에 **日食**하다

【綱】 晉나라가 鄧艾의 손자 鄧郞을 郞中으로 삼았다.

◑ **晉以鄧艾孫郞爲郞中**[20]하다

【目】 예전에 鄧艾의 죽음을 사람들이 모두 원통하게 여겼으나, 그를 위해 변명하려는 자가 없었는데, 晉主가 즉위하자 議郞 段灼이 상소를 올려 다음과 같이 말하였다.

"등애는 본래 屯田을 하는 곳에서 소 기르는 일을 담당하던 사람이었는데, 총애와 지위가 이미 지극하고 功名이 이미 이루어졌으니, 일흔 살 된 노인이 다시 무엇을 구하였겠습니까. 바로 劉禪이 처음 항복하였을 때 멀리 있는 郡들이 아직 귀부하지 않아 명령을 사칭하고 承制하여 임시로 사직을 편안히 하고자 한 것입니다.

鍾會가 悖逆한 마음을 지니고 있었는데, 등애의 威名을 두려워하여 그의 의심스런 일을 이용하여 그런 일을 꾸며대자, 등애가 조서를 펴보고는 즉시 자기 몸을 결박하였으니, 진실로 先帝(司馬昭)를 받들어 알현하게 되더라도 반드시 마땅히 죽어야 할 이치가 없음을 알 수 있습니다. 종회가 주살된 뒤에 등애의 장령과 관리들이 어리석어 함께 등애를 쫓아가서 갇힌 등애를 풀어주니, 등애가 곤경에 처하여 아직 더불어 모의한 적이 없었는데, 홀로 앞뒤로 주벌을 받았으니, 어찌 슬프지 않겠습니까. 마땅히 등애를 歸葬하도록 허락하시고 그의 田宅을 돌려주시며 후손들이 封爵을 잇게 하고 謚號를 정해주시면 등애가 죽었지만 한스러워하는 마음이 없을 것이며, 천하에서 명예를 좇는 선비와 공로를 세울 것을 생각하는 신하들이 반드시 펄펄 끓는 물과 타는 불속에도 뛰어들어 폐하를 위해 목숨을 바치는 것을 즐거워할 것으로 생각합니다."

晉主가 그 말을 좋게 여겼지만, 아직 따를 수는 없었는데, 이때에 이르러 給事中 樊建에게 諸葛亮이 蜀漢을 다스린 상황을 묻고서 말하기를 "나만 제갈량과 같은 신하를 얻어 신하로 삼을 수 없단 말인가."라고 하니, 번건이 머리를 조아리며 말하기를 "폐하께

---

20) 晉以鄧艾孫郞爲郞中 : "관직을 임명하는 데에 아직 아무개의 손자라고 기록한 적이 없었는데 '鄧艾孫'이라고 기록한 것은 어째서인가. 공로를 기록한 것이다. 이 때문에 '鄧艾孫朗'이라고 기록하였으니, 晉 武帝가 공을 기록한 것을 기록한 것이다. 〈劉裕가〉 桓冲의 손자 桓胤을 죽였다고 기록한 것은 유유가 善을 해침을 기록한 것이다.(安帝 義熙 3년(407))〔拜官 未有書某孫者 書鄧艾孫 何 記功也 是故書用鄧艾孫朗 所以志晉武之記功 書殺桓冲孫胤 所以志劉裕之賊善(安帝義熙三年)〕" ≪書法≫

서는 등애가 원통하게 죽은 사실을 아시면서도 바로잡을 수 없으셨는데, 비록 제갈량과 같은 자를 얻는다 하더라도 馮唐의 말과 같지 않겠습니까."[21)]라고 하였다. 그러자 晉主가 웃으며 말하기를 "卿의 말이 나의 생각을 일깨워주었다."라고 하고, 鄧郞을 郎中으로 삼았다.

初에 鄧艾之死를 人皆冤之나 而無爲之辨者①러니 及晉主卽位에 議郞段灼이 上疏曰 艾本屯田掌犢人②이러니 寵位已極하고 功名已成하니 七十老公이 復何所求리오 正以劉禪이 初降에 遠郡未附로 矯令承制하여 權安社稷이라 鍾會有悖逆之心호되 畏艾威名하여 因其疑似하여 構成其事하니 艾被詔書에 卽束身就縛하니 誠知奉見先帝에 必無當死之理也라 會受誅之後에 艾將吏愚戇하여 自共追艾하여 解其囚執하니 艾在困地하여 未嘗與謀나 而獨受腹背之誅하니 豈不哀哉③아 謂宜聽艾歸葬하고 還其田宅하며 繼封定謚면 則艾死無所恨이요 而天下徇名之士와 思立功之臣이 必投湯火하여 樂爲陛下死矣리이다 晉主善其言而未能從也러니 至是하여 問給事中樊建以諸葛亮之治蜀하고 曰 吾獨不得如亮者而臣之乎④아 建稽首曰 陛下知鄧艾之冤이로되 而不能直하시니 雖得亮이라도 得無如馮唐之言乎⑤아 晉主笑曰 卿言起我意라하고 乃以朗爲郞中하다

① 爲(위하다)는 去聲이니 아래 "樂爲"의 爲도 같다.
爲, 去聲, 下樂爲同.

② 鄧艾는 본래 義陽 棘陽 사람으로, 魏나라 太祖가 荊州를 격파했을 때, 汝南으로 이주하여 농민이 되어 소를 길렀다.
艾本義陽棘陽人, 魏太祖破荊州, 徙汝南, 爲農民養犢.

③ 배는 앞에 있고 등은 뒤에 있으니, 앞뒤에서 모두 죽음을 면하지 못하는 것이다.
腹在前, 背在後, 謂前後皆不免於誅.

④ 樊建은 옛날 蜀漢의 신하이다.
建故蜀臣.

⑤ 〈"得無如馮唐之言乎"는〉 등용하지 못함을 말한다.
言不能用也.

【綱】 吳나라가 侍中 韋昭를 죽였다.

---

21) 馮唐의……않겠습니까 : 漢나라 文帝가 郎署를 지나다가 늙은 郎官인 馮唐을 만나 그의 고향을 물으니 趙나라라고 하였다. 문제는 당시에 匈奴의 강성함을 걱정하여 趙나라의 옛날 장수 李齊의 이야기를 하며 감탄하였다. 풍당이 趙나라의 옛날 장수 廉頗와 李牧의 장한 점을 말하니, 문제는 엉덩이를 치며 "어찌하면 나도 그런 사람을 장수로 삼을 수 있겠는가."라고 하니, 풍당이 말하기를 "폐하께서는 염파와 이목을 만나도 등용하지 못하실 것입니다."라고 하면서, 당시에 魏尙이란 장수를 조그만 과실로 옥에 가둔 것을 비난하였는데, 문제가 깨닫고 즉시 풍당을 시켜 위상을 석방시켰다.(≪史記≫ 〈馮唐列傳〉)

吳殺其侍中韋昭하다

【目】 吳나라 사람들 대부분이 상서로운 징조를 말하자, 吳主(孫皓)가 韋昭에게 물었는데, 위소가 말하기를 "이는 집안사람들의 광주리에 든 물건일 뿐입니다."라고 하였다. 위소는 國史를 겸직하고 있었는데, 吳主가 자신의 아버지를 위하여 帝紀를 써주기를 바라자 위소가 말하기를 "文皇帝(孫和)는 황제의 자리에 오르지 못했으니, 마땅히 列傳에 기록해야 합니다."라고 하였다. 吳主가 기뻐하지 않자, 위소가 사직하기를 원했으나 들어주지 않았다.

吳主가 여러 신하들에게 술을 마시게 할 적에 마실 수 있는지의 여부를 묻지 않고 일률적으로 7升을 한정하여 마시도록 하였는데, 위소가 홀로 茶로 대신하자 뒤에 다시 강제로 마시게 되었다. 또 술을 마신 뒤에는 늘 侍臣들을 시켜서 公卿들을 조롱하게 하여 개인적인 단점을 드러내는 것을 즐겼는데, 위소는 다만 經義를 논란하여 물을 뿐이었다. 그러자 吳主는 분노가 쌓여 드디어 그를 죽였다.

吳人多言祥瑞者러니 吳主以問昭한대 昭曰 此家人筐篋中物耳①니이다 昭領國史에 吳主欲爲其父作紀②어늘 昭曰 文皇不登極位하니 當爲傳③이니이다 吳主不悅이어늘 昭求去不聽이러니 吳主飮(임)群臣酒할새 不問能否하고 率以七升爲限④호되 至昭獨以茶代러니 後更見强⑤하고 又酒後에 常使侍臣으로 嘲弄公卿하여 發摘私短以爲歡⑥호되 昭但難問經義而已⑦라 吳主積怒하여 遂誅之하다

① 상서로운 징조를 말하였는데, 그것을 가지고 집안사람들의 광주리에 든 물건이라고 한 것은 圖讖과 緯書를 칭술하여 상서로운 조짐의 응험을 말하였기 때문에 그 글을 집안사람들의 광주리에 든 물건이라고 한 것이다.
言祥瑞而謂之家人筐篋中物者, 蓋稱引圖緯以言祥瑞之應, 故謂其書爲家人筐篋中物也.

② 爲(위하다)는 去聲이다. 紀는 기록한다는 뜻이니, 일에 의거하여 기록하기 때문에 本紀라고 한다. 또 紀는 다스린다는 뜻이니, 실 가닥에는 '실마리[紀]'가 있다. 제왕에 대한 글을 紀라고 칭하는 것은 후대에 기강이 됨을 말한 것이다.
爲, 去聲. 紀者, 記也, 本其事而記之, 故曰本紀. 又紀, 理也, 絲縷有紀. 而帝王書稱紀者, 言爲後代綱紀也.

③ 吳主는 그의 아버지 孫和의 諡號를 文皇帝라 하였다. 傳(전기)은 直戀의 切이다. 列傳은 신하의 사적을 차례하고 나열하여 후세에 전하게 하는 것을 이르기 때문에 列傳이라고 한다.
吳主謚其父和曰文皇帝. 傳, 直戀切. 列傳者, 謂敍列人臣事迹, 令可傳於後世, 故曰列傳.

④ 飮(마시게 하다)은 於禁의 切이다.

飮, 於禁切.

⑤ 强(억지로)은 巨兩의 切이다.
强, 巨兩切.

⑥ 摘(들춰내다)은 擿과 통용된다.
摘, 與擿通.

⑦ 難(논란하다)은 去聲이다.
難, 去聲.

【綱】 가을 7월 초하루에 일식이 있었다.

秋七月朔에 **日食**하다

【綱】 晉나라가 公卿의 딸을 선발하여 六宮을 충당하였다.

◑ 晉選公卿女備六宮[22)]하다

【目】 晉主(司馬炎)가 조령을 내려 公卿 이하 관원들의 딸을 선발하여 六宮을 충당할 적에 숨기는 자가 있으면 불경으로 논죄하고, 채택이 끝나기 전에는 시집가거나 장가가는 일을 임시로 금하여 公卿의 딸 중에 선발된 이는 三夫人과 九嬪[23)]으로 삼고 二千石과 將校의 딸은 良人 이하에 보충하게 하였다.

晉主詔選公卿以下女備六宮에 **有蔽匿者**어든 **以不敬論**[①]하고 **采擇未畢**에 **權禁天下嫁娶**하여 **公卿女中選者**는 **爲三夫人九嬪**하고 **二千石將校女**는 **補良人以下**[②]하다

① 〈"以不敬論"은〉 不敬의 법률로 죄를 논한 것이다.
以律不敬論罪也.

② 中(맞히다)은 去聲이다. ≪後漢書≫ 〈皇后紀序〉에 "秦나라가 천하를 겸병하여 後宮에 7국의 미녀를 갖추게 하고 后妃의 爵位를 8등급으로 하였다."라고 하였는데, 李賢의 注에 "正嫡을 皇后라 칭하고, 妾은 모두 夫人이라 칭하며, 또 美人, 良人, 八子, 七子, 長使, 少使의 호칭이 있다."라고 하였다.

22) 晉選公卿女備六宮 : "딸을 뽑아 入宮시키는 것을 기록한 것은 여기에서 시작되었다. ≪資治通鑑綱目≫에서 선발하여 入宮시킨 것은 다섯 번인데(이해(273), 甲午年(274), 太康 2년(281), 唐 太宗 貞觀 13년(639), 後唐 乙酉年(925)) 오직 貞觀 13년에 쓴 것은 '詔'라고 허여한 말이다.〔書選女入宮始此 綱目書采選入宮五(是年 甲午年 太康二年 唐太宗貞觀十三年 後唐乙酉年) 唯貞觀書詔 爲豫辭〕" ≪書法≫

23) 三夫人과 九嬪 : 天子가 두는 後宮을 말한다. ≪禮記≫ 〈昏義〉에 "옛적에 천자의 皇后는 六宮·三夫人·九嬪·二十七世婦·八十一御妻를 세운다."고 하였다.

中, 去聲. 東漢皇后紀 "秦幷天下, 宮備七國, 爵列八品." 注 "正嫡稱皇后, 妾皆稱夫人, 又有美人·良人·八子·七子·長使·少使之號."

【綱】 9월에 吳나라가 司市[24] 陳聲을 죽였다.

九月에 **吳殺其司市陳聲**하다

【目】 吳主(孫皓)의 애첩이 사람을 보내어 시장에 가서 백성의 물건을 빼앗아오게 하였는데, 陳聲이 그를 잡아서 법률로 처벌하자 吳主가 진노하여 다른 일을 빌미로 불에 달군 톱으로 진성의 머리를 잘라서 그의 몸을 四望山 아래에 던져버렸다.

吳主愛姬遣人至市奪民物이어늘 **聲繩之以法**하니 **吳主怒**하여 **假他事燒鋸斷聲頭**하여 **投其身於四望之下**①하다

① ≪晉書≫ 〈溫嶠傳〉에 의거하면 "溫嶠가 石頭에서 蘇峻을 토벌하고 四望磯에 堡壘를 쌓았다."라고 하였으며, 또 ≪南史≫ 〈宋宗室及諸王 下〉에 의거하면 "石頭에 四望山이 있다."라고 하였으니, 산 아래에 磯(물가 여울)가 있는 것이다.
據晉書溫嶠傳 "嶠討蘇峻於石頭, 結壘於四望磯." 又據南史 "石頭有四望山." 蓋山下有磯也.

甲午年(274)

晉나라 世祖 武皇帝 司馬炎 泰始 10년이고, 吳主 孫皓 鳳凰 3년이다.

晉泰始十年이요 吳鳳凰三年이라

【綱】 봄 정월에 일식이 있었다.

春正月에 **日食**하다

【綱】 晉나라가 조령을 내려 오늘 이후로 妾媵(侍妾)은 정실이 될 수 없게 하였다.

◐ **晉詔自今不得以妾媵爲正嫡**하다

24) 司市 : 저자의 政令, 도량형 등 禁令을 관장하는 관리이다.

【目】 晉主(司馬炎)가 근세에 안으로 총애를 받다가 后妃에 오른 이가 많아 尊卑의 질서를 어지럽힌다고 생각했기 때문에 이러한 조서를 내렸다.

晉主以近世多由內寵以登后妃하여 亂尊卑之序라 故로 有是詔①하다

① 魏나라 三祖 때에 卞氏, 郭氏, 毛氏가 황후가 되었다.[25)]
魏三祖立卞·郭·毛爲后.

【綱】 3월에 일식이 있었다.

三月에 日食하다

【綱】 晉나라가 良家의 딸을 취하여 궁에 들였다.

◑ 晉取良家女入宮[26)]하다

【目】 조령을 내려 또 良家와 하급 장령과 관리의 딸 5천여 명을 취하여 궁에 들여 선발하게 하였는데, 母子가 궁중에서 부르짖으니, 그 소리가 밖에서도 들렸다.

詔又取良家及小將吏女五千餘人하여 入宮選之어늘 母子號哭於宮中하니 聲聞于外러라

【綱】 吳나라가 章安侯 孫奮을 죽였다.

吳殺其章安侯奮①하다

---

25) 魏나라……되었다 : 三祖는 曹操, 曹丕, 曹叡를 말한다. 卞氏는 魏나라 조조의 두 번째 부인이었는데 나중에 王后가 되었다가 曹丕가 황제에 즉위하고 아버지 조조를 武皇帝로 추존할 때에 皇后로 격상되었다. 郭氏는 文帝 曹丕의 황후이고 毛氏는 明帝 曹叡의 황후이나 이들은 모두 正妻가 아니다.

26) 晉取良家女入宮 : "지난해에 公卿의 딸을 후궁으로 선발하였는데 이때에 또 良家의 딸을 취하여 많게는 5천 명이나 되었다. '選'이라고 기록하는 것은 괜찮은 것이고, '取'라고 기록한 것은 심한 것이다.〔往年選公卿女矣 於是復取良家女 而多至五千人 書選可也 書取甚哉〕" ≪書法≫
"太王(古公亶父)이 여색을 좋아하였지만 반드시 안으로 원망하는 여인이 없게 하고 밖으로 홀아비가 없게 하였다 한 것은 孟子가 齊나라 임금을 위하여 말한 것일 뿐이다. 晉 武帝는 內寵의 色慾에 빠져서 작년에 막 '公卿의 딸을 선발하여 六宮을 충당하였다.'라고 기록하였는데, 지금 또 '良家의 딸을 취하여 궁에 들였다.'라고 기록하였으니 무제가 後庭에서 놀며 술자리를 벌인 잘못은 진실로 吳나라를 평정한 이후를 기다리지 않고도 볼 수 있다. 제 몸을 잃고 나라를 망치는 것은 그 허물이 누구에게 돌아가겠는가. 이를 기록하여 경계로 삼은 것이다.〔太王好色 必使內無怨女 外無曠夫 此猶是孟子爲齊君言之耳 晉武沈溺內慾 去年方書選公卿女備六宮 今此又書取良家女入宮 則其遊宴後庭之失 固不俟平吳而後見也 喪軀亡國 咎將誰歸 書之以爲鑑耳〕" ≪發明≫ "內無怨女 外無曠夫"는 ≪孟子≫ 〈梁惠王 下〉에 보인다.

① 章安은 臨海의 章安이다. 孫奮은 처음에 齊王에 봉해졌다가 뒤에 폐하여 庶人으로 삼고 章安으로 옮겼다. 蜀漢 景耀 원년(258)에 吳나라가 章安侯로 봉하였다.
章安, 卽臨海之章安也. 奮初封齊王, 後廢爲庶人, 徙章安. 漢景耀元年, 吳封章安侯.

【目】 吳나라 백성들 사이에서 孫奮이 마땅히 왕이 되어야 한다는 訛言이 나돌자, 吳主(孫皓)가 손분을 죽이고 그의 다섯 아들까지 죽였다.

吳民間訛言奮當爲天子라하니 吳主誅之하고 及其五子하다

【綱】 가을 7월에 晉나라 황후 楊氏가 殂하였다.

秋七月에 晉后楊氏殂하다

【目】 예전에 晉主(司馬炎)는 태자가 지혜롭지 않아 後嗣를 감당하지 못할까 염려하여 일찍이 몰래 황후에게 물었는데, 황후가 말하기를 "후계자는 長子로써 세우니, 현명함을 따지는 것이 아닙니다. 어찌 변동할 수 있겠습니까."라고 하였다. 병이 위독해지자, 晉主가 다시 황후를 세워 태자의 자리도 위태로워질까 염려하여 울면서 말하기를 "숙부 楊駿의 딸 楊芷가 덕과 미색을 지니고 있으니, 六宮에 충원하기를 바랍니다."라고 하니, 晉主가 허락하였다.

장례를 치르고 난 뒤에 晉主와 여러 신하들이 상복을 벗었는데, 博士 陳逵가 논의하기를 "지금 시행하는 것은 漢나라 황제가 임시로 만든 것입니다.[27] 태자에게는 國事가 없으니, 끝까지 喪服을 입어야 합니다."라고 하였다. 尙書 杜預가 다음과 같이 말하였다.

"옛날에 천자와 제후가 三年喪에 있어서 처음에 齊衰(자최)와 斬衰(참최)를 〈백성들처럼〉 똑같이 하였지만, 장례를 치른 뒤에는 상복을 벗고 諒闇(임금이 居喪에 거처하는 곳)에 거처하며 心喪으로 삼년상을 마쳤습니다. 그러므로 周公은 高宗이 3년간 服喪을 했다는 말을 하지 않고 諒闇에 있었다고 하였으니, 이것이 心喪을 입었다는 글입니다. 叔向은 景王이 상복을 벗은 것을 나무라지 않았고, 그가 연회를 열어 즐기는 것이 너무 이른 것을 나무랐으니, 이미 장사를 지낸 뒤에는 응당 상복을 벗는 것이지만 諒闇에 거처하는 절차를 어긴 것을 밝힌 것입니다.

---

27) 지금……것입니다 : 漢 文帝의 '以日易月制'를 말한다. 자세한 내용은 본서 231쪽에 보인다.

君子가 禮에 대해서는 마음에 보존하면 그뿐입니다. 禮는 玉帛을 말하는 것이 아니니, 喪이 어찌 衰麻(최마)를 말하는 것이겠습니까. 태자께서는 나가면 군대를 지휘하고 자리를 지키면 나라를 감독해야 하기에 나라 일을 하지 않는 것이 없으니, 마땅히 卒哭을 하고 衰麻를 벗고는 諒闇에 거처하는 것으로 삼년상을 마치도록 해야 합니다."

晉主가 그 말을 따랐다.

初에 晉主以太子不慧로 恐不堪爲嗣하여 常密以訪后①어늘 后曰 立子以長不以賢이니 豈可動也리오 疾篤에 恐晉主更立后以危太子하여 泣而言曰 叔父駿女芷有德色하니 願以備六宮하소서하니 晉主許之②하다 旣葬에 晉主及群臣이 除喪하니 博士陳逵가 議以爲今時所行은 漢帝權制라 太子無國事하니 自宜終服이니이다 尙書杜預曰 古者天子諸侯가 三年之喪에 始同齊(자)斬③나 旣葬除服하고 諒闇以居하여 心喪終制라 故로 周公이 不言高宗服喪三年而云諒闇하니 此服心喪之文也④요 叔向不譏景王除喪이요 而譏其宴樂已早하니 明旣葬應除而違諒闇之節也⑤라 君子之於禮에 存諸內而已니 禮非玉帛之謂니 喪豈衰麻之謂乎아 太子出則撫軍하고 守則監國하니 不爲無事라 宜卒哭除衰麻하고 而以諒闇終三年이니이다 晉主從之하다

① 常은 嘗으로 써야 한다.
常, 當作嘗.

② "有德色"은 덕과 미색이 있음을 말한다.
有德色, 言有德有色也.

③ 〈"始同齊斬"은〉 齊衰服과 斬衰服이 처음에는 天子부터 庶人까지 공통된 것이어서 차이가 없다는 것을 이른다.
謂齊衰・斬衰之服, 其始自天子達於庶人, 無以異也.

④ 周公이 〈無逸〉[28]을 지어 "高宗 때에는 일어나 즉위하시어 亮陰(諒闇)에서 3년 동안"이라고 하였는데, 杜預가 드디어 이 말을 끌어다 服喪하지 않는 증거로 삼았다.
周公作無逸曰 "其在高宗, 作其卽位, 乃或亮陰三年." 杜預遂引此言以爲不服喪之證.

⑤ ≪春秋左氏傳≫ 昭公 15년에 "周나라 景王의 穆后가 崩하자 晉나라의 荀躒(순력)이 周나라로 가서 목후를 會葬하였는데, 경왕이 장례를 치르고 나서 상복을 벗고 文伯(순력)에게 잔치를 해주었다. 그러자 叔向이 말하기를, '경왕은 아마도 제명에 죽지 못할 것이다. 내 듣건대 즐기는 것이 있으면 반드시 그 즐기는 것으로 인해 죽게 된다고 하였다. 지금 경왕은 근심해야 할 때에 즐기고 있으니, 만일 근심으로 인해 죽는다면 제명에 죽었다고 할 수 없다. 경왕은 한 해에 삼년상을 두 번 당했으면서도 이런 때에 조문을 온 빈객과 주연을 열고 근심해야 할 때에 즐김이 심하였다. 삼년상은 비록 귀한 사람이라도 상복 기간을 마치는 것이 禮이다. 경왕이 비록 상복 기간을 마치지 않는다 하더라도 잔치하여 즐김이 너무

28) 無逸 : ≪書經≫ 〈周書 無逸〉을 가리킨다.

빨랐으니 또 예에 맞지 않는 것이다.'라 하였다."라고 하였다. 樂(즐기다)은 음이 洛이다. 左傳 "景王穆后崩, 晉荀(躁)〔躒〕[29]如周, 葬穆后, 旣葬, 除喪, 以文伯宴. 叔向曰 '王其不終乎. 吾聞之, 所樂必卒焉. 今王樂憂, 若卒以憂, 不可謂終. 王一歲而有三年之喪二焉, 於是乎以喪賓宴, 樂憂甚矣. 三年之喪, 雖貴遂服, 禮也. 王雖弗遂, 宴樂以早, 亦非禮也.'" 樂, 音洛.

【目】 司馬公(司馬光)이 말하였다.

"그림쇠와 곱자는 네모나 원을 그리는 것을 위주로 하지만 보통 匠人은 그림쇠와 곱자가 없으면 원이나 네모를 만들 수가 없다. 衰麻(최마)는 애통함과 슬픔을 위주로 하지만, 보통 사람은 衰麻를 입지 않으면 애통함과 슬픔을 권면할 수가 없다. 杜預는 교묘하게 經傳을 수식하여 당시 사람들의 마음에 부합하였으니, 말은 참 잘했다고 할 수 있다. 그러나 陳逵의 말이 질박하고 소략하지만 돈독하고 내실이 있는 것만 못하다."

司馬公曰 規矩主於方圓이나 然庸工無規矩면 則方圓不可得而制也요 衰麻主於哀戚이나 然庸人無衰麻면 則哀戚不可得而勉也라 杜預巧飾經傳하여 以附人情하니 辯則辯矣나 然不若陳逵之言이 質略而敦實也니라

【綱】 晉나라가 山濤를 吏部尙書로 삼았다.

晉以山濤爲吏部尙書[30]하다

【目】 山濤는 관리를 선발하는 일을 10여 년 동안 맡았는데, 한 명의 관리가 결원이 될 때마다 번번이 재주와 자격을 살펴 그 일을 할 수 있는 사람을 골라서 몇 명을 나란히 아뢰어 황제의 뜻이 누구에게 있는지를 파악하고 난 뒤에 드러내어 上奏하였다. 晉主(司馬炎)가 등용한 사람이 혹 제일 먼저 추천되지 않은 경우에는 많은 사람들이 산도가 輕重을 제 마음대로 한다고 말하였으나, 晉主는 그를 더욱 가까이하여 아꼈다. 산도가

29) (躁)〔躒〕: 저본에는 '躁'로 되어 있으나, ≪春秋左氏傳≫에 의거하여 '躒'으로 바로잡았다.

30) 晉山濤爲吏部尙書 : "吏部尙書는 아직까지 기록한 적이 없었는데 山濤를 기록한 것은 어째서인가. 그 직책을 훌륭하게 여긴 것이다. 이부상서를 기록한 것은 여기에서 시작되었다. ≪資治通鑑綱目≫이 끝날 때까지 이부상서를 기록한 것은 스무 번이고(山濤·蔡廓·江湛·謝莊 등이고 蔡興宗 등인데 채흥종은 두 번 기록되었으며, 〈나머지는〉 褚淵·何戢·王晏·郭祚·徐勉·崔亮·辛術·徐陵·孔奐·牛宏·馬周·褚遂良·裘光庭·楊國忠이다.) 知選事는 세 번 기록되었다.(劉祥道·李嶠·宋昱) 兩晉(西晉·東晉)에 기록된 이는 山濤 한 사람뿐이다.〔吏部尙書 未有書者 書山濤 何 善其職也 書吏部尙書始此 終綱目書以爲吏部尙書二十(山濤蔡廓江湛謝莊等 蔡興宗等 興宗再書 褚淵何戢王晏郭祚徐勉崔亮辛術徐陵孔奐牛宏馬周褚遂良裘光庭楊國忠) 知選事三(劉祥道李嶠宋昱) 兩晉所書山濤一人而已矣〕" ≪書法≫

인물을 살펴서 선발할 적에는 각각 인물에 대해 題目을 만들어 아뢰니, 당시에 山公啓事라고 일컬었다.

濤典選十餘年[①]에 **每一官缺**하면 **輒擇才資可爲者啓擬數人**[②]하고 **得詔旨所向然後**에 **顯奏之**라 **晉主所用**이 **或非擧首**[③]어늘 **衆以濤輕重任意**로 **爲言**호되 **晉主益親愛之**러라 **濤甄拔人物**에 **各爲題目而奏之**하니 **時稱山公啓事**[④]러라

① 晉主가 禪讓을 받을 때에 山濤가 吏部郞에서 吏部尙書로 승진하였는데, 어머니의 喪中에 다시 出仕하게 하여 나와서 관리의 임용을 맡은 것이다.
晉主受禪, 濤自吏部郞遷尙書, 居母喪, 復奪情起典選.

② 才는 그 재주가 임무를 맡기기에 충분한 것을 말하고, 資는 그 자격이 할 만한 자를 말한다.
才謂其才足以任. 資, 謂其資序當爲者.

③ 〈"非擧首"는〉 薦擧에 첫 번째로 이름이 오르지 않은 것을 말한다.
謂非薦擧之首名也.

④ 甄은 살피는 것이며, 拔은 발탁하는 것이다.
甄, 察也. 拔, 擢也.

【綱】 晉나라가 嵇紹를 秘書丞으로 삼았다.

晉以嵇紹爲秘書丞[①]하다

① 晉나라 제도에 의하면 秘書監의 屬官에 秘書丞과 秘書郞이 있다.
晉制, 秘書監屬官有丞有郞.

嵇紹

【目】 嵇紹는 嵇康의 아들이다. 그의 아버지 혜강이 죄를 얻었기 때문에[31)] 자기 집에서 은거하였는데, 이때에 이르러 山濤가 천거하여 徵召하니, 혜소는 사양하고 나아가지 않으려고 하였다. 그러자 산도가 말하

31) 아버지……때문에 : 嵇康은 司馬昭에 의해 죽임을 당하였는데, 이것은 본서 177쪽에 보인다.

기를 "그대를 위해 생각을 한 지가 오래되었다. 天地와 四時도 오히려 消長의 변화가 있는데, 하물며 사람이야 말할 나위가 있겠는가."라고 하니, 혜소가 명에 응하였다.

王裒의 문인들이 〈蓼莪〉 詩를 읽기를 그만두다

예전에 東關에서 패전하였을 때, 文帝(司馬昭)가 寮屬에게 묻기를 "근래의 일은 누가 그 허물의 책임을 맡아야 하는가."라고 하니, 安東司馬 王儀가 대답하기를 "책임은 元帥에게 있습니다."라고 하였다. 문제가 진노하여 말하기를 "司馬가 孤(나)에게 죄를 떠넘기려 하는 것인가."라고 하고, 목을 베었다.

왕의의 아들 王裒는 아버지가 非命에 죽은 것을 애통해하여 은거하고 사람들을 가르치며 지냈는데, 세 차례 徵召하고 일곱 차례 辟召하였으나 모두 나아가지 않고, 〈晉나라 서울이 있는〉 서쪽을 향하여 앉는 일이 없었다. 묘소 옆에 여막을 짓고서 아침저녁으로 측백나무를 붙들고 슬피 부르짖으니, 눈물이 나무에 묻어 나무가 그로 인해 말라 죽었고, ≪詩經≫을 읽다가 〈蓼莪篇〉의 "슬프고 슬프다. 우리 부모여! 나를 낳으시느라 수고하셨네."라는 내용에 이르면 여러 번 반복하여 외며 눈물을 흘리지 않은 적이 없어서 門人들은 그를 위해 모두 〈蓼莪篇〉을 읽지 않았다. 집안이 가난하였지만 식구 수를 계산하여 농사를 지었고 자신의 처지를 헤아려 누에를 쳤으며, 어떤 사람이 혹 음식을 접대하면 받지 않았고, 도와주려고 해도 따르지 않았으며, 제자들이 몰래 보리를 베어주면 왕부는 번번이 그것을 버렸으니, 마침내 벼슬길에 나아가지 않고 일생을 마쳤다.

紹는 康之子也라 以父得罪로 屛居私門이러니 至是하여 山濤薦徵之하니 紹欲辭不就어늘 濤謂之

曰 爲君思之久矣①라 天地四時에 猶有消息이어든 況於人乎아하니 紹乃應命하다 初에 東關之敗②에 文帝問寮屬曰 近日之事를 誰任其咎오 安東司馬王儀對曰 責在元帥③니이다 文帝怒曰 司馬欲委罪孤邪아하고 斬之러니 儀子裒痛父非命하여 隱居教授하니 三徵七辟에 皆不就하고 未嘗西向而坐④러라 廬於墓側하여 旦夕攀柏悲號하니 涕淚著樹하여 樹爲之枯⑤하고 讀詩至哀哀父母生我劬勞하여는 未嘗不三復流涕하니 門人爲之廢蓼莪⑥러라 家貧하되 計口而田하고 度(탁)身而蠶⑦하며 人或饋之어든 不受하고 助之어든 不聽하며 諸生密爲刈麥이어든 裒輒棄之하니 遂不仕而終하다

① 爲(위하다)는 去聲이니, 아래도 동일하다.
爲, 去聲, 下同.
② 이 일은 蜀漢 後主 延熙 15년(252)에 보인다.32)
事見漢後主延熙十五年.
③ 文帝는 이때에 安東將軍이 되어 諸軍을 감독하였다. 王儀는 王脩의 아들이다.
文帝時爲安東將軍, 監諸軍. 儀, 脩之子也.
④ 徵은 조서로 부르는 것이다. 辟은 公府 및 州郡에서 부르는 것이다. 王裒는 城陽에 살았는데, 晉나라 조정이 洛陽에 있었기 때문에 서쪽을 향해 앉지 않은 것이다.
徵, 詔召也. 辟, 公府及州郡辟也. 裒居城陽, 晉朝在洛陽, 故未嘗西向.
⑤ 著(붙다)은 直略의 切이다.
著, 直略切.
⑥ 三(여러 차례)은 息暫의 切이다. 王裒가 슬프고 참혹했기 때문에 〈蓼莪篇〉을 폐하고 감히 강습하지 않았다.
三, 息暫切. 以裒悲慘, 故廢蓼莪之篇, 不敢講習.
⑦ 度(헤아리다)은 大各의 切이다.
度, 大各切.

【目】 司馬溫公(司馬光)이 말하였다.

"옛날에 舜임금이 鯀을 주벌하였는데 禹가 순임금을 섬긴 것은 감히 지극히 공적인 뜻을 폐하지 못했기 때문이다. 嵇康과 王儀는 모두 아무런 죄도 없이 죽었으니, 그 두 아들이 晉나라 황실에 벼슬하지 않는 것이 옳다. 嵇紹에게 만약 蕩陰에서 목숨을 바친 충성이 없었더라면 아마 군자의 비난을 면치 못하였을 것이다."

司馬公曰 昔에 舜誅鯀而禹事舜은 不敢廢至公也라 嵇康王儀는 死皆不以其罪하니 二子不仕晉室이 可也라 嵇紹苟無蕩陰之忠이면 殆不免於君子之譏乎①인저

32) 이 일은……보인다 : 본서 88쪽에 보인다.

① 蕩陰의 전투에서 嵇紹가 전사하였으니,[33] 그 일은 뒤의 惠帝 永興 원년(304)에 보인다.
蕩陰之戰, 嵇紹死之, 事見後惠帝永興元年.

【綱】 吳나라 大司馬 荊州牧 陸抗이 卒하였다.

吳大司馬荊州牧陸抗卒하다

陸抗

【目】 陸抗이 병이 들자 다음과 같이 상소를 올려 말하였다.

"西陵과 建平은 우리나라의 바깥 울타리인데, 〈적들이〉 이미 上流에 위치하고 있어 두 방면(북쪽과 서쪽)에서 적의 공격을 받게 될 것입니다. 만약 적들이 배를 타고 물길의 흐름을 타고 별똥별과 번개처럼 신속히 들이닥치면 다른 지역의 원조에 의지해서 위급함을 구원할 상황이 아니니, 이는 社稷의 안위가 걸린 문제입니다. 臣의 아비 陸遜이 옛날에 上奏하기를 '西陵은 우리나라의 서쪽 문이니 비록 지키기가 쉽다고 말을 하지만 역시 잃기도 쉬운 곳입니다. 만일 지키지 않는다면 다만 하나의 郡을 잃는 것일 뿐만이 아니라 荊州는 우리 吳나라의 소유가 아닐 것이니, 만일 근심이 생기면 온 나라의 힘을 기울여서라도 이를 쟁탈해야 할 것입니다.'라고 하였습니다.

이제 신이 거느리고 있는 현재 병사는 겨우 수만인데 여위고 지친 지가 오래되어 변란에 대처하기가 어렵습니다. 신의 생각으로는 여러 왕들이 어리므로 兵馬를 사용하는 일이 없고, 또 黃門 宦官이 創設하여 募集한 인원들 가운데 특별히 조서를 내려 선발하

33) 蕩陰의……전사하였으니 : 晉 惠帝 永安 원년(304)에 東海王 司馬越이 혜제를 받들고 成都王 司馬穎과 싸우다가 蕩陰에서 패하였다. 이때 嵇紹가 侍中으로서 쏟아지는 화살 속에서 엄호하다가 황제 옆에서 쓰러져 죽으며 그 피가 御衣를 적셨다. 사태가 안정된 뒤에 좌우의 측근이 그 옷을 세탁하려 하자, 혜제가 "이것은 嵇侍中의 피이니, 없애지 말라.〔此嵇侍中血 勿去〕"라고 하였다.(≪晉書≫ 〈嵇紹列傳〉)

여 늘 적을 마주하고 있는 지역에 배치해주실 것을 바랍니다. 신이 거느리는 부대에는 8만의 군사를 채워서 힘을 합쳐 방어하게 하시면 거의 근심이 없을 듯합니다. 신이 죽은 뒤에도 서쪽 지방에 관심을 기울이시기를 바랍니다."

육항이 卒하자 吳主가 그의 아들인 陸晏, 陸景, 陸玄, 陸機, 陸雲에게 그 병사를 나누어 거느리게 하였다. 육기와 육운은 모두 글을 잘 지어 세상에서 명성이 높았다.

周處擊蛟圖

예전에 周魴의 아들 周處가 힘이 보통 사람보다 뛰어났으나 세세한 행실을 닦지 않자 鄕里에서 근심을 하였다. 주처가 父老에게 묻기를 "지금 시대는 화평하고 풍년이 들었는데 사람들이 즐거워하지 않는 것은 어째서입니까?"라고 하니, 부로가 탄식하기를 "세 가지 해로운 일이 없어지지 않았으니, 무슨 즐거워할 일이 있겠는가?"라고 하였다. 주처가 말하기를 "무엇을 말하는 것입니까?"라고 하니, 부로들이 말하기를 "南山에 있는 이마가 흰 호랑이와 長橋에 있는 교룡과 그대를 합하여 셋이오."라고 하였다. 주처가 말하기를 "만약 근심거리가 여기에 그친다면 제가 제거할 수 있습니다." 하고는 마침내 호랑이를 활로 쏘아 죽이고 교룡을 죽이고는 이윽고 육기와 육운을 따라 수학하여 뜻을 독실하게 하고 독서를 하였으며 지조와 행실을 닦으니, 1년 정도가 되자 州府에서 서로 辟召하였다.

抗疾病에 上疏曰① 西陵建平은 國之蕃表②니 旣處上流하고 受敵二境③하니 若敵汎舟順流하여 星奔電邁면 非可恃援他部以救倒縣이니 此乃社稷安危之機也④라 臣父遜이 昔上言호되 西陵은 國之西門이니 雖云易守나 亦復易失이라 若有不守면 非但失一郡이라 荊州非吳有也니 如其有虞어든 當傾國爭之라하니이다 今臣所統見(현)兵이 財有數萬이요 羸敝日久하여 難以待變⑤이니 臣以爲諸王

幼冲하니 無用兵馬하고 及黃門宦官開立占募之人⑥을 乞特詔簡閱하여 以補疆埸受敵常處⑦하니 使臣所部로 足滿八萬하여 幷力備禦면 庶幾無虞리니 臣死之後에 乞以西方爲屬⑧하소서 及卒에 吳主使其子晏景玄機雲으로 分將其兵이라 機雲皆善屬文이라 名重於世러라 初에 周魴之子處가 膂力絶人이나 不修細行하니 鄕里患之러니 處嘗問父老曰 今時和歲豐而人不樂은 何邪오하니 父老嘆曰 三害不除하니 何樂之有리오 處曰 何謂也오하니 曰 南山白額虎와 長橋蛟와 幷子爲三矣⑨라 處曰 若所患止此면 吾能除之리라하고 乃射虎殺蛟하고 遂從機雲受學하여 篤志讀書하고 砥節礪行하니 比及朞年에 州府交辟이러라

① 疾이 악화되어 나아지지 않는 것을 病이라 한다.
 疾有加而無瘳曰病.
② 蕃은 울타리이고, 表는 바깥이니, 〈"蕃表"는〉 두 郡이 외부에서 울타리가 됨을 말한다.
 蕃, 籬也. 表, 外也. 謂二郡爲藩籬於外也.
③ 두 郡의 경계가 서쪽으로는 巴와 夔에 도달하고, 북쪽으로는 魏興·上庸과 접하고 있어 두 방면으로 모두 적군의 공격을 받을 것임을 말한 것이다.
 謂二郡之境, 西距巴·夔, 北接魏興·上庸, 二面皆受敵也.
④ 縣은 懸(매달리다)으로 읽는다.
 縣, 讀曰懸.
⑤ 見(현재)은 賢遍의 切이며, 財(겨우)는 纔와 同字이다.
 見, 賢遍切. 財, 與纔同.
⑥ 《資治通鑑》에 의하면 지난해 吳主가 子弟 11명을 다 왕으로 봉하고 왕에게는 3천 명의 병사를 주었다.
 通鑑 上年吳主悉封其子弟爲十一王, 王給三千兵.
⑦ 여기서 句를 뗀다.
 句.
⑧ 屬(부탁하다)은 之欲의 切이니, 아래도 동일하다.
 屬, 之欲切, 下同.
⑨ 胡三省이 말하기를 "南山은 지금의 湖와 秀 남쪽의 여러 산이다. 長橋는 지금의 常州 宜興縣에 있다. 子(그대)는 周處를 말한다."라고 하였다.
 胡三省曰 "南山, 今湖秀以南諸山也. 長橋, 在今常州宜興縣. 子, 謂周處."

【綱】 晉나라가 黃河에 교량을 만들었다.

晉作河橋[34]하다

34) 晉作河橋 : "黃河에 교량을 만든 것을 기록한 것은 공로를 기록한 것이다. 교량을 만든 것을 기록한

【目】杜預가 孟津의 나루가 건너기 험한 것으로 인해 富平津에 黃河를 건너는 교량을 건설하기를 청하였는데, 의논하는 자들이 말하기를 "殷나라와 周나라가 도읍한 곳에 역대의 성현들이 다리를 설치하지 않은 것은 필시 설치해서는 안 되는 까닭이 있어서입니다."라고 하였다. 두예가 굳게 청하였는데, 다리가 완성되자 晉主가 백관들을 거느리고 연회에 참석하여 술잔을 들고 두예에게 권하면서 말하기를 "그대가 아니면 이 다리는 설치되지 못했을 것이다."라고 하니, 대답하기를 "폐하의 명철함이 아니었다면 臣 역시 재주를 펼치지 못했을 것입니다."라고 하였다.

杜預以孟津渡險으로 **請建河橋於富平津**①한대 **議者以爲殷周所都**에 **歷聖賢而不作者**는 **必不可立故也**②라 **預固請爲之**러니 **及橋成**에 **晉主從百寮臨會**하여 **擧觴屬預曰 非君**이면 **此橋不立**이라하니 **對曰 非陛下之明**이면 **臣亦無所施其巧**라하더라

① 杜佑가 말하기를 "富平津은 河陽縣 남쪽에 있다."라고 하였다.
杜佑曰"富平津, 在河陽縣南."

② 殷나라는 河內에 도읍을 정하고, 周나라는 洛陽에 도읍하여 殷나라와 周나라에서는 黃河를 끼고서 都邑하였으면서도 黃河를 건너는 교량을 설치하지 않았기 때문에 이를 말한 것이다.
殷都河內, 周都洛, 二代夾河建都, 不立河橋, 故以爲言.

【綱】晉나라 邵陵公 曹芳이 卒하였다.

晉邵陵公曹芳卒[35)]하다

【目】諡號를 厲라고 하였다. 예전에 曹芳이 폐위되었을 적에 太宰中郎인 陳留 사람 范粲이 흰옷을 입고서 배웅하여 슬픔이 좌우 사람들을 감동시켰다. 이윽고 병을 핑계 대고 겉으로 미친 척하여 말을 하지 않았으며, 타고 다니는 수레에서 잠을 자고 발로 땅을 밟지 않았고, 자손들 중에 혼인을 하거나 관직에 나아가는 큰일이 있어 그때마다 남몰래 자문을 구할 적엔 합당하면 안색에 변화가 없었고, 합당하지 않으면 잠자리를 불편

것은 여기에서 시작되었다. ≪資治通鑑綱目≫이 끝날 때까지 교량을 만든 것을 기록한 것은 세 번이다.(이해(274)의 河橋, 唐 玄宗 開元 9년(721)의 蒲津, 憲宗 元和 8년(813)의 吐蕃烏蘭)〔書作河橋 記功也 書作橋始此 終綱目 書作橋三(是年河橋 唐玄宗開元九年蒲津 憲宗元和八年吐蕃烏蘭)〕" ≪書法≫

35) 晉邵陵公曹芳卒 : "이때에 邵陵厲公이 폐위된 지 21년인데, 晉나라에 이르러 비로소 卒하였으니, 魏나라의 풍속이 여전히 후한 데에 가까웠기 때문에 기록하여 허여한 것이다.〔於是邵陵廢二十一年矣 及晉始卒 魏之俗 猶近厚也 故書予之〕" ≪書法≫

해하였다. 아들 范喬 등이 집에서 병든 부친을 모시면서 발자취가 읍리 밖으로 벗어나지 않았다. 魏나라를 대신해 晉나라가 세워지고 나서 조서를 내려 2천 石의 녹봉으로 병을 봉양하게 하고 비단 100필을 더 하사하자, 범교가 부친의 병이 위독한 것으로 사양하고 감히 받지 않았다. 범찬이 말을 하지 않고 산 세월이 도합 36년이었는데, 84세에 기거하던 수레에서 세상을 떠났다.

諡曰厲라하다 初에 芳之廢也에 太宰中郎陳留范粲이 素服拜送하여 哀動左右러니 遂稱疾陽狂不言하고 寢所乘車하여 足不履地하며 子孫有婚宦大事에 輒密諮焉하면 合者則色無變하고 不合則眠寢不安이러라 子喬等이 侍疾家庭에 足不出邑里러니 及晉代魏에 詔以二千石祿養病하고 加賜帛百匹한대 喬以父疾篤으로 辭不敢受하니라 粲不言凡三十六年이러니 年八十四에 終於所寢之車①하다

① 邵陵厲公이 폐위된 뒤로부터 이때에 이르기까지가 21년인데, 〈范粲이 말을 하지 않은 세월이 36년이라 한 것은〉 史書에서 '공이 죽었다〔公卒〕'라는 말을 따라 〈범찬이 죽었을 때까지 기간을〉 따져서 말한 것이다.[36)]
自邵陵厲公之廢, 至是方二十一年, 史因公卒而究言之.

【綱】 吳나라가 근래 3년 동안 큰 역병이 생겼다.

吳比三年大疫[37)]하다

乙未年(275)

晉나라 世祖 武皇帝 司馬炎 咸寧 원년이고, 吳主 孫皓 天冊 원년이다.

晉咸寧元年이요 吳天冊元年이라

【綱】 봄 정월에 吳나라가 中書令 賀邵를 죽였다.

36) 邵陵厲公이……것이다 : 曹芳이 司馬師에게 폐위된 것이 嘉平 6년(254)이고 卒한 것이 이해(274)이므로 그 기간이 햇수로 21년이다. 그리고 范粲의 生沒이 202년에서 285년인데, 조방이 卒한 이후 범찬은 햇수로 12년을 더 산 것이다. 모두 합해도 33년을 넘기지 못하는데 여러 기록에는 36년으로 기록되어 있다.

37) 吳比三年大疫 : "≪資治通鑑綱目≫에서 역질을 기록한 것이 열다섯 번인데, '比三年'이라고 기록한 것은 아직 없었다. 3년 동안의 큰 疫疾에 백성들이 어떠했겠는가. 吳나라의 멸망이 분명한 것이다. 〔綱目書疫十五 未有書比三年者 三年大疫 民何如哉 吳之亡決矣〕" ≪書法≫

春正月에 吳殺其中書令賀邵하다

【目】 賀邵가 중풍을 앓아 말을 하지 못하니, 吳主(孫皓)가 그가 속이는 것이라고 의심하여 체포하여 천여 차례나 고문을 했으나 끝내 한 마디 말도 하지 않자, 불에 달군 톱으로 그의 머리를 베고 가솔들을 臨海로 귀양 보냈다.

邵中風不能言하니 吳主疑其詐하여 收掠千數호되 卒無一言하니 乃燒鋸斷其頭하고 徙其家於臨海①하다

① 吳主 孫休 永安 2년(259)에 會稽東部都尉를 나누어 臨海郡으로 삼았다.
吳主休永安二年, 分會稽東部都尉爲臨海郡.

【綱】 여름 6월에 索頭部의 拓跋力微가 그의 아들을 보내어 晉나라에 들어가 朝貢을 바치게 하였다.

夏六月에 索頭遣子入貢於晉하다

【目】 索頭部의 拓跋力微가 다시 그의 아들 拓跋沙漠汗을 파견하여 晉나라에 들어가 朝貢을 바치게 하였는데, 돌아가려고 할 적에 幽州刺史 衛瓘이 표문을 올려 그를 머물게 하고 또 몰래 諸部의 大人에게 뇌물을 주어 이간질하게 하였다.

索頭拓跋力微가 復遣其子沙漠汗入貢于晉①이러니 將還에 幽州刺史衛瓘이 表留之하고 又密賂其諸部大人離間之하다

① 拓跋은 ≪北史≫에 托跋이라고 되어 있다. 北魏의 선조는 黃帝에게서 나왔는데, 黃帝는 土德으로 王이 되었고, 북방 풍속은 土를 托이라 하며 后를 跋이라 하므로 성씨로 삼은 것이다. 혹자는 "스스로 이르기를 하늘에 의탁하여 태어났고, 북쪽에서 나와 성장하였으므로 拓拔氏라고 한 것이다."라고 하였다.
拓跋北史作托跋. 魏之先出自黃帝, 黃帝以土德王, 北俗謂土爲托, 謂后爲跋, 故以爲氏. 或曰 "自謂托天而生, 拔北而長, 故爲拓拔氏."

【綱】 가을 7월 그믐에 일식이 있었다.

秋七月晦에 日食하다

【綱】 겨울에 晉나라가 祖宗의 廟號를 추존하였다.

◑ 冬晉追尊祖宗廟[①]하다

① 宣帝를 高祖로, 景帝를 世宗으로, 文帝를 太祖로 삼았다.
宣帝爲高祖, 景帝爲世宗, 文帝爲太祖.

【綱】 晉나라에 큰 역병이 발생하였다.

晉大疫하다

丙申年(276)

晉나라 世祖 武皇帝 司馬炎 咸寧 2년이고, 吳主 孫皓 天璽 원년이다.

晉咸寧二年이요 吳天璽元年이라

【綱】 봄에 晉나라가 河南尹 夏侯和를 옮겨 光祿勳으로 삼았다.

春에 晉徙河南尹夏侯和爲光祿勳하다

【目】 晉主(司馬炎)가 질병에 걸려 위독했는데, 완쾌되자 여러 신하들이 축수를 올렸다. 조서를 내려 말하기를 "늘 역질로 죽은 사람을 생각할 때마다 그들을 위해 슬픈 마음이 드니, 어찌 이 한 몸이 회복된 것으로 백성들을 잊겠는가. 올린 여러 가지 예물을 모두 거절하라."라고 하였다.

예전에 文帝(司馬昭)가 임종할 때에 晉主를 위하여 漢나라 淮南王(劉長)과 魏나라 陳思王(曹植)의 일을 이야기하며 눈물을 흘리면서 齊王 司馬攸의 손을 잡아 그(司馬炎)에게 잡게 해주었는데, 太后가 臨終 때에 역시 눈물을 흘리며 晉主에게 말하기를 "桃符는 성격이 급하고 너는 형이 되어 자애롭지 못하기에 그를 받아들이지 못할까 염려되어 너에게 부탁하니, 나의 말을 잊지 말거라."라고 하였다.

〈晉主의〉 질병이 악화되자 朝野에서 모두 사마유에게 뜻을 두었는데, 사마유의 妃는 賈充의 장녀였다. 河南尹 夏侯和가 가충에게 말하기를 "卿의 두 사위는 親疏가 같으니, 어떤 사람을 황제로 세울 적에는 마땅히 덕이 있는 사람을 세워야 할 것입니다."라고 하니, 가충이 대답을 하지 않았다.

사마유는 평소에 荀勖과 馮紞이 아첨하는 것을 싫어하였는데, 이때에 이르러 순욱이 풍담을 시켜서 晉主를 설득하기를 "폐하께서 전일에 병환이 완쾌되지 않았다면 齊王이 公卿과 百姓이 뜻을 두는 바가 되었을 것이니, 태자가 비록 높은 뜻으로 양보를 하려고 해도 화를 면할 수 있겠습니까. 마땅히 藩鎭으로 돌려보내야 합니다."라고 하니, 晉主가 속으로 받아들이고는 하후화를 옮겨 光祿勳으로 삼고, 가충의 병권을 빼앗았지만 그 지위와 대우는 변함이 없었다.

晉主得疾甚劇이러니 及愈에 群臣上壽한대 詔曰 每念疫死者에 爲之愴然하니 豈以一身之休息而忘百姓邪아 諸上禮者를 皆絶之하라 初에 文帝臨終에 爲晉主敍淮南王陳思王事而泣하여 執齊王攸手以授之①러니 太后臨終에 亦流涕謂晉主曰 桃符性急而汝爲兄不慈하니 恐不能相容하여 以是屬汝하노니 勿忘我言②하라 及是疾甚에 朝野皆屬意於攸하니 攸妃는 賈充長女也라 河南尹夏侯和謂充曰 卿二婿親疏等耳라 立人當立德이라하여늘 充不答③이러라 攸素惡荀勖馮紞傾諂이러니 至是하여 勖使紞說晉主曰 陛下前日疾(苦)〔若〕不愈면 齊王爲公卿百姓所歸하니 太子雖欲高讓이나 其得免乎아 宜遣還藩鎭④하니이다 晉主陰納之하여 乃徙和爲光祿勳하고 奪充兵權而位遇無替⑤러라

① 漢 文帝가 淮南厲王 劉長을 주살하였고, 魏 文帝가 陳思王 曹植을 용납하지 못하였으니, 이 두 가지 일을 끌어다 황제에게 절실히 경계한 것이다.
漢文帝誅淮南厲王長, 魏文帝不能容陳思王植, 引此二事以戒切帝也.

② 桃符는 齊王 司馬攸의 어릴 때 字이다.
桃符, 齊王攸小字.

③ 두 명의 사위는 司馬攸와 太子이다.
二婿謂攸及太子也.

④ 苦는 ≪資治通鑑≫에 若으로 되어 있다.
苦, 通鑑作若.

⑤ 賈充은 文帝(司馬昭) 때부터 병력을 거느렸다. 位는 직위이고, 遇는 예우하는 것이다.
充自文帝時領兵. 位, 職位也. 遇, 禮待也.

【綱】 가을 8월에 吳나라에서 臨平湖가 트이고 石印의 봉인이 열렸다.

秋八月에 吳臨平湖開하고 石印封發[38)]하다

---

38) 吳臨平湖開 石印封發 : "나무라는 뜻을 기록한 것이다. 吳나라가 멸망한 것은 이해에서 겨우 4년이 지난 뒤였다. 君臣과 上下의 사람들이 한창 상서롭다고 여겼는데, 이 글 아래에 '晉나라가 羊祜에게

【目】 吳나라 사람 중에 어떤 이가 吳主에게 말하기를 "臨平湖는 漢나라 말기부터 황폐해져 막혀 있었는데, 長老들이 '호수가 막혀 있으면 천하가 어지럽고, 호수가 트이면 천하가 평안해진다.'라고 합니다. 근래에 까닭 없이 갑자기 트이게 되었으니, 이는 반드시 천하가 태평해질 조짐이며, 靑蓋를 씌운 수레가 洛陽에 들어갈 상서로운 조짐입니다."라고 하였다.

吳主(孫皓)가 그것을 都尉 陳訓에게 물었더니, 대답하기를 "신은 단지 天氣를 볼 수 있는 정도이고, 호수가 막히거나 트이는 징조까지는 알 수 없습니다."라고 하고, 물러나와 친구에게 말하기를 "靑蓋를 씌운 수레가 낙양에 들어가는 것은 벽옥을 입에 무는 일[39]이다."라고 하였다.

吳人或言於吳主曰 臨平湖自漢末薉塞①하니 長老言湖塞하면 天下亂하고 湖開하면 天下平이라하니 近者無故忽開하니 此天下當太平이요 靑蓋入洛之祥也라 吳主以問都尉陳訓한대 對曰 臣止能望氣요 不能達湖之開塞이라하고 退而告其友曰 靑蓋入洛者는 銜璧之事也②라하다

① 胡三省이 말하기를 "臨平湖는 지금 臨安府 仁和縣 경내에 있고, 臨平鎭이 있으니, 臨安府성 서북쪽 48리에 있다. 薉(황폐하다)는 烏廢의 切이니, 황폐하다는 뜻이다."라고 하였다. 胡三省曰 "臨平湖, 今在臨安府仁和縣界, 有臨平鎭, 在臨安府城西北四十八里. 薉, (爲)〔烏〕[40]廢切, 荒蕪也."

② 옛날의 상견례에는 모두 손에 잡는 바로 禮物을 삼는 것이 있었다. 公·侯·伯·子·男은 옥을 잡는다. "銜璧"은 손을 뒤로 묶어서 璧玉을 잡을 수가 없기 때문에 입에 문 것이다. 古者相見之禮, 蓋有所執以爲贄, 公·侯·伯·子·男執玉. (御)〔銜〕[41]璧者, 蓋其手縛於後, 不能執璧, 故(御)〔銜〕之.

征南大將軍을 더해주었다.'라고 기록하였으니, ≪資治通鑑綱目≫에서 경계를 드리운 것이 크다. 吳나라에서 臨平湖가 트이자 吳나라가 멸망하였고, 陳나라에서 臨平湖가 트이자 陳나라가 멸망하였는데, 대부분 3, 4년을 넘지 않았으니, 變異가 공연히 생기지 않는다고 한 말이 참으로 믿을 만하다. ≪자치통감강목≫에서 湖가 트인 것을 기록한 것이 두 번이다.(이해(276)와 陳나라 丁未年(587))〔書讖也 吳亡距此四年耳 君臣上下 方以爲祥焉 下書晉加羊祜征南大將軍 綱目之垂戒深矣 吳臨平湖開而吳亡 陳臨平湖開而陳滅 率不過三四年耳 變不虛生 信哉 綱目書湖開二(是年 陳丁未年)〕" ≪書法≫

"孫皓가 형벌을 남용하고 마구 사람을 죽인 것은 그 죄가 桀보다 크다. 그런데 湖가 트이고 石印의 봉함이 열린 것을 상서로운 일이라고 자랑하였다. 이를 기록한 것은 또한 손호가 狂悖하여 멸망할 조짐을 몰랐던 것을 드러낸 것이다.〔孫皓淫刑亂殺 罪浮于桀 而湖開印發 誇詡爲瑞 書之 亦以著其狂悖不知滅亡之兆云耳〕" ≪發明≫

39) 벽옥을……일 : 황제가 적국에 투항할 때 하는 행동이다.

40) (爲)〔烏〕: 저본에는 '爲'로 되어 있으나, ≪資治通鑑≫ 註에 의거하여 '烏'로 바로잡았다.

41) (御)〔銜〕: 저본에는 '御'로 되어 있으나, ≪春秋左氏傳≫ 杜預 注에 의거하여 '銜'으로 바로잡았다. 뒤에도 같다.

【目】 예전에 吳나라 사람이 땅을 파다가 銀尺을 얻었는데, 그 위에 새겨진 글이 있었다. 吳主가 그로 인해 天冊으로 改元하였는데, 이때에 이르러 어떤 이가 皇帝라는 글자가 새겨진 작은 돌을 바치니, 또 天璽라고 개원하였다. 8월에 歷陽長이 또 상주하기를 "歷陽山에 봉인되어 있던 石印이 열렸는데, 세속에서는 '태평시대가 될 것이다.'라고 합니다."라고 하니, 吳主가 使者를 파견하여 제사를 지내게 하였다. 使者가 높은 사다리를 만들어 그 위로 올라가 붉은 글씨를 돌에다 쓰고 돌아와 보고하니, 吳主가 크게 기뻐하여 그 산을 王으로 봉하고 또 다음 해에는 개원하기를 天紀라고 하였다.

初吳人掘地得銀尺한대 上有刻文하니 吳主因改元天冊①이러니 至是하여 或獻小石刻皇帝字하니 又改元天璽하고 八月에 歷陽長이 又上言호되 歷陽山石印封發하니 俗謂當太平②이라한대 吳主遣使者祠之러니 使者作高梯登其上하여 以朱書石하고 還以聞③하니 吳主大喜하여 封其山爲王하고 又改明年元曰天紀라하다

① ≪三國志≫ 〈吳書 孫晧傳〉에 '銀은 길이가 한 척이고 너비가 세 푼인데 그 위에 年月이라는 글자가 새겨져 있다.'라고 한다.
吳志 "銀長一尺, 廣三分, 刻上有年月字."

② 胡三省이 말하기를 "≪三國志≫ 〈吳書〉에 의거하면 鄱陽에서 상주하기를 '歷陽山의 돌에 무늬 결이 글자를 이루었다.'라고 하였다. 또 ≪江表傳≫에 이르기를 '歷陽縣에 石山이 있는데 물가에 임하여 높이가 100丈이고, 30丈 되는 곳에 7개의 구멍이 이어져 있다.'라고 하였다. 지금 ≪晉書≫ 〈地理志〉를 고찰해보니 鄱陽郡에는 歷陽縣이 없고 歷陵縣이 있으니 陽은 陵으로 써야 한다. 지금 ≪饒州圖經≫에 역시 鄱陽의 歷陵縣에 石印山이 있다는 내용이 실려 있다."라고 하였다.
胡三省曰 "據吳志, 鄱陽上言 '歷陽山石文理成字.' 又江表傳曰 '歷陽縣有石山, 臨水高百丈, 其三十丈所, 有七穿駢羅.' 今考晉志, 鄱陽郡無歷陽縣, 有歷陵縣, 陽當作陵. 今饒州圖經亦載鄱陽歷陵縣有石印山."

③ ≪資治通鑑≫에는 "돌에다 붉은 글씨를 다음과 같이 썼다. '楚나라는 九州의 물가이고, 吳나라는 九州의 도읍이니, 揚州의 인사가 天子가 되어 4世를 다스리면 태평세월이 시작된다.'"라고 하였다.
通鑑"以朱書石曰 '楚九州渚, 吳九州都, 揚州士, 作天子, (西)〔四〕[42]世治, 太平始.'"

【綱】 吳나라가 郡守 張詠 및 車浚(차준)과 尙書 熊睦을 죽였다.

吳殺其郡守張詠車浚尙書熊睦①하다

42) (西)〔四〕: 저본에는 '西'로 되어 있으나, ≪資治通鑑≫에 의거하여 '四'로 바로잡았다.

① 車는 昌遮의 切이니, 姓氏이다.
車, 昌遮切, 姓也.

【目】 張詠이 湘東太守가 되어 算緡[43]을 내려고 하지 않자, 吳主가 그의 목을 베어 여러 郡에 조리를 돌렸고, 車浚이 會稽太守가 되어 공정하고 청렴하여 치적이 있었는데, 그 郡에 가뭄과 기근이 들자 표문을 올려 구휼해주기를 청하니, 吳主가 사사로운 은혜를 거두려는 것이라 여겨 使者를 파견하여 효수하였다. 그러자 熊睦이 은근히 간언을 하였는데 吳主가 칼자루에 달린 고리로 그를 때려죽이니, 몸에는 온전한 살갗이 없었다.

詠爲湘東太守하여 不出筭緡①이러니 吳主斬之하여 徇首諸郡하고 浚爲會稽太守하여 公淸有政績이러니 値郡旱饑하여 表求振貸하니 吳主以爲收私恩이라하여 遣使梟首어늘 睦微有所諫이러니 吳主以刀鐶撞殺之하니 身無完肌러라

① 吳主 孫亮 太平 2년(257)에 長沙東部都尉를 나누어 湘東郡을 세웠다.
吳主亮太平二年, 分長沙東部都尉立湘東郡.

【綱】 겨울 10월에 晉나라가 羊祜에게 征南大將軍의 직위를 더해주었다.

冬十月에 晉加羊祜征南大將軍하다

【目】 羊祜가 상소를 올려 吳나라를 정벌할 것을 청하면서 다음과 같이 말하였다.

"시운은 비록 하늘이 내려주는 것이지만, 功業은 반드시 사람을 통해 이룩되는 법이니, 한 번 크게 일어나 쓸어버리지 않으면 병력을 동원하는 것이 그칠 날이 없을 것입니다. 비록 도모하는 사람이 많다고 하더라도 이를 결정하는 것은 임금께서 홀로 해야 합니다.

험준한 지역에 의지하여 온전함을 얻는 것은 그 세력과 힘이 비슷한 경우일 뿐이니, 만약 경중이 같지 않고 강약의 형세가 다르면 비록 험준한 지역이 있다고 하더라도 보존할 수 없습니다. 蜀漢이란 나라는 〈땅이 험해서〉 모든 사람들이 이르기를 '한 사내가 창을 잡고 지키면 천 명도 당해내지 못한다.'고 하였는데, 군대를 진격시키는 날에는 울타리의 한계가 없어 승세를 타고 멍석을 말 듯 신속하게 成都에 이르렀으니, 漢中의 여

43) 算緡 : 漢나라 武帝 元狩 4년(B.C. 119)에 상인에게는 2천 錢에 1算 즉 20전(算緡錢)을 거두고, 수공자에게는 4천 전에 1算을 거두었는데, 이를 算緡令이라고 한다. 또한 같은 시기에 수레와 배에 세금을 부과한 算車令과 算船令을 시행하였다.

러 성이 모두 새들이 둥지를 틀 듯 굳게 지키고 감히 나오지 못한 것은 진실로 힘이 부족하여 대항할 수 없었기 때문입니다.

지금 長江과 淮河 지역의 험함은 劍閣만 못하고, 孫皓의 폭정은 劉禪보다 지나쳐서 吳나라 사람들이 겪는 곤란이 巴蜀보다 심하며, 위대한 晉나라의 병력이 과거보다 강성하니 이때에 천하를 평정하여 하나로 통일하지 않고 다시 험준한 곳에서 병사들이 지키게 하여 천하 사람들로 하여금 정벌하고 지키는 것으로 곤란을 겪게 하면 강성한 병사들이 쇠약해져 오래 갈수가 없습니다.

祜上疏請伐吳曰 期運雖天所授나 而功業必因人而成하나니 不一大擧掃滅하면 則兵役無時得息也러라 夫謀之雖多나 決之欲獨이니 凡以險阻得全者는 謂其勢均力敵耳라 若輕重不齊하고 彊弱異勢면 雖有險阻나 不可保也니 蜀之爲國이 皆云 一夫荷戟에 千人莫當이라하더니 及進兵之日에 曾無藩籬之限하여 乘勝席卷하여 徑至成都하니 漢中諸城이 皆鳥栖而不敢出은 誠以力不足以相抗也[①]라 今江淮之險이 不如劍閣이요 孫皓之暴이 過於劉禪하고 吳人之困이 甚於巴蜀하며 而大晉兵力이 盛於往時어늘 而不於此際에 平一四海하고 而更阻兵相守하니 使天下困於征戍면 經歷盛衰하여 不可長久也[②]라

① 漢中의 諸城은 漢城과 樂城을 말한다.
漢中諸城, 謂漢·樂諸城也.

② 〈"經歷盛衰"는〉 병사들이 장년의 나이에 수자리를 살러 나가서 營陣에서 세월을 보내다 노쇠함에 이르게 되는 것을 말한다.
謂兵將以盛壯之年出戍, 經歷營陣, 至於衰老也.

【目】 지금 만약 梁州와 益州의 병력을 이끌고 수로와 육로로 함께 내려가고, 荊과 楚의 군대가 나아가서 江陵까지 이르며, 平南將軍과 豫州刺史가 곧바로 夏口를 겨냥하고, 徐州, 揚州, 靑州, 兗州에서 함께 나아가 秣陵(建業)에서 함께 모이도록 하면 한 귀퉁이에 있는 吳나라로 천하의 병사를 대적하는 격이라 나누어지고 흩어지는 형세가 되어 대비가 급박해질 것이니, 한 곳이 무너지면 상하가 놀라 크게 소란해져 비록 지혜로운 자가 있더라도 吳나라를 위해 계책을 낼 수 없을 것입니다.

吳나라는 長江에 의지하여 세운 나라여서 동서가 수천 리가 되어 대적할 곳이 넓어 편안하게 쉴 수가 없고, 손호는 방자하고 사나워 장수들이 의심하고 병사들이 피곤하여 평일에도 오히려 떠나가기를 생각하니, 우리 병사들이 나아가면 반드시 호응하는 자가 있을 것이며, 아울러 그들의 습속이 성급하여 지구전에 능하지 못합니다. 저들의 활과

쇠뇌, 창과 방패가 中國만 못하니, 오직 水戰이 익숙하지만, 한 번 그들의 경계로 들어가기만 하면 長江이 다시 그들을 보호하지 못할 것이고, 후퇴하여 그들의 城池에 들어가면 유리한 곳을 버리고 불리한 곳으로 들어가는 것이니, 우리들의 적수가 아닙니다."

晉主(司馬炎)가 이 말을 깊이 받아들였다. 논의하는 자들 가운데 의견이 같지 않은 자들이 대부분이었는데, 賈充・荀勖・馮紞이 더욱 吳나라를 정벌하는 것이 불가하다고 하자, 양호가 탄식하여 말하기를 "천하의 일 가운데 뜻대로 되지 않는 것이 보통 열에 일고여덟이로다. 하늘이 준 기회를 받지 않으니, 어찌 그 일을 다시 경험할 자가 나중에 한스러워하지 않겠는가."라고 하였다. 오직 杜預와 中書令 張華만 晉主와 뜻이 맞아서 그 계책에 찬성하였다.

今若引梁益之兵하여 水陸俱下①하고 荊楚之衆이 進臨江陵②하고 平南豫州가 直指夏口③하고 徐揚青兗이 竝會秣陵④이면 以一隅之吳로 當天下之衆이니 勢分形散하여 所備皆急하리니 一處傾壞면 則上下震蕩이라 雖有智者라도 不能爲吳謀矣리라 吳緣江爲國하여 東西數千里니 所敵者大하여 無有寧息이요 孫皓恣虐하니 將疑士困⑤하여 平日에 猶懷去就하니 兵臨에 必有應者요 兼其俗急速不能持久하고 弓弩戟楯이 不如中國하니 唯有水戰이 是其所便이나 一入其境이면 則長江이 非復所保요 還趣城池에 去長入短이니 非吾敵也이니이다하니 晉主深納之하다 議者多有不同하되 賈充荀勖馮紞이 尤以伐吳爲不可하니 祜歎曰 天下不如意事十常居七八이로다 天與不取하니 豈非更(경)事者恨於後時哉⑥아 唯杜預及中書令張華與晉主意合이라 贊成其計러라

① 王濬과 唐彬이 梁州와 益州의 병력을 통솔하였다.
王濬・唐彬, 統梁・益兵.

② 荊과 楚 지역은 羊祜가 통솔한 곳이다.
荊・楚, 祜所統也.

③ 胡奮은 平南將軍이었고, 王戎은 豫州刺史였다.
胡奮爲平南將軍, 王戎爲豫州刺史.

④ 徐州와 揚州는 王渾이 통솔하였고, 青州와 兗州는 琅邪王 司馬伷가 통솔하였다.
徐・揚, 王渾所統, 青・兗, 琅邪王伷所統.

⑤ 將(장수)은 子亮의 切이다.
將, 子亮切.

⑥ 〈"豈非更事者恨於後時哉"는〉 吳나라를 취할 수 있는데 취하지 않아 한 번 기회를 잃으면 그 일을 지나쳐 버린 자가 어찌 훗날에 한스러워 하지 않겠는가 하는 말이다.
言吳可取而不取, 機會一失, 經見其事者, 豈不有後時之恨.

【綱】晉나라가 皇后 楊氏를 세우고, 황후의 아비 楊駿을 車騎將軍으로 삼았다.

晉立皇后楊氏하고 **以后父駿爲車騎將軍**하다

【目】晉主가 처음 楊皇后를 맞이할 적에 양황후의 叔父 楊珧(양요)가 표문을 올려 말하기를 "옛날부터 한 집안에서 두 명의 황후가 나왔을 때 그 종족이 온전했던 적이 없었으니, 이 표문을 宗廟에 소장하였다가 훗날에 화를 면하게 해주시기를 바랍니다."라고 하니, 晉主가 허락을 하여 마침내 황후로 세우고, 〈황후의 아버지〉 楊駿을 車騎將軍으로 삼아 諸侯로 봉하였다.

尙書 褚䂮(저략)과 郭奕(곽혁)이 모두 표문을 올려 양준은 그릇이 작아 社稷의 중임을 맡을 수 없다고 하였으나, 晉主가 따르지 않았다. 양준이 교만하고 득의양양해하니, 鎭軍大將軍 胡奮이 말하기를 "卿은 딸을 믿고 더욱 멋대로 구는 것인가. 이전 시대의 일을 두루 돌아보면 天子의 집안과 혼인을 맺고 멸문을 당하지 않은 자는 없으니, 다만 조만간에 사단이 생길 것이다."라고 하였다.

晉主初聘后에 **后叔父珧上表曰**[①] **自古一門二后**가 **未有能全其宗者**하니 **乞藏此表於宗廟**하여 **異日得以免禍**니이다하여늘 **晉主許之**러니 **竟立后而以駿爲將軍封侯**[②]하다 **尙書褚䂮郭奕**이 **皆表駿小器**하여 **不可任社稷之重**이라하니 **晉主不從**하다 **駿驕傲自得**하니 **鎭軍胡奮謂曰 卿恃女更益豪邪**아 **歷觀前世**하면 **與天家婚**에 **未有不滅門者**하니 **但早晩事耳**[③]라

① 珧는 餘招의 切이다.
珧, 餘招切.

② 臨晉侯에 봉해진 것이다.
封臨晉侯.

③ 천자는 높은 자리에 둘이 없기 때문에 天家라고 한 것이니, 하늘처럼 존중하는 것을 말한 것이다.
天子尊無二上, 故曰天家, 言其尊如天也.

丁酉年(277)

晉나라 世祖 武皇帝 司馬炎 咸寧 3년이고, 吳主 孫晧 天紀 원년이다.

晉咸寧三年이요 **吳天紀元年**이라

【綱】 봄 정월 초하루에 일식이 있었다.

春正月朔에 日食하다

【綱】 3월에 晉나라가 禿髮樹機能을 토벌하여 격파하니, 여러 胡族 20만 명이 항복하였다.

◑ 三月에 晉討樹機能破之하니 降諸胡二十萬口하다

【綱】 가을 7월에 孛星이 紫宮星에 나타났다.

◑ 秋七月에 有星孛于紫宮하다

【綱】 晉나라가 조서를 내려 諸王들을 보내어 封國에 나아가게 하고 功臣을 봉하여 公侯로 삼았다.

◑ 晉詔遣諸王就國하고 封功臣爲公侯하다

【目】 衛將軍 楊珧 등이 건의하기를 "옛날의 제후를 봉건하는 것은 왕실을 보호하기 위한 것입니다. 지금 여러 王公이 모두 京師에 있으니, 나라를 보호하는 의리가 아니고, 또 異姓의 諸將이 변방에 있으니, 마땅히 친척을 그곳에 참여하게 해야 할 것입니다."라고 하니, 晉主(司馬炎)가 諸王에게 조령을 내려 각자 戶邑의 정도를 세 등급으로 나누어 大國은 3軍 5,000명을 두고, 次國은 2軍 3,000명을 두고, 小國은 1軍 1,100명을 두게 하였으며, 諸王으로 都督이 된 자를 그 封國을 옮겨서 〈都督하는 지역과〉 서로 가까이 있게 하였다.

8월에 司馬亮을 옮겨 汝南王으로 삼아서 豫州를 감독하게 하고, 司馬倫을 趙王으로 삼아 鄴城을 감독하게 하였으며, 司馬輔를 太原王으로 삼아 幷州를 감독하게 하고, 司馬伷(사마주)는 徐州에 있었는데 옮겨서 琅邪王에 봉해주었으며, 司馬駿은 關中에 있었는데 옮겨서 扶風王에 봉해주었고, 또 司馬顒(사마옹)을 옮겨서 河間王에 봉해주었으며, 司馬柬을 옮겨서 南陽王에 봉해주었으며, 관직이 없는 자는 모두 보내어 봉국으로 가게 하니, 여러 王公들이 京師를 그리워하여 모두 눈물을 흘리며 떠났다. 또 皇子인 司馬瑋·司馬允·司馬該·司馬遐를 왕으로 봉하고, 異姓의 신하로 공로가 큰 사람은 모두

郡公과 郡侯로 봉했다.

衛將軍楊珧等이 **建議**호되 **以爲古者封建諸侯**는 **所以藩衛王室**이라 **今諸王公**이 **皆在京師**하니 **非扞城之義**요 **又異姓諸將居邊**하니 **宜參以親戚**이라한대 **晉主乃詔諸王**하여 **各以戶邑多少**로 **爲三等**하여 **大國**은 **置三軍五千人**하고 **次國**은 **二軍三千人**하고 **小國**은 **一軍一千一百人**①하고 **諸王爲都督者**를 **各徙其國使相近**이라 **八月**에 **徙亮爲汝南王**하여 **督豫州**②하고 **倫爲趙王**하여 **督鄴城**③하고 **輔爲太原王**하여 **監幷州**④하고 **伷在徐州**라 **徙封琅邪**하고 **駿在關中**이라 **徙封扶風**⑤하고 **又徙顒爲河間王**하고 **柬爲南陽王**⑥하고 **其無官者**는 **皆遣就國**하니 **諸王公**이 **戀京師**하여 **皆涕泣而去**러라 **又封皇子瑋允該遐皆爲王**⑦하고 **其異姓之臣有大功者**는 **皆封郡公郡侯**하다

① 당시에 平原·汝南·琅邪·扶風·齊를 大國이라 하였고, 梁·趙·樂安·燕·安平·義陽을 次國이라 하였으며, 나머지 나라는 小國이라 하였다.
時以平原·汝南·琅邪·扶風·齊爲大國, 梁·趙·樂安·燕·安平·義陽爲次國, 餘國爲小國.
② 司馬亮은 宣帝(司馬懿)의 아들로, 처음에 扶風王에 봉해졌다.
亮, 宣帝子, 初封扶風王.
③ 司馬倫은 宣帝의 아들로, 처음에 琅邪王에 봉해졌다.
倫, 宣帝子, 初封琅邪王.
④ 司馬輔는 司馬孚의 아들로, 처음에 勃海王에 봉해졌다.
輔, 孚之子, 初封勃海王.
⑤ 司馬駿은 宣帝의 아들로, 처음에 汝陰王에 봉해졌다.
駿, 宣帝子, 初封汝陰王.
⑥ 司馬顒은 司馬孚의 손자로 처음에 太原王에 봉해졌다. 司馬柬은 武帝(司馬炎)의 아들로 처음에 汝南王에 봉해졌다.
顒, 孚之孫, 初封太原王. 柬, 武帝子, 初封汝南王.
⑦ 司馬瑋는 始平王이 되었고, 司馬允은 濮陽王이 되었으며, 司馬該는 新都王이 되었고, 司馬遐는 淸河王이 되었다.
瑋爲始平王, 允爲濮陽王, 該爲新都王, 遐爲淸河王.

【目】羊祜를 南城郡侯에 봉하니, 굳게 사양하며 받지 않았다. 양호는 관작을 받을 때마다 대부분 사양하여 지극한 마음이 평소에 잘 드러났기 때문에 특별히 작위의 반열 밖에 있게 해달라고 한 것을 허락받았다. 2대에 걸쳐 樞要의 직책을 담당하였는데, 모의한 내용은 그 초고를 모두 불태웠으니, 세상에서 그 내용을 들을 수가 없었고, 그에게 천거되어 관리가 된 사람도 그 연유를 몰랐다. 양호가 늘 말하기를 "〈자신이 추천한 사

람이〉 조정에서 관직을 받았는데 私家(양호)에 감사히 여기는 것은 내가 취하지 않는 것이다."라고 하였다.

◑ **羊祜封南城郡侯**하니 **固辭不受**[①]하다 **祜每拜官爵**에 **多避讓**하여 **至心素著故**로 **特見申於分列之外**[②]러라 **歷事二世**에 **職典樞要**[③]하되 **凡謀議**를 **皆焚其草**하니 **世莫得聞**이요 **所進達之人**이 **皆不知所由**[④]러라 **常曰 拜官公朝**에 **謝恩私門**을 **吾所不取也**라하더라

① 당시에 조서를 내려 泰山의 南武陽·牟·南城·梁父(양보)·平陽 5縣을 南城郡으로 하였다. 羊祜는 본래 泰山 南城 사람이다.
時詔以泰山之南武陽·牟·南城·梁父·平陽五縣爲南城郡. 祜本泰山南城人也.

② "見申"은 작위를 사양하는 것을 허락받아 그 뜻을 펼 수 있다는 말이다. "分列"은 봉지를 받고 작위에 나열되는 것이다.
見申, 謂許之辭爵, 其志獲申也. 分列, 謂分封列爵也.

③ "歷事二世"는 文帝(司馬昭)와 武帝(司馬炎)를 섬긴 것을 이른다.
歷事二世, 謂事文帝及帝也.

④ 〈"所進達之人 皆不知所由"는〉 어떤 사람이 羊祜의 천거로 연유하여 관리가 되어도 그 연유를 몰랐음을 말한다.
謂人由祜薦引而進達, 不知其所由來也.

【綱】 晉나라에 홍수가 났다.

晉大水하다

【綱】 겨울 12월에 吳나라 사람들이 晉나라의 江夏와 汝南을 습격하여 크게 노략질하고 돌아갔다.

◑ **冬十二月**에 **吳人**이 **襲晉江夏汝南大略而還**하다

【目】 吳나라 사람들이 晉나라 江夏와 汝南을 습격하여 1천여 가를 노략질하였는데, 晉主(司馬炎)가 侍臣을 파견하여 羊祜가 추격하여 토벌하지 않은 뜻을 추궁하고 荊州의 治所를 옮기고자 하니, 양호가 다음과 같이 말하였다.

"江夏는 襄陽과의 거리가 800리로, 적에 대한 소식을 알았을 때쯤에는 적들이 도망친 지가 이미 며칠이 지난 뒤일 것이니, 보병이 어찌 그들을 추격할 수 있겠습니까. 군대를 수고롭게 하여 책임을 면하는 것은 신의 뜻이 아닙니다. 옛날에 魏 武帝(曹操)가 都

督을 설치했을 때에 대부분 모두 州와 가까운 곳에 두었으니, 병사의 세력이 합치기를 좋아하고 흩어지는 것을 싫어하기 때문이었습니다. 국경 지역에서는 상대편과 우리 편이 자기 쪽의 경계를 조심하여 지킬 뿐입니다. 만일 州의 治所를 옮기면 적들이 일정치 않게 출몰할 것이니, 역시 州가 의거할 곳을 모르게 될 것입니다."

吳人이 襲晉江夏汝南하여 略千餘家①하니 晉主遣侍臣하여 詰羊祜不追討之意하고 幷欲移荊州어늘 祜曰 江夏去襄陽八百里하니 比知賊問에 去已經日하니 步軍安能追之리오 勞師以免責은 非臣志也라 昔魏武帝置都督에 類皆與州相近하니 以兵勢好合惡離故也②라 疆埸之間은 一彼一此를 愼守而已③니 若輒徙州면 賊出無常하니 亦未知州之所宜據也리이다

① 江夏郡은 荊州에 속하였고, 汝南郡은 豫州에 속하였는데, 서로 거리가 아주 멀다. 沈約[44]의 ≪宋書≫ 〈地理志〉에 "江夏太守는 汝南縣에 治所를 두었으니, 본래 沙羨 지역이다. 晉나라 말엽에 汝南郡의 백성들이 유랑하다가 夏口에 정착하여 그로 인해 汝南縣을 세웠다."라고 하였는데, 이때에 江夏郡에는 汝南縣이 있지 않았으니, 史書에서 추후에 〈汝南으로〉 기록한 것이 아니겠는가.
江夏郡屬荊州, 汝南郡屬豫州, 相去甚遠. 沈約宋志"江夏太守治汝南縣, 本沙羨土, 晉末汝南郡民流寓夏口, 因立爲汝南." 則此時江夏郡, 未有汝南縣也, 無亦史追書乎.

② "與州相近"은 揚州刺史가 壽春에 治所를 두고 都督揚州諸軍事 역시 壽春에 治所를 두는 부류와 같다.
與州相近, 如揚州刺史治壽春. 都督揚州諸軍事, 亦治壽春之類.

③ ≪春秋左氏傳≫ 桓公 17년에, 魯桓公이 말하기를 "疆埸 사이의 일은 그 일정한 경계를 신중히 지켜 예기치 못한 사태에 대비하는 것이다."라고 하였다.
左傳魯桓公曰"疆埸之間, 愼守其一, 而備其不虞."

【綱】 吳나라 司直中郎將 張俶이 죽임을 당했다.

吳司直中郎將張俶伏誅[45]하다

44) 沈約 : 441~513. 宋나라 때의 史家이자 文章家이다. 南朝 齊나라, 梁나라 때 사람이다. 梁 武帝 때 尙書僕射, 尙書令에 이르렀다. 詩文에 능하였다. 허리가 몹시 가늘어 沈腰라고 불렸으며 가는 허리의 대명사로 쓰이게 되었다. 저서에 ≪四聲譜≫·≪宋書≫ 등이 있다.(≪梁書≫ 〈沈約列傳〉, ≪南史≫ 〈沈約列傳〉)

45) 吳司直中郎將張俶伏誅 : "張俶이 참소를 잘하여 총애를 받다가 이때에 와서 간사하게 이권을 취한 일로 주살되었으니, 罪人이다. 그러므로 孫皓가 卽位한 이래 여기까지 '殺'이라고 기록된 것이 9번인데, 오직 張俶은 '伏誅'로 기록하였으니, ≪資治通鑑綱目≫에서 참소하는 말을 미워한 뜻이 엄중하다.〔俶以善譖取寵 至是以姦利事誅 則罪人也 故孫皓自卽位至今 凡九書殺 惟張俶以伏誅書 綱目之疾讒說 嚴矣〕" ≪書法≫
"간사한 사람은 어지러운 세상에서 뜻을 얻지만 또한 반드시 재앙에서 벗어나지는 못한다. 孫皓

【目】 吳主는 張俶이 참소하는 말을 많이 한 것으로써 매우 그를 총애하고 신임하게 되었는데, 장숙이 彈曲[46] 20명을 두어 전적으로 불법을 규찰하겠다는 표문을 올리자, 이에 吏民들이 각기 愛憎의 관계에 있는 사람들끼리 서로 고해 바쳐서 감옥이 넘쳐났다. 이때에 이르러 장숙이 간악한 이익을 취한 일이 발각되자, 거열형에 처해졌다.

吳主以俶多所譖白으로 甚見寵任이러니 俶表置彈曲二十人하여 專糾司不法①하니 於是에 吏民各以愛憎으로 互相告訐이라 獄犴盈溢②이러니 至是하여 俶姦利事發이어늘 車裂之하다

① 糾는 감독한다는 뜻이고, 司는 주관한다는 뜻이다.
糾, 督也. 司, 主也.

② 조정에 〈죄수를 가둔 곳을〉 獄이라 하고, 鄕·亭에 죄수를 가둔 곳을 犴이라 한다. 犴은 본래 豻으로 쓰는데 음이 岸으로, 오랑캐 지역의 들개이다. 개는 지키기 때문에 獄을 豻이라 한다.
朝廷曰獄, 鄕亭之繫曰犴. 犴, 本作豻, 音岸, 胡地野犬也. 犬所以守, 故謂獄爲豻.

【綱】 索頭部의 拓跋力微가 죽었다.

索頭拓跋力微死하다

【目】 衛瓘이 拓跋沙漠汗을 보내어 귀국하게 하고 諸部의 大人이 함께 참소하여 그를 죽였다. 그러자 拓跋力微가 근심을 하다가 卒하였는데, 당시 나이가 104세였다. 아들 拓跋悉祿이 즉위하니, 그 나라가 이우고 쇠퇴하였다.

예전에 幽州와 幷州 두 곳이 모두 鮮卑族과 접하고 있었는데, 동쪽으로는 劉務桓이 있었고, 서쪽으로는 탁발력미가 있어서 변경 지역에 대한 근심이 많았다. 위관이 비밀리에 계책을 써서 이들을 이간질하여 유무환은 항복하고 탁발력미는 죽으니, 조정에서는 위관의 공을 가상히 여겨 그의 동생을 亭侯로 봉하였다.

衛瓘遣拓跋沙漠汗歸國①하고 諸部大人이 共譖而殺之라 力微以憂卒하니 時年一百四러라 子悉祿立하니 其國遂衰하다 初에 幽幷二州가 皆與鮮卑接하니 東有務桓하고 西有力微하여 多爲邊患이러니 瓘密以計間之하여 務桓降而力微死하니 朝廷嘉瓘功하여 封其弟爲亭侯하다

가 음탕하고 포악한데, 張俶이 참소로 인해 등용되었으니, 꽃이 봄을 만나고 벼가 가을을 만난 것과 같다고 할 수 있다. 얼마 안 되어 또한 주살되었는데 《資治通鑑綱目》에서 이를 기록한 것은 또한 小人을 경계시킨 것이다.〔姦回之人 得志亂世 然亦未必能免 孫皓淫虐 而張俶以讒譖用 可謂卉之春 而稼之秋矣 未幾亦以誅死 綱目書之 其亦警戒小人也歟〕" 《發明》

46) 彈曲 : 관원의 불법 행위를 전문적으로 규찰하는 관리를 말한다.

① 전년(275)에 衛瓘이 표문을 올려 拓跋沙漠汗을 머무르게 하였는데,[47] 참소와 이간책이 이미 시행된 뒤에 마침내 돌려보낸 것이다.
前年, 瓘表留沙漠汗, 讒間旣行, 乃遣歸.

戊戌年(278)

晉나라 世祖 武皇帝 司馬炎 咸寧 4년이고, 吳主 孫皓 天紀 2년이다.

晉咸寧四年이요 吳天紀二年이라

【綱】 봄 정월 초하루에 일식이 있었다.

春正月朔에 日食하다

【綱】 여름 6월에 晉나라 羊祜가 入朝하였다.

◑夏六月에 晉羊祜入朝하다

【目】 羊祜가 병이 들어 入朝하기를 청하였는데, 도착하고 나자 晉主가 명하여 輦을 타고 殿閣에 들어와 절을 하지 말고 앉게 하였다. 양호가 면전에서 吳나라를 정벌할 계책을 말하니, 晉主가 훌륭하다고 여기고, 양호가 병이 들어 의당 자주 들어올 수 없다고 하여 다시 張華를 파견하여 계책을 물었다. 그러자 양호가 말하기를 "孫皓의 포학함이 이미 심하니, 지금은 싸우지 않고도 이길 수 있다. 그러나 만약 손호가 죽어 吳나라에서 훌륭한 군주를 세우면 비록 백 만의 군대가 있다 하더라도 長江을 넘볼 수 없을 것이다."라고 하였다. 장화가 깊이 수긍하자, 양호가 말하기를 "내 뜻을 이루어줄 사람은 그대이다."라고 하였다.

晉主가 양호로 하여금 누워서 여러 장수들을 지휘하게 하자, 양호가 말하기를 "吳나라를 취하는 일에는 신이 갈 필요가 없거니와 다만 이미 평정한 뒤에는 마땅히 聖慮를 수고롭게 할 뿐입니다. 功名을 논의할 즘에는 臣은 감히 거처할 수 없을 것이니, 만일 일이 끝나고 나면 마땅히 이 지역을 맡길 사람이 있어야 하니, 적당한 사람을 살펴 선택하시기를 바랍니다."라고 하였다.

47) 전년(275)……하였는데 : 본서 295쪽에 보인다.

祜以病求入朝하니 旣至에 晉主命乘輦入殿하여 不拜而坐러니 祜面陳伐吳之計하니 晉主善之하고 以祜病不宜數(삭)入이라하여 更遣張華就問籌策한대 祜曰 孫皓暴虐已甚하니 於今可不戰而克이어니와 若皓沒에 更立令主면 雖有百萬之衆이라도 長江을 未可窺也라하여늘 華深然之하니 祜曰 成吾志者는 子也라하더라 晉主欲使祜로 臥護諸將한대 祜曰 取吳不必臣行이어니와 但旣平之後에 當勞聖慮耳라 功名之際는 臣不敢居니 若事了면 當有所付授라 願審擇其人也①하노이다

① 東南 지역의 경계가 넓고 멀기 때문에 적당한 사람을 얻어 진무해야 하는 것이다. 以東南壤界闊遠, 當得人以鎭撫之.

【綱】 가을에 晉나라에 홍수가 지고 螟蟲의 재해가 있었다.

秋晉大水螟[48]하다

杜預

【目】 조서를 내려 水災를 주관하는 관리에게 어떻게 하면 백성을 도울 수 있는지 묻자, 杜預가 다음과 같이 상소하였다.

"지금 수재가 동남 지역에 더욱 극심하니, 마땅히 兗州와 豫州 등에 칙령을 내려 漢나라 때 있던 옛 제방을 보존하여 물을 저장하게 하고 나머지는 제방을 모두 터서 굶주린 사람들에게 그곳의 물고기와 수초, 소라나 조개 같은 것을 넉넉히 얻도록 하면 이 방법이 눈앞에 그날의 먹을거리를 제공하는 데 도움이 될 것입니다. 홍수가 지나간 다음에 진흙이 메워진 밭에서 이랑당 몇 鍾(부피 단위)의 수확을 얻으면 이것은 또 다음 해에 도움이 될 것입니다. 典牧(목축 담당 관리)에게 種牛(종자 소) 4만 5천여 頭가 있으니, 백성들에게 공급하여 밭을 갈고 씨를 뿌리도록 하여 그 조세를 받게 하면 이는 또 몇 년

48) 秋晉大水螟 : "≪資治通鑑綱目≫이 끝날 때까지 螟蟲을 기록한 것이 다섯 번인데(漢 武帝 元光 5년(B.C. 130)에 자세하다.), 이를 제외하고는 기록한 것이 없으니, 이는 史官이 빠뜨린 것이다.〔終綱目書螟五(詳漢武帝元光五年) 舍是無書者矣 史失之也〕" ≪書法≫

뒤에 도움이 될 것입니다."

晉主가 그 의견을 따르니, 백성들이 그 이익에 의지하였다. 두예가 7년 동안 尙書로 있으면서 여러 정무를 줄이거나 보탠 것이 헤아릴 수 없이 많았는데, 당시 사람들이 '杜武庫'라고 하였으니, 그가 빠짐없이 갖추고 있음을 말한 것이다.

詔以水災로 **問主者 何以佐百姓**①고하니 **杜預上疏以爲**호되 **今者**에 **水災東南尤劇**하니 **宜勅兗豫等州**하여 **留漢氏舊陂以蓄水**하고 **餘皆決瀝**하여 **令饑者**로 **得魚菜螺蚌之饒**하면 **此目下日給之益也**②요 **水去之後**에 **塡淤之田 畝收數鍾**하면 **此又明年之益也**③요 **典牧種牛有四萬五千餘頭**하니 **可給民**하여 **使耕種**하여 **責其租稅**하면 **此又數年以後之益也**④라한대 **晉主從之**하니 **民賴其利**러라 **預在尙書七年**에 **損益庶政**이 **不可勝數**⑤라 **時人謂之杜武庫**라하니 **言其無所不有也**라

① 주관하는 관리는 左民曹과 度支曹[49])를 말한다.
主者, 謂左民及度支二曹也.
② 螺(소라)는 盧戈의 切이니, 蚌(방합)의 부류이다. 蚌은 步項의 切이니, 蚌과 同字로 蜃의 부류이다.
螺, 盧戈切, 蚌屬. 蚌, 步項切, 與蚌同, 蜃屬.
③ 淤(진흙)는 依據의 切이니, 진흙이다.
淤, 依據切, 濁泥也.
④ ≪晉書≫ 〈職官志〉에 "典牧令은 太僕에 속한다." 하였다. 種(심다)은 朱用의 切이니, 種植(초목을 심다)의 種과 같다.
晉志 "典牧令, 屬太僕." 種, 朱用切, 如種植之種.
⑤ 泰始 6년(270)에 杜預가 度支尙書에 제수되었는데, 이때에 이르러 7년이 되었다.
泰始六年, 預拜度支尙書, 至是七年矣.

【綱】 吳나라가 中書令 張尙을 죽였다.

吳殺其中書令張尙[50])하다

49) 左民曹과 度支曹 : 左民曹는 三國時代 魏나라의 民曹를 바꾸어 설치한 것인데 尙書가 長官이었다. 修繕功作, 鹽池, 園苑 등 土木工程을 담당하였다. 度支曹는 魏·晉 때에 처음 설치하였는데, 全國의 財政 收支를 담당하였다. 長官은 度支尙書였다.

50) 吳殺其中書令張尙 : "甲申年(264)부터 이해(278)까지 ≪資治通鑑綱目≫에서 '殺'이라고 기록한 것이 모두 열한 번인데, 전부 無罪한 사람을 죽인 것으로, 〈그중에〉 孫皓가 열 번을 차지한다. 손호의 음탕하고 포악함이 이와 같으니, 망하지 않을 수 있겠는가.〔自甲申至是 綱目凡十一書殺 皆殺無罪也 而孫皓居其十 皓之淫虐如此 不亡得乎〕" ≪書法≫

【目】 吳主(孫晧)는 자기보다 나은 사람을 꺼려하였는데, 張尙은 사람됨이 말을 잘하고 민첩하여 말할 때마다 그 의표를 드러내니, 吳主가 한스러워하는 감정을 쌓아두었다. 그 후에 묻기를 "孤가 술을 마시는 것을 누구에게 비할 수 있겠는가?"라고 하니, 장상이 말하기를 "폐하께서는 100觚의 주량을 가지고 계십니다."라고 하였다. 그러자 吳主가 말하기를 "장상은 孔丘가 왕 노릇을 못한 것을 알고서도 짐을 그에게 비유하였다."라고 하고, 그로 인해 화를 내어 그를 죽였다.

吳主忌勝己者하니 尙爲人辯捷하여 談論每出其表①하니 吳主積以致恨이러니 後問호되 孤飮酒를 可以方誰②오하니 尙曰 陛下有百觚之量이니이다하니 吳主曰 尙知孔丘不王而以孤方之라하고 因發怒殺之③하다

① 張尙은 張紘의 손자이다.
尙, 紘之孫也.
② 方은 비유하다는 뜻이다.
方, 比也.
③ ≪孔叢子≫에 이르기를 "趙나라 平原君이 孔子高와 술을 마시면서 공자고에게 억지로 술을 권하며 말하기를 '속담에 이르기를 「堯 임금은 1,000鍾을 마시고, 孔子는 100觚를 마셨으며, 子路는 말이 많았지만 오히려 10榼을 마셨다.」라고 하였다. 옛날의 성현들은 술을 마시지 못한 자가 없었는데, 그대는 어찌 사양하는 것이오?'라고 하였다." 하였다. 觚는 술잔이니, 2升이 들어간다. 王(왕 노릇 하다)은 于況의 切이다.
孔叢子曰 "趙平原君與孔子高飮, 强子高酒曰 '諺云「堯飮千鍾, 孔子百觚, 子路嗑嗑, 尙飮十榼.」古之聖賢, 無不能飮, 子何辭焉.'" 觚, 飮器也, 受二升. 王, 于況切.

【綱】 겨울에 晉나라가 衛瓘을 尙書令으로 삼았다.

冬에 晉以衛瓘爲尙書令하다

【目】 이때에 朝野에서는 太子가 우둔하여 後嗣를 감당하지 못할 것을 모두 알고 있었는데, 衛瓘이 아뢰려고 하였으나 감히 못하였다. 마침 凌雲臺에서 晉 武帝를 모시고 잔치할 적에 위관이 술 취한 척하며 晉主의 앞에 꿇어앉아 말을 하려고 하다가 그친 것이 세 차례였다. 이어서 손으로 용상을 어루만지면서 말하기를 "이 자리가 참으로 아깝습니다."라고 하니, 晉主가 그 의중을 알아차리고는 이어서 거짓으로 말하기를 "공은 정말 크게 취하였는가."라고 하였다.

이윽고 東宮의 官屬들을 모두 불러 연회를 베풀면서 尙書臺에서 아직 처결하지 못한 안건을 밀봉하여 태자에게 결정하도록 하니, 賈妃가 크게 두려움에 떨며 밖에 있는 사람의 손을 빌어 대신 답을 하게 하면서 대부분 古義(고서의 의리)를 인용하였다.

給使 張泓이 말하기를 "태자께서 공부를 하지 않은 것은 폐하께서도 아시는 사실이니, 의견을 그대로 답하는 것만 못합니다."라고 하니, 賈妃가 크게 기뻐하며 장홍에게 말하기를 "곧 나를 위해 좋은 답을 한다면 부귀를 그대와 함께 할 것이다."라고 하였다. 그러자 장홍이 바로 초안을 만들어 태자 자신에게 베껴 쓰도록 하였다. 晉主가 살펴보고는 아주 기뻐하면서 먼저 위관에게 보여주니, 위관이 크게 불안해하는 모습을 보였다. 사람들은 그제야 위관이 태자에 관해 말을 한 사실을 알게 되었다. 賈充이 몰래 사람을 보내어 賈妃에게 말하기를 "위관 이 늙은이가 네 집안을 망칠 뻔하였다."라고 하였다.

是時에 朝野咸知太子昏愚하여 不堪爲嗣하니 瓘欲啓而不敢이러니 會侍宴凌雲臺[①]할새 瓘陽醉跪晉主前하여 欲言而止者三이어늘 因以手撫床曰 此座可惜이로이다 晉主意悟하여 因謬曰 公眞大醉邪아하고 遂悉召東宮官宴하여 而密封尙書疑事하여 令太子決之하니 賈妃大懼하여 倩外人代對하여 多引古義[②]러니 給使張泓曰[③] 太子不學은 陛下所知라 不如直以意對니이다하니 妃喜하여 謂泓曰 便與我好答하면 富貴與汝共之[④]호리라 泓卽具草하여 令太子自寫하니 晉主省之甚悅하여 先以示瓘하니 瓘大踧踖이라 衆人乃知瓘嘗有是言[⑤]이러라 賈充密遣人語妃云 衛瓘老奴가 幾破汝家라하더라

① 凌雲臺는 魏 文帝 때 지어진 것이다.
凌雲臺, 魏文帝所築.
② 倩(빌리다)은 七正의 切이니, 〈"倩外人"은〉 남에게 손을 빌리는 것이다.
倩, 七正切. 假手於人也.
③ 給使는 給東宮使令이다. 泓은 烏宏의 切이다.
給使, 給東宮使令. 泓, 烏宏切.
④ "與我"는 《資治通鑑》에 "爲我"로 되어 있다.
與我, 通鑑作爲我.
⑤ "踧踖"은 스스로 불안해하는 모양이다.
踧踖, 不自安貌.

【綱】 吳나라 사람들이 皖城(환성)을 대규모로 개간하자 晉나라 사람들이 공격

하여 격파하였다.

吳人大佃皖城이어늘 晉人이 攻破之하다

【目】 吳나라 사람들이 皖城을 대규모로 개간하고 晉나라의 변경을 침입할 것을 모의하였는데, 晉나라의 都督揚州諸軍事 王渾이 병력을 보내어 공격하여 격파하니, 목을 벤 것이 5천 級이고, 저장된 곡식 180여만 곡을 불태웠으며, 稻苗 4천여 頃을 짓밟았고, 배 600여 척을 부수었다.

吳人大佃皖城하고 謀寇晉邊①이어늘 晉都督揚州軍事王渾이 遣兵攻破之하니 斬首五千級하고 焚其積穀百八十餘萬斛하며 踐稻苗四千餘頃하고 毁船六百餘艘하다

① 佃(개간하다)은 亭年의 切이니, 밭을 개간한다는 뜻이다.
佃, 亭年切, 治田也.

【綱】 11월에 晉나라가 조서를 내려 기이한 기예와 이상한 의복을 바치지 말게 하였다.

十一月에 晉詔毋得獻奇技異服하다

【目】 晉나라 太醫司馬 程據가 雉頭裘를 바쳤는데, 晉主(司馬炎)가 이를 궁전 앞에서 태우고 그로 인해 이러한 조서를 내렸다.

晉太醫司馬程據가 獻雉頭裘①한대 晉主焚之於殿前하고 因有是詔하다

① 《晉書》 〈職官志〉에 "太醫는 宗正에 속한다." 하였다. 꿩의 머리털이 색이 화려하고 찬란하여 모아서 갖옷을 만든 것이다.
晉志 "太醫屬宗正." 雉頭毛采炫

晉 武帝가 雉頭裘를 불태워 검소함을 보이다

燿, 集以爲裘.

【綱】晉나라가 杜預를 鎭南大將軍 都督荊州諸軍事로 삼았다. 鉅平侯 羊祜가 卒하였다.

晉以杜預爲鎭南大將軍 督荊州諸軍事하다 **鉅平侯羊祜卒**하다

【目】羊祜가 병이 위독해지자 杜預를 천거하여 자신을 대신하게 하고 卒하니, 晉主(司馬炎)가 몹시 애달프게 곡을 하였다. 양호가 유언을 남겨 南城侯의 인장을 관에 넣지 못하게 하니,[51] 晉主가 말하기를 "양호가 진실로 몇 년간 사양을 하였는데, 몸이 죽어서도 사양함을 보존하였으니, 지금 다시 본래 封爵을 회복시켜서 그의 훌륭하고 아름다운 점을 빛나게 하라."라고 하고, 諡號를 成이라 하였다.

羊祜가 병중에 杜預를 천거하다

南州(荊州) 백성들이 양호가 卒하였다는 소식을 듣고는 시장을 열지 않고, 골목에서 곡을 하였으며, 吳나라의 변방을 지키던 將士들도 그를 위하여 눈물을 흘렸다. 양호는 峴山을 유람하기를 좋아하

51) 南城侯의……하니 : 羊祜(221~278)는 晉나라 泰山 南城 사람으로, 晉 武帝가 양호에게 태산 남쪽의 5개 縣을 떼어 주어 南城侯에 封하려 하였으나 사양하였다. 양호가 죽은 뒤에 武帝는 侍中과 太傅를 추증하고, 조서를 내려 征南大將軍 南城侯로 장례를 치르게 하였는데, 양호의 從弟 羊琇가 양호의 유언을 전하여 南城侯의 인장을 靈柩에 넣지 말게 하였다고 하였으나 무제가 허락하지 않았다. 發引을 하고 나서 무제는 大司馬門에서 상여를 전송하였는데 양호의 아내가 侯爵으로 斂襲한 것을 바라지 않는다는 소식을 듣고 양호에 대해 "몸은 죽어도 사양함을 보존하였다.〔身沒讓存〕"라고 칭찬하고 본래 封爵을 회복시켜서 높고 아름다운 점을 빛나게 하라고 하였다.(≪晉書≫ 〈羊祜列傳〉)

였는데, 襄陽 사람들이 그곳에 비석을 세우고 사당을 건립하고는 歲時에 제사를 올리니, 비석을 바라보는 자들이 눈물을 흘리지 않은 자가 없었으므로, 그로 인하여 이 비를 '墮淚碑'라고 하였다.

두예가 진영에 이르러 정예병을 선발하여 吳나라의 西陵督인 張政을 습격하여 크게 격파하였다. 장정은 吳나라의 이름난 장수인지라 패배를 부끄러워하여 그 사실을 吳主에게 보고하지 않았다. 두예가 이들을 이간질하려고 晉主에게 표문을 올려 포로로 잡은 사람들을 돌려보내게 하니, 吳主(孫皓)가 과연 장정을 소환하고 留憲을 보내 그를 대신하게 하였다.

祜疾篤에 擧杜預自代而卒하니 晉主哭之甚哀러라 祜遺令不得以南城侯印으로 入柩하니 晉主曰 祜固讓歷年에 身沒讓存①하니 今聽復本封以彰高美라하고 謚曰成②이라하다 南州民이 聞祜卒하고 罷市巷哭③하며 吳守邊將士亦爲之泣이러라 祜好遊峴山④이라 襄陽人建碑立廟於其地하여 歲時祭祀하고 望其碑者가 無不流涕하니 因謂之墮淚碑라하다 預至鎭하여 簡精銳하여 襲吳西陵督張政하여 大破之하니 政은 吳之名將也라 恥敗不以實告吳主러니 預欲間之하여 乃表還其所獲한대 吳主果召政還하고 遣留憲代之하다

① 〈"身沒讓存"은〉 자신이 죽으면서 유언을 남겨 侯의 인장을 사양하였음을 말한 것이다.
謂身沒而遺令讓侯印也.
② 羊祜는 본래 鉅平侯에 봉해졌다.
祜本封鉅平侯.
③ 南州는 荊州를 말한다.
南州, 謂荊州也.
④ 峴은 胡典의 切이니, 峴山은 襄陽城 남쪽 10리에 있다.
峴, 胡典切, 山在襄陽城南十里.

【綱】 晉나라 司空 何曾이 卒하였다.

晉司空何曾卒하다

【目】 何曾이 후하게 자신을 봉양한 것이 임금보다 더하였는데, 司隷 劉毅가 자주 탄핵을 하였지만, 晉主가 그에 대해 묻지 않았다. 그가 卒하자 博士 秦秀가 논의하기를 "하증이 교만하고 사치한 것이 도를 지나쳤으며 이름이 九域을 덮었으니, 만약 살아 있을 때 자신의 마음대로 하고 죽어서도 아무런 폄론이 없다면 王公이나 貴人이 다

시 무엇을 두려워하겠습니까. 삼가 謚法을 살펴보건대 이름과 실제가 부합하지 않는 것을 '繆'라 하고, 어지러움을 틈타 이익을 취하고 방자한 행동을 하는 것을 '醜'라 하니, 마땅히 謚號를 繆醜公이라고 해야 합니다."라고 하자, 晉主가 詔策으로 '孝'라는 시호를 내렸다.

曾厚自奉養이 過於人主하니 司隷劉毅가 數劾之호되 晉主不問이러니 及卒에 博士秦秀가 議曰 曾驕侈過度하고 名被九域①하니 若生極其情하고 死又無貶이면 (主)〔王〕[52] 公貴人이 復何畏哉리오 謹按謚法에 名與實爽曰繆요 怙亂肆行曰醜니 宜謚繆醜公이라하니 晉主策謚曰孝②라하다

① 九域은 九州 지역이다.
九域, 九州之域.
② "策謚"는 博士의 논의를 쓰지 않고 詔策으로 謚號를 하사한 것이다.
策謚者, 不用博士議, 以詔策賜謚.

【綱】晉나라 淸泉侯 傅玄이 卒하였다.

晉淸泉侯傅玄卒하다

【目】傅玄은 성격이 엄격하고 급하여 司隷가 되어 매번 탄핵하는 상주문을 올릴 때에 혹 해가 저물고 나면 白簡(관원을 탄핵하는 상주문)을 받들고 의관을 정제하고서 초조해하며 잠을 자지 않고 앉아서 날이 밝기를 기다렸다. 이로 말미암아 귀족들이 두려워하니, 臺閣에 새로운 기풍이 생겨났다. 卒한 뒤에 시호를 剛이라 하였다. 부현은 尙書左丞 崔洪과 잘 지냈는데, 최홍 역시 청렴하고 강직하여 사람의 허물을 면전에서 나무라기를 좋아하고 물러나서는 뒷말을 하지 않았기 때문에 사람들이 이 때문에 그를 존중하였다.

玄性峻急이라 爲司隷하여 每有奏劾에 或値日暮면 捧白簡하고 整簪帶하며 竦踊不寐하고 坐而待旦①하니 由是로 貴游震慴하니 臺閣生風이라 卒謚曰剛②이라하다 玄與尙書左丞崔洪善이러니 洪亦淸厲骨鯁하여 好面折人過而退無後言하니 人以是重之러라

① 簡은 간단한 문서이다. 옛날에는 笏을 잡고 있다가 일이 있으면 기록하였기 때문에 늘 붓을 꽂고 있었다. 帶는 革帶이니, 옛날의 鞶帶이다.

52) (主)〔王〕: 저본에는 '主'로 되어 있으나, ≪資治通鑑綱目≫(≪朱子全書≫ 9, 上海古籍出版社)에 의거하여 '王'으로 바로잡았다.

簡, 略狀也. 古者執笏, 有事則書之, 故常簪筆. 帶, 革帶也, 古之鞶帶.

② ≪周禮≫ 〈地官 師氏〉에 "나라의 貴游子弟가 그곳에서 배운다."라고 하였는데, 그 註에 "貴游子弟는 王公의 子弟이고, 游는 관직이 없는 자이다."라고 하였다.
周官師氏 "凡國之貴游子弟學焉." 註 "貴游子弟, 王公之子弟. 游, 無官司者."

己亥年(279)

晉나라 世祖 武皇帝 司馬炎 咸寧 5년이고, 吳主 孫皓 天紀 3년이다.

晉咸寧五年이요 吳天紀三年이라

【綱】 봄 정월에 禿髮樹機能이 涼州를 공격하여 함락시키자 晉나라가 將軍 馬隆을 파견하여 토벌하였다.

春正月에 樹機能攻陷涼州어늘 晉遣將軍馬隆討之하다

【目】 예전에 禿髮樹機能이 오랫동안 변방의 근심거리였는데, 僕射 李憙가 병사를 출동시켜 토벌하기를 청하니, 조정의 의논이 모두 병사를 출동시키는 것은 중요한 일이고, 오랑캐는 근심할 것이 못 된다고 하였다. 그런데 이때에 이르러 〈독발수기능이〉 涼州를 함락시키자, 晉主가 조회에 나가 탄식하여 말하기를 "누가 나를 위해 이 오랑캐를 토벌할 수 있겠는가."라고 하니, 司馬督 馬隆이 나가서 말하기를 "폐하께서 臣에게 맡겨주신다면 臣이 이를 평정할 수 있습니다."라고 하였다. 晉主가 말하기를 "반드시 賊을 평정할 수 있다면 무엇 때문에 임무를 맡기지 않겠는가마는, 方略이 어떤 것인지를 살필 뿐이다."라고 하니, 마륭이 말하기를 "신이 바라건대 勇士 3천 명을 모집하여 출신을 묻지 않고 이들을 인솔하여 서쪽으로 간다면 오랑캐는 평정할 거리가 되지 못합니다."라고 하니, 晉主가 허락하여 討虜將軍 武威太守로 삼았다.

마륭이 4鈞의 활을 당길 수 있는 사람과 9石의 쇠뇌〔弩〕를 당길 수 있는 사람을 모집하여 선발할 적에 표지를 세우고 시험을 치러서 아침부터 점심때까지 3,500명을 뽑았다. 마륭이 말하기를 "충분하다."라고 하고, 또 자신이 武庫에 가서 병장기를 고를 것을 청하자 御史가 그를 탄핵하였는데, 晉主가 명을 내려 오직 마륭이 취하고 싶은 것을 갖도록 하고 이어 3년간 먹을 수 있는 군량을 주어 보냈다.

初에 樹機能이 久爲邊患이어늘 僕射李憙請發兵討之하니 朝議皆以爲出兵은 重事요 虜不足憂라하더니 至是陷涼州①하니 晉主臨朝而嘆曰 誰能爲我討此虜者오하니 司馬督馬隆이 進曰 陛下能任臣하시면 臣能平之②리이다 晉主曰 必能平賊이면 何爲不任이리오마는 顧方略何如耳라 隆曰 臣願募勇士三千人하여 無問所從來하고 帥(솔)之以西면 虜不足平也③니이다 晉主許之하여 以爲討虜將軍武威太守하니 隆이 募能引弓四鈞挽弩九石者取之④하여 立標簡試하니 自旦至日中히 得三千五百人⑤이라 隆曰 足矣라하고 又請自至武庫選仗하니 御史劾之한대 晉主命惟隆所取하고 仍給三年軍資而遣之하다

① 涼州는 武威에 治所를 두었다.
涼州治武威.

② 晉나라 제도에 의하면 二衛[53]는 처음에 前驅, 由基, 彊弩를 三部司馬로 삼고 각각 督史를 두었다.
晉制, 二衛始制前驅・由基・(疆)〔彊〕[54]弩爲三部司馬, 各置督〔史〕.[55]

③ 응모하는 자들은 혹은 농사꾼 출신이고, 혹은 병사 출신이고, 혹은 도망자 출신이고, 혹은 노예 출신인데, 모두 그 출신을 따지지 않은 것이다. 帥(거느리다)은 率로 읽는다.
應募者, 或出於農畝, 或出於營伍, 或出於逋逃, 或出於奴隷, 皆不問其所從來也. 帥讀曰率.

④ 30근이 鈞이고, 4鈞이 1石이다.
三十斤爲鈞, 四鈞爲石.

⑤ 標는 표시한다는 뜻이다.
標, 表也.

【綱】 晉나라가 匈奴의 劉淵을 左部帥로 삼았다.

晉以匈奴劉淵爲左部帥[56]하다

---

53) 二衛 : 천자의 좌우나 전후에 두는 호위군이다.

54) (疆)〔彊〕 : 저본에는 '疆'으로 되어 있으나, ≪晉書≫ 권24 〈職官志〉에 의거하여 '彊'으로 바로잡았다.

55) 〔史〕 : 저본에는 '史'가 없으나, ≪晉書≫ 권24 〈職官志〉에 의거하여 보충하였다.

56) 晉以匈奴劉淵爲左部帥 : "中華를 어지럽힌 것이 여기에서 시작되었다. ≪資治通鑑綱目≫에서는 기록을 신중히 하였으므로 '〈劉淵을〉 左部帥로 삼았다'라고 기록하고, 〈太康 10년(289)에〉 '〈유연을〉 匈奴北部都尉로 삼았다.'라고 기록하였으며, 〈永熙 원년(290)에〉 '〈유연을〉 匈奴五部大都督으로 삼았다.'라고 기록하였다.〔亂華之禍 始此矣 綱目謹志之 故爲左部帥書 爲匈奴北部都尉書 爲匈奴五部大都督書〕" ≪書法≫
"先王은 봉역을 다르게 하여 夷狄을 要服과 荒服의 밖에 두고, 夷狄 중에 의리를 사모하여 王(천자)에게 귀의해오는 이들이 있으면 역시 도성문 밖에 거처하게 하였으니, 중화와 이적의 변별을 신중히 하고 內地와 外地의 禁防을 엄격하게 하기 위한 것이다. 曹操가 匈奴를 나누어 五部로 편성하

【目】劉淵은 劉豹의 아들이다. 어려서부터 준수하고 남달랐으며 上黨 사람 崔游를 스승으로 섬기며 經史를 두루 익혔다. 일찍이 동문수학하던 사람에게 말하기를 "나는 늘 隨何와 陸賈는 武功이 없고, 絳侯와 灌嬰은 文才가 없는 것을 부끄럽게 생각했다. 수하와 육가는 高帝를 만났으나 侯에 봉해지는 功業을 세우지 못하였고, 絳侯와 灌嬰은 文帝를 만났으나 庠序의 교육을 진흥시킬 수 없었으니, 어찌 애석하지 않은가."라고 하였다. 이에 겸하여 무예를 익혔다. 장성하자 원숭이처럼 긴 팔로 활을 잘 쏘았으며, 힘이 보통 사람보다 세었고, 모습이 훤칠하였다.

인질이 되어 洛陽에 있을 때 王渾과 그의 아들 王濟가 모두 소중하게 여겨 여러 차례 晉主(司馬炎)에게 천거하니, 晉主가 불러서 함께 이야기하고는 기뻐하였다. 왕제가 말하기를 "유연은 문무의 재주가 모두 출중하니, 폐하께서 東南의 일을 맡기시면 吳나라는 평정할 거리도 못 됩니다."라고 하였다. 孔恂과 楊珧가 말하기를 "우리 종족과 같지 않으니 필시 그 마음이 다를 것입니다. 유연의 재주와 기량이 진실로 비교할 만한 사람이 적으나 중요한 임무를 맡겨서는 안 됩니다."라고 하였다.

涼州가 함락되자 晉主가 李憙에게 장수를 시킬 만한 사람을 묻자, 대답하기를 "폐하께서 진실로 匈奴 5部의 무리를 징발하여 유연에게 하나의 장군의 명칭을 빌려주어서 그에게 병사들을 거느리고 서쪽으로 가게 한다면 禿髮樹機能의 머리는 머지않아 효수할 수 있을 것입니다."라고 하였다. 공순이 말하기를 "유연이 과연 독발수기능을 효수하면 양주의 근심거리는 더욱 깊어질 뿐입니다."라고 하니, 晉主가 이를 중지하였다.

淵은 豹之子也라 幼而儁異하고 師事上黨崔游하여 博習經史러니 嘗謂同門生曰 吾常恥隨陸無

여 거처하게 한 뒤로부터 內地에 種類들이 점차 번잡해졌으니, 晉나라가 그것을 계승한 뒤에 어찌 개혁해야 할 것을 알지 못했겠는가. 이미 그렇게 할 수 없었고 조정에 있는 신하들도 한창 劉淵의 재주를 번갈아 칭찬하여 중요한 임무를 주려고 하였으니, 이것은 이른바 도적에게 병기를 내주고 도적에게 양식을 빌려주며 우리 속의 호랑이를 풀어놓아 길 가는 사람을 물어뜯게 하는 격이다. 分注(目)의 글을 살펴보면 王濟·李憙가 유연을 추천한 것은 夷狄을 처리하는 방도가 몹시 잘못되었고, 齊王 司馬攸의 말에는 아주 先見之明이 있다고 하겠으나 正論을 얻은 것은 아니다. 가령 한 명의 유연이 비록 죽더라도 한 명의 유연이 다시 생길 것이니, 또한 그의 部伍에 돌아가지 말게 하고 그를 보내 변방 밖으로 나가게 해서 禁防을 엄격히 제한하는 것이 옳을 것이다. '晉以匈奴劉淵爲左部帥'라고 기록한 것은 五胡의 난리가 여기에서부터 조짐이 있었음을 보인 것이니, 슬프다.〔先王別異封域 置夷狄於要荒之外 其有慕義來王者 亦以國門外處之 所以謹華戎之辨 嚴內外之防也 自曹操分匈奴爲五部處之 內地種類漸繁 晉氏繼之 盍知所革 旣不能然 在朝之臣 方且交譽劉淵之才 乃欲畀之重任 是所謂資寇兵借盜糧 縱圈檻之虎豹而使之噬嚙於通衢者也 考之分注 如王濟李憙之薦 甚非處夷狄之道 至於齊王攸之言 可謂先見甚明 然亦未爲有得正 使一淵雖死 一淵復生 毋亦還其部伍 遣之出塞 嚴爲限隔之防 可也 書晉以匈奴劉淵爲左部帥 所以見五胡之亂 自此兆矣 噫〕"《發明》

武하고 絳灌無文[①]하노니 隨陸遇高帝而不能建封侯之業하고 絳灌遇文帝而不能興庠序之敎하니 豈不惜哉리오 於是兼學武事러니 乃長에 猿臂善射하고 膂力過人하고 姿貌魁偉하니 爲任子在洛陽에 王渾及其子濟皆重之하여 屢薦於晉主하니 晉主召與語悅之러라 濟曰 淵有文武長才하니 陛下任以東南之事하시면 吳不足平也리이다 孔恂楊珧曰 非我族類이니 其心必異니 淵才器誠少比나 然不可重任也이니이다 及涼州覆沒에 晉主問將於李憙한대 對曰 陛下誠能發匈奴五部之衆하여 假淵一將軍之號하사 使將之而西하면 樹機能之首를 可指日而梟也리이다 恂曰 淵果梟樹機能하면 則涼州之患方更深耳리이다하니 晉主乃止하다

① "隨陸"은 隨何와 陸賈이다. "絳灌"은 絳侯 周勃과 將軍 灌嬰이다.
隨・陸, 隨何・陸賈. 絳・灌, 絳侯周勃・灌將軍嬰.

【目】東萊 사람 王彌의 집안은 대대로 二千石의 관직을 지냈는데, 왕미는 學術과 勇略이 있었으며 말 타고 활 쏘는 것을 잘하니, 靑州 사람들이 그를 飛豹라고 불렀다. 그러나 任俠을 하는 것을 좋아하니, 處士인 陳留 사람 董養이 그를 보고 말하기를 "그대는 혼란을 좋아하고 화란을 즐기니, 만약 천하에 전란이 있게 되면 사대부가 되지 못할 것이다."라고 하였다. 劉淵은 왕미와 잘 지냈는데, 왕미에게 말하기를 "王渾과 李憙는 고향 사람으로 알고 지내는데, 매번 서로 칭찬하고 추천해주지만 나에게는 근심거리만 될 뿐이다."라고 하고, 이로 인해 흐느끼며 눈물을 흘렸다.

齊王 司馬攸가 그 소식을 듣고 晉主에게 말하기를 "폐하께서 유연을 제거하지 않으시면 신은 幷州가 오랫동안 편안하지 못할까 걱정됩니다."라고 하였다. 왕혼이 말하기를 "위대한 우리 晉나라가 신의를 가지고 다른 풍속을 가진 사람을 품어주었는데, 어찌하여 드러나지 않은 의심으로 다른 사람이 보낸 인질을 죽인단 말입니까. 어찌하여 이처럼 덕행과 도량이 좁단 말입니까."라고 하니, 晉主가 수긍하였다. 마침 劉豹가 죽자, 대를 이어 유연을 左部帥로 삼았다.

東萊王彌家世二千石[①]이라 彌有學術勇略하고 善騎射하니 靑州人謂之飛豹라 然喜任俠하니 處士陳留董養이 見而謂之曰 君好亂樂禍하니 若天下有事면 不作士大夫矣[②]로다 淵與彌友善이러니 謂彌曰 王李以鄕曲見知[③]하여 每相稱薦하니 適足爲吾患耳라 因歔欷流涕어늘 齊王攸聞之하고 言於晉主曰 陛下不除劉淵이면 臣恐幷州不得久安일까하노이다 王渾曰 大晉方以信懷殊俗이어늘 奈何以無形之疑로 殺人侍子乎아 何德度之不弘也오 晉主然之러라 會豹卒하니 以淵代爲左部帥하다

① 王彌는 魏나라 玄菟太守 王頎의 손자이다.

彌, 魏玄菟太守王頎之孫.

② 〈"不作士大夫矣"는〉 장차 賊이 될 것을 말한 것이다.
言將爲賊也.

③ 王渾은 太原 사람이고, 李憙는 上黨 사람인데, 劉淵과 同鄕이다.
王渾太原人, 李憙上黨人, 與淵同州里.[57]

【綱】 겨울 11월에 晉나라가 크게 군대를 일으켜 길을 나누어 吳나라를 정벌하였다.

冬十一月에 **晉大擧兵**하여 **分道伐吳**하다

【目】 吳主(孫皓)가 매번 여러 신하들과 연회를 열 때마다 모두 아주 취하게 하고, 또 黃門郎 10명을 두어 司過(신하의 과실을 규찰하는 관리)로 삼았는데, 연회가 파한 뒤에 각기 그들이 저지른 실수를 상주하여 혹 얼굴의 가죽을 벗기거나 눈알을 파내니, 이로 말미암아 上下가 마음이 떠나서 힘을 다하는 자가 없었다.

王濬이 상소하여 말하기를 "손호가 荒淫無道하고 흉악하며 패역하니, 마땅히 속히 정벌해야 합니다. 만일 갑자기 손호가 죽어 다시 어진 군주를 세우면 강한 적이 될 것이고, 신이 배를 만든 지가 7년이 되어 배가 날로 썩고 부서지며, 신의 나이가 칠십이어서 언제 죽을지 모릅니다. 세 가지 중에 하나만 어그러져도 도모하기가 어려우니, 진실로 폐하께서는 事機를 놓치지 마소서."라고 하였다.

晉主(司馬炎)가 이에 吳나라를 정벌할 것을 결심하였는데, 마침 王渾이 말하기를 "손호가 북쪽으로 올라오려고 하여 변방의 수비를 모두 엄히 경계하고 있습니다."라고 하자, 다시 이듬해에 출병할 것을 의논하였다.

吳主每宴群臣에 **咸令沈醉**하고 **又置黃門郎十人爲司過**하여 **宴罷之後**에 **各奏闕失**하여 **或剝人面**하고 **或鑿人眼**하니 **由是上下離心**하여 **莫爲盡力**①이러라 **王濬上疏曰 孫皓荒淫凶逆**하니 **宜速征伐**이라 **若皓死**에 **更立賢主**면 **則强敵也**요 **臣作船七年**에 **日有朽敗**하고 **臣年七十**이라 **死亡無日**하니 **三者一乖**면 **則難圖矣**니 **願陛下**는 **無失事機**하소서 **晉主於是**에 **決意伐吳**러니 **會王渾言孫皓欲北上**하니 **邊戍皆戒嚴**이라하니 **乃更議明年出師**어늘

① 爲(위하다)는 去聲이다.

57) 州里 : 漢나라 사람들은 같은 고을에 사는 자들을 州里라 하였다.(≪思政殿訓義 資治通鑑綱目≫ 제6권 중 漢 元帝 永光 원년(B.C. 43) 訓義)

爲, 去聲.

【目】杜預가 표문을 올려 말하기를 "적들이 계책이 곤궁하고 병력이 두 곳[58]을 완전히 지키지 못할 것이니, 반드시 夏口의 동쪽을 보존하여 연명하려고 할 것인데, 이유 없이 많은 병사들이 서쪽으로 올라오니 폐하께서 보고를 지나치게 들어 큰 계책을 버리시니, 적을 놓아주어 걱정거리를 만드는 것이 참으로 애석합니다. 가령 군사를 일으켜 실패한다고 하면 군사를 일으키지 않는 것이 옳지만, 지금은 편안한 거동만이 있고 실패할 염려가 없습니다. 신의 마음은 분명하기에 감히 애매한 의견으로 後患을 자초할 수 없으니, 폐하께서는 살펴주시기 바랍니다."라고 하였다.

한 달이 지나도 아무런 回報가 없자, 두예가 다시 표문을 올려 말하기를 "羊祜는 널리 계책을 구하지 않고 폐하와 계책을 도모했기 때문에 조정의 신하들로 하여금 대부분 다른 의론이 많아지게 한 것입니다. 무릇 일이란 마땅히 이로움과 해로움을 가지고 비교해야 하는데, 지금 이 거병은 이익이 열에 여덟아홉이고, 해가 되는 것은 아무런 공을 세우지 못하는 것에 그칠 뿐입니다. 조정의 신하들에게 적을 격파할 형세를 말하게 하면 역시 할 수 없을 것입니다. 다만 이는 계책이 자기에게서 나오지 않고, 공이 자신에게 있지 않으니, 은혜를 믿고 나라의 후환을 염려하지 않기 때문에 가벼이 다른 의견을 내세우는 것뿐입니다. 가을부터 적을 토벌하겠다는 모습이 제법 드러났으니, 지금 또 중지하면 孫皓가 두려워하여 계책을 내어 도읍을 武昌으로 옮기고 江南에 있는 여러 성들을 완전하게 수리하고 백성들을 먼 곳으로 옮기면 성을 공격할 수 없을 것이며 들에는 약탈할 것이 없게 될 것이니, 다음 해에 정벌하겠다는 계획은 이루어질 수 없을 것입니다."라고 하였다.

杜預上表曰 賊之窮計하고 力不兩完이라 必保夏口以東하여 以延視息이니 無緣多兵西上하니 而陛下過聽하여 便用委棄大計하시니 縱敵患生이 誠可惜也①로소이다 向使擧而有敗면 勿擧可也어니와 今有萬安之擧하고 無傾敗之慮하니 臣心實了라 不敢以曖昧之見으로 自取後累니 惟陛下察之②하소서 旬月未報어늘 預復表言 羊祜不博謀하고 而與陛計故로 令朝臣多異同之議하니 凡事當以利害相校니 今若此擧之利十有八九요 而其害止於無功耳라 必使朝臣으로 言破敗之形하면 亦不可得이니 直是以計不出己하고 功不在身하니 亦由恃恩不慮後患하여 而輕相同異耳③라 自秋已來로 討賊之形頗露하니 今若又中止하면 孫皓怖而生計하여 徙都武昌하고 完修江南諸城하며 遠其

58) 두 곳 : 兵力이 동시에 北部와 西部를 보전하지 못함을 말한다.(≪資治通鑑新注≫ 陝西人民出版社, 1998)

居民하면 城不可攻이요 野無所掠이면 則明年之計가 亦無及矣니이다

① 延은 이끈다는 뜻이다. 사람의 눈으로는 기운을 볼 수 없고, 다시 숨을 쉬지 못하면 죽는다.
延, 引也. 人目不能視氣, 不復息則死矣.

② 了는 결정하는 뜻이다. 累는 일이 서로 연결되어 미치는 것이다.
了, 決也. 累, 事相緣及也.

③ 直(다만)는 但과 같다.
直, 猶言但也.

【目】 晉主(司馬炎)가 張華와 바둑을 두고 있었는데, 杜預의 표문이 마침 도착하니, 장화가 바둑판을 밀고 손을 거두며 말하기를 "폐하께서 聖武하시어 나라가 부유하고 군사가 강성한데 吳主가 음탕하고 포악하여 賢能한 자들을 주살하니, 지금 토벌하시면 수고를 하지 않고도 평정할 수 있으니, 바라건대 의심하지 마십시오."라고 하였다.

晉主가 마침내 이를 허락하고 장화를 度支尙書로 삼아 필요한 군수품을 헤아려 조달하게 하였다. 賈充・荀勖・馮紞이 굳게 쟁론하였는데, 晉主가 크게 진노하니, 가충이 관을 벗고 사죄하였다.

山濤가 물러나와 다른 사람에게 말하기를 "聖人이 아니고는 밖이 편안하면 반드시 안에는 근심거리가 있으니, 지금 〈우리의 안에 근심이 없으려면〉 吳나라를 내버려두어 외방의 두려움으로 삼는 것이 어찌 좋은 계책이 아니겠는가."라고 하였다.

晉主方與張華圍碁러니 預表適至하니 華推枰斂手曰[①] 陛下聖武하여 國富兵彊한대 吳主淫虐하여 誅殺賢能하니 今討之면 可不勞而定이니 願勿以爲疑하소서 晉主乃許之하여 以華爲度支尙書하여 量計運漕[②]하니 賈充荀勖馮紞固爭之어늘 晉主大怒하니 充免冠謝罪러라 山濤退而告人曰 自非聖人인댄 外寧이면 必有內憂하니 今釋吳爲外懼가 豈非筭乎[③]아

① 推(밀다)는 通回의 切이다. 枰(바둑)의 음은 平이니, 바둑이다.
推, 通回切. 枰, 音平, 碁局也.

② "量計"는 양을 헤아려 계산하는 것이다. 陸路로 가는 것을 運이라 하고, 水路로 가는 것을 漕라 한다.
量計, 量度而計筭也. 陸行曰運, 水行曰漕.

③ ≪春秋左氏傳≫ 成公 16년에 "晉侯가 鄭나라를 정벌하니, 楚子가 鄭나라를 구원하였는데, 晉나라의 范文子가 전투를 원하지 않아 말하기를 '聖人이 아니고는 外部가 편안하면 반드시 內患이 있게 마련이니, 어찌 楚軍을 그대로 보내주어 外患으로 삼지 않겠는가.' 하였다."

라고 하였는데, 山濤가 이를 인용하여 밖이 만일 편안하면 반드시 안에는 근심거리가 있다고 말하였으니, 吳나라를 평정하면 밖이 편안해지나 이미 밖에 돌아볼 근심이 없다면 편안히 멋대로 행동하여 꺼리는 바가 없게 되어 내부에 마땅히 우려할 만한 일이 발생할 것이니, 어찌 吳나라를 내버려두어 정벌하지 말아서 敵國의 外患으로 삼지 않을 것인가라고 말한 것이다.

左傳 "晉侯伐鄭, 楚子救鄭, 晉范文子不欲戰曰 '自非聖人, 外寧必有內憂, 盍釋楚以爲外懼乎.'" 山濤引此而言, 外若安寧, 內必有憂. 謂能平吳, 則外寧矣, 然旣無外顧之虞, 則安肆自如, 無所忌憚, 內當有可憂之事生, 何不釋吳勿伐以爲敵國外患乎.

【目】 11월에 將軍 琅邪王 司馬伷를 파견하여 涂中(도중)으로 출동하게 하고, 王渾은 江西로 출동하게 하고, 王戎은 武昌으로 출동하게 하고, 胡奮은 夏口로 출동하게 하고, 杜預는 江陵으로 출동하게 하고, 王濬과 巴東監軍 唐彬은 巴蜀에서 내려가게 하였으니, 東西가 모두 20여만이었다. 賈充을 명하여 使持節로 黃鉞을 주어 大都督으로 삼고 冠軍將軍 楊濟를 副將으로 삼았다. 賈充이 吳나라를 정벌하는 것이 이롭지 못함을 굳게 진술하고 또 자신이 노쇠하다고 말을 하여 元帥의 직임을 감당하지 못하겠다고 하자, 조서를 내려 말하기를 "그대가 만약 출병하지 않는다면 내가 직접 갈 것이다."라고 하니, 가충이 명을 받고 中軍을 거느리고 襄陽에 주둔하면서 諸軍을 통제하였다.

十一月에 遣將軍琅邪王伷出涂中①하고 王渾出江西②하고 王戎出武昌하고 胡奮出夏口하고 杜預出江陵하고 王濬과 巴東監軍唐彬下巴蜀하니 東西凡二十餘萬이라 命賈充爲使持節假黃鉞大都督하고 以冠軍楊濟副之③하니 充固陳伐吳不利하고 且言衰老하여 不堪元帥之任이라한대 詔曰 君若不行이면 吾便自出하리라하니 充乃受命하고 將中軍屯襄陽하여 爲諸軍節度하다

① 胡三省이 말하기를 "涂는 滁로 읽는다. 吳主 孫權이 堂邑을 만들었는데, 涂塘이 그 지역이니, 지금의 滁州에서 眞州路로 향하는 길을 취한 것이다."라고 하였다.
胡三省曰 "涂讀曰滁, 吳主權作堂邑, 涂塘卽其地, 蓋從今滁州取眞州路."

② 胡三省이 말하기를 "지금의 和州에서 橫江의 건너는 길로 나간 것이다."라고 하였다.
胡三省曰 "今和州出橫江渡路."

③ 使(사신)는 疏吏의 切이다.
使, 疏吏切.

【綱】 12월에 晉나라 馬隆이 禿髮樹機能을 격파하여 참수하니, 涼州가 평정되

었다.

十二月에 晉馬隆破樹機能斬之하니 涼州平하다

【目】 馬隆이 서쪽으로 가서 溫水를 건너니, 禿髮樹機能 등이 수만 명을 데리고 험준한 곳에 의거하여 그들을 막았다. 마륭이 산길이 좁은 것으로 인해 마침내 扁箱車(좁은 길을 가는 수레)를 만들고 나무 지붕을 만들어 수레 위에 얹어서 돌아다니며 전투하면서 전진하니, 1천여 리를 나아가자 죽이거나 다치게 한 자들이 매우 많았다. 마륭이 서쪽으로 나아가고 나서 소식이 끊기자 조정에서 걱정하였고, 어떤 자는 이미 죽었다고 말을 하였는데, 마륭의 使者가 도착하였다. 晉主가 손바닥을 치며 즐겁게 웃으며 여러 신하들을 불러 말하기를 "만약 여러 卿들의 말을 따랐다면 涼州를 잃었을 것이다."라고 하였다. 마륭이 武威에 이르자 鮮卑族의 大人이 1만여 부락을 인솔하여 와서 항복하였다. 마륭이 독발수기능과 크게 전투를 벌여 그를 참수하자 양주가 이윽고 평정되었다.

馬隆이 西度溫水①하니 樹機能等이 以衆數萬으로 據險拒之어늘 隆以山路陜隘로 乃作扁箱車하고 爲木屋施於車上②하여 轉戰而前하니 行千餘里에 殺傷甚衆이라 自隆之西로 音問斷絶하니 朝廷憂之하여 或謂已沒이러니 及隆使至에 晉主撫掌歡笑하고 召群臣謂曰 若從諸卿言이면 無涼州矣로다 隆至武威에 鮮卑大人이 帥萬餘落來降이라 隆與樹機能으로 大戰斬之하니 涼州遂平하다

① 武威의 동쪽에 溫圍水가 있다.
武威之東有溫圍水.
② 扁(협소하다)은 補典의 切이다. 수레의 몸통이 좁으면 좁은 길을 갈 수 있다. 나무 지붕은 비바람을 막고 화살과 돌을 막는 것이다.
扁, 補典切. 車箱扁, 則可行狹路. 木屋, 所以蔽風雨, 捍矢石.

【綱】 晉나라에서 조서를 내려 관리의 인원을 줄이는 것을 의논하게 하였다.

晉詔議省員吏하다

【目】 조서를 내려 조정의 신하들에게 정사의 고칠 점을 물었는데, 司徒左長史 傅咸이 상서하기를 "공적으로나 사적으로나 〈재화가〉 부족한 것은 관직을 너무 많이 설치하였기 때문입니다. 오늘날에 급한 일이 관직을 합병하고 요역을 줄이며 농사에 힘쓰게 하는

데 있습니다."라고 하니, 이윽고 州·郡·縣의 관리를 반으로 줄여서 농업에 종사하는 것을 논의하였다. 그러자 中書監 荀勖이 다음과 같이 말하였다.

"관리를 줄이는 것은 관직을 줄이는 것만 못하고, 관직을 줄이는 것은 사무를 줄이는 것만 못하며, 사무를 줄이는 것은 마음을 깨끗이 하는 것만 못합니다. 옛날에 蕭何와 曹參이 漢나라의 재상을 맡았을 때 조참이 소하의 청정한 정치를 계승하여 백성들이 한결같이 편안하였으니, 이른바 마음을 깨끗이 한 것입니다. 부화하는 말을 억누르고, 문건을 간단히 하며, 자잘하고 번잡한 규정을 간략히 하며, 작은 실수를 용서하고, 상규를 바꾸어서 이익을 취하려 하는 자는 주벌하는 것이 이른바 일을 줄이는 것입니다. 九寺를 尙書臺에 병합하고 蘭臺를 三府에 붙이는 것이 이른바 관직을 줄이는 것입니다. 만약 곧바로 大例를 만들어서 천하 관리의 절반을 모두 줄이면 郡國의 직무에 어렵고 쉬움의 차이가 있으니, 이를 일률적으로 시행할 수가 없을 듯합니다. 만약 정사가 황폐해지면 모두 다시 회복시켜야 하고, 혹 요동쳐서 번다해질 것이니, 또한 신중히 하지 않아서는 안 됩니다."

詔問朝臣以政之損益한대 司徒長史傅咸上書①以爲 公私不足이 由設官太多라 當今之急이 在幷官省役務農而已라한대 遂議省州郡縣半吏以赴農功이러니 中書監荀勖以爲호되 省吏不如省官이요 省官不如省事요 省事不如淸心이니 昔蕭曹相漢에 載其淸靜하여 民以寧一[59]하니 所謂淸心也요 抑浮說簡文案하고 略細苛하며 宥小失하고 變常以徼利者를 必誅가 所謂省事也요 以九寺倂尙書하고 蘭臺付三府가 所謂省官也②라 若直作大例하여 天下之吏를 悉省其半이면 恐郡國職業이 劇易不同하니 不可以一概施之라 若有曠闕이면 皆須更復이요 或激而滋繁이니 亦不可不重也니이다

① ≪晉書≫ 〈職官志〉에 "司徒에 左長史와 右長史 각각 1인을 더 두었다." 하였다. 傅咸은 傅玄의 아들이다.
晉志"司徒加置左右長史各一人." 咸, 玄之子也.

② 九寺는 九卿寺를 말한다. 漢나라 초기에 九卿은 각각 관장하는 일이 있었는데, 東都(東漢) 이후로 尙書의 諸曹에서 여러 가지 일을 관장하여 九卿은 거의 자릿수만 채우는 관직이 되기 때문에 尙書臺로 병합하려고 한 것이다. 蘭臺는 御史臺이고, 三府는 三公府이다. 漢나라 丞相은 長史와 司直을 거느리고 御史大夫는 中丞과 侍御史를 거느려서 법에 어긋나는 일을 적발하였다. 그러므로 荀勖이 蘭臺를 三府에 붙이려고 한 것이다.
九寺, 謂九卿寺也. 漢初九卿各有所掌, 東都以後, 尙書諸曹分掌衆事, 九卿殆爲具官, 故欲倂

59) 載其淸靜 民以寧一 : 漢나라 曹參이 相國이 되어 전임 상국 蕭何의 정책대로 따라 행하자 백성들이 편안해하여 노래를 부른 가사로, ≪漢書≫ 〈曹相國世家〉에 보인다.

之尙書. 蘭臺, 御史臺也. 三府, 三公府也. 漢丞相有長史・司直, 御史大夫有中丞・侍御史, 掌察擧非法, 故勖欲以蘭臺付之三府.

附錄

1. 思政殿訓義 資治通鑑綱目12 年表

年度	在位年	역문쪽수	주요 사건
239 己未年	蜀漢 後主(劉禪) 延熙 2 魏 明帝(曹叡) 景初 3 吳 大帝(孫權) 赤烏 2	13 16 17 19	• 魏나라 明帝 曹叡 사망. 司馬懿와 曹爽이 유조를 받아 정사를 보좌하고 태자 曹芳이 즉위함. • 魏나라가 司馬懿를 太傅로 삼아 실권을 빼앗고 曹爽의 심복인 何晏을 尙書로 삼음. • 蜀漢이 蔣琬을 大司馬로 삼음. • 吳나라 장수 周胤이 죄가 있어서 폐하여 廬陵으로 유배 보냄.
240 庚申年	蜀漢 後主 延熙 3 魏 齊王(曹芳) 正始 1 吳 大帝 赤烏 3	21	• 蜀漢이 張嶷(장억)을 越巂太守로 삼음.
241 辛酉年	蜀漢 後主 延熙 4 魏 齊王 正始 2 吳 大帝 赤烏 4	22 24 25 27	• 吳나라가 全琮, 朱然, 諸葛瑾 등에게 세 방면으로 魏나라를 공격하게 하였으나, 魏나라가 이를 물리침. • 吳나라 太子 孫登 사망. • 蜀漢의 蔣琬이 涪縣에 주둔함. • 魏나라가 淮南의 북쪽에 屯田을 설치하고 漕渠를 확장함. • 管寧이 魏나라에서 사망.
242 壬戌年	蜀漢 後主 延熙 5 魏 齊王 正始 3 吳 大帝 赤烏 5	28	• 蜀漢 中監軍 姜維가 漢中에서 涪縣으로 옮겨 주둔함. • 吳나라가 孫和를 太子로 삼고 孫霸를 魯王으로 삼음.
243 癸亥年	蜀漢 後主 延熙 6 魏 齊王 正始 4 吳 大帝 赤烏 6	29	• 蜀漢이 前監軍 王平을 보내 漢中을 감독하게 함. • 蜀漢이 費禕를 大將軍 錄尙書事로 삼음. • 魏나라 荊豫州都督인 王昶이 新野로 이동하여 주둔함.

年度	在位年	역문쪽수	주요 사건
244 甲子年	蜀漢 後主 延熙 7 魏 齊王 正始 5 吳 大帝 赤烏 7	30 32 33	• 吳나라가 陸遜을 丞相으로 삼음. • 魏나라 曹爽이 漢中을 침략하자, 蜀漢 費禕가 漢中을 구원함. • 魏나라 군대가 漢中에서 퇴각함. • 蜀漢이 費禕에게 益州刺史를 겸하게 하고, 董允을 守尙書令으로 삼음.
245 乙丑年	蜀漢 後主 延熙 8 魏 齊王 正始 6 吳 大帝 赤烏 8	34 37 38	• 吳나라의 孫和와 孫霸가 다투자 조정도 분열되었는데, 이로 인해 孫權이 太子太傅 吾粲을 죽임. • 孫霸 등의 참소로 吳나라 丞相 陸遜이 분통스러워하다 사망함. • 蜀漢 皇太后 吳氏 사망. • 蜀漢 大司馬 蔣琬 사망. • 蜀漢 尙書令 董允이 사망하자, 환관 黃皓를 中常侍로 삼음.
246 丙寅年	蜀漢 後主 延熙 9 魏 齊王 正始 7 吳 大帝 赤烏 9	41 42 44 45	• 魏나라 毌丘儉이 高句驪王 高位宮(東川王)을 정벌하니 고위궁이 수도(國內城)를 버리고 도망감. • 吳나라가 步騭(보즐)을 丞相으로 삼음. • 吳나라가 荊州를 左部와 右部로 나누어 呂岱로 하여금 右部를 감독하게 하고 諸葛恪으로 左部를 감독하게 하여 武昌을 수비하게 함. • 吳나라가 大錢을 폐지함. • 蜀漢이 姜維를 衛將軍으로 삼아 費禕와 함께 錄尙書事로 삼음.
247 丁卯年	蜀漢 後主 延熙 10 魏 齊王 正始 8 吳 大帝 赤烏 10	45 46	• 吳나라가 太初宮을 지음. • 魏나라 曹爽이 何晏 등과 朋黨을 짓고 太后를 永寧宮으로 옮기고 정사를 멋대로 하자 司馬懿가 정사에 참여하지 않음.
248 戊辰年	蜀漢 後主 延熙 11 魏 齊王 正始 9 吳 大帝 赤烏 11	47 48	• 魏나라가 徐邈을 司空으로 삼았으나 받지 않음. • 蜀漢 費禕가 漢中으로 나가 주둔함.

年度	在位年	역문쪽수	주요 사건
249 己巳年	蜀漢 後主 延熙 12 魏 齊王 嘉平 1 吳 大帝 赤烏 12	48 65 66 67 69 70	• 魏나라 司馬懿가 曹爽 및 何晏 등을 제거하고 정권을 장악함. • 魏나라가 司馬懿를 丞相으로 삼고, 九錫을 더해 주었으나 사양함. • 魏나라 護軍 夏侯霸가 蜀漢으로 도망함. • 吳나라 大司馬 朱然 사망. • 蜀漢 姜維가 魏나라 雍州를 공격하였으나 이기지 못함. • 魏나라가 王淩을 太尉로 삼음. • 魏나라 光祿大夫 徐邈 사망.
250 庚午年	蜀漢 後主 延熙 13 魏 齊王 嘉平 2 吳 大帝 赤烏 13	71 74	• 吳나라가 太子 孫和를 폐위시키고, 魯王 孫霸와 將軍 朱據를 죽이고 아들 孫亮을 세워서 太子로 삼고 손량의 생모 潘氏를 皇后로 삼음. • 吳나라가 堂邑縣에 塗塘을 쌓음. • 魏나라가 王昶 등에게 吳나라 江陵을 공격하게 하여 吳軍을 격파함.
251 辛未年	蜀漢 後主 延熙 14 魏 齊王 嘉平 3 吳 大帝 太元 1	76 79 80 83	• 魏나라 司馬懿가 반역을 모의한 王淩과 楚王 曹彪를 죽이고, 마침내 여러 왕공들을 鄴城에 안치시킴. • 魏나라 太傅 司馬懿가 사망하자, 그의 아들 司馬師를 撫軍大將軍 錄尙書事로 삼음. • 魏나라 幷州에 있던 匈奴 5部 중 左部 左賢王 劉豹가 강성해지자 좌부를 두 나라로 나눔. • 吳나라가 諸葛恪을 太子太傅로 삼아 국가의 일을 총괄하게 함. • 蜀漢은 費禕가 漢壽縣에 주둔하고 陳祗를 守尙書令으로 삼음.
252 壬申年	蜀漢 後主 延熙 15 魏 齊王 嘉平 4 吳 會稽王(孫亮) 建興 1	84 86 88	• 魏나라가 司馬師를 大將軍으로 삼음. • 吳나라가 前 太子 孫和를 南陽王으로 삼음. • 吳나라 大帝 孫權이 사망하자 太子 孫亮이 즉위하여 諸葛恪을 太傅로 삼음. • 吳나라가 齊王 孫奮을 豫章으로 옮김. • 吳나라 諸葛恪이 東興堤를 수리함. 魏나라가 공격하자 제갈각이 徐塘에서 魏軍을 격파함.

年度	在位年	역문쪽수	주요 사건
253 癸酉年	蜀漢 後主 延熙 16 魏 齊王 嘉平 5 吳 會稽王 建興 2	95 97 99 103 106	• 魏나라 降將 郭循이 蜀漢 大將軍 費禕를 암살함. • 吳나라 諸葛恪이 20만 군대를 일으켜 魏나라를 공격함. • 蜀漢 姜維가 魏나라를 정벌하여 狄道를 포위함. • 吳나라 諸葛恪이 魏나라 新城을 공격하였으나 이기지 못함. • 吳나라가 太傅 諸葛恪을 죽이고 孫峻을 丞相으로 삼음. • 吳나라가 南陽王 孫和를 죽임.
254 甲戌年	蜀漢 後主 延熙 17 魏 高貴鄕公(曹髦) 正元 1 吳 會稽王 五鳳 1	107 111	• 魏나라 司馬師가 中書令 李豐과 太常 夏侯玄과 光祿大夫 張緝을 죽이고 마침내 皇后 張氏를 폐위함. • 蜀漢 姜維가 魏나라를 정벌함. • 魏나라 司馬師가 曹芳을 폐위시키고 齊王으로 삼고 高貴鄕公 曹髦를 맞이하여 황제로 즉위시킴.
255 乙亥年	蜀漢 後主 延熙 18 魏 高貴鄕公 正元 2 吳 會稽王 五鳳 2	115 123 124 125 128	• 魏나라 揚州都督 毌丘儉과 揚州刺史 文欽이 군사를 일으켜 司馬師를 토벌함. 사마사가 공격하자 문흠은 吳나라로 도주하고 毌丘儉은 도망치다가 죽임을 당함. • 魏나라 大將軍 司馬師가 사망하자, 사마사의 아우 司馬昭가 大將軍 錄尙書事가 됨. • 吳나라 將軍 孫儀 등이 孫峻을 도모하다 실패하였는데, 全公主의 참소로 朱公主를 죽임. • 蜀漢 姜維가 魏나라 군대를 洮西에서 크게 격파하고 狄道를 포위하였으나 魏나라 陳泰가 구원하니, 강유가 이기지 못하고 돌아감. • 吳나라가 太廟를 세움.
256 丙子年	蜀漢 後主 延熙 19 魏 高貴鄕公 甘露 1 吳 會稽王 太平 1	129 131	• 蜀漢이 姜維를 大將軍으로 삼음. • 魏나라 司馬昭가 처음으로 袞龍袍, 冕旒冠, 赤舃을 착용함. • 魏나라 황제 曹髦가 太學을 시찰함. • 蜀漢 姜維가 魏나라를 정벌하였으나 魏나라의 鄧艾에게 패함.

年度	在位年	역문쪽수	주요 사건
256 丙子年	蜀漢 後主 延熙19 魏 高貴鄕公 甘露1 吳 會稽王 太平1	133 134 135 137	• 魏나라 司馬昭가 大都督이 되고 일을 아뢸 때 이름을 부르지 않게 하고 黃鉞을 줌. • 吳나라 孫峻이 사망하자 그의 從弟 孫綝을 侍中으로 삼아 정사를 보좌하게 함. • 吳나라 大司馬 呂岱 사망. • 吳나라 孫綝이 大司馬 滕胤과 將軍 呂據를 죽임. • 魏나라가 盧毓을 司空으로 삼음. • 吳나라 孫綝이 모반을 도모한 將軍 王惇을 죽임.
257 丁丑年	蜀漢 後主 延熙20 魏 高貴鄕公 甘露2 吳 會稽王 太平2	137 139 144	• 吳나라 황제 孫亮이 親政함. • 魏나라 揚州都督 諸葛誕이 반란을 일으키자 司馬昭가 황제 曹髦를 받들어 제갈탄을 공격함. 吳나라가 제갈탄을 구원하였으나 승리하지 못하고 돌아감. • 蜀漢 姜維가 魏나라를 정벌하였으나 魏나라 都督 司馬望과 鄧艾가 막음.
258 戊寅年	蜀漢 後主 景耀1 魏 高貴鄕公 甘露3 吳 景帝(孫休) 永安1	147 151 152 156 158	• 魏나라 司馬昭가 壽春을 함락하고 諸葛誕을 죽임. • 蜀漢 姜維가 회군함. • 魏나라 司馬昭가 相國이 되고 晉公에 봉해짐. 사마소에게 九錫을 더하였으나 사양함. • 魏나라 황제 曹髦가 太學에서 養老禮를 거행함. • 吳나라 孫綝이 황제 孫亮을 폐위시켜 會稽王으로 삼고 琅邪王 孫休를 황제로 세움. 손휴는 손침을 丞相으로 삼고 孫和의 아들 孫皓를 봉하여 烏程侯로 삼음. • 吳나라 孫綝이 주살됨. • 蜀漢이 漢中의 군대는 漢壽에 주둔하고 漢城과 樂城 두 성을 지키게 함.
259 己卯年	蜀漢 後主 景耀2 魏 高貴鄕公 甘露4 吳 景帝 永安2	160	• 蜀漢 陳祗가 사망하자 董厥로 尙書令을 삼고 諸葛瞻으로 僕射를 삼음.
260 庚辰年	蜀漢 後主 景耀3 魏 元帝(曹奐) 景元1 吳 景帝 永安3	161 165	• 魏나라 司馬昭가 황제 曹髦를 남쪽 궁궐 아래에서 시해하고 尙書 王經을 죽임. • 魏나라 司馬昭가 曹奐을 즉위시킴.

年度	在位年	역문쪽수	주요 사건
260 庚辰年	蜀漢 後主 景耀 3 魏 元帝(曹奐) 景元 1 吳 景帝 永安 3	165 166 167	• 吳나라가 浦里塘을 修築함. • 吳나라 會稽王 孫亮이 자살함. • 魏나라가 王沈을 豫州刺史로 삼음.
261 辛巳年	蜀漢 後主 景耀 4 魏 元帝 景元 2 吳 景帝 永安 4	170 171	• 蜀漢이 董厥과 諸葛瞻을 將軍으로 삼아 함께 尙書의 일을 評論하게 하고 樊建을 尙書令으로 삼음. 당시 中常侍 黃皓가 권세를 부림. • 鮮卑의 索頭部 拓跋力微가 魏나라에 공물과 인질(拓跋沙漠汗)을 바침.
262 壬午年	蜀漢 後主 景耀 5 魏 元帝 景元 3 吳 景帝 永安 5	174 176 177 181	• 吳나라가 皇子 孫䨻(손완)을 세워서 太子로 삼음. • 蜀漢 姜維가 魏나라 洮陽을 정벌하였으나 이기지 못함. 姜維가 成都로 돌아갔다가 黃皓가 권력을 잡은 것을 보고, 스스로 洮陽으로 돌아가 沓中에 주둔함. • 吳나라가 濮陽興을 丞相으로 삼음. • 魏나라 司馬昭가 中散大夫 嵇康을 죽임. • 魏나라가 鍾會를 都督關中軍事로 삼음.
263 癸未年	蜀漢 後主 炎興 1 魏 元帝 景元 4 吳 景帝 永安 6	184 185 188 189 191 194	• 吳나라 交阯太守 孫諝가 포악하고 황제 孫休가 사신을 交阯郡에 보내 공작새를 조발하자 郡吏 呂興이 반란을 일으켜 태수를 죽이고 魏나라에 귀순하였는데, 얼마 후 여흥이 부하에게 죽임을 당함. • 魏나라 鍾會가 蜀漢을 정벌하여 漢中을 차지하자 姜維는 후퇴하여 劍閣을 지킴. • 蜀漢이 吳나라에 위급함을 알리자 吳나라는 大將軍 丁奉을 시켜서 壽春으로 가게 하고, 丁封과 孫異를 시켜서 沔中으로 가게 해서 蜀漢을 구원하게 함. • 魏나라 司馬昭가 비로소 相國 晉公을 칭하고 九錫을 받음. • 魏나라 鄧艾가 陰平에서 산을 넘어 蜀漢의 江油를 점령하고 諸葛瞻과 싸워 이김. • 魏나라 鄧艾가 成都로 쳐들어가니 蜀漢 後主가 항복하고 皇子 劉諶이 죽자 蜀漢이 망함.

年度	在位年	역문쪽수	주요 사건
263 癸未年	蜀漢 後主 炎興 1 魏 元帝 景元 4 吳 景帝 永安 6	197 199 200	• 吳나라의 군대가 돌아감. • 吳나라가 鍾離牧을 武陵太守로 삼음. • 魏나라가 益州에 赦免令을 내리고, 租稅의 반을 5년 동안 면제함.
264 甲申年	魏 元帝 咸熙 1 吳 烏程公(孫皓) 元興 1	201 213 214 216 217 219 220 222	• 魏나라 鍾會가 모반하고자 鄧艾를 모함하여 監軍 衛瓘에게 등애를 잡아들이게 하고 姜維와 함께 군대를 거느리고 成都로 들어감. 성도를 장악한 종회가 魏나라 제장들을 죽이려 하다가 이것이 누설되어 도리어 魏나라 군사들이 종회와 강유를 죽임. 그리고 위관이 등애를 죽임. • 魏나라 晉公 司馬昭가 王이 됨. • 魏나라가 前 蜀漢 皇帝 劉禪을 安樂公에 봉함. • 魏나라가 五等爵 제도를 회복하고 蜀漢을 정벌한 공으로 騎督 이상 600명에게 작위를 봉함. • 魏나라가 吳軍을 격파한 蜀將 羅憲을 陵江將軍으로 삼음. • 魏나라가 荀顗에게 禮儀를 정하게 하고, 賈充에게 법률을 바로잡게 하고, 裴秀에게 관직제도를 논의하게 함. • 吳나라 황제 孫休가 사망하자 濮陽興과 張布가 烏程侯 孫皓를 즉위시킴. • 魏나라 晉王 司馬昭가 아들 中撫軍 司馬炎을 副相國으로 삼고 世子로 세움. • 吳나라가 丞相 濮陽興과 左將軍 張布를 죽임. • 魏나라가 屯田官을 철폐함.
265 乙酉年	魏 元帝 咸熙 2 晉 武帝(司馬炎) 泰始 1 吳 烏程公 甘露 1	223 224	• 魏나라 晉王 司馬昭가 그 妃를 后라고 칭하고, 世子를 太子라고 함. • 吳나라 황제 孫皓가 景后와 그 두 아들을 죽임. • 魏나라 晉王 司馬昭가 사망하자, 태자 司馬炎이 즉위함. • 吳나라가 도읍을 武昌으로 옮김. • 晉王 司馬炎이 황제라 칭하고 曹奐을 폐하여 陳留王으로 삼음.

年度	在位年	역문쪽수	주요 사건
265 乙酉年	魏 元帝 咸熙 2 晉 武帝(司馬炎) 泰始 1 吳 烏程公 甘露 1	225 226	• 晉나라가 宗室들을 크게 책봉하여 司馬孚를 安平王에 봉하고 太宰 都督中外諸軍事로 삼고, 司馬伷를 東莞王에 봉하고, 司馬攸를 齊王으로 봉함. • 晉나라는 漢나라와 魏나라가 종실을 禁錮했던 것을 없애고 장군과 관리들의 인질을 잡아두던 제도를 철폐함. • 晉나라가 傅玄과 皇甫陶를 諫官으로 삼음.
266 丙戌年	晉 武帝 泰始 2 吳 烏程公 寶鼎 1	228 229 230 233 235 236	• 晉나라가 七廟를 세움. • 晉나라가 五帝에 郊祀하는 자리를 없앰. • 吳나라가 散騎常侍 王蕃을 죽임. • 晉 武帝가 崇陽陵을 배알하고 素餐을 먹고 素服을 입으며 3년을 지냄. • 吳나라가 陸凱와 萬彧을 左丞相과 右丞相으로 삼음. • 晉나라가 圓丘와 方丘에서 지내는 祭祀와 南郊와 北郊에서 지내는 제사를 합하여 지냄. • 晉나라가 山陽公(漢 獻帝)을 감시하는 군대를 철폐하고 그 禁制을 제거함. • 吳나라가 建業으로 還都함.
267 丁亥年	晉 武帝 泰始 3 吳 烏程公 寶鼎 2	237 238 239 240 241 242	• 晉나라가 司馬衷을 太子로 삼음. • 晉나라가 관청의 논밭을 점거한 前 立進縣令 劉友를 죽이고 山濤 등의 죄는 불문에 부침. • 晉나라에서 犍爲 사람 李密을 불렀으나 사양하고 오지 않음. • 吳나라가 昭明宮을 지음. • 晉나라가 官吏의 祿俸을 올려줌. • 晉나라는 後漢 이래 내려온 星氣와 讖緯를 다루는 학문을 금지시킴. • 晉나라가 索頭部의 人質을 돌려보냄.
268 戊子年	晉 武帝 泰始 4 吳 烏程公 寶鼎 3	242 243 245	• 晉나라 律令이 완성됨.(泰始律令) • 晉나라가 杜預에게 考課法을 만들게 하였으나 시행하지 못함. • 晉 武帝가 藉田에서 親耕함. • 晉나라 太后 王氏 사망.

年度	在位年	역문쪽수	주요 사건
268 戊子年	晉 武帝 泰始 4 吳 烏程公 寶鼎 3	246 247	• 晉나라 太保 王祥 사망. • 晉나라 揚州都督 石苞를 파면함.
269 己丑年	晉 武帝 泰始 5 吳 烏程公 建衡 1	248 249 250 251	• 晉나라가 胡烈을 秦州刺史로 삼아 서방의 鮮卑族을 진무하게 함. • 晉나라가 羊祜를 都督荊州軍事로 삼음. • 晉나라가 蜀漢 名臣의 자손들을 등용함. • 吳나라 左丞相 陸凱 사망.
270 庚寅年	晉 武帝 泰始 6 吳 烏程公 建衡 2	253 254	• 吳나라가 陸抗을 都督諸軍事로 임명하고 樂鄕에 治所를 둠. 육항이 상소를 올리고 時宜 17조를 올렸으나 孫皓가 받아들이지 않음. • 晉나라 胡烈이 鮮卑族 禿髮樹機能을 토벌하다가 패함.
271 辛卯年	晉 武帝 泰始 7 吳 烏程公 建衡 3	256 258 259	• 晉나라의 匈奴 右賢王 劉猛이 반란을 일으켰다가 변경 밖으로 도망쳐 나감. • 吳나라 황제 孫皓가 讖緯를 믿고 군사를 일으켜 華里로 출병했다가 폭설을 만나 돌아옴. • 晉나라의 涼州에서 胡人이 반란을 일으켜서 刺史 牽弘이 토벌하였는데, 胡人이 禿髮樹機能과 연합하여 견홍을 공격하여 죽임. • 吳나라가 陶璜 등을 보내 다시 交趾를 취함. • 劉猛이 晉나라의 幷州를 침범함. • 晉나라의 安樂公 劉禪 사망.
272 壬辰年	晉 武帝 泰始 8 吳 烏程公 鳳凰 1	259 261 263 266	• 匈奴가 劉猛을 죽이고 晉나라에 항복함. • 晉나라 太子 司馬衷이 賈充의 딸 賈氏를 太子妃로 맞이함. • 晉나라 太宰 安平王 司馬孚 사망. • 晉나라 益州에서 張弘이 난을 일으켜 刺史를 죽이자, 廣漢太守 王濬이 토벌하여 평정하니 왕준을 益州刺史로 임명함. 왕준이 益州에서 함선을 건조함. • 賈充을 司空에 임명함. 가충이 侍中 任愷가 총애받는 것을 싫어하여 임개를 추천하여 吏部尙書로 나가게 하고 荀勖, 馮紞과 함께 그를 참소하여 폐출시킴.

年度	在位年	역문쪽수	주요 사건
272 壬辰年	晉 武帝 泰始 8 吳 烏程公 鳳凰 1	267 268 274 275	• 吳나라 步闡이 西陵에서 모반을 일으켜 晉나라에 항복함. • 吳나라 陸抗이 西陵을 함락하여 步闡을 誅殺함. • 晉나라 國子祭酒 庾純이 賈充과 언쟁하였다가 참소를 받고 파면되었다가 다시 임용됨. • 吳나라 황제 孫晧가 자기를 비방한 丞相 萬彧·將軍 留平·大司農 樓玄을 죽임.
273 癸巳年	晉 武帝 泰始 9 吳 烏程公 鳳凰 2	278 279 281 282	• 晉나라가 鄧艾의 손자 鄧郎을 郎中으로 삼음. • 吳나라 황제 孫晧가 자기를 거스른 侍中 韋昭를 죽임. • 晉나라가 公卿의 딸을 선발하여 六宮을 충당함. • 吳나라 황제 孫晧가 자신의 애첩이 부리던 사람을 司市 陳聲이 죄로 다스리자 진성을 죽임.
274 甲午年	晉 武帝 泰始 10 吳 烏程公 鳳凰 3	282 283 284 286 287 290 292 293	• 晉나라가 妾媵은 정실이 될 수 없게 함. • 晉나라가 良家의 딸을 취하여 入宮시킴. • 吳나라에서 章安侯 孫奮이 왕이 되어야 한다는 소문이 돌자 황제 孫晧가 손분을 죽임. • 晉나라 황후 楊氏 사망. • 晉나라가 山濤를 吏部尙書로 삼음. • 晉나라가 嵇紹를 秘書丞으로 삼음. • 吳나라 大司馬 荊州牧 陸抗 사망. • 晉나라 杜預가 富平津에 黃河를 건너는 교량을 건설함. • 晉나라 邵陵公 曹芳 사망.
275 乙未年	晉 武帝 咸寧 1 吳 烏程公 天冊 1	294 295 296	• 吳나라 황제 孫晧가 中書令 賀邵를 죽임. • 索頭部의 拓跋力微가 다시 아들 拓跋沙漠汗을 보내자 晉나라가 탁발사막한을 억류하고 諸部의 大人에게 뇌물을 주어 이간질함. • 晉나라가 祖宗의 廟號를 추존함.
276 丙申年	晉 武帝 咸寧 2 吳 烏程公 天璽 1	296 297	• 晉나라가 河南尹 夏侯和를 옮겨 光祿勳으로 삼고 賈充의 병권을 빼앗음. • 吳나라에서 臨平湖가 트이고 石印의 봉인이 열리자 改元함.

年度	在位年	역문쪽수	주요 사건
276 丙申年	晉 武帝 咸寧 2 吳 烏程公 天璽 1	299 300 303	• 吳나라 황제 孫皓가 郡守 張詠 및 車浚(차준)과 尙書 熊睦을 죽임. • 晉나라가 羊祜에게 征南大將軍을 더하자 양호가 吳나라 정벌을 주청함. • 晉나라가 皇后 楊氏를 세우고, 황후의 아비 楊駿을 車騎將軍으로 삼음.
277 丁酉年	晉 武帝 咸寧 3 吳 烏程公 天紀 1	304 306 307 308	• 晉나라가 禿髮樹機能을 토벌하니, 여러 胡族 20만 명이 항복함. • 晉나라가 諸王들을 封國에 나아가게 하고 功臣을 봉하여 公侯로 삼음. • 吳나라가 晉나라의 江夏와 汝南을 습격하여 크게 노략질하고 돌아감. • 吳나라 司直中郎將 張俶이 참소하는 말로 황제 孫皓에게 총애를 받았다가 이익을 취한 일이 발각되어 죽임을 당함. • 索頭部의 拓跋力微 사망.
278 戊戌年	晉 武帝 咸寧 4 吳 烏程公 天紀 2	309 310 311 312 313 314 315 316 317	• 晉나라 羊祜가 入朝함. • 晉나라 杜預가 홍수와 蝗蟲의 피해를 당한 백성을 도울 방법에 대해 상소함. • 吳나라 황제 孫皓가 中書令 張尙을 죽임. • 晉나라가 衛瓘을 尙書令으로 삼음. • 吳나라 사람들이 皖城(환성)을 대규모로 개간하자 晉나라가 공격하여 파괴함. • 晉나라 太醫司馬 程據가 雉頭裘를 바쳤는데, 晉 武帝가 이를 불태우고 기이한 의복을 바치지 말게 함. • 晉나라가 杜預를 鎭南大將軍 都督荊州諸軍事로 삼음. 鉅平侯 羊祜 사망. • 晉나라 司空 何曾 사망. • 晉나라 淸泉侯 傅玄 사망.
279 己亥年	晉 武帝 咸寧 5 吳 烏程公 天紀 3	318 319	• 禿髮樹機能이 涼州를 공격하여 함락시키자 晉나라가 馬隆을 파견하여 토벌함. • 晉나라가 匈奴의 劉淵을 左部帥로 삼음.

年度	在位年	역문쪽수	주요 사건
279 己亥年	晉 武帝 咸寧 5 吳 烏程公 天紀 3	322	• 晉나라가 크게 군대를 일으켜 길을 나누어 吳나라를 정벌하였는데, 將軍 琅邪王 司馬伷를 涂中으로, 王渾은 江西로, 王戎은 武昌으로 출동하고, 胡奮은 夏口로 출동하고, 杜預는 江陵으로 출동하고, 王濬과 巴東監軍 唐彬은 巴蜀에서 내려가게 하였으니 東西가 모두 20여 만으로 賈充을 명하여 使持節 假黃鉞 大都督으로 삼음.
		325	• 晉나라 馬隆이 禿髮樹機能을 격파하여 참수하니, 涼州가 평정됨.
		326	• 晉나라에서 조서를 내려 관리의 인원을 줄이는 것을 논의하게 함.

2. 思政殿訓義 資治通鑑綱目 12 地圖

1) 延熙 7년(244) 曹爽의 漢中 征伐圖

2) 延熙 9년(246) 毌丘儉의 高句麗 遠征圖

3) 延熙 15년(252) 東興堤 戰鬪圖

4) 延熙 16년(253) 合肥 戰鬪圖

5) 延熙 18년(255) 毌丘儉·文欽의 叛亂圖

6) 延熙 20년(257) 諸葛誕의 叛亂圖

7) 拓跋鮮卑의 이동로

8) 炎興 원년(263) 鍾會의 蜀漢 征伐圖

9) 炎興 원년(263) 蜀漢 滅亡圖

10) 泰始 8년(272) 吳나라 步闡의 叛亂圖

11) 咸寧 3년(277) 晉나라 五王 出鎭圖

※ 이 지도는 ≪柏楊白話版 資治通鑑≫(北岳文藝出版社, 2006)을 참조하여 本書를 이해하는 데 도움이 되도록 수정 편집하였다.

1) 延熙 7년(244) 曹爽의 漢中 征伐圖(30~33쪽)

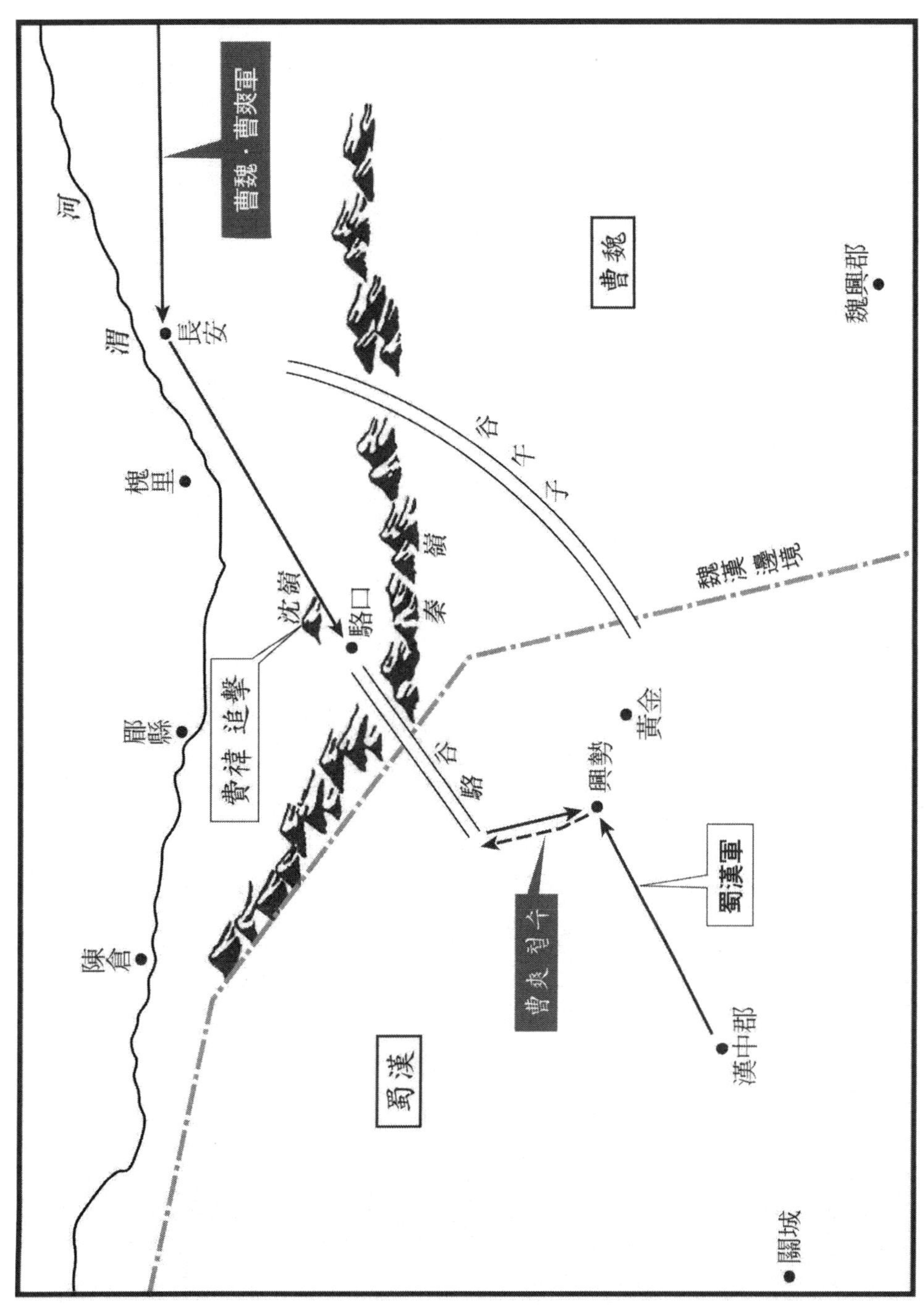

2) 延熙 9년(246) 毌丘儉의 高句麗 遠征圖(41쪽)

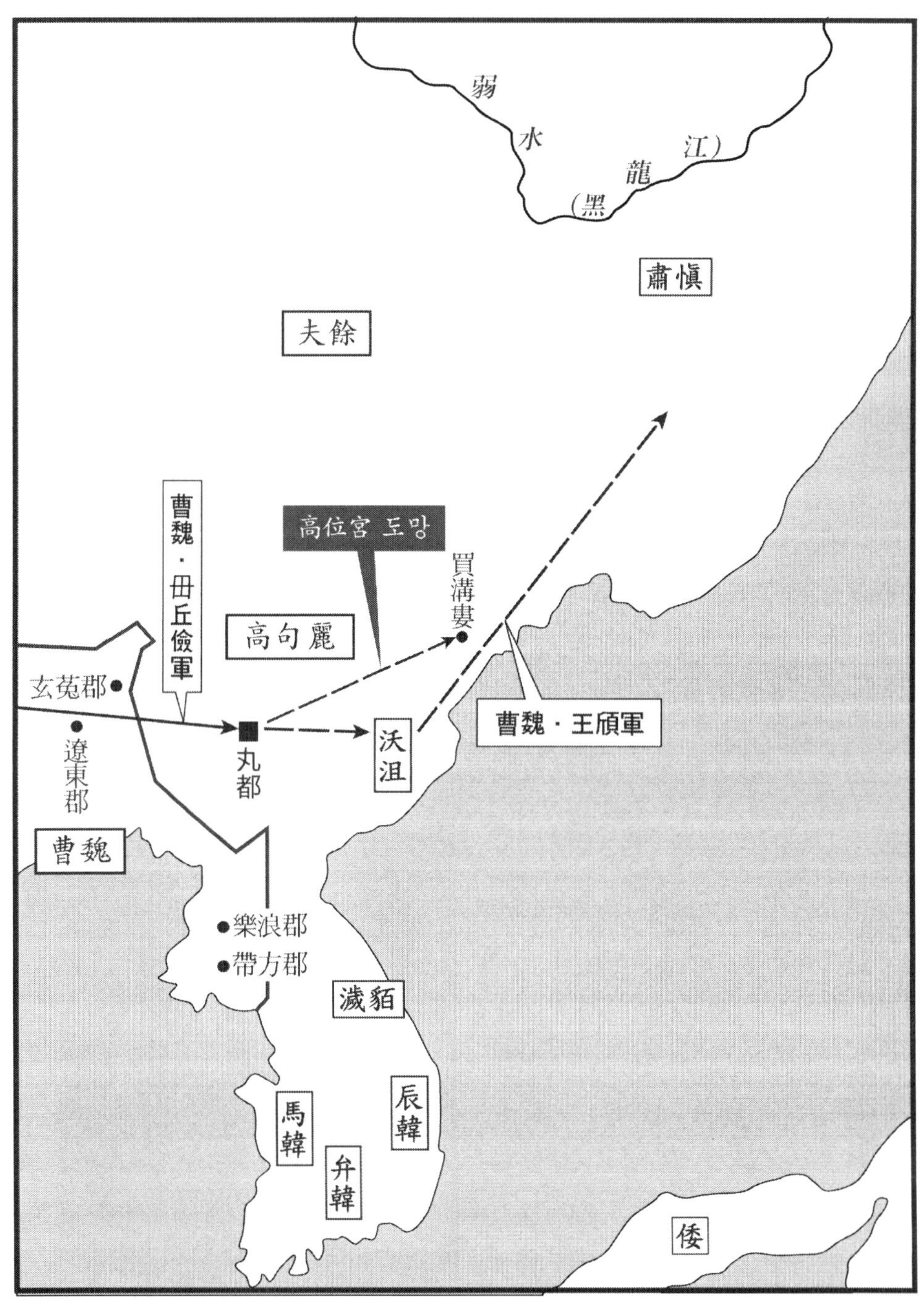

3) 延熙 15년(252) 東興堤 戰鬪圖(88~92쪽)

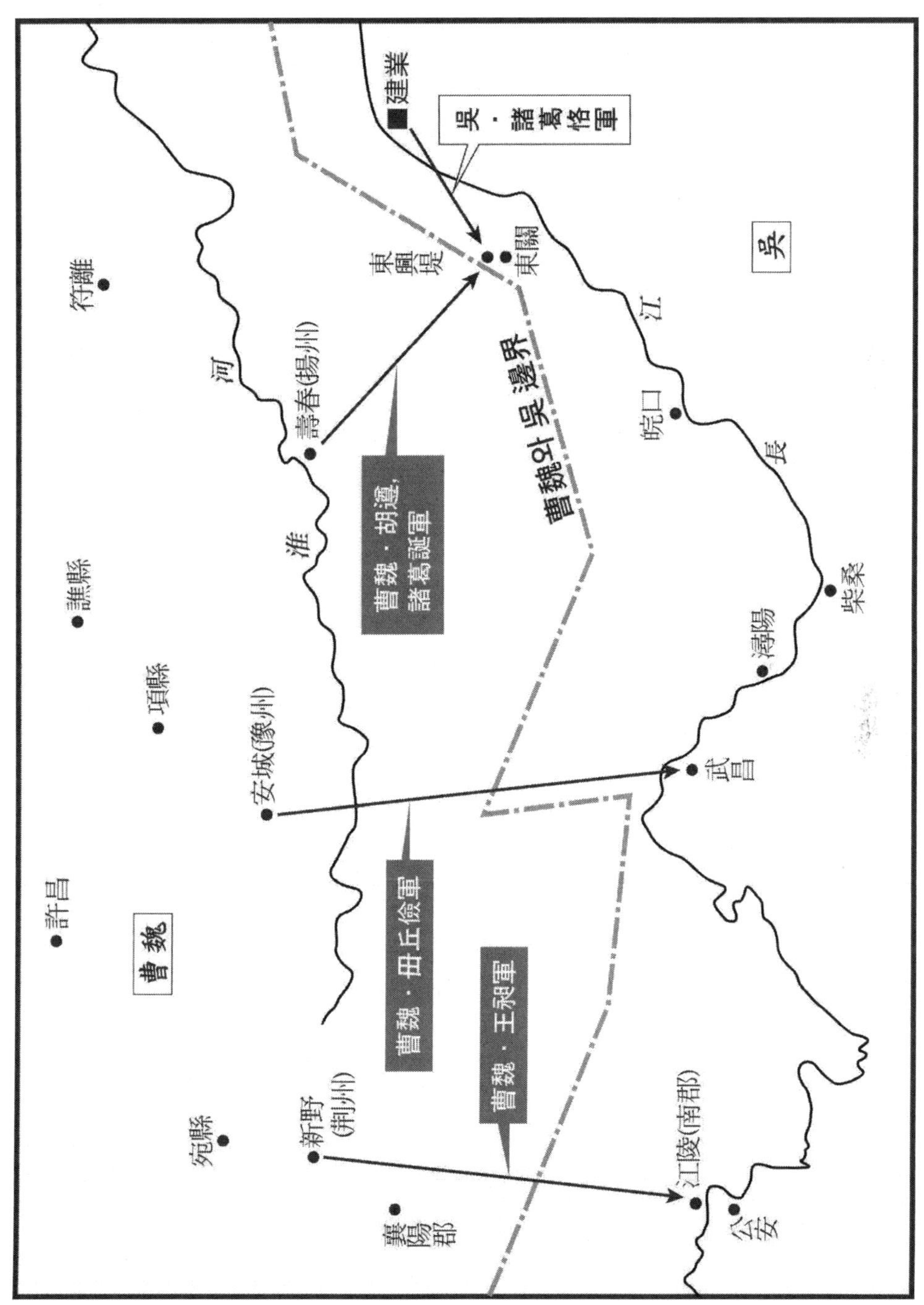

4) 延熙 16년(253) 合肥 戰鬪圖(97~103쪽)

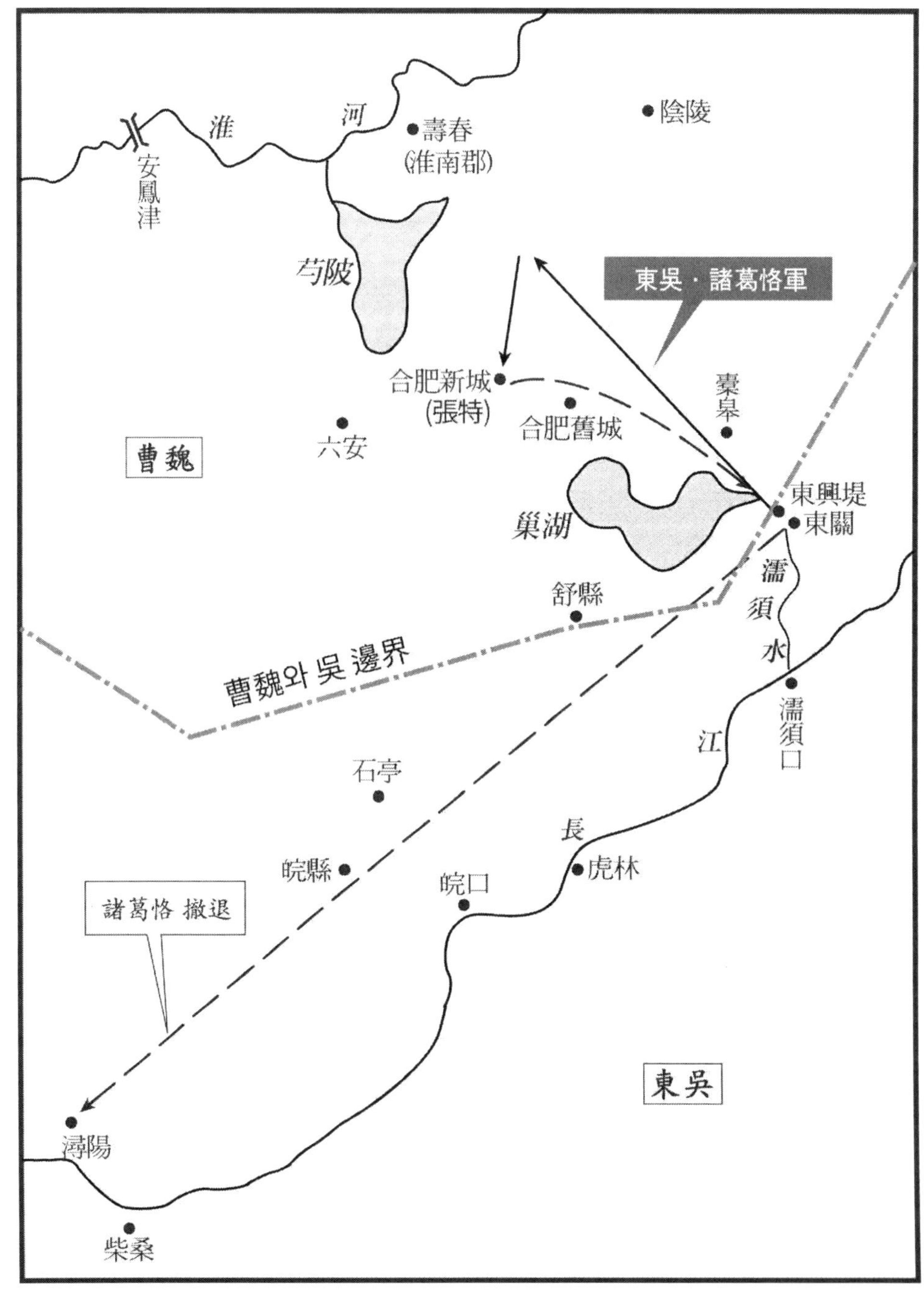

5) 延熙 18년(255) 毌丘儉 · 文欽의 叛亂圖(115~123쪽)

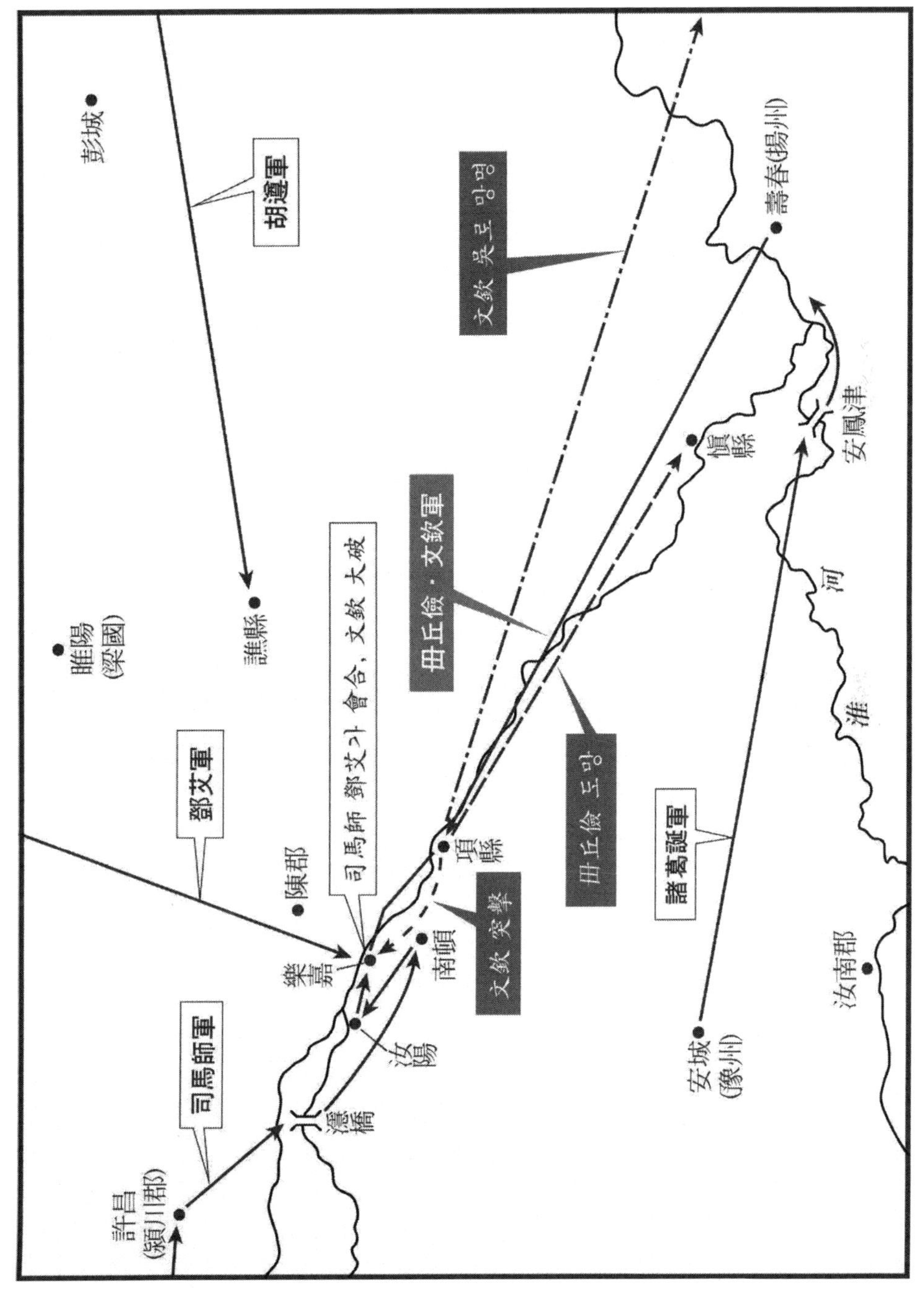

6) 延熙 20년(257) 諸葛誕의 叛亂圖(139~144쪽)

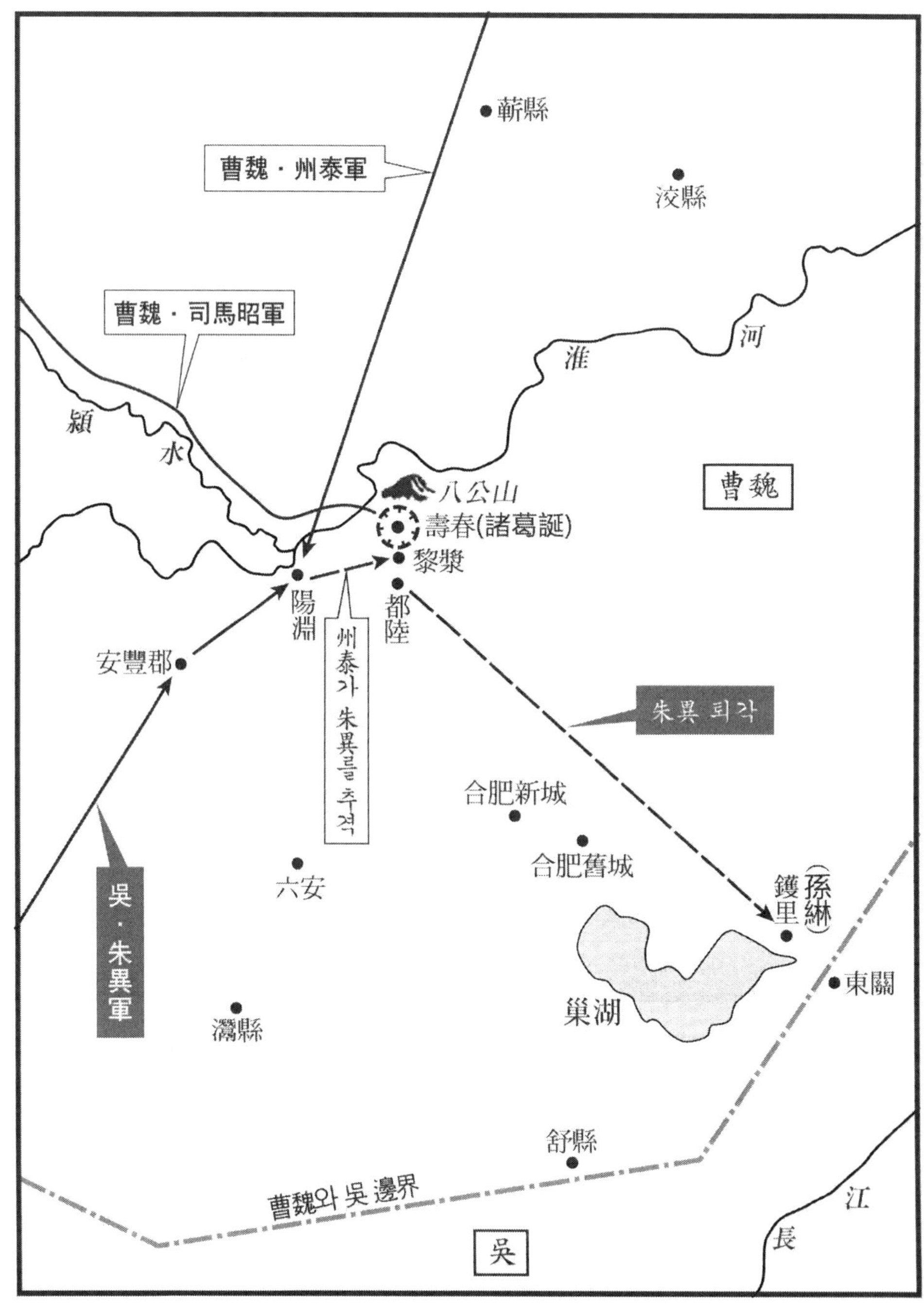

7) 拓跋鮮卑의 이동로(171쪽)

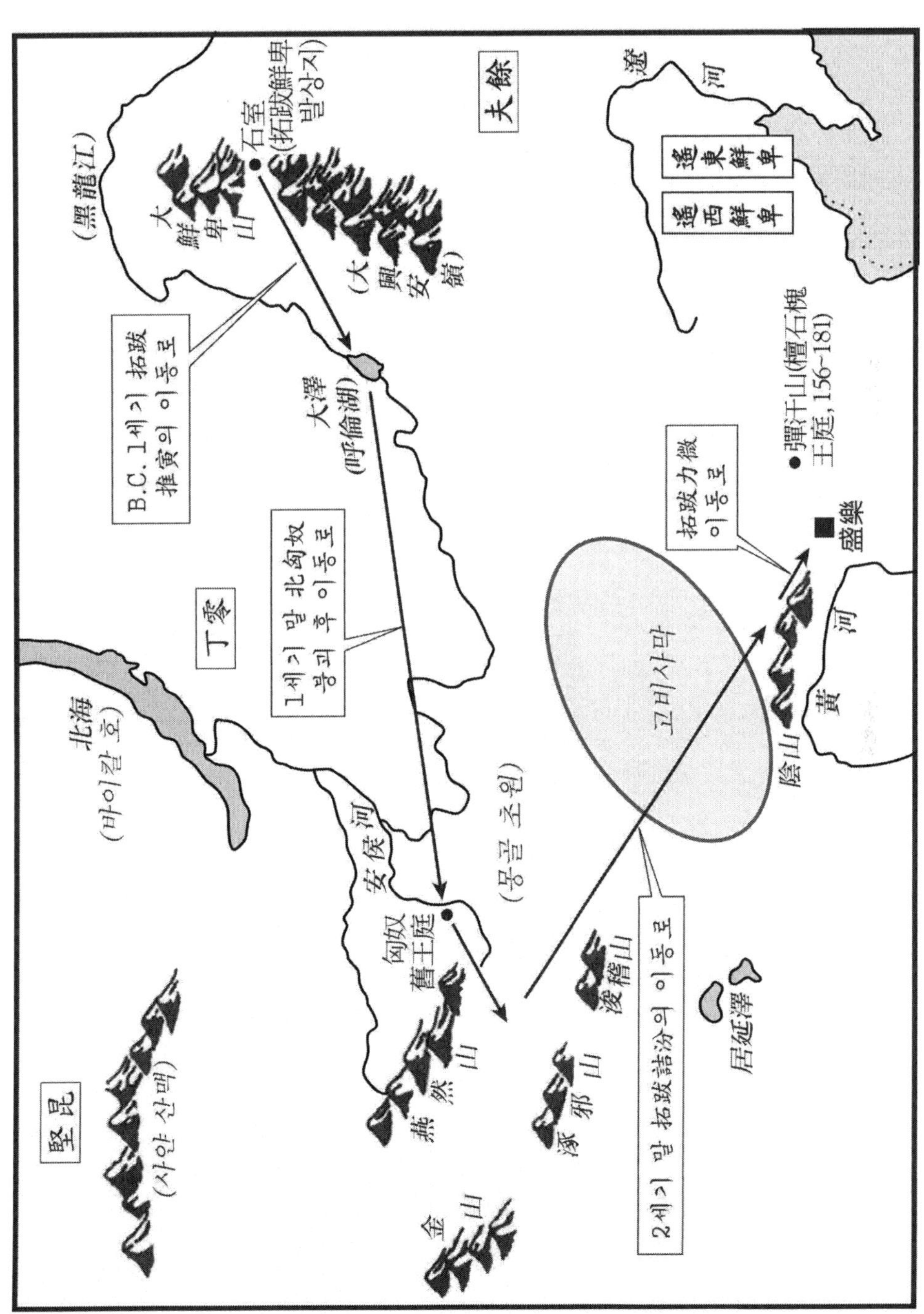

8) 炎興 원년(263) 鍾會의 蜀漢 征伐圖(185~188쪽)

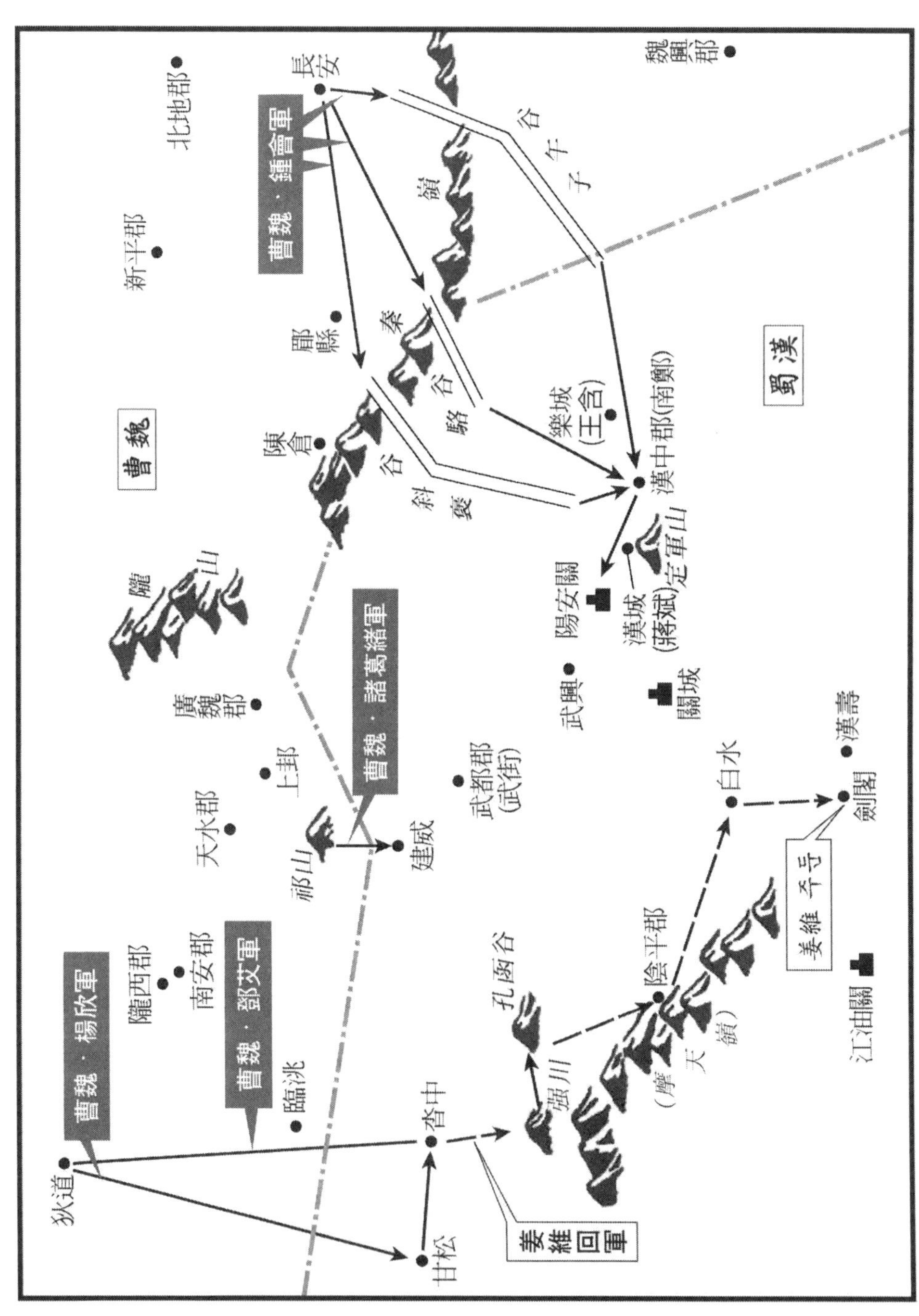

9) 炎興 원년(263) 蜀漢 滅亡圖(191~197쪽)

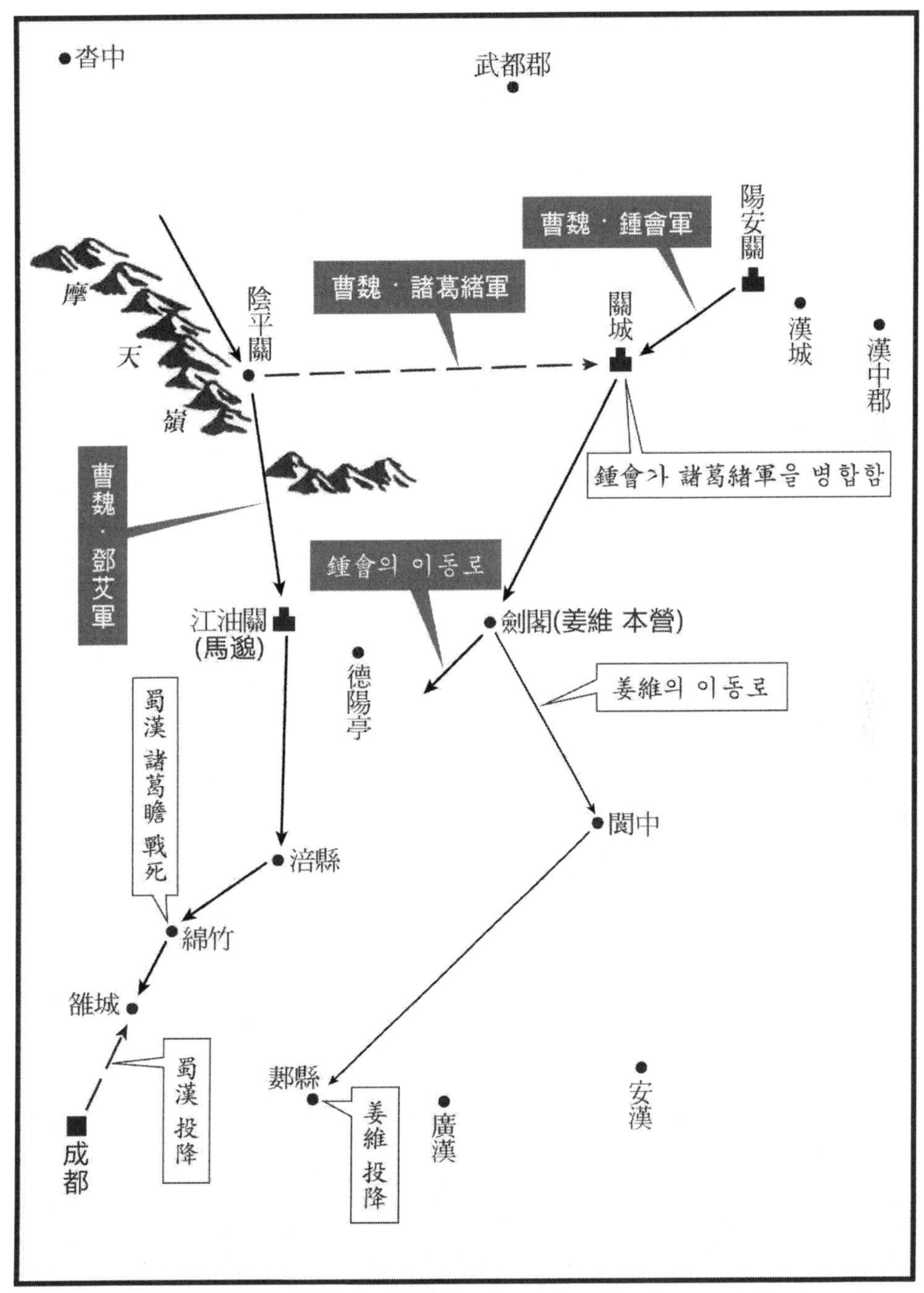

10) 泰始 8년(272) 吳나라 步闡의 叛亂圖(267~271쪽)

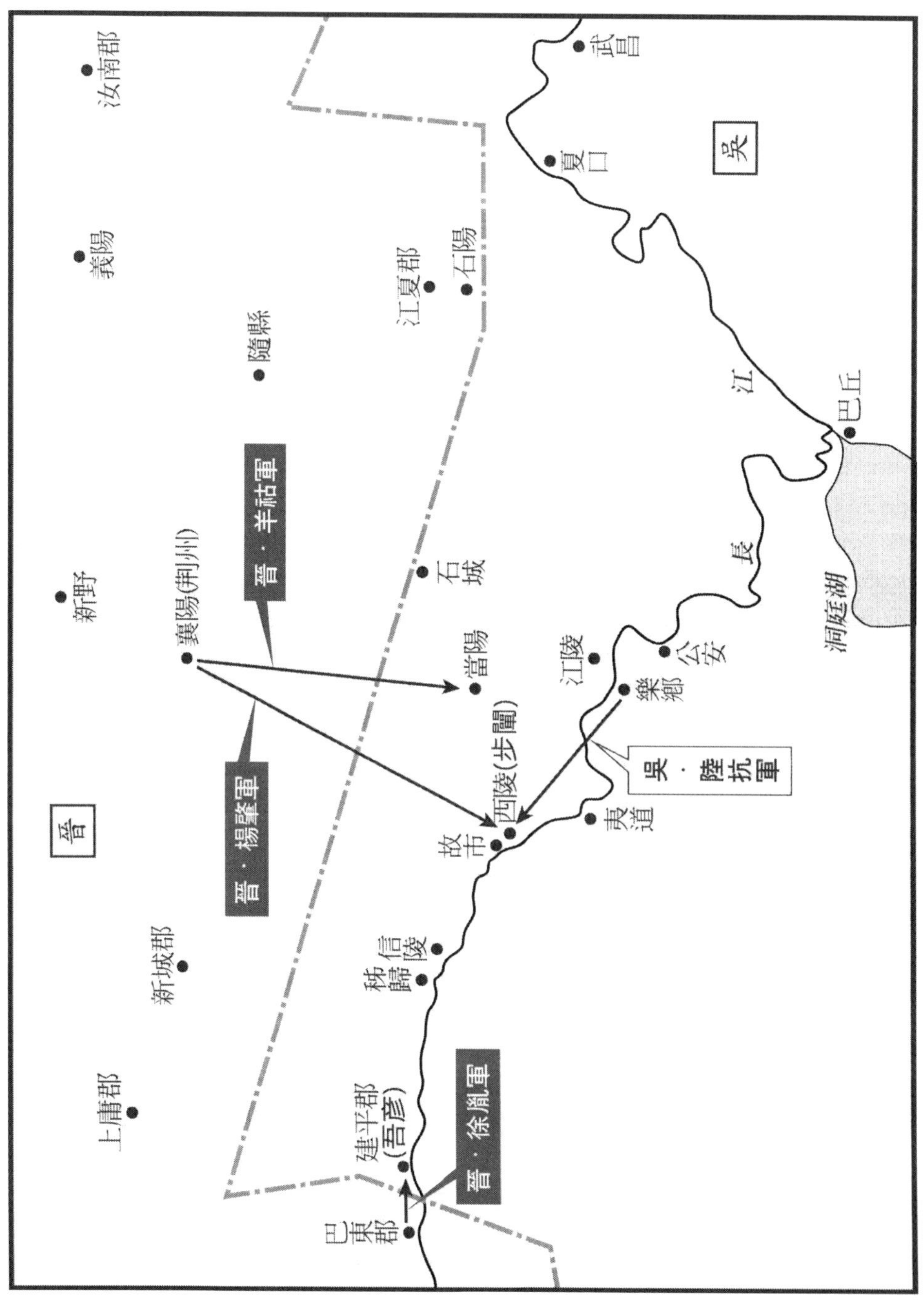

11) 咸寧 3년(277) 晉나라 五王 出鎭圖(304쪽)

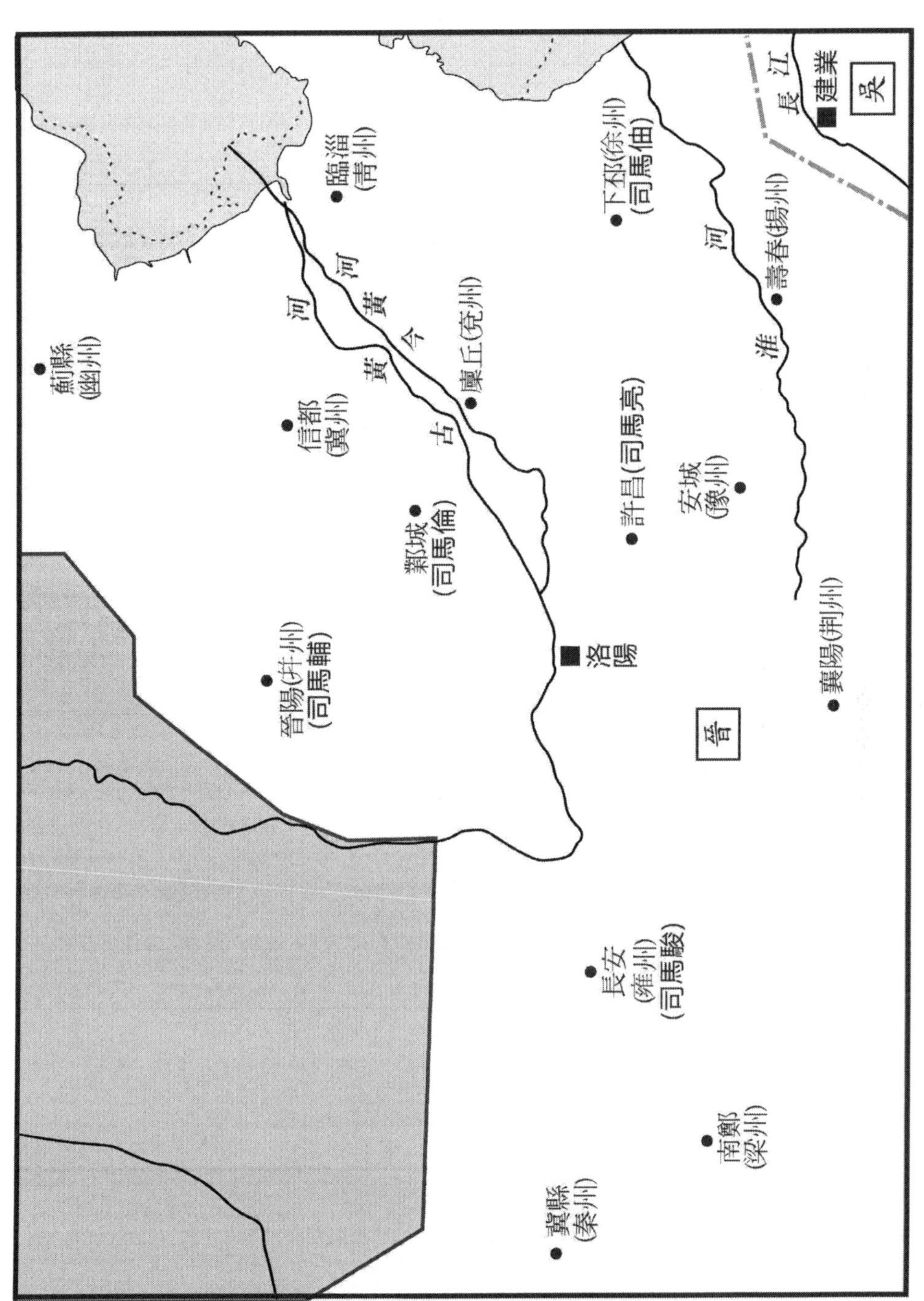

3. 三國世系表

〈蜀漢〉

劉啓 (漢 景帝)	劉勝 (中山靖王)	① 劉備 (蜀漢 昭烈帝)	② 劉禪 (蜀漢 後主)

〈魏〉

曹操 (武帝)	① 曹丕 (文帝)	② 曹叡 (明帝)	③ 曹芳 (廢帝・齊王)
		曹霖 (東海定王)	④ 曹髦 (廢帝・高貴鄉公)
	曹宇 (燕王)	⑤ 曹奐 (元帝)	

〈吳〉

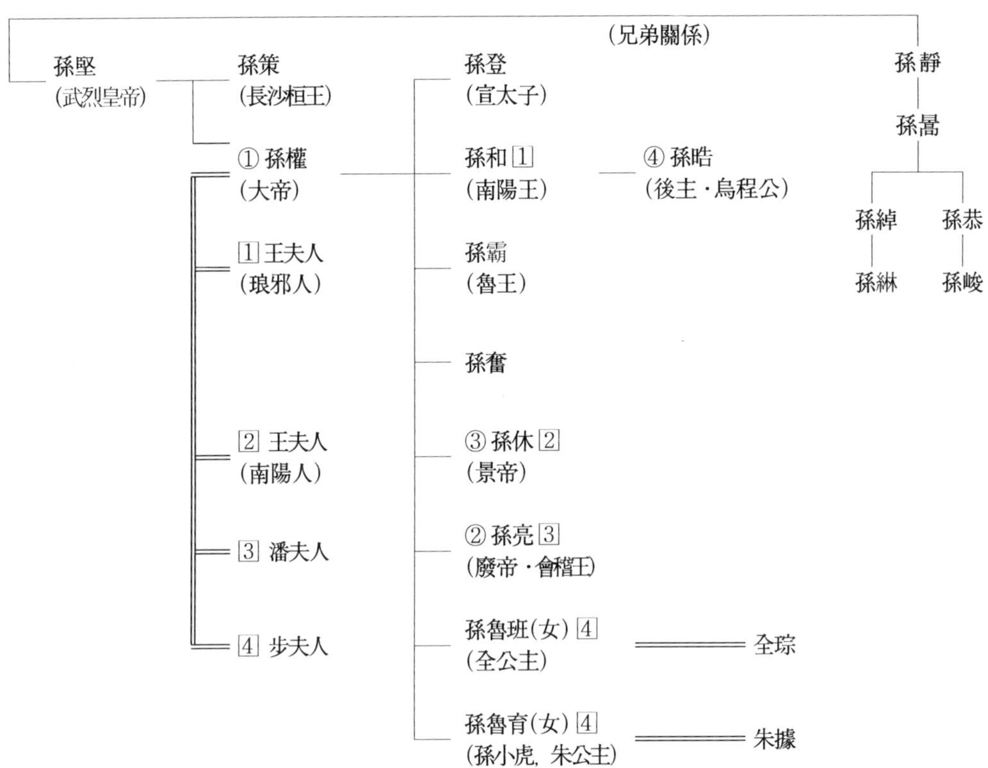

○ 帝位 순서
— 親屬 關係
····· 親族 關係
-- 養子 關係
□ 母子 關係
═ 姻戚 關係

4. 西晉 世系表

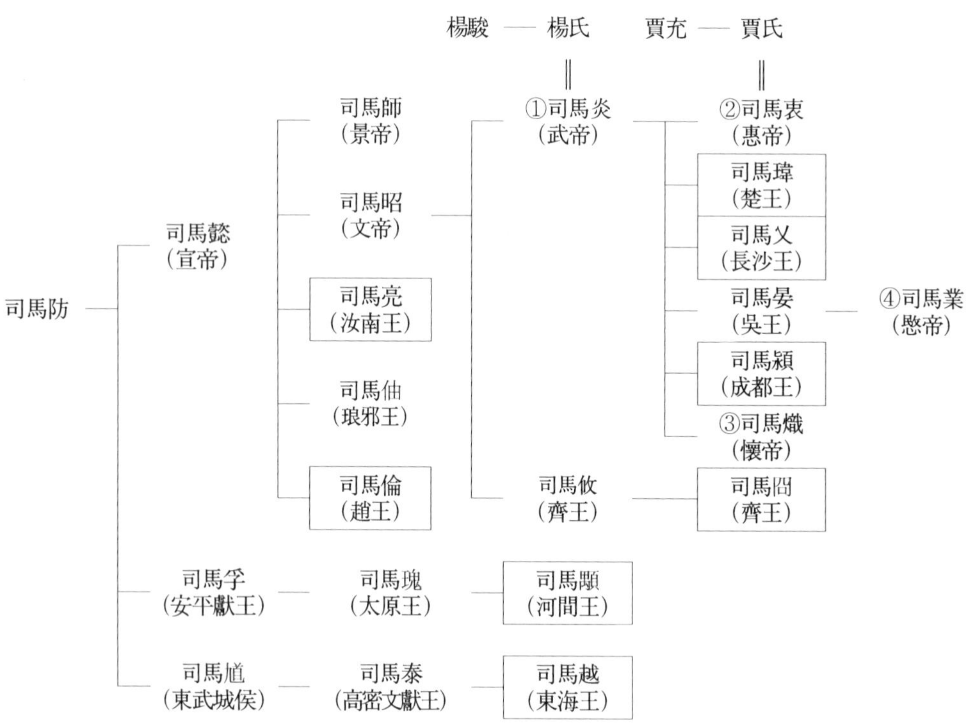
楊駿 — 楊氏
賈充 — 賈氏
司馬防
司馬懿 (宣帝)
司馬師 (景帝)
司馬昭 (文帝)
司馬亮 (汝南王)
司馬伷 (琅邪王)
司馬倫 (趙王)
①司馬炎 (武帝)
司馬攸 (齊王)
②司馬衷 (惠帝)
司馬瑋 (楚王)
司馬乂 (長沙王)
司馬晏 (吳王)
司馬穎 (成都王)
③司馬熾 (懷帝)
司馬冏 (齊王)
④司馬業 (愍帝)
司馬孚 (安平獻王)
司馬瑰 (太原王)
司馬顒 (河間王)
司馬馗 (東武城侯)
司馬泰 (高密文獻王)
司馬越 (東海王)
○ 帝位 순서
— 親屬 關係
═ 姻戚 關係
□ 八王의 난

5. 思政殿訓義 資治通鑑綱目 12 圖版目錄

6. 思政殿訓義 資治通鑑綱目 總目次

總目次

※ 總目次는 QR코드를 통해 스마트 기기로만 이용 가능

7. 思政殿訓義 資治通鑑綱目 解題

解題

※ 解題는 QR코드를 통해 스마트 기기로만 이용 가능

責任飜譯者 略歷

李忠九

京畿 果川 出生
龍田 金喆熙, 秀松 梁大淵 先生 師事
中央大學校 教育學科 國語國文學 副專攻
成均館大學校 大學院 國語國文學 碩士, 博士
民族文化推進會 國譯硏修院
檀國大學校 韓中關係硏究所 硏究員(現)
傳統文化硏究會 講師(現)

論文 및 譯書
〈經書諺解 硏究〉〈說文解字에 나타난 漢字字源 硏究〉 등
譯書 ≪東山先生奏議≫ ≪선비 安瀟 日誌≫ ≪小學集註≫ ≪註解千字文≫ 등
共譯 ≪國譯 治平要覽≫ ≪增補四禮便覽 譯註本≫ ≪譯註 國語≫ ≪譯註 貞觀政要集論≫ ≪爾雅注疏≫ 등

共同飜譯者 略歷

金奎璇

龍田 金喆熙 先生 師事
韓國外國語大學校 中國語科 學士, 碩士, 博士
鮮文大學校 教養學部 教授(現)

論文 및 譯書
〈王士禎의 文學批評 연구〉 등
譯書 ≪歷代詩話≫ ≪秋史派의 글씨≫ 등
共譯 ≪譯註 貞觀政要集論≫ ≪日省錄≫ ≪毅庵集≫ ≪秋史 金正喜 硏究≫ 등

金裕鳳

忠北 堤川 出生
淸州大學校 師範大學 漢文敎育學科 學士
中國山東大學 大學院 歷史學科 碩士, 博士
永同大學校 中國語科 專任敎授
忠州商業高等學校 漢文敎師(現)

論文 및 譯書
〈三國鼎立的形成與魏吳蜀三國之間外交政策運用策略〉〈曺參과 劉邦〉 등

黃鳳德

全州大學校 漢文敎育科 卒業
成均館大學校 大學院 漢文學科 碩士, 博士

論文 및 譯書
〈李德懋 《士小節》 硏究〉
共譯 《譯註 貞觀政要集論》《國譯 通鑑節要增損校註Ⅰ》《文苑叢寶》《千字文字解說》 등

李承容

嶺南大學校 漢文敎育科 卒業
成均館大學校 大學院 漢文學科 碩士, 博士
韓國古典飜譯院 專門課程 修了
檀國大學校 東洋學硏究院 古典飜譯硏究室 先任硏究員(現)

論文 및 譯書
〈조선후기 江華學派 漢詩硏究－全州李氏 德泉君派 八匡을 중심으로〉
共譯 《譯註 貞觀政要集論》《國譯 通鑑節要增損校註Ⅰ》《自著實紀》《樂全堂集》《寒溪日記》《晝永編》 등

譯註 思政殿訓義 資治通鑑綱目 12　정가 35,000원

2018년 12월 30일 초판 발행
2019년 03월 30일 초판 2쇄

編　著　朱熹
責任飜譯　李忠九
共同飜譯　金奎璇 金裕鳳 黃鳳德 李承容
諮問委員　吳圭根
潤文校訂　朴勝珠 李孝宰 郭成龍 兪在衡
編　輯　東洋古典飜譯編輯委員會
發行人　李啓晃
發行處　社團法人 傳統文化硏究會
서울시 종로구 삼일대로 428 낙원빌딩 411호
전화 : (02)762-8401　전송 : (02)747-0083
전자우편 : juntong@juntong.or.kr
홈페이지 : juntong.or.kr
사이버書堂 : cyberseodang.or.kr
온라인서점 : book.cyberseodang.or.kr
등록 : 1989. 7. 3. 제1-936호

인쇄처 : 한국법령정보주식회사(02-462-3860)
총　판 : 한국출판협동조합(070-7119-1750)

ISBN 979-11-5794-185-8 94910
979-11-5794-061-5(세트)

※ 이 책은 2018년도 교육부 고전문헌 국역지원사업 지원비에 의해 초판(비매품) 간행.

전통문화연구회 도서목록

基礎漢文教材 - 懸吐完譯　　成百曉 譯

四字小學 / 習字教本　7,000원/4,000원
推句 · 啓蒙篇 / 習字教本　6,000원/4,000원
明心寶鑑　8,000원
童蒙先習 · 擊蒙要訣　14,000원
註解千字文　11,000원
原文故事成語　15,000원

漢文讀解捷徑시리즈

漢文독해기본패턴　고전교육연구실 著 15,000원

東洋古典國譯叢書

大學 · 中庸集註 - 개정증보판　成百曉 譯註　10,000원
論語集註 - 개정증보판　成百曉 譯註　25,000원
孟子集註 - 개정증보판　成百曉 譯註　28,000원
詩經集傳 上 · 下　成百曉 譯註　28,000원
書經集傳 上 · 下　成百曉 譯註　28,000원
周易傳義 上 · 下　成百曉 譯註　38,000원
小學集註　成百曉 譯註　28,000원
古文眞寶 後集　成百曉 譯註　28,000원

五書五經讀本

大學 · 中庸集註　李光虎 · 田炳秀 譯註　15,000원
論語集註 上 · 下　鄭太鉉 譯註　22,000원

東洋古典譯註叢書

〈經部〉

十三經注疏
　周易正義1~3　成百曉 · 申相厚 譯註　30,000원/32,000원
　尙書正義1~5　金東柱 譯註　25,000원~35,000원
　毛詩正義1~2　朴小東 譯註　32,000원/35,000원
　禮記正義 中庸 · 大學　李光虎 · 田炳秀 譯註　20,000원
　論語注疏1~3　鄭太鉉 · 李聖敏 譯註　25,000원/30,000원
　孝經注疏　鄭太鉉 · 姜珉廷 譯註　35,000원
春秋左氏傳1~8　鄭太鉉 譯註　18,000원~35,000원
禮記集說大全1　辛承云 譯註　25,000원
東萊博議1~3　鄭太鉉 · 金炳愛 譯註　25,000원/35,000원

〈史部〉

思政殿訓義 資治通鑑綱目1~12　辛承云 外 譯註　18,000원~35,000원
通鑑節要1~9　成百曉 譯註　18,000원~30,000원
貞觀政要集論1~4　李忠九 外 譯註　25,000원~32,000원

〈子部〉

近思錄集解1~3　成百曉 譯註　25,000원/35,000원
大學衍義1~5　辛承云 外 譯註　26,000원~30,000원
說苑1~2　許鎬九 譯註　25,000원
荀子集解1~5　宋基采 譯註　25,000원~30,000원
心經附註　成百曉 譯註　35,000원
揚子法言1　朴勝珠 譯註　24,000원
老子道德經注　金是天 譯註　30,000원
莊子1~4　安炳周 · 田好根 共譯　25,000원~29,000원
顔氏家訓1~2　鄭在書 · 盧瞑熙 譯註　22,000원/25,000원
墨子閒詁1　李相夏 外 譯註　32,000원
韓非子集解1~2　許鎬九 外 譯註　32,000원
武經七書直解
　孫武子直解 · 吳子直解　成百曉 · 李蘭洙 譯註　35,000원
　六韜直解 · 三略直解　成百曉 · 李鍾德 譯註　26,000원
　尉繚子直解 · 李衛公問對直解　成百曉 · 李蘭洙 譯註　26,000원
　司馬法直解　成百曉 · 李蘭洙 譯註　26,000원

〈集部〉

古文眞寶 前集　成百曉 譯註　28,000원
唐詩三百首1~3　宋載卲 外 譯註　25,000원~30,000원
唐宋八大家文鈔 韓愈1~3　鄭太鉉 譯註　22,000원/28,000원
　〃 歐陽脩1~4　李相夏 譯註　25,000원~30,000원
　〃 王安石1~2　申用浩 · 許鎬九 共譯　25,000원
　〃 蘇洵　李章佑 外 譯註　25,000원
　〃 蘇軾1~5　成百曉 譯註　22,000원
　〃 蘇轍1~3　金東柱 譯註　20,000원/22,000원
　〃 曾鞏　宋基采 譯註　25,000원
　〃 柳宗元1~2　宋基采 譯註　22,000원

東洋古典新譯

당시선　송재소 · 최경렬 · 김영죽 편역　22,000원
손자병법　성백효 역주　14,000원
장자　안병주 · 전호근 · 김형석 역주　13,000원

동양문화총서

동양사상 해설과 원전　정규훈 外 저　22,000원
화합의 길 - 《중용》 읽기　금장태 저　20,000원

문화문고

경전으로 본 세계종교 그리스도교　이정배 편저　10,000원
　〃 도교　이강수 편역　10,000원
　〃 천도교　윤석산 · 홍성엽 편저　10,000원
　〃 힌두교　길희성 편역　10,000원
　〃 유교　이기동 편저　10,000원
　〃 불교　김용표 편저　10,000원
　〃 이슬람　김영경 편역　10,000원
논어 · 대학 · 중용/맹자　조수익 · 박승주 공역　10,000원
소학　박승주 · 조수익 공역　10,000원
십구사략1~2　정광호 저　12,000원
목민심서　이계황 엮음　10,000원
무경칠서 손자병법 · 오자병법　성백효 역　10,000원
　〃 육도 · 삼략　성백효 역　10,000원
　〃 사마법 · 울료자 · 이위공문대　성백효 역　10,000원
고문진보散文選　신용호 · 조수익 공역　10,000원
당시선　송재소 · 최경렬 · 김영죽 편역　10,000원
한문문법　이상진 저　10,000원
한자한문전통교재　조수익 · 이성민 공역　10,000원
士小節 선비 집안의 작은 예절　이동희 편역　12,000원
名說과 字說　신용호 편역　10,000원
儒學이란 무엇인가　이동희 저　10,000원
동아시아의 유교와 전통문화　이동희 저　13,000원
현대인, 동양고전에서 길을 찾다　이동희 저　10,000원
100자에 담긴 한자문화 이야기　김경수 저　12,000원
대한민국 국무총리　이재원 저　10,000원
우리 설화1~2　김동주 편역　10,000원